Os trechos de poesia foram traduzidos
por **J. Herculano Pires**.
Cada coleção anual traz o *fac-símile* do frontispício do
primeiro número da edição original francesa
correspondente ao ano. Reservados todos os direitos
de reprodução de acordo com a legislação vigente pela
Editora Cultural Espírita Ltda. – EDICEL.

4ª edição
Do 6º ao 9º milheiro
3.000 exemplares
Abril/2024

© 2017-2024 by Boa Nova Editora

Capa
Éclat! Comunicação Ltda

Projeto gráfico e diagramação
Juliana Mollinari

Tradução do francês
Julio Abreu Filho

Revisão, inclusive da tradução
João Sergio Boschiroli

Assistente editorial
Ana Maria Rael Gambarini

Coordenação Editorial
Ronaldo A. Sperdutti

Impressão
Lis Gráfica

Todos os direitos reservados.
Nenhuma parte desta obra pode ser
reproduzida ou transmitida por qualquer
forma e/ou quaisquer meios (eletrônico ou
mecânico, incluindo fotocópia e gravação) ou
arquivada em qualquer sistema ou banco de
dados sem permissão escrita da Editora.

O produto da venda desta obra é
destinado à manutenção das
atividades assistenciais da Sociedade
Espírita Boa Nova, de Catanduva, SP.

1ª edição: Dezembro de 2017 - 2.000 exemplares

REVISTA ESPÍRITA

JORNAL

DE ESTUDOS PSICOLÓGICOS

PUBLICADA SOB A DIREÇÃO

DE

ALLAN KARDEC

SEXTO ANO – 1863

Todo efeito tem uma causa. Todo efeito inteligente tem uma causa inteligente. O poder da causa inteligente está na razão da grandeza do efeito.

Tradução do francês por
JULIO ABREU FILHO

Revisada e rigorosamente conferida
com o texto original pela
EQUIPE REVISORA EDICEL

REVISADA, INCLUSIVE A TRADUÇÃO, POR
JOÃO SERGIO BOSCHIROLI

Dados Internacionais de Catalogação na Publicação (CIP)
(Câmara Brasileira do Livro, SP, Brasil)

Kardec, Allan, 1804-1869.
Revista Espírita : jornal de estudos
psicológicos, ano VI : 1863 / publicada sob a
direção de Allan Kardec ; tradução do francês
Julio Abreu Filho. -- Catanduva, SP : EDICEL,
2017.

Título original: Revue Espirite : journal
D'Etudes psychologiques
ISBN 978-85-92793-21-0

1. Espiritismo 2. Kardec, Allan, 1804-1869
3. Revista Espírita de Allan Kardec I. Título.

16-04745

CDD-133.901

Índices para catálogo sistemático:

1. Artigos espíritas : Filosofia espírita   133.901
2. Doutrina espírita : Artigos   133.901

REVISTA ESPÍRITA

JORNAL DE ESTUDOS PSICOLÓGICOS

SEXTO ANO – 1863

Editora Cultural Espírita Edicel
Instituto Beneficente Boa Nova
Entidade coligada à Sociedade Espírita Boa Nova
Av. Porto Ferreira, 1.031 | Parque Iracema
Catanduva/SP | CEP 15809-020
www.boanova.net | boanova@boanova.net
Fone 17.3531-4444

REVISTA ESPÍRITA
JORNAL DE ESTUDOS PSICOLÓGICOS

ANO VI	JANEIRO DE 1863	VOL. 1

ESTUDO SOBRE OS POSSESSOS DE MORZINE

CAUSAS DA OBSESSÃO E MEIOS DE COMBATÊ-LA
(SEGUNDO ARTIGO)

Em nosso artigo precedente (de dezembro último), foi exposta a maneira pela qual se exerce a ação dos Espíritos sobre o homem, ação, por assim dizer, material. Sua causa está inteiramente no *perispírito*, princípio não só de todos os fenômenos espíritas propriamente ditos, mas de uma porção de efeitos morais, fisiológicos e patológicos incompreendidos antes do conhecimento desse agente, cuja descoberta, se assim se pode dizer, abrirá horizontes novos à Ciência, quando esta se decidir a reconhecer a existência do mundo invisível.

Como vimos, o perispírito representa importante papel em todos os fenômenos da vida. Ele é a fonte de múltiplas afecções, cuja causa é em vão buscada pelo escalpelo na alteração dos órgãos, e contra as quais é impotente a terapêutica.

Por sua expansão explicam-se, ainda, as reações de indivíduo a indivíduo, as atrações e repulsões instintivas, a ação magnética etc. No Espírito livre, isto é, desencarnado, o perispírito substitui o corpo material. Ele é o agente sensitivo, o órgão através do qual o Espírito age.

Pela natureza fluídica e expansiva do perispírito, o Espírito atinge o indivíduo sobre o qual quer agir, rodeia-o, envolve-o, penetra-o e o magnetiza.

O homem, que vive em meio ao mundo invisível, está incessantemente submetido a essas influências, do mesmo modo que às da atmosfera que respira, e essa influência se traduz por efeitos morais e fisiológicos, dos quais não se dá conta e que ele frequentemente atribui a causas inteiramente contrárias.

Essa influência difere, naturalmente, segundo as boas ou más qualidades do Espírito, como ficou explicado no artigo precedente. Se ele for bom e benevolente, a influência, ou a impressão, se assim o preferirem, será agradável e salutar. É como as carícias de uma terna mãe, que toma o filho nos braços. Se ele for mau e perverso, ela será dura, penosa, ansiosa e por vezes malfazeja. Ela não o abraça, constringe.

Vivemos nesse oceano fluídico, incessantemente a braços com correntes contrárias, que atraímos ou repelimos, ou às quais nos abandonamos, conforme nossas qualidades pessoais, mas em cujo meio o homem sempre conserva o seu livre-arbítrio, atributo essencial de sua natureza, em virtude do qual pode sempre escolher o seu caminho.

Como se vê, isto é inteiramente independente da faculdade mediúnica, tal qual esta é vulgarmente compreendida. Estando a ação do mundo invisível na ordem das coisas naturais, ela se exerce sobre o homem, abstração feita de qualquer conhecimento espírita. Estamos a elas submetidos como o estamos à ação da eletricidade atmosférica, mesmo sem saber Física; como ficamos doentes sem conhecer Medicina.

Ora, assim como a Física nos ensina a causa de certos fenômenos e a Medicina a de certas doenças, o estudo da ciência espírita nos ensina a dos fenômenos devidos às influências ocultas do mundo invisível e nos explica o que, sem isto, nos parecia inexplicável.

A mediunidade é o meio direto de observação. O médium – permitam-nos a comparação – é o instrumento de laboratório pelo qual a ação do mundo invisível se traduz de maneira patente. Pela facilidade que ela nos oferece de repetir as experiências, permite-nos estudar o modo e as diversas nuanças dessa ação. Foi desses estudos e dessas observações que nasceu a ciência espírita.

Todo indivíduo que, de uma maneira qualquer, sofre a influência dos Espíritos, é, por isso mesmo, médium, e por isso mesmo pode-se dizer que todos os indivíduos são médiuns. Mas é pela mediunidade efetiva, consciente e facultativa, que se chegou a constatar a existência do mundo invisível, e pela diversidade das manifestações obtidas ou provocadas que tomamos conhecimento da qualidade dos seres que o compõem, e do papel que eles representam na Natureza. O médium fez pelo mundo invisível o mesmo que o microscópio fez pelo mundo dos infinitamente pequenos.

É, pois, uma nova força, uma nova energia, uma nova lei, numa palavra, que nos foi revelada.

É realmente inconcebível que a incredulidade chegue a repelir essa ideia porque ela pressupõe em nós uma alma, um princípio inteligente que sobrevive ao corpo.

Se se tratasse da descoberta de uma substância material e não inteligente, seria aceita sem dificuldade, mas uma ação inteligente fora do homem é para eles superstição. Se da observação dos fatos produzidos pela mediunidade remontarmos aos fatos gerais, poderemos, pela similitude dos efeitos, concluir pela similitude das causas. Ora, é constatando a analogia dos fenômenos de Morzine com aqueles que diariamente a mediunidade põe aos nossos olhos, que nos parece evidente a participação de Espíritos malfeitores naquelas circunstâncias, e não o será menos para quantos hajam meditado acerca dos numerosos casos isolados relatados na *Revista Espírita*. A única diferença está no caráter epidêmico da afecção.

A História registra vários fatos semelhantes, entre os quais o das religiosas de Loudun, dos convulsionários de Saint-Médard, dos das Cévènes e dos possessos do tempo do Cristo. Estes últimos, sobretudo, apresentam notável analogia com os de Morzine. Uma coisa digna de nota é que, em qualquer parte onde esses fenômenos se produziram, a ideia de que eram devidos aos Espíritos era dominante e como que intuitiva naqueles que eram afetados.

Se nos quisermos reportar ao nosso primeiro artigo; à teoria da obsessão contida em *O Livro dos Médiuns* e aos fatos relatados na *Revista,* veremos que a ação dos maus Espíritos sobre as criaturas de quem se apoderam apresenta nuanças extremamente variadas de intensidade e duração, conforme o grau de malignidade e perversidade do Espírito, e também de acordo com o estado moral da pessoa que lhes dá acesso mais ou menos fácil.

Muitas vezes tal ação é temporária e acidental, mais maliciosa e desagradável que perigosa, como no caso que relatamos no artigo precedente.

O fato seguinte pertence a essa categoria.

O Sr. Indermühle, de Berne, membro da Sociedade Espírita de Paris, contou-nos que, em sua propriedade de Zimmerwald, seu administrador, homem de força hercúlea, sentiu-se, à noite, agarrado por um indivíduo que o sacudia vigorosamente. Dir-se--ia que era um pesadelo. Mas não, porque o homem estava bem desperto, levantou-se e lutou por algum tempo com aquele que o agarrava, e quando se sentiu livre, tomou do sabre que estava pendurado ao lado do leito e pôs-se a esgrimi-lo no escuro, sem nada atingir. Acendeu uma vela e procurou em vão por toda parte. A porta estava bem fechada.

Logo que ele voltou ao leito, o jardineiro que estava no quarto ao lado começou a pedir socorro, debatendo-se e gritando que o estrangulavam. O caseiro correu para o quarto do jardineiro, mas, como no seu caso, não encontrou ninguém.

Uma criada que dormia no mesmo prédio ouviu todo o barulho. Apavorados, todos foram, no dia seguinte, contar ao Sr. Indermühle o que se havia passado. Depois de informar-se de todos os detalhes e de assegurar-se que nenhum estranho poderia ter-se introduzido nos quartos, o Sr. Indermühle foi levado a crer que se tratava de uma brincadeira de mau gosto de algum Espírito, porque, há algum tempo, inequívocas manifestações físicas de diversas modalidades se produziam em sua própria casa.

Ele tranquilizou os seus serviçais, recomendando que observassem cuidadosamente tudo quanto se passasse, caso a coisa se repetisse.

Como ele e sua esposa são médiuns, ele evocou o Espírito perturbador, que confessou o fato e desculpou-se dizendo: "Eu vos queria falar, pois sou infeliz e necessito de vossas preces. Há muito tempo faço tudo o que posso para vos chamar a atenção: Eu vos toco, e até já vos puxei a orelha (do que se recordou o Sr. Indermühle), mas sem resultado. Então, pensei que fazendo a cena da noite passada pensaríeis em me chamar. Fizeste-o e estou contente, mas asseguro-vos que não tinha más intenções. Prometei chamar-me algumas vezes e orar por mim."

O Sr. Indermühle fez-lhe uma severa advertência, repetiu a conversa, deu-lhe uma lição de moral que ele escutou com prazer, orou por ele e disse à sua gente que fizesse o mesmo, o que foi feito, pois são piedosos, e desde então tudo ficou em ordem.

Infelizmente nem todos têm tão boa disposição. Esse não era mau. Há alguns, porém, cuja ação é tenaz, permanente, e pode até mesmo haver consequências desagradáveis para a saúde da criatura, mais do que isto, para as faculdades intelectuais, caso o Espírito chegue a subjugar sua vítima a ponto de neutralizar seu livre-arbítrio e de levá-la a dizer e fazer extravagâncias. Tal é o caso da loucura obsessiva, muito diversa nas causas, senão nos efeitos, da loucura patológica.

Em nossa viagem, vimos o jovem obsidiado, do qual falamos na Revista de janeiro de 1861, sob o título de *Espírito batedor de Aube*, e ouvimos do pai e de testemunhas oculares a confirmação dos fatos. O rapaz tem agora dezesseis anos; é saudável, grande, perfeitamente constituído e, contudo, queixa-se do estômago e de fraqueza dos membros, o que, segundo ele, o impede de trabalhar. Vendo-o, pode-se facilmente crer seja a preguiça sua principal doença, o que nada tira à realidade dos fenômenos produzidos há cinco anos e que, sob muitos aspectos, lembram os de Bergzabern (Revista de maio, junho e julho de 1858). Já não é o mesmo com sua saúde moral. Em criança era muito inteligente e na escola aprendia com facilidade. Desde então suas faculdades enfraqueceram sensivelmente. É preciso acrescentar que só recentemente ele e seus pais tomaram conhecimento do Espiritismo, ainda por ouvir dizer e muito superficialmente, pois nada leram. Antes, nunca tinham ouvido falar. Não era possível, assim, ter uma causa provocadora.

Os fenômenos materiais praticamente cessaram ou são hoje muito raros, mas o estado moral é o mesmo, o que é tanto mais lamentável para os pais, que vivem do trabalho.

Sabe-se da influência da prece em tais casos, mas, como nada se pode esperar do rapaz nesse sentido, seria necessário o concurso dos pais. Eles estão persuadidos de que o filho está sob malévola influência oculta, mas sua crença não vai muito além, e sua fé religiosa é das mais fracas.

Dissemos ao pai que era necessário orar, mas orar seriamente e com fervor. "É o que já me disseram", respondeu ele. "Orei algumas vezes, mas sem resultado. Se eu soubesse que orando diversas vezes durante vinte e quatro horas e isto acabaria, eu o faria exatamente agora." Vê-se por aí de que maneira a gente é secundada nessas circunstâncias pelos maiores interessados.

Eis a contrapartida do caso, e uma prova da eficácia da prece quando feita com o coração e não com os lábios.

Certa moça, contrariada em suas inclinações, havia-se casado com um homem com quem ela não simpatizava. A mágoa que sofreu levou-a a um distúrbio das faculdades mentais. Sob o domínio de uma ideia fixa, ela perdeu a razão e teve de ser internada. Ela jamais ouvira falar de Espiritismo, mas

12 | REVISTA ESPÍRITA

se dele se tivesse ocupado, teriam dito que os Espíritos lhe haviam transtornado a cabeça. O mal provinha, assim, de uma causa moral acidental e exclusivamente pessoal. Compreende-se que em tais casos os remédios normais nenhum efeito produziriam, e como não havia obsessão aparente, podia-se também duvidar da eficácia da prece.

Um amigo da família, membro da Sociedade Espírita de Paris, achou que deveria interrogar um Espírito superior acerca desse caso, o qual lhe respondeu:

"A ideia fixa dessa senhora, por causa dela mesma, atrai para junto dela uma porção de Espíritos maus que a envolvem com seus fluidos, alimentam as suas ideias e impedem que lhe cheguem as boas influências.

"Os Espíritos dessa natureza abundam sempre em meios semelhantes àquele em que ela se encontra, e frequentemente constituem obstáculo à cura dos doentes. Contudo, podereis curá-la, mas para tanto é necessária uma força moral capaz de vencer a resistência, e tal força não é dada a um só. Cinco ou seis espíritas sinceros se reúnam todos os dias, durante alguns instantes e peçam com fervor a Deus e aos bons Espíritos que a assistam, e que vossa ardente prece seja, ao mesmo tempo, uma magnetização mental.

"Para tanto, não necessitais estar junto a ela. Ao contrário, podeis, pelo pensamento, levar-lhe uma salutar corrente fluídica, cuja força estará na razão direta de vossa intenção, e aumentada pelo número. Dessa maneira podereis neutralizar o mau fluido que a envolve. Fazei isto, tende fé em Deus e esperai."

Seis pessoas se dedicaram a essa obra de caridade, e durante um mês não faltaram um só dia à missão que haviam aceito. Depois de alguns dias, a doente estava sensivelmente mais calma. Quinze dias mais tarde a melhora era manifesta, e agora ela voltou para sua casa em estado perfeitamente normal, ignorando ainda, assim como seu marido, de onde lhe veio a cura.

A maneira de agir é aqui indicada claramente e nada teríamos a acrescentar de mais preciso à explicação dada pelo Espírito. A prece não tem apenas o efeito de chamar para junto do doente um socorro estranho, mas também o de exercer uma ação magnética.

De que não seria capaz o magnetismo, ajudado pela prece! Infelizmente certos magnetizadores, a exemplo de muitos médicos, fazem abstração do elemento espiritual. Eles veem apenas a ação mecânica, assim se privando de poderoso auxiliar. Esperamos que os verdadeiros espíritas vejam neste fato, mais uma prova do bem que podem fazer em circunstâncias semelhantes.

Aqui naturalmente se apresenta uma questão de grande importância:

O exercício da mediunidade pode provocar o desarranjo da saúde e das faculdades mentais?

É de se notar que, assim formulada, esta é a pergunta feita pela maioria dos antagonistas do Espiritismo, ou melhor, em vez de fazerem uma pergunta, eles transformam o princípio em axioma, afirmando que a mediunidade conduz à loucura. Referimo-nos à loucura real e não a esta, mais burlesca do que séria, com que gratificam nossos adeptos.

Poder-se-ia conceber essa pergunta da parte de quem acreditasse na existência dos Espíritos e na ação que eles podem exercer, porque, para eles, existe algo de real. Mas, para os que não acreditam, a pergunta é um contrassenso, porque, se nada existe, esse nada não poderá produzir coisa alguma.

Sendo essa tese insustentável, eles se escudam nos perigos da superexcitação cerebral que, em sua opinião, pode ser causada pela simples crença nos Espíritos.

Não voltaremos a esse ponto já estudado, mas perguntaremos se já foi feita a estatística de todos os cérebros transtornados pelo medo do diabo e dos terríveis quadros das torturas do inferno e da danação eterna, e se é mais prejudicial acreditarmos que temos junto de nós Espíritos bons e benevolentes, nossos parentes, nossos amigos e nosso anjo da guarda, ou o demônio.

Desde que se admita a existência dos Espíritos e sua ação, a pergunta formulada da seguinte maneira é mais racional e mais séria:

O exercício da mediunidade pode provocar numa pessoa a invasão de maus Espíritos e suas consequências?

Jamais dissimulamos os escolhos encontradiços na mediunidade, razão por que multiplicamos, em *O Livro dos Médiuns,* as instruções a tal respeito, e não temos cessado de recomendar seu estudo prévio, antes de se entregarem à prática. Assim, desde a publicação daquele livro, o número de obsidiados diminuiu sensível e notoriamente, porque poupa uma experiência que os noviços muitas vezes só adquirem às próprias custas. Afirmamos mais uma vez: Sim, sem experiência, a mediunidade tem inconvenientes, dos quais o menor seria ser mistificado por Espíritos enganadores e levianos. Fazer Espiritismo experimental sem estudo é fazer manipulações químicas sem saber química.

Os numerosos exemplos de pessoas obsidiadas e subjugadas da mais desagradável maneira, sem jamais terem ouvido falar de Espiritismo, provam à saciedade que o exercício da mediunidade não tem o privilégio de atrair os maus Espíritos. Mais do que isto, prova a experiência que ela é um meio de afastá-los, pois permite reconhecê-los.

Contudo, como por vezes alguns vagam em redor de nós, pode acontecer que, encontrando oportunidade para se manifestarem, aproveitem-na, desde que encontrem no médium uma predisposição física ou moral que o torne acessível à sua influência. Ora, tal predisposição está no indivíduo e em causas pessoais anteriores, e não surgiram da mediunidade. Pode-se dizer que o exercício da faculdade é uma ocasião e não uma causa.

Mas, se algumas criaturas estão neste caso, outras há que oferecem uma resistência intransponível aos maus Espíritos, que a elas não se dirigem. Falamos de Espíritos realmente maus e malfeitores, os únicos realmente perigosos, e não de Espíritos levianos e zombeteiros, que se insinuam por toda parte.

A presunção de julgar-se invulnerável pelos maus Espíritos muitas vezes tem sido punida de modo cruel, porque eles jamais são impunemente desafiados pelo orgulho. O orgulho é a porta que lhes dá mais fácil acesso, pois ninguém oferece menos resistência do que o orgulhoso, quando é atacado pelo seu lado fraco. Antes de nos dirigirmos aos Espíritos, convém, pois, encouraçarmo-nos contra o assalto dos maus, assim como se marchássemos em terreno onde tememos picadas de cobras. Isto se consegue, inicialmente, pelo estudo prévio, que indica a rota e as precauções a tomar; em seguida, pela prece. Mas é necessário bem nos compenetrarmos de que, em verdade, o *único* preservativo está em nós, em nossa própria força, e *nunca* nas coisas exteriores, e que não há talismãs, nem amuletos, nem palavras sacramentais, nem fórmulas sagradas ou profanas que tenham a menor eficácia se não tivermos em nós mesmos as qualidades necessárias. Assim, essas qualidades é que devem ser adquiridas.

Se estivéssemos bem compenetrados do objetivo essencial e sério do Espiritismo; se nos preparássemos constantemente para o exercício da mediunidade por um fervoroso apelo a nosso anjo da guarda e aos nossos Espíritos protetores; se nos estudássemos, esforçando-nos por nos purificarmos de nossas imperfeições, os casos de obsessão mediúnica seriam ainda mais raros.

Infelizmente, muitos veem apenas o fato das manifestações. Não contentes com as provas morais que abundam em seu redor, querem a qualquer preço dar-se à satisfação de comunicar-se pessoalmente com os Espíritos, forçando o desenvolvimento de uma faculdade por vezes neles inexistente, guiados mais pela curiosidade do que pelo sincero desejo de melhorar-se. Disso resulta que, em vez de se envolverem numa atmosfera fluídica salutar; de se cobrirem com as asas protetoras de seus anjos guardiães; de buscarem o domínio das fraquezas morais, escancaram a porta aos Espíritos obsessores que os teriam atormentado de outra maneira e em outra ocasião, mas que aproveitam a que lhes é ofertada.

Que dizer, então, daqueles que fazem um jogo das manifestações e nelas veem apenas um motivo para distração e curiosidade ou nelas procuram meios de satisfazer a ambição, a cupidez ou os interesses materiais? É nesses casos que se pode dizer que o exercício da mediunidade pode provocar a invasão dos maus Espíritos. Sim, é perigoso brincar com essas coisas. Quantas pessoas leem *O Livro dos Médiuns* unicamente para saber como agir, porque o que mais lhes interessa é a receita ou a maneira de proceder! O lado moral do problema é acessório. Assim, não se deve imputar ao Espiritismo o que é resultado da imprudência.

Voltemos aos possessos de Morzine.

Aquilo que um Espírito pode fazer a uma criatura, vários Espíritos podem fazer sobre diversos indivíduos, simultaneamente, e dar à obsessão um caráter epidêmico. Uma nuvem de maus Espíritos pode invadir uma localidade e aí manifestar-se de várias maneiras. Foi uma epidemia de tal gênero que se alastrou na Judeia, ao tempo do Cristo, e, em nossa opinião, é uma epidemia semelhante que abateu-se sobre Morzine.

É o que procuraremos estabelecer num próximo artigo, no qual destacaremos os caracteres essencialmente obsessivos dessa afecção. Analisaremos os relatórios dos médicos que a observaram, entre outros o do Dr. Constant, bem como os meios de cura empregados, seja pela medicina, seja pelos exorcismos.

OS SERVOS

HISTÓRIA DE UM CRIADO

O caso descrito em nosso número de dezembro último, sob o título *O tugúrio e o salão,* lembra-nos outro, um tanto pessoal.

Numa viagem feita há dois anos, vimos, numa família da alta sociedade, um jovem criado, cujo rosto fino e inteligente nos chamou a atenção pelo ar de distinção. Nada, em suas maneiras, denotava inferioridade. Sua dedicação ao serviço dos amos não tinha essa obsequiosidade servil própria da gente de tal condição.

Voltando àquela família no ano seguinte, não mais vimos o rapaz e perguntamos se fora despedido. "Não", disseram-me, "ele foi passar uns dias em sua terra e morreu. Lamentamos muito, pois era um excelente empregado e tinha sentimentos *realmente acima de sua posição.* Era-nos muito dedicado e nos deu provas do maior devotamento."

Mais tarde veio-nos a ideia de evocá-lo. Eis o que ele nos disse:

1. – Em minha penúltima encarnação eu era, como se diz na Terra, de boa família, arruinada pela prodigalidade de meu pai. Muito cedo fiquei órfão e sem recursos. O Sr. de G... foi meu benfeitor. Educou-me como filho e deu-me uma boa educação, que me encheu de vaidade. Na última existência eu quis expiar meu orgulho, nascendo em condição servil e tive ocasião de provar minha dedicação ao meu benfeitor. Até lhe salvei a vida, sem que ele o tivesse notado. Era ao mesmo tempo uma prova, da qual tirei proveito, pois tive bastante força para não me corromper no contacto com um meio geralmente vicioso. A despeito dos maus exemplos, fiquei puro, pelo que dou graças a Deus por ter sido recompensado com a felicidade de que desfruto.

2. – Em que condições você salvou a vida do Sr. de G...?

– Num passeio a cavalo, em que só eu o seguia, percebi uma grande árvore que caía ao seu lado, sem que ele a visse. Chamei-o, com um grito terrível. Ele voltou-se bruscamente, enquanto a árvore caía aos seus pés. Sem o movimento que provoquei, ele teria sido esmagado.

NOTA: Ao ser relatado o fato ao Sr. de G..., ele lembrou-se perfeitamente.

3. – Por que você morreu tão jovem?

– Deus tinha julgado minha prova suficiente.

4. – Como você pôde tirar proveito da prova, se não tinha lembrança da vida anterior e da causa que a motivara?

– Em minha humilde posição, restava-me o instinto do orgulho, que tive a sorte de dominar. Isto tornou a prova proveitosa, sem o que eu teria de recomeçá-la. Em seus momentos de liberdade, o meu Espírito se recordava e, ao despertar, ficava-me um desejo intuitivo de resistir às tendências, que sentia serem más. Tive mais mérito na luta do que se me lembrasse do passado. A lembrança de minha antiga posição teria exaltado o meu orgulho, perturbando-me, ao passo que tive que lutar apenas contra o arrastamento da nova posição.

5. – Você havia recebido uma educação brilhante. De que isto lhe serviu na última existência, já que você não se recordava dos conhecimentos que havia adquirido?

– Esses conhecimentos teriam sido inúteis, e até mesmo um contrassenso, em minha nova situação. Ficaram latentes, e hoje eu os reencontro. Contudo, não me foram inúteis, pois desenvolveram minha inteligência. Instintivamente eu tinha gosto pelas coisas elevadas, o que me inspirava repulsa pelos exemplos baixos e ignóbeis que tinha sob meus olhos. Sem tal educação eu teria sido um simples criado.

6. – Os exemplos de servidores dedicados a seus amos até à abnegação, têm por causa vínculos anteriores?

– Sem dúvida. É pelo menos o caso mais comum. Por vezes tais criados são membros da própria família ou, como eu, devedores que pagam uma dívida de reconhecimento e cujo devotamento lhes ajuda a progredir. Não sabeis de todos os efeitos das simpatias e antipatias que essas relações anteriores produzem no mundo. Não! A morte não interrompe tais relações, que se perpetuam, às vezes, de um a outro século.

7. – Por que tais exemplos de devotamento dos servos são hoje tão raros?

– Sua causa é o espírito de egoísmo e de orgulho do vosso século, desenvolvido pela incredulidade e pelas ideias materialistas. A verdadeira fé é destruída pela cupidez e pelo desejo de ganho, e com ela os devotamentos. Trazendo os homens para o sentimento do verdadeiro, o Espiritismo fará renascer as virtudes esquecidas.

NOTA: Nada pode melhor que este exemplo ressaltar os benefícios do esquecimento das vidas anteriores. Se o Sr. de G... se tivesse recordado quem tinha sido seu jovem criado, ficaria muito constrangido e não o teria conservado naquela condição. Assim, teria entravado a prova que para ambos foi proveitosa.

BOÏELDIEU NA MILÉSIMA REPRESENTAÇÃO DA *DAMA BRANCA*

Os versos que se seguem, do Sr. Méry, foram recitados na milésima representação da *Dama Branca*, a 16 de dezembro de 1862, no teatro da Ópera-Cômica.

A BOÏELDIEU

Glória à peça onde, inteira, canta a melodia.
Obra de Boïeldieu, mil vezes aplaudida,
E, como no passado, tão nova em nossos dias!
Paris assiste, ainda, com o teatro repleto,
A Dama de Avenel, senhora, castelã!
Dez vezes centenária após trinta e seis anos!

Deu o autor tudo quanto o poeta
Inventou de melhor, a lira interpretou,
E o mestre inspirado foi prodigalizando,
O encanto que o verbo jamais nos descreveu:
O tom que faz sonhar, o tom que faz sorrir,
A alegria do espírito, o êxtase do amor!
É que a melodia, cuja graça suprema
Brilha na voz, na orquestra e no poema,
Não foi ultrapassada pela arte da noite,
Pois que Boïeldieu – eis a sua vitória –
Faz o público artista e fala ao auditório
A linguagem do amor, que abarca o Universo!

Com que felicidade varia o grande mestre
Os inspirados tons pela musa querida!
Que cascatas de ouro caem da sua lira!
E que luzes nos vêm da escocesa bruma!
Nesta obra, sobretudo, a música francesa
Nada tem a temer entre os Alpes e o Reno!

Cabe-nos, pois, festejar este nobre milésimo,
Que eleva sua peça às culminâncias.
E depois... conhecemos o segredo do Além?
Quem sabe? Talvez plane sob essa abóbada
Uma sombra, esta noite, alegre a escutar,
Um auditor a mais que não podemos ver!

Todos os espíritas devem ter notado esta última estrofe, que não poderia corresponder melhor ao seu pensamento, nem melhor exprimir a presença, em nosso meio, do Espírito dos que deixaram seus despojos mortais. Para os materialistas é um simples jogo de imaginação do poeta, porque, em sua opinião, do homem de gênio cuja memória se celebrava nada resta, e as palavras que lhe eram dirigidas se perdiam no vácuo, sem achar eco. As recordações e os pesares que deixou, nada representam; ainda mais: sua vasta inteligência é mero acaso da Natureza e de sua organização.

Onde estaria, então, o seu mérito? Não o teria mais por haver composto suas obras-primas do que os realejos que as executam. Tal pensamento não tem algo de glacial, diremos mais, de profundamente imoral? E não é triste ver homens de talento e de ciência preconizá-los em seus escritos e, do alto de suas cátedras, ensiná-lo à juventude das escolas, buscando provar-lhes que apenas o nada nos espera e que, consequentemente, aquele que pôde ou soube subtrair-se à justiça humana, nada mais tem a temer? Tal ideia – não é demais repetir – é eminentemente subversiva da ordem social, e cedo ou tarde os povos sofrem as terríveis consequências de sua predominância, pelo desenvolvimento das paixões, porque seria o mesmo que lhes dizer: Podeis impunemente fazer o que quiserdes, desde que sejais os mais fortes.

Essa ideia, contudo – temos que convir, em louvor à Humanidade – encontra um sentimento de repulsa nas massas. Perguntamos que efeito teria o poeta sobre o público se, em

20 | REVISTA ESPÍRITA

vez daquela imagem tão verdadeira, tão empolgante e tão consoladora da presença do Espírito de Boïeldieu em meio ao numeroso auditório, feliz com as homenagens à sua obra, tivesse ele dito: Do homem que lamentamos, nada resta senão o que foi para o túmulo e que se decompõe dia após dia. Mais alguns anos e nem mesmo o seu pó restará, mas do seu ser pensante nada resta. Ele entrou no nada, de onde havia saído. Ele não mais nos vê nem nos escuta. E vós, seu filho aqui presente, que venerais a sua memória, vossos lamentos não mais o atingem. Em vão o chamais em vossas preces ardentes. Ele não poderá vir, porque não existe mais. A tumba fechou-se para sempre sobre ele. Em vão esperais revê-lo ao deixar a Terra, porque também entrareis no nada, como ele. Em vão lhe pedireis apoio e conselho. Ele vos deixou só e bem só. Credes que ele continua a ocupar-se de vós, que está ao vosso lado, que está aqui, entre nós? Ilusão de um espírito fraco. Dizeis que sois médiuns e credes que ele pode manifestar-se a vós! Superstição renovada da Idade Média; efeito de vossa imaginação, que se reflete em vossos escritos.

Perguntamos o que teria dito o auditório diante de tal quadro. É este, entretanto, o ideal da incredulidade.

Escutando esses versos, certamente alguns assistentes terão pensado: "Linda ideia! Isto é impressionante!."

Outros, em maior número, terão pensado: "Pensamento suave e consolador, que aquece o coração!" Contudo, poderão ter acrescentado: "Se a alma de Boïeldieu aqui está, como é ela? Sob que forma ela se apresenta? É uma chama, uma centelha, um vapor, um sopro? Como ela vê e escuta?"

É exatamente tal incerteza quanto ao estado da alma que faz nascer a dúvida. Ora, o Espiritismo vem dissipar tal incerteza, dizendo: Ao morrer, Boïeldieu deixou apenas seu envoltório pesado e grosseiro, mas sua alma conservou o envoltório fluídico indestrutível. De agora em diante, livre do entrave que o prendia ao solo, ele pode elevar-se e transpor o espaço. Ele está aqui sob sua forma humana, mas aérea, e se o véu que o subtrai à nossa vista fosse levantado, veríamos Boïeldieu indo e vindo, ou pairando sobre a multidão, e com ele, milhares de Espíritos, em seus corpos etéreos, vindo associar-se ao seu triunfo.

Ora, se o Espírito de Boïeldieu aqui está, é que ele se interessa pelo que aqui se passa e que ele se associa ao pensamento dos assistentes.

Por que, então, não daria a conhecer seu próprio pensamento, se pode fazê-lo? É tal poder que o Espiritismo constata e confirma. Seu envoltório fluídico, por mais invisível e etéreo que seja, não deixa de ser uma espécie de matéria. Durante a vida, ele servia de intermediário entre sua alma e seu corpo. Por intermédio dele a alma transmitia sua vontade, à qual o corpo obedecia, e por ele a alma recebia as sensações experimentadas pelo corpo. Numa palavra, ele é o traço de união entre o Espírito e a matéria propriamente dita.

Agora que ele se acha desembaraçado do seu envoltório corpóreo, associando-se, por simpatia, a outro Espírito encarnado, ele pode, de certo modo, utilizar momentaneamente seu corpo para exprimir seu pensamento pela palavra ou pela escrita, isto é, por via mediúnica, ou seja, por um intermediário.

Assim, da sobrevivência da alma à ideia de que ela pode estar em nosso meio há apenas um passo. Dessa ideia à possibilidade de sua comunicação, a distância não é grande. Tudo está em nos darmos conta da maneira pela qual se opera o fenômeno. Vê-se, pois, que a Doutrina Espírita, dando como uma verdade as relações entre os mundos visível e invisível, não preconiza uma coisa tão excêntrica quanto pretendem alguns, e a solidariedade que ela prova existir entre esses dois mundos é a porta que abre os horizontes do futuro.

Após a leitura dos versos do Sr. Méry na Sociedade Espírita de Paris, na sessão de 19 de dezembro de 1862, a Sra. Costel recebeu do Espírito de Boïeldieu a seguinte comunicação:

"Sinto-me feliz em poder manifestar meu reconhecimento aos que, celebrando o velho músico, não esqueceram o homem. Um poeta – os poetas são adivinhos – sentiu o sopro da minha alma, ainda possuída de harmonia. A música ressoava em seus versos ricos de inspiração nos quais vibrava também uma nota comovida, que fazia planar acima dos vivos o vulto feliz daquele que festejavam.

"Sim, eu assistia à festa comemorativa do meu talento humano e acima dos instrumentos eu ouvia uma voz mais melodiosa que a melodia terrena que cantava a morte despojada de seu antigo terror e aparecendo não mais como uma sombria divindade do Erebo, mas como a estrela brilhante da esperança e da ressurreição.

"A voz cantava também a união dos Espíritos com seus irmãos encarnados. Suave Mistério! Fecunda união que completa o homem e lhe traz as almas que em vão ele chamava do silêncio do túmulo.

"Precursor dos tempos, o poeta é abençoado por Deus. Cotovia matutina, ele celebra a aurora das ideias muito antes que elas surjam no horizonte. Mas eis que a revelação sagrada se espalha como uma bênção sobre todos, e todos, como o poeta amado, sentis em redor de vós a presença daqueles que são evocados pela vossa lembrança."

BOÏELDIEU

CARTA SOBRE O ESPIRITISMO

(EXTRAÍDA DO *RENARD*, JORNAL HEBDOMADÁRIO DE BORDÉUS, DE 1.º DE NOVEMBRO DE 1862)

Ao senhor Redator Chefe do Renard

Sr. Redator,
Se o assunto que aqui abordo não vos parece muito batido nem muito extensamente tratado, peço-vos a inserção desta carta no próximo número de vosso estimado jornal.

Algumas palavras sobre o Espiritismo: É uma questão muito controvertida e que hoje preocupa a muitos Espíritos, que tudo quanto um homem leal e seriamente convicto possa escrever acerca deste assunto não pode a ninguém parecer ocioso ou ridículo.

A ninguém quero impor minhas convicções, pois não tenho a idade nem a experiência ou a inteligência necessárias para ser um Mentor. Quero apenas dizer a todos os que, apenas conhecendo essa teoria de nome, estão dispostos a acolher o Espiritismo pela troça ou por um desdém simpático: Façam como eu fiz. Tentai, em primeiro lugar, instruir-vos, e depois tereis o direito de desdenhar ou atacar.

Há um mês, Sr. Redator, eu tinha apenas uma vaga ideia do Espiritismo. Apenas sabia que essa descoberta, ou essa utopia, para a qual fora inventado um vocábulo novo, repousava sobre fatos (verdadeiros ou falsos), de tal modo sobrenaturais, que eram, de saída, rejeitados por todos os homens que não acreditam em nada que lhes causa admiração, que jamais assimilam um progresso senão a reboque de todo o seu século, e que, novos Tomés, só se convencem quando tocam.

Como eles, confesso-o, eu estava disposto a rir dessa teoria e de seus adeptos. Mas, antes de rir, quis saber do que ria, e apresentei-me numa sociedade de espíritas, em casa do Sr. E... B... Diga-se de passagem que o Sr. B... pareceu-me um espírito reto, sério e esclarecido, cheio de uma convicção suficientemente forte para deter o riso nos lábios de um trocista, porque, digam o que disserem, uma convicção sólida sempre se impõe.

Ao fim da primeira sessão eu já não ria, mas ainda duvidava, e o que sentia, sobretudo, era um enorme desejo de instruir-me, uma impaciência febril para assistir a novas provas.

Foi o que fiz ontem, Sr. redator, e agora não mais duvido. Sem falar de algumas informações pessoais que me foram transmitidas sobre coisas ignoradas tanto pelo médium quanto por todos os membros da Sociedade, vi fatos para mim irrefutáveis.

Sem fazer aqui – e o compreendereis por quê – qualquer reflexão sobre o grau de instrução e inteligência do médium, declaro impossível a alguém que não seja um Bossuet ou um Pascal, responder imediatamente, de modo tão claro quanto possível, com uma velocidade, por assim dizer, mecânica, e em estilo conciso, elegante e correto, várias páginas sobre perguntas tais como esta: "Como conciliar o livre-arbítrio com a presciência divina?", isto é, sobre os mais árduos problemas da metafísica.

Eis o que vi, senhor redator, e muitas coisas mais, que deixo de citar nesta carta, já bem longa. Escrevo-a, repito, a fim de, se possível, inspirar a alguns dos vossos leitores o desejo de instruir-se. Depois, como eu, talvez se convençam.

Tibulle Lang
Antigo aluno da Escola Politécnica.

ALGUMAS PALAVRAS SOBRE O ESPIRITISMO

(EXTRAÍDO DO *ÉCHO DE SÉTIF,* ARGÉLIA,
DE 9 DE NOVEMBRO DE 1862)

De algum tempo para cá, o mundo se agita, arrepia-se e busca. Sua alma sofre e tem grandes necessidades.

24 | REVISTA ESPÍRITA

Admitamos que o Espiritismo não exista, e que tudo quanto se diz a respeito seja produto do erro e da alucinação de alguns espíritos doentes. Mas nada significa ver seis milhões de criaturas afetadas pelo mesmo mal em sete ou oito anos? Por mim, vejo nisto muitas coisas. Vejo o pressentimento de grandes acontecimentos, porque, em todas as épocas, às vésperas de fases marcantes, o mundo sempre esteve inquieto, até turbulento, sem se dar conta de seu mal-estar.

O que hoje há de certo é que, após ter atravessado uma época de materialismo horrível, ele experimenta a necessidade de uma crença espiritualista racional. Ele deseja crer com conhecimento de causa, se assim posso me exprimir. Eis as causas de sua doença, se admitirmos que há uma doença.

É temerário dizer-se que nada existe no fundo desse movimento.

Um escritor, que não tenho a honra de conhecer, acaba de publicar, no *Écho de Sétif* de 18 de setembro último, um artigo de profunda reflexão. Ele confessa não conhecer o Espiritismo, mas indaga se ele é possível, se pode existir, e suas buscas levaram-no a concluir que o Espiritismo não é impossível.

Seja como for, os espíritos têm hoje o direito de se alegrarem, porque homens de escol querem consagrar uma parte de seus estudos à busca do que uns chamam de verdade, outros de erro.

No que me concerne, posso atestar um fato: é que vi coisas em que não se pode acreditar sem tê-las visto.

Há uma parte muito esclarecida da Sociedade que não nega precisamente o fato, mas toma as comunicações neles contidas como vindas diretamente do inferno. É o que não posso admitir, em face de comunicações como esta:

"Crede em Deus, criador e organizador das esferas; amai a Deus, criador e protetor das almas... *Assinado*: Galileu."

Nem sempre o diabo falou assim. Se assim fosse, os homens lhe teriam conferido uma reputação imerecida. E, se é certo tenha ele faltado com o respeito a Deus, confessemos que pôs muita água em seu vinho.

Eu também fui incrédulo e não podia convencer-me de que Deus permitisse ao nosso Espírito, malgrado nosso, comunicar-se com o Espírito de uma pessoa viva. Contudo, tive de me render à evidência. Pensei, e um adormecido respondeu-me clara e categoricamente. Nenhum som, nenhum abalo produziu-se em meu cérebro. O Espírito do adormecido correspondeu-se com o meu, a despeito da minha vontade. Eis o que atesto.

Antes dessa descoberta, eu pensava que Deus havia posto uma barreira intransponível entre o mundo material e o mundo espiritual. Enganei-me, eis tudo. Parece que quanto mais eu era incrédulo, mais queria Deus esclarecer-me, pondo sob os meus olhos fatos extraordinários e patentes.

Eu mesmo quis escrever, para não ser mistificado por um terceiro, porém, minha mão jamais fez o menor movimento. Pus a pena na mão de um garoto de quatorze anos e ele adormeceu sem que eu o quisesse. Vendo isto, retirei-me para o jardim, convicto de que essa pretensa verdade era um sonho. Entretanto, ao voltar à sala, verifiquei que o rapaz havia escrito. Aproximei-me para ler e, com grande surpresa, vi que ele havia respondido a todas as minhas perguntas mentais. Protestando sempre, a despeito do fato, e querendo acordar o dorminhoco, mentalmente fiz uma pergunta sobre História Antiga. Sem hesitar, o dorminhoco respondeu categoricamente.

Paremos aqui e façamos algumas observações em poucas palavras. Supondo que não tenha havido intervenção de Espíritos dum outro mundo, resta sempre o fato de que o Espírito do adormecido e o meu estavam em perfeita correspondência. Em minha opinião, aqui está um fato merecedor de estudo. Mas há homens tão sábios que nada mais têm a aprender e preferem dizer que sou um louco.

Um louco, que seja! Mais tarde, porém, veremos quem está errado.

Se eu tivesse articulado uma só palavra; se eu tivesse feito o menor gesto, não me teria convencido. Mas eu não me mexi; eu não falei. Que digo? Eu nem respirei!

Então! Há um sábio que queira conversar comigo sem dizer uma palavra ou sem me escrever? Há alguém que queira traduzir meu pensamento sem me conhecer, sem me ter visto? E, o que é mais grave, não posso enganá-lo, mesmo lhe falando, sem que ele o suspeite? Isto não aconteceria com o médium em questão. Experimentei muitas vezes sem sucesso.

Se me permitirdes, darei a seguir algumas das comunicações que obtive.

C...

RESPOSTA A UMA PERGUNTA SOBRE O ESPIRITISMO, DO PONTO DE VISTA RELIGIOSO

Um residente de Bordéus, a quem não temos a honra de conhecer, manda-nos a pergunta que se segue, que julgamos preferível responder pela *Revista,* para instrução de todos:

"Li numa de vossas obras: 'O Espiritismo não se dirige àqueles que têm uma fé religiosa qualquer, com o fito de desviá-los, e aos quais essa fé basta a sua razão e a sua consciência, mas à numerosa categoria dos incertos e dos incrédulos etc.'

"Ora, por que não? Não deveria o Espiritismo, que é a verdade, dirigir-se a todo mundo? a todos os que estão no erro? Ora, os que creem numa religião qualquer, protestante, judaica, católica ou qualquer outra, não estão no erro? Sem dúvida, porque as diversas religiões professadas hoje dão como verdades incontestáveis e nos obrigam a crer em coisas completamente falsas ou, pelo menos, em coisas que podem vir de fontes verdadeiras, mas inteiramente mal interpretadas. Se está provado que as penas são apenas temporárias – e Deus sabe se é um leve erro confundir o temporário com o eterno; – se o fogo do inferno é uma ficção e se, em vez de uma criação em seis dias se trata de milhões de séculos etc.; se tudo isto está provado, digo eu, partindo do princípio que a verdade é *uma,* as crenças às quais deu lugar uma interpretação tão falsa desses dogmas não são nem mais nem menos do que falsas, pois uma coisa é ou não é. Não há meio termo.

"Por que, então, o Espiritismo não se dirigiria também a todos os que acreditam em absurdos, para dissuadi-los, como aos que em nada creem ou que duvidam etc.?"

Aproveitamos a oportunidade da carta da qual extraímos as passagens acima, para lembrar, mais uma vez, o objetivo essencial do Espiritismo, sobre o qual o autor da carta não parece bastante convicto.

Pelas provas patentes que ele dá da existência da alma e da vida futura, base de todas as religiões, ele é a negação do materialismo e, consequentemente, se dirige aos que negam ou duvidam. É evidente que aquele que não crê em Deus nem na alma não é católico, nem judeu, nem protestante, seja qual for a religião em que nasceu, pois nem mesmo seria maometano ou budista. Ora, pela evidência dos fatos, ele é levado a crer na vida futura, com todas as suas consequências morais. A seguir, ele é livre para adotar um culto que melhor lhe convenha à razão ou à consciência. Aí, porém, termina o papel do Espiritismo. Ele ajuda a percorrer três quartos do caminho; a transpor o passo mais difícil, o da incredulidade. Aos outros cabe fazer o resto.

– Mas, poderá perguntar o autor da carta, e se nenhum culto me convém?

– Ora! Então, permanecei o que sois. Aí o Espiritismo nada pode. Ele não se encarrega de vos fazer abraçar um culto à força, nem de discutir para vós o valor intrínseco dos dogmas de cada um. Ele deixa isto a vossa consciência. Se o que o Espiritismo dá não vos basta, buscai, entre todas as filosofias existentes, uma doutrina que melhor satisfaça a vossas aspirações.

Os incrédulos e os que duvidam formam uma classe muito numerosa, e quando o Espiritismo diz que não se dirige aos que têm uma fé qualquer, e aos quais essa fé basta, entende que ele não se impõe a ninguém e não violenta nenhuma consciência. Dirigindo-se aos incrédulos, chega a convencê-los pelos meios que lhe são próprios; pelos raciocínios que ele sabe terem acesso a sua razão, considerando-se que os outros foram impotentes. Numa palavra, ele tem o seu método, com o qual, diariamente, obtém belíssimos resultados. Entretanto, ele não tem uma doutrina secreta. Ele não diz a uns: abri os ouvidos, e a outros: fechai-os. A todos fala pelos seus escritos, e cada um é livre de adotar ou rejeitar sua maneira de encarar as coisas. Assim, faz crentes fervorosos dos que eram incrédulos. Eis tudo o que ele quer.

Àquele que dissesse: "Tenho minha fé e não quero mudá-la; creio na eternidade absoluta das penas, nas chamas do inferno e nos demônios; continuo até crendo que é o Sol que gira, porque a Bíblia o diz, e creio ser este o preço de minha salvação", responde o Espiritismo: "Guardai vossas crenças, já que elas vos convêm; ninguém procura vos impor outras. Eu não me dirijo a vós, pois nada quereis de mim." E nisto ele é fiel a seu princípio de respeitar a liberdade de consciência. Se alguém se julga em erro, é livre de fitar a luz, que brilha para todos. Os que se julgam certos têm liberdade de desviar o olhar.

Mais uma vez, o Espiritismo tem um objetivo do qual não quer nem deve afastar-se. Ele sabe o caminho que deve seguir e segui-lo-á sem se desviar pelas sugestões dos impacientes. Cada coisa vem a seu tempo e querer ir muito depressa é frequentemente recuar em vez de avançar.

Ainda duas palavras ao autor da carta:

Parece-nos haver uma falsa aplicação do princípio de que a verdade é *uma*, concluindo-se que certos dogmas, como o das penas futuras e da criação, receberam uma interpretação errada, e que tudo deve ser falso na religião. Não vemos todos os dias as ciências positivas reconhecendo certos erros de detalhes, sem que, por isso, a Ciência esteja radicalmente errada? A Igreja não se pôs de acordo com a Ciência em relação a certas crenças de que outrora fazia artigo de fé? Ela não reconhece hoje a lei do movimento da Terra e dos períodos geológicos da criação, que havia condenado como heresias? Quanto às chamas do inferno, toda a alta teologia concorda que é uma imagem e que por ela se deve entender um fogo moral e não material. Sobre vários outros pontos, as doutrinas são menos absolutas do que outrora. Daí pode concluir-se que um dia, cedendo à evidência dos fatos e provas materiais, ela compreenderá a necessidade de uma interpretação em harmonia com as leis da Natureza, sobre pontos ainda controvertidos, porque nenhuma crença poderia legitimamente nem racionalmente prevalecer contra essas leis. Deus não pode contradizer-se estabelecendo dogmas contrários a suas leis eternas e imutáveis, e o homem não pode pretender pôr-se acima de Deus, decretando a nulidade dessas leis. Ora, a Igreja, que compreende esta verdade para certas coisas, compreendê-la-á igualmente quanto a outras, notadamente no que concerne ao Espiritismo, em todos os pontos fundados sobre as leis da Natureza, ainda mal compreendidas, mas que são a cada dia mais bem compreendidas.

Não nos devemos apressar a rejeitar o todo porque certas partes são obscuras e defeituosas, e cremos útil, a propósito, lembrar a fábula *A Macaca, o Macaco e a Noz*.

IDENTIDADE DE UM ESPÍRITO ENCARNADO

Estando em viagem, nosso colega, Sr. Delanne, nos transmite o relato seguinte, sobre a evocação do Espírito de sua esposa, viva, que ficara em Paris.

"...A 11 de dezembro último, estando em Lille, evoquei o Espírito de minha mulher, às 11h30 da noite. Ela me disse que uma de suas parentas casualmente havia dormido com ela. O fato deixou-me dúvidas, pois não julgava isso possível, mas, dois dias depois, dela recebi uma carta, confirmando a realidade. Remeto a minha conversa, embora nada encerre de particular, porque oferece uma prova de identidade.

1. – Estás aí, querida amiga?

– Sim, meu gordo. (É seu termo favorito).

2. – Vês os objetos que me rodeiam?

– Vejo-os bem. Estou feliz por estar perto de ti. Espero que estejas bem agasalhado! (Eram 11h30; eu acabara de chegar de Arras; o quarto não tinha aquecimento; eu estava envolvido na capa de viagem e ainda não tinha tirado meu cachenê).

3. – Estás contente por ter vindo sem o corpo?

– Sim, meu amigo. Eu te agradeço. Tenho o corpo fluídico, o perispírito.

4. – És tu que me fazes escrever? Onde te postas?

– Junto a ti. Certamente tua mão ainda tem dificuldade em mover-se.

5. – Estás bem adormecida?

– Não, ainda não muito bem.

6. – Teu corpo te retém?

– Sim, sinto que me retém. Meu corpo está um pouco doente, mas o Espírito não sofre.

7. – Durante o dia tiveste a intuição de que te evocaria esta noite?

– Não, contudo não posso definir o que me dizia que eu te veria. (Neste instante tive um acesso de tosse). Tu tosses sempre, amigo; cuida-te um pouco.

8. – Podes ver meu perispírito?

– Não. Só posso distinguir o corpo material.

9. – Tu te sentes mais livre e melhor do que com o corpo?

– Sim, porque não sofro mais. (Em carta posterior eu soube que ela efetivamente havia estado indisposta).

10. – Vês Espíritos em volta de mim?

– Não, posto o deseje muito.

11. – Receias estar só em casa?

– *Adélia está comigo.* (Esta parenta jamais dorme em nossa casa; só a vemos raramente).

12. – Como é que Adélia está contigo? Ela dormiu contigo?
– Sim, por acaso.

13. – És tu mesma que falas comigo, cara esposa?
– Sim, amigo. Sou eu mesma.

14. – Vês bem claro aqui?
– Sim, tudo irradia melhor que tua fraca lâmpada. (Eu não tinha senão uma vela, num quarto grande).

15. – Tu te comunicas comigo por intuição ou mecanicamente?
– Eu atuo mais particularmente sobre o teu cérebro, que é adequado para receber mais facilmente; contudo, ao mesmo tempo, dirijo tua mão.

16. – Como podes ver que meu cérebro é apto a receber as comunicações espíritas?
– É pelo desenvolvimento adquirido por teus órgãos há pouco tempo, o que prova que foi preciso... (Neste instante soa meia noite e o Espírito para).

17. – Ouves o som do pêndulo?
– Sim, mas eu continuo impressionada com esse som inusitado. Ele é parecido com a música celeste que eu ouvi no sonho que te contei. (Com efeito, pouco antes de minha partida ela tinha tido um sonho delicioso, no qual ouvira uma harmonia singular. Nesse momento, tenho certeza de que eu não pensava no sonho, que havia esquecido completamente. Assim, não podia ser reflexo de meu pensamento, porque, como ninguém mais dele tinha conhecimento, e na ocasião eu estava só, vi nessa revelação espontânea uma nova prova da identidade do Espírito de minha mulher. O Espírito termina espontaneamente a frase começada acima) ... muita força em tão pouco tempo.

18. – Queres que eu evoque meu anjo da guarda para controlar tua identidade? Isto te aborreceria?
– Podes fazê-lo.

19. (Ao meu anjo da guarda) – É mesmo o Espírito de minha mulher que acaba de me falar?
– É tua esposa que te fala e está satisfeita por te ver.

20. (À minha mulher) – Viste meu anjo da guarda?
– Sim. Ele é resplandecente de luz. Apenas apareceu e desapareceu.

21. – Ele te viu?
– Sim, olhou-me com olhos de uma celeste clemência, e eu, confusa, prostrei-me. Adeus, meu gordo. Sinto-me forçada a deixar-te.

OBSERVAÇÃO: Se o controle se tivesse limitado à resposta do anjo da guarda, teria sido insuficiente, pois, por sua vez, teria sido preciso controlar o anjo da guarda, quanto à identidade, porque um Espírito enganador poderia ter usurpado o nome. Nada há, nessa simples afirmação, que revele a sua qualidade. Em casos semelhantes, é sempre preferível controlar por um médium estranho que não esteja sob a mesma influência. Invocar um Espírito para controlar outro nem sempre oferece garantia suficiente, sobretudo se se pede permissão ao suspeito. No caso em tela, encontramos uma prova na descrição que o Espírito faz do anjo da guarda. Um Espírito enganador não poderia ter tomado aquele aspecto celeste. Aliás, reconhece-se, em todas as suas respostas, um caráter de veracidade que a charlatanice não poderia simular.

SESSÃO DA NOITE SEGUINTE

22. – Estás aqui?

– Sim. Vou dizer o que te preocupa: É Adélia. Então! Sim, ela dormiu realmente comigo, eu te juro.

23. – Teu corpo está melhor?

– Sim. Não era nada.

24. – Hoje vês Espíritos perto de ti?

– Ainda não vejo nada, mas pressinto algum, pois estou inquieta por estar só.

25. – Ora, minha boa amiga, e talvez melhores.

– Sim. É o que vou fazer. Dize comigo: "Meu Deus, grande e justo, abençoai-nos e absolvei-nos de nossas iniquidades; perdoai aos vossos filhos que vos amam; dignai-vos inspirar-lhes as vossas virtudes e concedei-lhes a graça insigne de um dia serem contados entre os vossos eleitos. Que a dor terrestre nada lhes pareça em comparação com a felicidade que reservais aos que vos amam sinceramente. Absolvei-nos, Senhor, e prodigalizai-nos vossos benefícios pela intercessão divina da pura e angélica Santa Maria, mãe dos pecadores e a misericórdia encarnada."

OBSERVAÇÕES: Esta prece, improvisada pelo Espírito, é de uma tocante simplicidade.

O Sr. Delanne não conhecia o fato relativo a Adélia senão pelo que havia dito o Espírito de sua esposa, e era tal fato que lhe suscitava dúvidas. Tendo-lhe escrito a respeito, recebeu a seguinte resposta:

"...Adélia veio realmente ontem à tarde, por acaso. Convidei-a a ficar, não por medo, do qual me rio, mas para tê-la comigo. Vês que ficou e dormiu comigo. Fiquei perturbada estas duas últimas noites; sentia um certo mal-estar, do qual não me dava bem conta. Era uma força invencível que me forçava a dormir. Eu estava como que aniquilada. Mas me sinto tão feliz por ter ido ver-te!..."

A BARBÁRIE NA CIVILIZAÇÃO

HORRÍVEL SUPLÍCIO DE UM NEGRO

Uma carta de Nova Iorque, datada de 5 de novembro e dirigida à *Gazette des Tribunaux*, contém os seguintes e horríveis detalhes da terrível tragédia ocorrida em Dalton, condado de Carolina, em Maryland:

"Recentemente um jovem negro foi preso sob a acusação de atentado ao pudor, na pessoa de uma jovem branca. Graves suspeitas pesavam sobre ele. A mocinha, objeto de suas violências criminosas, declarava reconhecê-lo perfeitamente. O acusado tinha sido recolhido à prisão de Dalton. Ali estava apenas há algumas horas, quando uma grande multidão, aos gritos de cólera e vingança, reclamava a entrega do pobre negro.

"Os representantes da ordem e da autoridade, vendo a impossibilidade de defender, à viva força, o seu prisioneiro contra a multidão irritada, em vão tentaram acalmá-la com insistentes discursos. Suas palavras em favor da lei e da justiça regular foram recebidas com assovios.

"A massa, cujo número crescia sem cessar, começou a atirar pedras na cadeia. Alguns tiros de pistola foram disparados contra os agentes da autoridade, sem atingi-los. Compreendendo que a resistência era impossível, abriram as portas da prisão. Após um imenso hurrah! de satisfação, a multidão precipitou-se com furor. Apoderou-se do prisioneiro e arrastou-o, em meio aos gritos de cólera dos assistentes e de súplicas da vítima, para o centro da praça principal da cidade.

"Constituiu-se um júri imediatamente. Depois de examinados pro forma os fatos do processo, o acusado foi declarado culpado e condenado à forca, imediatamente. Passaram uma corda por uma árvore e o executaram. Enquanto o negro se debatia nas convulsões da morte, era vítima dos insultos e violências dos espectadores. Deram-lhe vários tiros de pistola, assim aumentando a tortura da morte.

"Ébria de cólera e de vingança, a multidão não esperou que o corpo estivesse completamente imóvel para tirá-lo da corda, e desfilou com o seu troféu ignóbil pelas ruas de Dalton. Homens e mulheres, e até crianças, aplaudiam os ultrajes feitos ao cadáver do pobre negro.

"Mas o furor do povo não devia parar aí. Depois de percorrer a cidade de Dalton em todos os sentidos, eles foram para a frente de uma igreja de negros. Foi feita uma enorme fogueira, e depois de cortado e mutilado o cadáver, a multidão, em meio a ruidosas manifestações, lançou nas chamas os membros e os fragmentos de carne."

Este relato deu lugar à seguinte pergunta, feita na Sociedade Espírita de Paris, a 28 de novembro de 1862:

"Compreende-se exemplos de ferocidade isolados e individuais entre gente civilizada. O Espiritismo os explica, dizendo provirem de Espíritos inferiores, de certo modo extraviados numa sociedade mais avançada. Mas, nesse caso, tais indivíduos, em toda a sua vida, revelaram a sua baixeza de instintos.

O que se compreende com mais dificuldade é que uma população inteira, que deu provas da superioridade de sua inteligência, e mesmo, em outras circunstâncias, de sentimentos humanitários; que professa uma religião de suavidade e de paz, possa ser tomada por tal vertigem sanguinária, e se repaste, com raiva selvagem, nas torturas de uma vítima. Eis aqui um problema moral sobre o qual pediremos aos Espíritos a bondade de nos instruir."

(SOCIEDADE ESPÍRITA DE PARIS,
28 DE NOVEMBRO DE 1862)

(Médium: Sr. A. de B...)

O sangue derramado nas regiões célebres até hoje por suas tendências para o progresso humano é uma chuva de maldição, e a ira do Deus justo não tardará muito a se abater sobre a região onde, com tanta frequência, se realizam abominações semelhantes a esta cuja leitura acabaram de ouvir. Em vão tenta-se dissimular para si mesmo as consequências que elas forçosamente determinam. Em vão quer-se atenuar a importância do crime. Se ele é por si mesmo horroroso, não o é menos pela intenção que levou a cometê-lo com tão horríveis refinamentos e com encarniçamento tão bestial. O interesse! O interesse humano! Os prazeres sensuais, as satisfações do orgulho e da vaidade foram também seu móvel, como em outras ocasiões, e as mesmas causas originarão efeitos semelhantes, causas, por sua vez, dos efeitos da cólera celeste, de que são ameaçadas tantas iniquidades.

Credes que não haja progresso real senão o da indústria, de todos os recursos e de todas as artes que tendem a atenuar os rigores da vida material e a aumentar os prazeres de que se querem saciar? Não. Não se resume nisso o progresso necessário à elevação dos Espíritos, que só temporariamente são humanos e que não devem ligar às coisas humanas senão o interesse secundário que elas merecem. O aperfeiçoamento do coração; as luzes da consciência; a difusão dos sentimentos de solidariedade universal dos seres e da fraternidade entre os humanos, são as únicas marcas autênticas que distinguem um povo na marcha do progresso geral.

Só por estes caracteres se reconhece uma nação como a mais adiantada. Mas, aquelas que em seu seio alimentam sentimentos de orgulho exclusivo e que não veem tal porção da Humanidade senão como uma raça servil, feita para obedecer e sofrer, essas experimentarão, não tenhais dúvidas, o nada de suas pretensões e o peso da vingança do Céu.

Teu pai, V. de B...

DISSERTAÇÕES ESPÍRITAS

PROXIMIDADE DO INVERNO

(Sociedade Espírita de Paris, 27 de dezembro de 1862)
(Médium: Sr. Leymarie)

Meus bons amigos, quando o frio chega e tudo falta em casa dessa brava gente, porque não viria eu, vosso antigo condiscípulo, vos lembrar nossa palavra de ordem, a palavra *caridade*? Dai. Dai tudo quanto pode dar o vosso coração, em palavras, em consolo, em cuidados benévolos. O amor a Deus está em vós, se souberdes cumprir, como fervorosos espíritas, o mandato que vos é confiado.

Nos instantes livres, quando o trabalho vos permite o repouso, procurai aquele que sofre moral ou fisicamente. A um, dai esta força que consola e fortalece o Espírito, a outro dai aquilo que sustenta e faz calar tanto as apreensões da mãe cujos braços estão desocupados, quanto o lamento da criança que pede pão.

As geadas vieram; uma brisa fria rola a poeira; em breve a neve. É a hora em que deveis caminhar e procurar. Quantos pobres envergonhados se ocultam e gemem em segredo, sobretudo o pobre de luto, que tem todas as aspirações e sente as primeiras necessidades. Para esses, meus amigos, agi com prudência. Que a vossa mão alivie e cure, mas que também possa a voz do coração apresentar delicadamente o óbolo que penosamente pode ferir o amor-próprio do homem bem-educado.

Repito-o: É preciso dar, mas saber dar bem. Deus, o dispensador de tudo, oculta os seus tesouros, as suas espigas, as suas flores e os seus frutos, entretanto, os seus dons, que secreta e laboriosamente germinaram na seiva do tronco e da haste, nos chegam sem que sintamos a mão que os dispensou. Fazei como Deus. Imitai-o, e sereis abençoados.

Oh! Como é belo e bom ser útil e caridoso; saber erguer-se, erguendo os outros; esquecer as pequenas necessidades egoísticas da vida para praticar a mais nobre atribuição da Humanidade, a que nos torna verdadeiros filhos do Criador!

E que ensinamento para os vossos! Vossos filhos vos imitam; vosso exemplo dá frutos, porque todo ramo bem enxertado produz em abundância. O futuro espiritual da família depende sempre da forma que derdes a todas as vossas ações.

Eu vos digo, e nunca seria demais repetir, que ganhareis espiritualmente se derdes e consolardes, porque Deus vos dará e vos consolará em seu reino, que não é deste mundo. Neste, a família que honra e bendiz o seu chefe inteligente nesta parcela de realeza que Deus lhe concedeu, é uma atenuação de todas as dores que acompanham a vida.

Adeus, meus amigos, sede todo amor, todo caridade.

SANSON

A LEI DO PROGRESSO

(Lyon, 17 de setembro de 1862)
(Médium: Sr. Émile V...)

NOTA: Esta comunicação foi recebida na sessão geral presidida pelo Sr. Allan Kardec.

Parece, se se considera a Humanidade em seu estado primitivo e em seu estado atual, quando sua primeira aparição na Terra marcava seu ponto de partida, e agora, que ela percorreu uma parte do caminho que leva à perfeição, parece, dizia eu, que todo bem, todo progresso, toda filosofia, enfim, não pode nascer senão do que lhe é contrário.

Com efeito, toda formação é produto de uma reação, assim como todo efeito é gerado por uma causa. Todos os fenômenos morais, todas as formações inteligentes, são devidos a uma momentânea perturbação da própria inteligência. Intelectualmente, apenas dois princípios devem ser considerados: um imutável, essencialmente bom, eterno como tudo o que é infinito; o outro temporário, momentâneo, simples agente empregado para produzir a reação de onde sai, a cada vez, a progressão dos homens.

O progresso abraça o Universo durante a eternidade e jamais é tão espalhado como quando se concentra num ponto qualquer. Vós não podeis abraçar com o olhar a imensidade que vive, e que consequentemente progride. Mas, olhai em redor de vós. O que vedes?

Em certas épocas – em momentos previstos, designados, pode-se dizer – surge um homem que abre um novo caminho, que escarpa os rochedos áridos de que se acha semeado o mundo conhecido da inteligência. Geralmente esse homem é o último entre os humildes, entre os pequenos; contudo, ele penetra nas altas esferas do desconhecido. Ele se arma de coragem, pois precisa dela para lutar corpo a corpo com os preconceitos, com os usos herdados. Ele precisa dela para vencer os obstáculos que a má fé semeia sob seus passos, porque enquanto restarem preconceitos a derrubar, restarão abusos e interessados nos abusos. Ele dela precisa porque deve lutar ao mesmo tempo contra as necessidades materiais de sua personalidade, e sua vitória, neste caso, é a melhor prova de sua missão e de sua predestinação.

Quando chega ao ponto em que a luz emana em profusão do círculo do qual ele é o centro, todos os olhares se voltam para ele. Então, ele assimila todo o princípio inteligente e bom e reforma e regenera o princípio contrário. A despeito dos preconceitos; a despeito da má fé; a despeito das necessidades, ele atinge o seu objetivo; ele faz a Humanidade transpor um grau; ele dá a conhecer o que não era conhecido.

Tal fato já se repetiu muitas vezes, e repetir-se-á muitas outras, antes que a Terra tenha atingido o grau de perfeição que convém à sua natureza. Mas, tantas vezes quantas forem necessárias, Deus fornecerá a semente e o trabalhador. Esse trabalhador é cada homem em particular, como cada um dos gênios que o ilustram por uma ciência frequentemente sobre-humana.

Em todos os tempos houve esses centros de luz, esses pontos de ligação, e o dever de todos é aproximar-se, ajudar e proteger os apóstolos da verdade.

É isto que o Espiritismo vem dizer ainda.

Apressai-vos, pois, vós todos, que sois irmãos pela caridade. Apressai-vos, e a felicidade prometida à perfeição vos será concedida muito mais cedo.

Espírito Protetor

BIBLIOGRAFIA

A PLURALIDADE DOS MUNDOS HABITADOS

Estudos onde são expostas as condições de habitabilidade das terras celestes, discutidas do ponto de vista da Astronomia e da Fisiologia, por *Camille Flammarion,* calculador do Observatório Imperial de Paris, ligado ao *Bureau des Longitudes* etc.[1]

Posto não se trate de Espiritismo nessa obra, o assunto é daqueles que entram no quadro de nossas observações e dos princípios da doutrina, e nossos leitores ficarão gratos por lhes havermos chamado a atenção para ela, persuadido, antes de tudo, do enorme interesse que terão por essa leitura duplamente atrativa, pelo fundo e pela forma. Eles nela encontrarão, confirmada pela Ciência, uma das revelações capitais feitas pelos Espíritos.

O Sr. Flammarion é um dos membros da Sociedade Espírita de Paris, e seu nome figura como médium nas notáveis dissertações assinadas por Galileu, que publicamos em setembro último, sob o título de Estudos Uranográficos. Por esse duplo motivo, sentimo-nos felizes ao lhe fazer menção especial, que será ratificada, não temos a menor dúvida.

O autor buscou coligir todos os elementos da Natureza para apoiar a opinião da pluralidade dos mundos habitados, ao mesmo tempo que combate a opinião contrária. Depois de o haver lido, a gente se pergunta como é possível ter dúvidas sobre o assunto.

Acrescentemos que as considerações da mais alta ordem científica não excluem a graça nem a poesia do estilo. Isto pode ser julgado pela passagem seguinte, onde ele fala da intuição que a maioria dos homens, em contemplação ante a abóbada celeste, tem da habitabilidade dos mundos:

"...Mas, a admiração que excita em nós a cena mais comovente do espetáculo da Natureza logo se transforma num sentimento de indescritível tristeza, porque somos estranhos àqueles mundos, onde reina uma solidão aparente, e que não podem originar a impressão imediata pela qual a vida nos liga à Terra.

"Sentimos em nós a necessidade de povoar esse globos aparentemente esquecidos pela vida, e sobre aquelas plagas

---

[1]Brochura grande in-8. Preço: 2 francos; pelo correio 2,10 francos. Bachelier, impressor e livreiro, Quai des Grands-Augustins, 55, no *Observatoire.*

eternamente desertas e silenciosas procuramos olhares que respondam aos nossos, assim como um ousado navegador explorou em sonhos, por muito tempo, os desertos do oceano, buscando a terra que lhe fora revelada, varando com seu olhar de águia as mais vastas distâncias, e transpondo cuidadosamente os limites do mundo conhecido, para se perder, enfim, nas imensas planícies nas quais o Novo Mundo se assentava desde períodos seculares.

"Seu sonho se realizou.

"Que o nosso se desembarace do mistério que ainda o envolve e, sobre o barco do pensamento, subiremos aos céus, em busca de outras terras."

A obra é dividida em três partes. Na primeira, sob o título de *Estudo Histórico,* o autor passa em revista a imensa lista de sábios e filósofos antigos e modernos, religiosos e profanos, que professaram a doutrina da pluralidade dos mundos, desde Orfeu até Herschel e Laplace.

"A maioria das seitas gregas, diz ele, a ensinaram, quer aberta e indistintamente a todos os discípulos, quer em segredo, aos iniciados da Filosofia. Se as poesias atribuídas a Orfeu são mesmo dele, podemos considerá-lo como o primeiro a ensinar a pluralidade dos mundos. Ela está implicitamente encerrada nos versos órficos, onde se diz que cada estrela é um mundo, e sobretudo nas seguintes palavras, conservadas por Proclus: 'Deus construiu uma terra imensa que os imortais chamaram Selene, e que os homens chamam Lua, na qual se eleva um grande número de habitações, de montanhas e de cidades.'

"Pitágoras, o primeiro dos gregos que teve o nome de filósofo, ensinava em público a imobilidade da Terra e o movimento dos astros em redor dela, como um centro único da criação, ao passo que declarava aos adeptos adiantados de sua doutrina, sua crença no movimento da Terra, como planeta, e na pluralidade dos mundos.

"Mais tarde, Demócrito, Heráclito e Metrodoro de Quios, os mais ilustres de seus discípulos, propagaram, do alto da cátedra, a opinião de seu mestre, que se tornou a de todos os pitagóricos e da maior parte dos filósofos gregos.

"Filolaus, Nicetas e Heráclides foram dos mais ardentes defensores dessa crença. Este último chegou até a pretender que cada estrela é um mundo que, como o nosso, tem uma terra, uma atmosfera e uma imensa extensão de matéria etérea."

Mais adiante ele acrescenta:

"A ação benéfica do Sol, diz Laplace, faz nascerem os animais e plantas que cobrem a terra, e a analogia nos leva a crer que ela produza efeitos semelhantes em outros planetas, pois não é natural pensar que a matéria, cuja fecundidade vemos desenvolver-se de tantas maneiras, seja estéril num planeta tão grande como Júpiter que, como o globo terrestre, tem seus dias, suas noites, seus anos, e sobre o qual as observações indicam mudanças que pressupõem forças muito ativas...

Feito para a temperatura que suporta na Terra, não poderia o homem, segundo todas as aparências, viver em outros planetas. Mas não deve haver aí uma infinidade de organizações relativas às diversas temperaturas dos globos e dos universos? Se apenas a diferença dos elementos e dos climas cria tantas variedades nas produções terrestres, quanto mais devem diferir as dos planetas e dos satélites."

A segunda parte é consagrada ao *estudo astronômico* da constituição dos diversos globos celestes, segundo os dados mais positivos da Ciência, e do qual resulta que a Terra não está, nem pela posição, nem pelo volume, nem pelos elementos de que se compõe, em situação excepcional que lhe tenha podido valer o privilégio de ser habitada com exclusão de todos os outros mundos mais favorecidos sob vários aspectos. A primeira parte é de erudição. A segunda é de Ciência.

A terceira parte trata a questão do ponto de vista *fisiológico*. As observações astronômicas dão a conhecer o movimento das estações, as flutuações atmosféricas e a variabilidade da temperatura na maioria dos mundos que compõem o nosso turbilhão solar. Daí ressalta que a Terra se acha numa das condições menos favorecidas, um mundo cujos habitantes devem sofrer mais vicissitudes e onde a vida deve ser mais penosa, donde o autor conclui não ser racional admitir tenha Deus reservado para morada do homem um dos mundos menos favorecidos, ao passo que os mais bem dotados teriam sido condenados a não abrigar nenhum ser vivo. Tudo isto é estabelecido não sobre uma ideia sistemática, mas sobre dados positivos, para os quais todas as ciências contribuíram: Astronomia, Física, Química, Meteorologia, Geologia, Fisiologia, Mecânica etc.

"Mas, acrescenta ele, de todos os planetas, o mais favorecido, sob todos os aspectos, é o magnífico Júpiter, cujas estações, pouco distintas, têm ainda a vantagem de durar doze vezes mais que as nossas. Esse gigante planetário parece planar nos céus como um desafio aos fracos habitantes da Terra, dando-lhes a entrever os pomposos quadros de uma longa e suave existência.

"Nós, que estamos presos à bolinha terrestre por cadeias que não podemos romper, vemos extinguirem-se sucessivamente nossos dias com um tempo tão rápido que os consome, com os caprichosos períodos que os dividem, com essas estações disparatadas cujo antagonismo se perpetua na contínua desigualdade do dia e da noite e na instabilidade da temperatura."

Após um eloquente quadro das lutas que o homem deve sustentar contra a Natureza, a fim de prover a subsistência, e das revoluções geológicas que transformam a superfície do globo e ameaçam aniquilá-lo, ele acrescenta:

"Após tais considerações, pode-se ainda pretender seja este globo, mesmo para o homem, o melhor dos mundos possíveis, e que muitos outros corpos celestes não lhe possam ser infinitamente superiores e melhor que ele reunirem as condições favoráveis ao desenvolvimento e à longa duração da existência humana?"

Depois, conduzindo o leitor através dos mundos, no infinito do espaço, faz com que ele veja um panorama de tal imensidade, que não podemos deixar de achar ridícula e indigna do poder de Deus a suposição de que entre tantos milhares o nosso pequeno globo, desconhecido até de uma grande parte do nosso sistema planetário, seja a única terra habitada, e nos identificarmos com o pensamento do autor, quando ele diz, ao terminar:

"Ah! Se nossa vista fosse bastante penetrante para descobrir, lá onde apenas distinguimos pontos brilhantes sobre o fundo negro do céu, os sóis resplandecentes que gravitam na amplidão, e os mundos habitados que acompanham o seu curso! Se nos fosse dado abarcar de um golpe de vista essas miríades de sistemas solidários e se, avançando com a velocidade da luz, atravessássemos durante séculos e séculos esse número ilimitado de sóis e esferas, sem jamais encontrar os limites dessa imensidade prodigiosa, onde Deus fez germinar os mundos e os seres; e se, voltando o olhar para trás, mas sem saber em que ponto do infinito encontrar de novo esse grão de poeira que se chama Terra, estacaríamos fascinados e confusos por tal espetáculo e, unindo nossas vozes ao concerto da natureza universal, diríamos, do fundo de nossa alma: Deus poderoso! Como fomos insensatos em pensar que nada havia além da Terra, e que nossa pobre morada tinha, ela só, o privilégio de refletir tua grandeza e teu poder!"

Terminaremos, de nossa parte, com uma observação: Vendo a soma de ideias contidas nessa pequena obra, a gente se admira que um jovem, na idade em que os outros ainda estão nos bancos escolares, tenha tido tempo de se apropriar delas e, com mais forte razão, aprofundá-las. É para nós uma prova evidente de que seu Espírito não se acha no início, ou que, malgrado seu, ele é assistido por outro Espírito.

SUBSCRIÇÃO EM FAVOR DOS OPERÁRIOS DE ROUEN

Está aberta uma subscrição, no escritório da *Revista Espírita*, Rua e Passagem Saint-Anne, 59, em favor dos operários de Rouen, a cujos sofrimentos ninguém poderia ficar indiferente. Vários grupos e sociedades espíritas já nos enviaram o produto de sua arrecadação. Convidamos os que pretendem contribuir a apressarem sua remessa, pois o inverno está aí! A lista será publicada. (Ver, acima, a comunicação do Sr. Sanson).

ALLAN KARDEC[2]

---

[2] Paris, Tipografia de Cosson e Cia., Rua do Four-Saint-Germain, 43.

REVISTA ESPÍRITA

JORNAL DE ESTUDOS PSICOLÓGICOS

ANO VI	FEVEREIRO DE 1863	VOL. 2

ESTUDO SOBRE OS POSSESSOS DE MORZINE

CAUSAS DA OBSESSÃO E MEIOS DE COMBATÊ-LA
TERCEIRO ARTIGO[1]

O estudo dos fenômenos de Morzine não oferecerá, por assim dizer, nenhuma dificuldade, quando estivermos bem compenetrados dos fatos particulares que citamos, e das considerações que um estudo atento permitiu deduzir das mesmas. Basta relatá-los para que cada um encontre por si mesmo sua aplicação, por analogia. Os dois fatos seguintes ainda nos ajudarão a pôr o leitor no caminho certo. O primeiro nos é transmitido pelo Dr. Chaigneau, membro honorário da Sociedade de Paris, presidente da Sociedade Espírita de Saint-Jean d'Angély.

"Uma família fazia evocações com um ardor desenfreado, arrastada por um Espírito que nos foi assinalado como muito perigoso. Era um de seus parentes, falecido depois de uma vida pouco decente e marcada, em seu final, por vários anos de alienação mental. Sob nome fictício, por surpreendentes provas mecânicas, belas promessas e conselhos de uma moralidade sem reservas, tinha conseguido de tal modo fascinar aquela gente muito crédula, que submetia todos às suas exigências e os obrigava aos atos mais excêntricos. Não podendo mais satisfazer a todos os seus desejos, pediram o nosso conselho e tivemos muito trabalho para dissuadi-los e provar-lhes que tratavam com um Espírito da pior espécie. Conseguimo-lo, entretanto, e pudemos obter que eles se abstivessem, ao menos por algum tempo. Desde então a obsessão tomou outro

[1] Vide os números de dezembro de 1862 e janeiro de 1863.

caráter: O Espírito se apoderava completamente do filho mais moço, de quatorze anos, o reduzia ao estado de catalepsia e, por sua boca, solicitava entretenimentos, dava ordens, fazia ameaças. Aconselhamos o mais absoluto mutismo, que foi observado rigorosamente. Os pais entregaram-se a preces e vinham procurar um de nós para assisti-los. O recolhimento e a força de vontade sempre nos deram domínio, em poucos minutos.

"Praticamente, hoje, tudo cessou. Esperamos que na casa a ordem suceda a desordem. Longe de se desgostarem do Espiritismo, eles creem mais que nunca, mas creem mais seriamente. Agora eles compreendem sua finalidade e suas consequências morais. Todos compreendem que receberam uma lição. Alguns, uma punição, talvez merecida."

Este exemplo prova, mais uma vez, o inconveniente de nos entregarmos às evocações sem conhecimento de causa e sem objetivo sério. Graças aos conselhos da experiência que aquelas pessoas escutaram, puderam desembaraçar-se de um inimigo talvez terrível.

Disto ressalta outro ensinamento não menos importante. Aos olhos dos desconhecedores do Espiritismo, o rapaz teria passado por um louco. Não deixariam de lhe dar o tratamento correspondente, que teria possivelmente desenvolvido uma loucura real. Com a assistência de um *médico espírita*, o mal foi atacado em sua verdadeira causa e não teve consequências.

Já o mesmo não se deu no fato seguinte.

Um senhor, nosso conhecido, residente numa cidade provinciana muito hostil às ideias espíritas, de súbito foi tomado por uma espécie de delírio, no qual dizia coisas absurdas. Como se ocupasse de Espiritismo, naturalmente falava de Espíritos. Assustadas e alarmadas, as pessoas mais próximas, sem aprofundar as coisas, apressadamente trataram de chamar os médicos, que o declararam atacado de loucura, para grande satisfação dos inimigos do Espiritismo, que já falavam em interná-lo numa casa de saúde.

Tudo quanto coligimos em relação às circunstâncias desse acontecimento, prova que aquele senhor foi submetido ao império de uma subjugação momentânea, talvez favorecida por certas condições físicas. Foi a ideia que ele teve. Escreveu-nos e nós lhe respondemos. Infelizmente nossa carta não lhe chegou a tempo e dela só teve conhecimento muito mais tarde. "É muito lamentável", disse-nos ele posteriormente, "que não tenha recebido vossa carta consoladora. Naquele momento, ela me teria feito um bem imenso, confirmando-me a ideia de que eu era joguete de uma obsessão, o que me teria tranquilizado, ao passo que eu ouvia com tanta frequência repetirem à minha volta que eu estava louco, que acabei acreditando. Essa ideia me torturava a tal ponto que se tivesse continuado, não sei o que teria acontecido."

Consultado a respeito, um Espírito respondeu:

– Esse senhor não é louco, mas pela maneira como ele é tratado, poderia enlouquecer. Mais ainda: poderiam matá-lo. O remédio para o seu mal está no próprio Espiritismo, e consideram-no um contrassenso."

– Seria possível, daqui, agir sobre ele?

– Sim, sem dúvida. Podeis fazer-lhe o bem, mas a vossa ação é paralisada pela má vontade dos que o cercam.

Casos análogos ocorreram em todas as épocas, e muitos foram presos como loucos, sem o serem.

Só um observador experimentado nestes assuntos pode apreciá-los. Como hoje há muitos médicos espíritas, em casos semelhantes convém a estes recorrer. Um dia a obsessão será colocada entre as causas patológicas, como o é hoje a ação de animais microscópicos, de cuja existência não se suspeitava antes da invenção do microscópio. Mas então reconhecer-se-á que nem as duchas nem as sangrias poderão curá-la. O médico que não admite nem busca senão causas puramente materiais é tão impróprio a compreender e tratar tais afecções quanto um cego o é para distinguir as cores.

O segundo caso nos é relatado por um dos nossos correspondentes de Boulogne-sur-Mer.

"A mulher de um marinheiro desta cidade, de quarenta e cinco anos, está há quinze anos sob o domínio de uma triste subjugação. Quase todas as noites, sem excetuar as do período de gravidez, ela é despertada por volta da meia-noite, tomada de tremores nos membros, como se sob a ação de uma pilha galvânica. Seu estômago fica comprimido como que num círculo de ferro e queimado por um ferro em brasa; o cérebro num estado de exaltação furiosa, e ela se sente arrancada se seu leito, e depois, por vezes seminua, é arrastada para fora de casa e forçada a correr pelo campo. Ela caminha sem saber para onde vai, durante duas ou três horas, e somente ao parar é que sabe onde se encontra. Ela não pode orar e, ao ajoelhar-se para fazê-lo, suas ideias se misturam com coisas bizarras e até sujas. Ela não pode entrar em nenhuma igreja. Tem vontade e um desejo ardente de fazê-lo, mas ao chegar à porta, sente uma barreira que a impede. Quatro homens tentaram levá-la para dentro da igreja dos redentoristas, mas não conseguiram. Ela gritava que a estavam matando, que lhe esmagavam o peito.

"Para fugir a essa horrível situação, a pobre tentou suicidar-se, por várias vezes, sem consegui-lo. Tomou café no qual havia dissolvido fósforo; tomou detergente e nada sofreu; duas vezes jogou-se na água, mas a cada vez voltava à superfície, até que alguém a socorresse. Fora dos momentos de crise de que falei, essa mulher é inteiramente normal, e mesmo naqueles momentos ela tem perfeita consciência do que faz e da força exterior que sobre ela atua. Toda a vizinhança diz que ela é vítima de um malefício ou de um despacho."

A subjugação não poderia ser mais bem caracterizada senão pelos fenômenos que, sem a menor dúvida, não podem deixar de ser obra de um Espírito da pior espécie. Dirão que foi o Espiritismo que o atraiu para ela ou lhe perturbou o cérebro? Mas há quinze anos não se cogitava disto. Aliás, a mulher não é louca, e o que experimenta não é uma ilusão.

A medicina ordinária não verá nesses sintomas senão uma dessas afecções a que dá o nome de *nevrose*, cuja causa ainda lhe é um mistério. A afecção é real, mas para todo efeito há uma causa. Ora, qual a primeira causa? Eis o problema em cuja via pode entrar o Espiritismo, demonstrando um novo agente no perispírito e na ação do mundo invisível sobre o mundo visível. Não generalizamos, e reconhecemos que, em certos casos, a causa pode ser puramente material, mas há outros nos quais a intervenção de uma inteligência oculta é evidente, pois que, combatendo essa inteligência, para-se o mal, ao passo que atacando apenas a suposta causa material, nada se consegue.

Há um traço característico nos Espíritos perversos: é a sua aversão a tudo quanto se liga à religião. A maioria dos médiuns não obsedados que receberam comunicações de Espíritos maus, muitas vezes os viram blasfemar contra as coisas mais sagradas, rir-se da prece e a repelir, e irritar-se, até, quando se lhes fala em Deus.

No médium subjugado, o Espírito, dispondo de cerca de um terço do corpo para agir, exprime seus pensamentos, já não pela escrita, mas pelos gestos e palavras que provoca no médium. Ora, como nenhum fenômeno espírita pode produzir-se sem uma aptidão mediúnica, pode-se dizer que a mulher de quem falamos é médium espontânea, inconsciente e involuntária. A impossibilidade em que se encontra de orar e de entrar na igreja vem da repulsão do Espírito que dela se apoderou, pois sabe que a prece é um meio de fazê-lo largar a presa.

Em vez de uma pessoa, suponhamos, na mesma localidade, dez, vinte, trinta ou mais, no mesmo estado, e tereis a reprodução do que se passou em Morzine.

Não está aí uma prova evidente de que são demônios? dirão certas pessoas. Chamemo-los demônios, se isto vos agrada: esse nome não os caluniaria. Mas não vedes diariamente homens que não valem nada e que, de pleno direito, poderiam ser chamados demônios encarnados? Não há os que blasfemam e renegam Deus? Que parecem fazer o mal com prazer? Que se alegram à vista do sofrimento de seus semelhantes? Por que queríeis que, uma vez no mundo dos Espíritos, de súbito se transformassem?

Aqueles a quem chamais demônios nós chamamos maus Espíritos, e permitimos que lhes atribuais toda a perversidade que lhes queirais atribuir. Contudo, a diferença é que, em vossa opinião, os demônios são anjos decaídos, isto é, seres perfeitos que se tornaram maus, e para sempre votados ao mal e ao sofrimento. Em nossa opinião, são seres pertencentes à Humanidade primitiva, espécie de selvagens ainda atrasados, mas a quem o futuro não está fechado e que melhorar-se-ão à medida que neles se desenvolver o senso moral, na série de existências sucessivas, o que nos parece mais conforme com a lei do progresso e a justiça de Deus. Temos a mais, a nosso favor, a experiência, que prova a possibilidade de melhorar e de levar ao arrependimento os Espíritos do mais baixo nível e aqueles que são colocados na categoria de demônios.

Vejamos uma fase especial desses Espíritos, cujo estudo é de alta importância para o assunto que nos ocupa.

Sabe-se que os Espíritos inferiores ainda se acham sob a influência da matéria e que entre eles se encontram todos os vícios e paixões da Humanidade, paixões que eles carregam ao deixar a Terra e que trazem ao se reencarnarem, porquanto não se emendaram, o que produz os homens perversos.

Prova a experiência que uns são sensuais de diversas categorias: obscenos, lascivos, satisfeitos com os lugares baixos,

48 | REVISTA ESPÍRITA

impelindo e excitando à orgia e ao deboche, a cuja vista se repastam.

Perguntaremos, então: A que categoria de Espíritos poderão ter pertencido, após a morte, seres como Tibério, Nero, Cláudio, Messalina, Calígula, Heliogábalo? Que gênero de obsessão poderiam ter provocado? É necessário, para explicar essas obsessões, recorrer a seres especiais que Deus teria criado especialmente para impelir o homem ao mal?

Há certos gêneros de obsessões que não deixam dúvidas quanto à qualidade dos Espíritos que as produzem. Foram obsessões desse gênero que deram lugar à fábula dos íncubos e súcubos, em que acreditava firmemente Santo Agostinho. Poderíamos citar mais de um exemplo em apoio a esta asserção.

Quando se estudam as várias impressões corporais e os toques perceptíveis por vezes produzidos por certos Espíritos; quando se conhecem os gostos e as tendências de alguns deles, e se, por outro lado, se examina o caráter de certos fenômenos histéricos, a gente se pergunta se eles não representariam um papel nessa afecção, como representam na loucura obsessiva. Nós a vimos várias vezes, acompanhada de sintomas nada equívocos da subjugação.

Vejamos agora o que se passou em Morzine e, para começar, digamos algumas palavras sobre o lugar, o que não é sem importância.

Morzine é uma comuna do Chablais, na Alta Saboia, situada a oito léguas de Thonon, na extremidade do vale do Drance, nos confins do Valais, na Suíça, da qual é separada por uma montanha. Sua população, de cerca de 2.500 almas, além da aldeia principal compreende várias outras espalhadas nas alturas circundantes. É cercada e dominada por todos os lados por altas montanhas dependentes da cadeia dos Alpes, mas, na maior parte, cobertas de bosques e cultivadas até alturas consideráveis. Aliás, em parte alguma se vê neve ou gelo perpétuos. Segundo nos disseram, ali a neve seria menos persistente do que no Jura.

Enviado em 1861 pelo governo francês, a fim de estudar a doença, o Dr. Constant lá ficou três meses. Ele faz da região e de seus habitantes um quadro pouco lisonjeiro. Vindo com a ideia de que o mal era puramente físico, só buscou causas físicas. Essa preocupação o levava a insistir naquilo que poderia corroborar sua opinião, e essa ideia provavelmente fez com que ele visse os homens e as coisas de um ângulo desfavorável.

Em sua opinião, a moléstia é uma afecção nervosa, cuja fonte primeira é a constituição dos habitantes, debilitados pela insalubridade das habitações e pela insuficiência e má qualidade da alimentação, e cuja causa imediata está no estado histérico da maioria dos doentes do sexo feminino.

Sem contestar a existência dessa afecção, é bom notar que se o mal atacou em grande parte as mulheres, os homens também foram atingidos, bem como mulheres em idade avançada. Não se poderia, portanto, ver na histeria uma causa exclusiva. Aliás, qual a causa da histeria?

Fizemos uma curta visita a Morzine, mas devemos dizer que nossas observações e os dados que recolhemos entre pessoas notáveis, de um médico da região e das autoridades locais, diferem um pouco das do Dr. Constant.

A aldeia principal, de modo geral, é bem construída. As casas das aldeias circunvizinhas certamente não são hotéis, mas não têm o aspecto miserável que se vê em muitas regiões da França, como na Bretanha, por exemplo, onde o camponês mora em verdadeiras choças.

A população não nos pareceu estiolada nem raquítica, nem, sobretudo, com bócio, como diz o Dr. Constant. Vimos alguns bócios rudimentares, mas nenhum pronunciado, como se vê em todas as mulheres da Mauriana. Os idiotas e cretinos ali são raros, a despeito do que diz o Dr. Constant, ao passo que na outra encosta da montanha, no Valais, eles são muito numerosos.

Quanto à alimentação, a região produz além do consumo dos habitantes. Se não há abundância em toda parte, também não há miséria propriamente dita, nem, sobretudo, essa horrível miséria que encontramos em outras regiões. Algumas existem onde a população campesina é infinitamente mais mal alimentada. Um fato característico é que não vimos um só mendigo a pedir esmola.

A própria região oferece importantes recursos em madeira e pedra, mas que ficam improdutivos pela impossibilidade de transporte. A dificuldade de comunicações é a chaga da região, sem o que seria uma das mais ricas do país. Pode julgar-se da dificuldade, pelo fato de o correio do Thonon não poder ir além de duas léguas da cidade. Daí em diante não há estrada, mas um simples caminho que alternativamente sobe a pique através da floresta e desce à margem do Drance, torrente furiosa que rola em cascatas através de massas enormes de rochedos de granito e que do alto das montanhas se precipita em seu leito, no fundo de uma garganta estreita. Por várias léguas é a imagem do caos. Transposta essa passagem, o vale toma um aspecto risonho até Morzine, onde termina. Mas a dificuldade para lá chegar afasta os viajantes, de sorte que a região só é visitada por caçadores bastante fortes para escalar os rochedos.

Desde a anexação, os caminhos foram melhorados. Antes, só eram praticáveis a cavalo. Dizem que o governo está estudando o prolongamento da estrada de Thonon a Morzine, margeando o rio. É um trabalho difícil, mas que transformará a região, permitindo a exportação de seus produtos.

Tal é o aspecto geral da região, que aliás não oferece nenhuma causa de insalubridade. Admitindo que a principal aldeia de Morzine, situada no fundo do vale, à margem do rio, seja úmida, o que não observamos, devemos considerar que a maioria dos doentes são das aldeias vizinhas, situadas em lugares altos, portanto em localizações arejadas e muito salubres.

Se, como pretende o Dr. Constant, a doença se devesse a causas locais; à constituição dos habitantes; aos hábitos e gênero de vida, essas causas permanentes deveriam produzir efeitos permanentes, e o mal seria endêmico, como as febres intermitentes de Camargue e dos pântanos pontinos. Se o cretinismo e o bócio são endêmicos no vale do Ródano e não no vale do Drance, que é limítrofe, é que num existe uma causa local permanente que não existe no outro.

Se o que se chama a possessão de Morzine é apenas temporário, é que sua causa é acidental.

O Dr. Constant diz que suas observações não lhe revelaram *nenhuma causa sobrenatural*. Mas ele, que só acredita em causas materiais, é capaz de julgar efeitos resultantes da ação de uma força extra-material? Estudou ele os efeitos dessa força? Ele sabe em que consistem e por quais sintomas podem ser reconhecidos? Não, e desde então se lhe afiguram aquilo que não são, crendo sem dúvida que consistem em milagres e aparições fantásticas.

Esses sintomas, ele os viu e os descreveu em seu relatório, mas não admitindo uma causa oculta, buscou alhures, no mundo material, onde não a encontrou.

Os doentes se diziam atormentados por seres invisíveis, mas como ele não viu duendes nem fantasmas, concluiu que os doentes eram loucos, e o que o confirmava nessa ideia é que esses doentes por vezes diziam coisas notoriamente absurdas, mesmo aos olhos do mais firme crente nos Espíritos. Mas para ele tudo devia ser absurdo. Entretanto, ele devia saber, ele médico, que até em meio a divagações da loucura há, por vezes, revelações da verdade.

Esses infelizes, diz ele, e a população em geral, estão imbuídos de ideias supersticiosas. Mas o que há de espantoso numa população rural, ignorante e isolada no meio das montanhas? O que há de mais natural que essa gente, aterrada pelos fenômenos, os tenha amplificado? Porque nos relatos que faziam se misturavam apreciações ridículas, partindo do seu ponto de vista, ele disso concluiu que tudo deveria ser ridículo, sem contar que aos olhos de quem quer que não admita a ação do mundo invisível, todos os efeitos resultantes dessa ação são relegados à condição de crenças supersticiosas.

Em favor desta última tese, ele insiste muito sobre um fato, na ocasião contado pelos jornais, inspirado sem dúvida nalguma imaginação aterrada, exaltada ou doente e, segundo o qual certos doentes subiam, com a agilidade de gatos, em árvores de *quarenta metros* de altura; andavam sobre os galhos sem que estes vergassem; postavam-se nas copas, com os pés para cima, e desciam de cabeça para baixo, sem nada sofrerem. Ele discute longamente para provar a impossibilidade da coisa e para demonstrar que, segundo a direção do raio visual, a árvore assinalada não podia ser vista das casas de onde diziam ter visto o fato. Tanto esforço era inútil, pois lá nos disseram que a coisa não era verdadeira. Apenas um rapazinho havia subido numa árvore de porte comum, mas sem malabarismo.

Assim descreve o Dr. Constant o histórico e os efeitos da doença.

(Continua no próximo número)

SERMÕES CONTRA O ESPIRITISMO

52 | REVISTA ESPÍRITA

Uma carta de Lyon, de 7 de dezembro de 1862, contém a passagem seguinte, que uma testemunha ocular confirmou-nos, verbalmente:

"Tivemos aqui o bispo do Texas, na América, que pregou, terça-feira, 2 de dezembro, às 8 horas da noite, na igreja de Saint-Nizier, perante um auditório de cerca de duas mil pessoas, entre as quais encontrava-se grande número de espíritas. Ah! Ele não parece bem instruído em nossa doutrina. Pode julgar-se por este resumo: 'Os espíritas não admitem o inferno nem as preces nas igrejas. Eles se fecham em seus quartos e aí oram a Deus, quem sabe que preces!... Só há duas espécies de Espíritos: os perfeitos e os ladrões; os assassinos e os canalhas... Eu venho da América, onde essas infâmias começaram. Ora! Eu vos posso garantir que há dois anos naquele país ninguém mais se ocupa disso. Disseram-me que aqui, nesta cidade de Lyon, tão conhecida por sua piedade, havia muitos espíritas. Isto não pode ser. Não acredito. Estou certo, caros irmãos e caras irmãs, que entre vós não há um só médium nem uma só médium, porque, vede, os Espíritos não admitem casamento nem batismo, e todos os espíritas se separaram de suas esposas etc. etc...'

"Estas poucas frases dão ideia do resto. Que teria dito o orador se soubesse que um quarto da assistência era de espíritas? Quanto à sua eloquência, só uma coisa posso dizer: é que em certos momentos parecia um frenesi; parecia perder o fio das ideias e não sabia o que queria dizer. Se eu não temesse servir-me de uma expressão irreverente, diria que ele chafurdava. Creio realmente que ele era levado por alguns Espíritos a dizer tais absurdos e de tal maneira que, eu vos asseguro, a gente não se apercebia de estar num lugar santo. Então, todo mundo ria. Alguns de seus partidários saíram na frente, para observar o efeito produzido pelo sermão, mas não devem ter ficado muito satisfeitos porque, uma vez lá fora, cada um ria e dizia o que pensava. Vários de seus amigos deploravam os desvios por ele cometidos e compreendiam que não tinha alcançado o objetivo. Com efeito, não poderia proceder melhor para recrutar adeptos, e foi o que aconteceu na sessão posterior. Uma senhora, que se achava ao lado de uma boníssima espírita minha conhecida, disse-lhe: 'Mas o que é esse Espiritismo e o que são esses médiuns de quem se fala tanto e contra os quais esses senhores estão tão furiosos?' A coisa lhe foi explicada e ela disse: 'Oh! Ao chegar em casa, vou adquirir livros e tentar escrever.'

"Posso assegurar-vos que se os espíritas são tão numerosos em Lyon é graças a alguns sermões desse gênero. Lembrai-vos que há três anos, quando aqui contávamos apenas algumas centenas de espíritas, eu vos escrevi, a propósito de uma pregação furibunda contra a doutrina, que teve excelente efeito: 'Mais alguns sermões como este e em um ano decuplicará o número de adeptos'. Então! Hoje está centuplicado, graças, também, aos ignóbeis e mentirosos ataques de alguns órgãos da imprensa.

"Todo mundo, e até o simples operário que sob suas vestes grosseiras tem mais bom senso do que se julga, diz que não se ataca com tanta fúria uma coisa que não vale nada. Assim, quiseram ver por si mesmos e, ao reconhecerem a falsidade de certas afirmações, que denotavam ignorância ou malevolência, a crítica ficou desacreditada e, em vez de afastar as pessoas do Espiritismo, deu-lhe partidários.

"Dar-se-á o mesmo, esperamo-lo, com o sermão do bispo do Texas, cuja maior infelicidade foi a de dizer que 'todos os espíritas estão separados das esposas', quando temos aqui, aos nossos olhos, numerosos exemplos de casais outrora separados e que o Espiritismo trouxe à união e à concórdia.

"Cada um se diz, naturalmente, que se os adversários do Espiritismo lhe atribuem ensinos e resultados cuja falsidade é demonstrada pelos fatos e pela leitura dos livros, que dizem o contrário, nada prova a verdade daquelas críticas. Creio que se os espíritas lioneses não temessem faltar com o respeito ao bispo do Texas, ter-lhe-iam mandado uma carta de agradecimentos. Mas o Espiritismo nos torna caridosos, até para com os inimigos."

Outra carta, de testemunha ocular, contém a seguinte passagem:

"O orador de Saint-Nizier partiu do dado que o Espiritismo já fez sua época nos Estados Unidos e que há dois anos não se fala mais nele. Era, pois, em sua opinião, uma questão de moda. Os fenômenos não tinham consistência e não mereciam ser estudados. Ele tinha procurado ver e nada vira. Contudo, assinalava a nova doutrina como atentatória aos laços de família, à propriedade, à constituição da Sociedade e a denunciava como tal às autoridades competentes.

"Os adversários esperavam um efeito mais chocante e não uma simples negação apresentada de maneira tão ridícula, pois não ignoram o que se passa na cidade, a marcha do progresso e a natureza das manifestações. A questão foi retomada no domingo, dia 14, em Saint-Jean, desta vez tratada um pouco melhor.

"O orador de Saint-Nizier tinha negado os fenômenos. O de Saint-Jean reconheceu-os e afirmou: 'Ouvem-se batidas nas paredes; no ar, vozes misteriosas; na verdade são Espíritos, mas que Espíritos? Não podem ser bons, pois os bons são dóceis e submissos às ordens de Deus, que proibiu a evocação dos Espíritos. Portanto, os que vêm só podem ser maus.

"Havia umas três mil pessoas em Saint-Jean. Entre essas, pelo menos trezentas irão à descoberta.

"O que por certo contribuirá para fazer refletirem as criaturas honestas ou inteligentes que compunham o auditório, são as singulares afirmações do orador – digo singulares por polidez. – 'O Espiritismo', disse ele, 'vem *destruir a família, aviltar a mulher, pregar o suicídio, o adultério e o aborto, preconizar o comunismo, dissolver a Sociedade.*' Depois convidou os paroquianos que por acaso tivessem livros espíritas, que os trouxessem a esses senhores, a fim de serem queimados, como São Paulo havia feito em Éfeso com obras heréticas.

"Não sei se aqueles senhores encontrarão muitas pessoas bastante zelosas para irem com dinheiro na mão esvaziar nossas livrarias. Alguns espíritas estavam furiosos; a maioria se alegrava, por compreender que era um grande dia.

"Assim, do alto da segunda cátedra da França, acabam de proclamar que os fenômenos são verdadeiros. Toda a questão, pois, se reduz a saber se são bons ou maus Espíritos e se só aos maus Deus permite que venham."

O orador do Saint-Jean afirma que só podem ser os maus. Este outro modificou um pouco a solução.

Escrevem-nos de Angoulême que quinta-feira, 5 de dezembro último, um pregador assim se exprimia em seu sermão: "*Nós todos sabíamos* que se podiam evocar os Espíritos, e isto desde muito tempo, mas *só* a Igreja deve fazê-lo. Aos outros homens não é permitido tentar corresponder-se com eles por meios físicos. Para mim é uma heresia." O efeito produzido foi inteiramente contrário ao esperado.

Assim, é evidente que os bons e maus podem comunicar-se, porque se só os maus tivessem tal poder, não é provável que a Igreja se reservasse o privilégio de chamá-los.

Duvidamos que dois sermões pregados em Bordéus, no mês de outubro último, tenham servido melhor à causa dos nossos antagonistas. Eis a sua análise, feita por um ouvinte. Os espíritas poderão ver se, sob esse disfarce, reconhecem a sua doutrina e se os argumentos que lhes opõem são de molde a lhes abalar a fé. Quanto a nós, repetimos o que já dissemos alhures: Enquanto não atacarem o Espiritismo com melhores armas, ele nada deverá temer.

"Lamentarei sempre, diz o narrador, não ter ouvido o primeiro desses sermões, na Capela Margaux, a 15 de outubro último, se estou bem informado. Conforme me disseram testemunhas fidedignas, a tese desenvolvida foi a seguinte: 'Os Espíritos podem comunicar-se com os homens. Os bons só se comunicam na Igreja. Todos quantos se manifestam fora da Igreja são maus, porque fora da Igreja não há salvação. – Os médiuns são infelizes que fizeram pacto com o diabo e dele obtêm, ao preço de sua alma, que para ele venderam, manifestações de toda sorte, fossem elas extraordinárias, para não dizer miraculosas.'

"Passo em silêncio outras citações ainda mais estranhas. Não as tendo ouvido diretamente, temo que hajam exagerado.

"No domingo seguinte, 19 de outubro, tive a sorte de ouvir o seguinte sermão. Procurei saber o nome do pregador e me responderam que era o Padre Lapeyre, da Companhia de Jesus.

"O Padre Lapeyre faz a crítica de O Livro dos Espíritos e, por certo, era necessária enorme dose de boa vontade para reconhecer essa obra admirável nas teorias desprovidas de bom senso que o pregador pretendia ali ter achado. Limitar-me-ei a assinalar os pontos que mais me chocaram, preferindo ficar abaixo da verdade do que atribuir ao nosso adversário o que ele não teria dito ou eu teria mal compreendido.

"Segundo o Padre Lapeyre, 'O Livro dos Espíritos prega o comunismo; a partilha dos bens; o divórcio; a igualdade entre todos os homens, e sobretudo entre o homem e a mulher; a igualdade entre o homem e seu Deus, porque o homem, levado por esse orgulho que perdeu os anjos não aspira a nada menos que tornar-se semelhante a Jesus Cristo. Ele arrasta os homens ao materialismo e aos prazeres sensuais, porque o trabalho de aperfeiçoamento pode fazer-se sem o concurso de Deus, malgrado seu, por efeito dessa força que quer que tudo

56 | REVISTA ESPÍRITA

se aperfeiçoe gradualmente, e preconiza a metempsicose, essa loucura dos Antigos etc.'

"Passando, a seguir, à rapidez com que se propagam as ideias novas, ele constata com horror quanto é hábil e astuto o diabo, que as ditou; quanto soube elaborá-las com arte, de modo a fazê-las vibrar com força nos corações pervertidos dos filhos deste século de incredulidade e heresias. Então exclama: 'Este século ama tanto a liberdade! e vêm lhe oferecer o livre exame, o livre-arbítrio, a liberdade de consciência! Este século ama tanto a igualdade! e lhe mostram o homem à altura de Deus! Ama tanto a luz! e de uma penada rasga-se o véu que ocultava os santos mistérios'.

"Depois, ele ataca a questão das penas eternas, e sobre esse assunto palpitante de emoções, teve magníficas tiradas oratórias: 'Acreditaríeis, meus caros irmãos; acreditaríeis até onde chegou a impudência desses filósofos novos, que pensam fazer desmoronar, ao peso dos sofismas, a santa religião do Cristo! Oh! os infelizes! dizem que não há inferno! não há purgatório! Para eles não mais *relações benditas que ligam os vivos às almas daqueles que perderam!* Não mais o santo sacrifício da missa! E por que a celebrariam? Essas almas não se purificarão por si mesmas e sem nenhum trabalho, pela eficácia dessa força irresistível que incessantemente as atrai para a perfeição? E sabeis quais são as autoridades que vêm proclamar essas doutrinas ímpias, marcadas na fronte pelo sinal indelével desse inferno que queriam aniquilar? Ah! meus irmãos! São as mais sólidas colunas da Igreja: São Paulo, Santo Agostinho, São Lucas, São Vicente de Paulo, Bossuet, Fénelon, *Lamennais*, e todos esses homens de elite, santos homens que, durante a vida, combateram pelo estabelecimento das verdades inamolgáveis sobre as quais a Igreja construiu seus alicerces, e que hoje vêm declarar que seus Espíritos, desprendidos da matéria, estando mais clarividentes, se aperceberam que suas opiniões estavam erradas, e que se deve crer no contrário.'

"Passando depois à questão que o autor da *Carta de um Católico* dirige a um Espírito para saber se, praticando o Espiritismo, ele é herético, o pregador acrescenta: 'Eis a resposta, meus irmãos. Ela é curiosa, e o que é mais curioso, o que mostra de maneira mais evidente que o diabo, a despeito de sua astúcia e habilidade, deixa sempre aparecerem as suas unhas, é o nome do Espírito que deu essa resposta. Eu vo-lo direi daqui a pouco.'

"Segue a citação dessa resposta, que termina assim: 'Estás de acordo com a Igreja em todas as verdades que te fortalecem no bem, que aumentam em tua alma o amor a Deus e o devotamento aos teus irmãos? Sim; pois bem: tu és católico.' E acrescenta: 'Assinado... Zenon!... Zenon! Um filósofo grego, um pagão, um idólatra que do fundo do inferno onde se queima há vinte séculos vem nos dizer que se pode ser católico e não crer nesse inferno que o tortura e que espera a todos os que, como ele, não morrerem humildes e submissos no seio da santa Igreja... Mas, insensatos e cegos que sois! Com toda a vossa filosofia, não tereis senão esta prova, esta única prova que a doutrina que proclamais emana do demônio, que será mil vezes suficiente!'

"Depois de longos rodeios sobre esta questão e sobre o privilégio exclusivo da Igreja de expulsar os demônios, acrescenta:

"'Pobres insensatos que vos divertis em falar com os Espíritos e pretendeis sobre eles exercer qualquer influência! Não temeis que, como aquele de que fala São Lucas, esses Espíritos batedores e turbulentos – e eles são bem classificados, meus irmãos – não vos perguntem também: E vós quem sois? Quem sois para virdes perturbar-nos? Credes impunemente submeter-nos aos vossos caprichos sacrílegos? E que, tomando as cadeiras e as mesas que fazeis girar, não se apoderem de vós, como se apoderaram do filho de Sceva, e não vos maltratem a tal ponto que sejais forçados a fugir, nus e feridos, e reconhecendo demasiadamente tarde toda a abominação que há em brincar com os mortos?

"'Diante desses fatos tão patentes e que falam tão alto, que nos resta fazer? Que temos a dizer? Ah! meus caros irmãos! Guardai-vos cuidadosamente do contágio. Repeli com horror todas as tentativas que os maus não cessarão de fazer para vos arrastar com eles ao abismo. Mas, ah! Já é muito tarde para fazer tais recomendações. O mal já fez rápidos progressos. Esses livros *infames*, ditados pelo príncipe das trevas, a fim de atrair para o seu reino uma multidão de pobres ignorantes, de tal modo se espalharam que se, como outrora em Éfeso, se estimasse o preço dos que circulam em Bordéus, tenho certeza que ultrapassaria a soma de cinquenta mil denários de prata (170.000 francos, em nossa moeda - repetição da citação feita em outra parte do sermão). E eu não ficaria admirado se entre os numerosos fiéis que me escutam não haja alguns que já foram arrastados à sua leitura. A estes só podemos dizer:

58 | REVISTA ESPÍRITA

Depressa! Aproximai-vos do tribunal das penitências. Depressa! Vinde abrir os vossos corações aos guias espirituais. Cheios de doçura e bondade e seguindo em todos os pontos o magnífico exemplo de São Paulo, apressar-nos-emos a vos dar a absolvição. Mas, como ele, não vo-la daremos senão com a condição expressa de nos trazerdes esses livros de magia que quase vos perderam. E que faremos desses livros, caros irmãos? Sim, o que faremos? Como São Paulo, faremos uma montanha em praça pública e nós mesmos meteremos fogo!'

Faremos apenas uma ligeira observação sobre esse sermão: é que o autor se engana quanto à data e que talvez, novo Epimênides, ele dormiu desde o século quatorze.

Outro fato que se destaca é o rápido desenvolvimento do Espiritismo. Os adversários de uma outra escola também o constatam com desespero, tão grande é o amor que têm pela razão humana.

Lê-se no *Moniteur de Moselle*, de 7 de novembro de 1862: "O Espiritismo faz perigoso progresso. Invade a alta, a média e a baixa sociedade. *Magistrados, médicos, gente séria*, também caem nessa esparrela." Nós achamos esta asserção repetida na maior parte das críticas atuais. É que em presença de um fato tão patente, era preciso vir do fundo do Texas para entrar num auditório onde se acham mais de mil espíritas que há dois anos não mais se ocupam de Espiritismo. Então, por que tanta cólera se o Espiritismo está morto e enterrado? Ao menos o Padre Lepeyre não tem ilusões. Seu horror até exagera a extensão desse pretenso mal, pois avalia numa soma fabulosa o valor dos livros espíritas espalhados só em Bordéus. Em todo caso, é reconhecer um grande poder à ideia. Seja como for, em presença de todas essas afirmações, ninguém nos taxará de exagero quando falarmos do rápido progresso da doutrina. Que uns o atribuam ao poder do diabo, lutando com vantagem contra Deus, os outros a um acesso de loucura que invade todas as classes sociais, de tal modo que o círculo da gente de juízo vai se estreitando a tal ponto que em breve só haverá lugar para muito poucos; que uns e outros deplorem este estado de coisas, cada um do seu ponto de vista e se perguntem: "Para onde vamos, grande Deus?" É o seu direito. Disso resulta o fato que o Espiritismo vence todas as barreiras que lhe opõem. Assim, se é uma loucura, em breve só haverá loucos na Terra. O provérbio é conhecido. Se for obra do diabo, em breve só haverá danados, e se os que falam em nome de Deus não podem detê-lo, é que o diabo é mais forte do que Deus. Os espíritas são mais respeitosos para com a Divindade. Eles não admitem que haja um ser capaz de lutar com Deus em igualdade de condições, e sobretudo vencê-lo. Do contrário, os papéis estariam invertidos e o diabo tornar-se-ia o verdadeiro senhor do Universo.

Dizem os espíritas que sendo Deus soberano sem partilha, nada acontece no mundo sem sua permissão. Assim, se o Espiritismo se espalha com a rapidez do raio, façam o que fizerem para detê-lo, há que se ver nisso um efeito da vontade de Deus. Ora, sendo Deus soberanamente justo e bom, ele não pode querer a perda de suas criaturas, nem permitir que sejam tentadas, com a certeza, em virtude de sua presciência, de que elas sucumbirão, para precipitá-las nos tormentos eternos.

Hoje, o dilema está posto. Ele está submetido à consciência de todos, e o futuro se encarrega da conclusão.

Se fazemos estas citações, é para mostrar a que argumentos estão reduzidos os adversários do Espiritismo para atacá-lo. Com efeito, é preciso estar mui carente de boas razões para recorrer a uma calúnia como a que o representa pregando a desunião da família, o adultério, o aborto, o comunismo, a derrubada da ordem social.

Temos necessidade de refutar estas asserções? Não. Basta remeter ao estudo da doutrina, à leitura do que ela ensina, que é o que se faz em toda parte.

Quem poderá crer que pregamos o comunismo depois das instruções dadas a respeito no discurso publicado in extenso no relatório de nossa viagem em 1862? Quem poderá ver um excitamento à anarquia nas seguintes palavras, na mesma brochura, página 58: "Em todo caso, os espíritas devem ser os primeiros a dar exemplo de submissão às leis, no caso de serem convocados."

Propor tais coisas numa região distante, onde o Espiritismo fosse desconhecido, onde não houvesse qualquer meio de controle, poderia produzir algum efeito. Mas afirmá-las do alto da cátedra da verdade, em meio a uma população espírita que aí dá incessantemente um desmentido por seus ensinos e seu exemplo, é inabilidade, e não se pode deixar de dizer que é necessário estar tomado por singular vertigem para iludir-se a

60 | REVISTA ESPÍRITA

tal ponto e não compreender que assim falando serve à causa do Espiritismo.

Seria erro, contudo, pensar seja esta a opinião de todos os membros do clero. Ao contrário, há muitos padres que não a esposam, e conhecemos muitos que deploram tais desvios, mais prejudiciais à religião que à Doutrina Espírita. São, pois, opiniões individuais, que não podem fazer lei, e o que prova que são apreciações pessoais é a contradição entre elas existente. Assim, ao passo que um declara que todos os Espíritos que se manifestam são necessariamente maus, pois desobedecem a Deus, comunicando-se, outro reconhece que há bons e maus, mas que só os bons vão à Igreja, e os maus, ao vulgo.

Um acusa o Espiritismo de aviltar a mulher, outro o censura por elevá-la ao nível dos direitos do homem. Um pretende que ele "arrasta os homens ao materialismo e aos prazeres sensuais" e outro, o Sr. Cura de Marouzeau, reconheceu que ele destrói o materialismo.

Em sua brochura, assim se exprime o Padre Marouzeau: "Na verdade, segundo os partidários das comunicações de Além-Túmulo, seria intenção deliberada do clero combater o Espiritismo a qualquer preço. Por que, então, supor que o clero tenha tão pouca inteligência e bom senso e uma mente estúpida? Por que acreditar que a Igreja, que em todos os tempos deu tantas provas de prudência, de sabedoria e de alta inteligência para discernir o verdadeiro do falso, seria hoje incapaz de compreender o interesse de seus filhos? Por que condená-la sem ouvi-la? Se ela se recusa a reconhecer a vossa bandeira, é que a vossa bandeira não é a dela; ela tem cores que lhe são essencialmente hostis; *é que, ao lado do bem que fazeis combatendo o horrível materialismo*, ela vê um perigo real para as almas e para a Sociedade." E, noutra passagem: "Concluamos de tudo isto que o Espiritismo deve limitar-se a combater o materialismo, a dar ao homem provas palpáveis de sua imortalidade por meio de manifestações de Além-Túmulo bem constatadas."

De tudo isto ressalta um fato capital: é que todos esses senhores estão de acordo sobre a *realidade das manifestações*. Apenas cada um as aprecia a seu modo. Com efeito, negá-las seria negar a verdade das Escrituras, e os próprios fatos sobre os quais se apoia a maioria dos dogmas. Quanto à maneira de encarar a coisa, desde já, é possível constatar em que sentido se faz a unidade e se pronuncia a opinião pública, que também tem o seu veto. Ressalta ainda outro fato: é que a Doutrina Espírita abala profundamente as massas; que enquanto uns nela veem um fantasma terrível, outros veem o anjo da consolação e da libertação e uma nova era de progresso moral para a Humanidade.

Já que citamos a brochura do Padre Marouzeau, talvez nos perguntem por que ainda não a respondemos, se nos foi dirigida pessoalmente. Seu motivo pôde ser visto em nosso relatório de viagem, a propósito das refutações. Quando tratamos de uma questão, fazemo-lo do ponto de vista geral, abstraindo das pessoas que, aos nossos olhos, não passam de individualidades que se apegam ante as questões de princípios.

Falaremos do Sr. Marouzeau no devido tempo, como de alguns outros, quando examinarmos o conjunto das objeções. Para isto era útil esperar que cada um tivesse falado, grosso ou fino – e vimos acima alguns falaram grosso – para apreciar a força da oposição. Respostas especiais e individuais teriam sido prematuras e incessantemente repetidas.

A brochura do Sr. Marouzeau era um tiro de fuzil. Pedimos-lhe desculpas por colocá-lo na fila dos simples fuzileiros, mas sua modéstia cristã não ficará ofendida.

Protegido por uma porção de escudos, pareceu-nos conveniente deixar que descarregassem todas as armas, mesmo a artilharia pesada que, como se vê, acaba de entrar, a fim de julgar o seu poderio. Ora, até o presente, não temos que lamentar claros por ela abertos em nossas fileiras. Ao contrário, seus tiros ricochetearam contra ela.

Por outro lado, não era menos útil deixar desenhar-se a situação, e hão de convir que de dois anos para cá, o estado das coisas, longe de piorar, diariamente nos traz novas forças.

Responderemos, pois, quando julgarmos oportuno. Até agora não houve tempo perdido, pois sem isto temos ganho terreno incessantemente, e os próprios adversários se encarregam de facilitar nossa tarefa. Temos apenas que deixá-los agir.

SOBRE A LOUCURA ESPÍRITA

RESPOSTA AO SR. BURLET, DE LYON

O folhetim da *Presse* de 8 de janeiro de 1863 traz o artigo seguinte, tirado do *Salut Public de Lyon*, e que o *Gironde*, de

CIÊNCIAS

Bordéus, apressou-se em reproduzir, crendo lavrar um tento contra o Espiritismo:

CIÊNCIAS

"O Sr. Philibert Burlet, interno dos hospitais de Lyon, leu recentemente na Sociedade de Ciências Médicas desta cidade um interessante trabalho sobre o Espiritismo considerado como causa de alienação mental. Em face da epidemia que pesa no momento sobre a sociedade francesa, não será desprovido de utilidade assinalar os fatos contidos na memória do Sr. Burlet.

"O autor descreve com cuidado seis casos de loucura, dita aguda, por ele observados no hospital de Antiquaille, e nos quais, sem dificuldade, se constata a relação direta entre a alienação mental e as práticas espíritas. Por seu lado, diz ele, o Dr. Carrier teve ocasião, há pouco tempo, de tratar e ver curadas, em seu serviço, três mulheres que o Espiritismo havia enlouquecido. Aliás, não há um só médico que trata especificamente de alienação mental que não tenha observado casos análogos, em maior ou menor número, sem falar, é claro, *das perturbações intelectuais ou afetivas que, sem chegar ao ponto a que se convencionou chamar de loucura, não deixam de alterar a razão e tornar desagradável e bizarro o comportamento dos que a apresentam*.

"Essa influência da *pretensa* Doutrina Espírita está hoje bem demonstrada pela Ciência. As observações que o estabelecem contam-se aos milhares. Diz o Sr. Burlet que 'Se nas outras partes da França, os casos de loucura causados pela doutrina dos médiuns forem tão frequentes quanto no departamento que habitamos – e não há motivos para que assim não seja – parece-nos fora de dúvida que o Espiritismo pode tomar lugar na linha das causas mais fecundas de alienação mental.'

"Terminando, o autor exorta os pais e mães de família, os chefes de oficinas etc. a ficarem atentos para que seus filhos e empregados não vão nunca 'a essas reuniões espíritas chamadas grupos, nas quais o perigo para a razão não é o único a temer'.

"É, pois, de incontestável utilidade dar publicidade aos fatos deste gênero, colhidos conscienciosamente, como os do interno dos hospitais de Lyon. Não que haja a menor chance para agir sobre indivíduos já afetados pela epidemia. O caráter de sua loucura é precisamente a forte convicção de serem os únicos detentores da verdade. Em sua humildade, julgam-se com o dom de comunicar-se com os Espíritos, e consideram orgulhosa a Ciência que ousa duvidar de seu poder. Vítimas da alucinação que os empolga, admitida a sua premissa, raciocinam a seguir com uma *lógica inatacável*, que não faz senão fortalecê-los na aberração. Mas, pode-se conservar a esperança de agir sobre as inteligências ainda sãs que seriam tentadas a se exporem às seduções do Espiritismo, assinalando-lhes o perigo, e assim garanti-las contra essa ameaça.

"É bom saber que as práticas espíritas e a convivência com os médiuns – que são verdadeiros alucinados – é necessariamente prejudicial para a razão. Só os caracteres fortemente temperados podem resistir. Os outros aí sempre deixam uma parte, maior ou menor, do seu bom senso."

A. SANSON

Este artigo pode fazer o contrapeso dos sermões relatados no artigo precedente. Pode-se ver, se não uma unidade de origem, ao menos uma intenção idêntica: a de levantar a opinião contra o Espiritismo, por meios onde transparece a boa-fé ou a ignorância das coisas.

Note-se a gradação que tiveram os ataques, a partir do famoso e desajeitado artigo da *Gazette de Lyon* (Vide *Revista Espírita* de outubro de 1860). Então não passava de chã zombaria, pelas quais os operários daquela cidade eram achincalhados, ridicularizados, e seus teares comparados a forcas. Não era, realmente, prova de deselegância lançar o desprezo sobre os trabalhadores e sobre os instrumentos que fazem a prosperidade de uma cidade como Lyon?

Desde então, a agressão toma outro caráter. Vendo a impotência do ridículo, e não podendo impedir-se de constatar o terreno que diariamente ganham as ideias espíritas, ela o retoma num tom mais lamentável. É em nome da humanidade, *em face da epidemia que pesa no momento sobre a sociedade francesa*, que ela vem assinalar os perigos dessa *pretensa* doutrina *que torna desagradável e bizarro o relacionamento daqueles que a professam*, referência pouco lisonjeira para as senhoras de todas as classes, inclusive para as princesas que acreditam nos Espíritos.

Parece-nos, entretanto, que as pessoas violentas e irascíveis tornadas mansas e boas pelo Espiritismo não constituem prova

64 | REVISTA ESPÍRITA

de um caráter muito mau e são menos desagradáveis do que antes, e que entre os não espíritas só se encontram criaturas amáveis e benevolentes. Posto se encontrem muitas famílias onde o Espiritismo restabeleceu a paz e a união, é em nome de seu interesse que se intimam os operários a não irem a "essas reuniões chamadas grupos, onde podem perder a razão e outras coisas", sem dúvida achando que as conservariam melhor indo ao cabaré do que ficando em casa.

Não tendo êxito com o motejo, eis que agora os adversários chamam a Ciência em seu apoio, não mais a ciência trocista, representada pelo músculo que range, do Sr. Jobert, de Lamballe (Vide *Revista Espírita* de junho de 1859), mas a Ciência séria, condenando o Espiritismo tão gravemente quanto outrora condenou a aplicação do vapor à marinha, e tantas outras utopias que mais tarde teve a fraqueza de aceitar como verdades.

E qual o seu representante em tão grave questão? É o Instituto de França? Não. É o Sr. Philibert Burlet, interno dos hospitais de Lyon, isto é, estudante de medicina, que forja as primeiras armas lançando uma memória contra o Espiritismo. Ele falou, em seu nome e em nome do Sr. Sanson, da *Presse*, que a Ciência deu a sua sentença, sentença que provavelmente também não será mais inapelável que a dos doutores que condenaram a teoria de Harvey sobre a circulação do sangue, e que lançaram contra o seu autor "libelos e diatribes mais ou menos virulentos e grosseiros." *(Dictionnaire des Origines)*. Seja dito, entre parênteses, que um trabalho curioso seria uma monografia dos erros dos cientistas.

Diz o Sr. Burlet ter observado seis casos de loucura aguda produzida pelo Espiritismo, mas como é pouco para uma população de 300.000 almas, das quais pelo menos a décima parte é espírita, tem ele o cuidado de acrescentar "que se contariam por milhares se nas outras partes da França os casos de loucura causados pela doutrina dos médiuns fossem tão frequentes quanto no departamento que habitamos, e não há motivos para que assim não seja."

Com o sistema de suposições vai-se muito longe, como se vê. Ora! Vamos mais longe que ele, e diremos, não por hipótese, mas por afirmação, que, num tempo dado, só se encontrarão loucos entre os espíritas. Com efeito, a loucura é uma das enfermidades da espécie humana. Mil causas acidentais podem produzi-la, e a prova é que havia loucos antes que se falasse de Espiritismo, e que nem todos os loucos são espíritas, o Sr. Burlet há de concordar. Em todos os tempos houve loucos, e os haverá sempre. Então, se todos os habitantes de Lyon fossem espíritas, só se encontrariam loucos entre os espíritas, do mesmo modo que numa região inteiramente católica só haverá loucos entre os católicos. Observando a marcha da doutrina de uns anos para cá, até certo ponto poder-se-ia prever o tempo necessário para isto. Mas falemos só do presente.

Os loucos falam do que os preocupa. É bem certo que aquele que jamais tivesse ouvido falar de Espiritismo, dele não falaria, ao passo que, caso contrário, dele falará, assim como falaria de religião, de amor etc. Seja qual for a causa da loucura, o número de loucos falando de Espíritos aumentará naturalmente com o número de adeptos. A questão é saber se o Espiritismo é uma causa eficiente de loucura. O Sr. Burlet o afirma do alto de sua autoridade de interno, dizendo que "Essa influência é hoje bem demonstrada pela Ciência." Daí, inflamado, apela aos rigores da autoridade, como se uma autoridade qualquer pudesse impedir o curso de uma ideia, e sem pensar que as ideias jamais se propagam melhor do que sob o império da perseguição. Toma ele sua opinião e a dos que pensam como ele por decretos da Ciência? Ele parece ignorar que o Espiritismo conta em suas fileiras grande número de médicos ilustres; que muitos dos grupos e sociedades são presididos por médicos que, também eles, são homens de ciência, e que chegam a conclusões contrárias às suas. Quem tem razão: ele ou os outros? Neste conflito entre a afirmação e a negação, quem pronunciará o veredito final? O tempo, a opinião, a consciência da maioria e a própria Ciência, que se renderá à evidência, como já o fez em outras circunstâncias.

Diremos ao Sr. Burlet que é contra os mais simples preceitos da lógica deduzir uma consequência geral de alguns fatos isolados, a que outros fatos podem dar um desmentido. Para apoiar vossa tese, seria preciso um trabalho diverso do vosso. Dissestes haver observado seis casos. Creio em vossa palavra, mas, o que é que isso prova? Se tivésseis observado o dobro ou o triplo não provaríeis mais, se o total dos loucos não passou da média. Suponhamos a média de 1.000, para usar um número redondo. Sendo sempre as mesmas as causas habituais da loucura, se o Espiritismo pode provocá-la, é mais uma causa que, somada às outras, deve aumentar a cifra da média. Se desde a introdução das ideias espíritas a média de 1.000 tivesse subido para 1.200, por exemplo, e a diferença fosse

66 | REVISTA ESPÍRITA

precisamente a dos casos de loucura espírita, a questão mudaria de figura. Mas enquanto não for provado que sob a influência do Espiritismo a média dos alienados aumentou, a amostragem feita de alguns casos isolados nada prova senão a intenção de lançar o descrédito sobre as ideias espíritas e de apavorar a opinião.

No estado atual das coisas, resta mesmo conhecer o valor dos casos isolados que se nos apresentam, e saber se todo alienado que fala dos Espíritos deve sua loucura ao Espiritismo, para o que seria necessário um juiz imparcial e desinteressado. Suponhamos que o Sr. Burlet fique louco, o que pode acontecer-lhe, como a qualquer outro – e, quem sabe, talvez mais do que a um outro – haveria algo de admirável que, preocupado com a ideia que combateu, dela falasse em sua demência? Deveria daí concluir-se que foi a crença nos Espíritos que o enlouqueceu?

Poderíamos citar vários casos, dos quais fazem muito alarido, e nos quais ficou provado que as pessoas se tinham ocupado pouco ou nada do Espiritismo, ou que tinham tido ataques de loucura bem caracterizados muito anteriores.

A isto devem juntar-se os casos de obsessão e subjugação, que são confundidos com a loucura e tratados como tal, com grande prejuízo para a saúde das pessoas afetadas, como explicamos em nossos artigos sobre Morzine. À primeira vista, são estes os únicos que poderiam ser atribuídos ao Espiritismo, posto esteja provado que se encontram em grande número de pessoas estranhas a ele e que, pela ignorância da causa, são erroneamente tratados.

É verdadeiramente curioso ver certos adversários que não creem nos Espíritos nem em suas manifestações pretenderem que o Espiritismo seja uma causa de loucura. Se os Espíritos não existem ou se não podem comunicar-se com os homens, todas essas crenças são quimeras que nada têm de real. Perguntamos, então, como o nada pode produzir alguma coisa?

É a ideia, dirão eles; essa ideia é falsa; ora, todo homem que professa uma ideia falsa desarrazoa. Que ideia é essa, tão funesta à razão? Ei-la: *Temos uma alma que vive após a morte do corpo. Essa alma conserva as afeições da vida terrena e pode comunicar-se com os vivos*. Segundo eles, é melhor acreditar no nada após a morte, ou então, o que dá no mesmo, que a alma, perdendo a sua individualidade, se confunde no todo universal, como as gotas de água no oceano. De fato, com esta última ideia não há mais necessidade de nos inquietarmos com a sorte do próximo e só temos que pensar em nós, bem beber, bem comer nesta vida, tudo em proveito do egoísmo.

Se a crença contrária é uma causa de loucura, por que existem tantos loucos entre as pessoas que em nada creem? Direis que esta causa não é a única. De acordo. Mas então, por que quereríeis que essas causas não pudessem ferir um espírita como a qualquer outro? E por que pretenderíeis tornar o Espiritismo responsável por uma febre alta ou uma insolação?

Apelais à autoridade para tomar medidas contra as ideias espíritas porque, em vossa opinião, elas desorganizam o cérebro. Mas por que não chamais a vigilância da autoridade contra as outras causas? Na vossa solicitude pela razão humana, da qual vos supondes o protótipo, fizestes a estatística dos inumeráveis casos de loucura produzidos pelo desespero do amor? Por que não apelais à autoridade para proscrever o sentimento amoroso?

Está comprovado que todas as revoluções são marcadas por uma recrudescência notável nas afecções mentais. Eis aí uma causa eficiente bem manifesta, pois aumenta a cifra da média. Por que não aconselhais os governos a interditarem as revoluções como coisa malsã?

Considerando-se que o Sr. Burlet fez o relato *enorme* de seis casos de loucura dita espírita, numa população de 300.000 almas, aconselhamos os médicos espíritas a fazerem o mesmo com todos os casos de loucura, de epilepsia e outras afecções causadas pelo medo do diabo, pelo terrível quadro das torturas do inferno e pelo ascetismo das reclusões claustrais.

Longe de admitir o Espiritismo como uma causa de aumento da loucura, dizemos que ele é uma causa atenuante, que deve diminuir o número dos casos produzidos pelas causas ordinárias. Com efeito, entre essas causas, devem ser colocados em primeira linha os desgostos de toda natureza, as decepções, as afeições contrariadas, os revezes da fortuna, as ambições frustradas. O efeito dessas causas está na razão da impressionabilidade do indivíduo. Se tivéssemos um meio de atenuar essa impressionabilidade, este seria, sem dúvida, o melhor preservativo. Ora! Esse meio está no Espiritismo, que amortece o contra-golpe moral; que faz suportar com resignação as vicissitudes da vida. Alguém que se teria suicidado por um revés, adquire na crença espírita uma força moral que o leva a receber o mal com paciência. Não só não se matará, mas, em presença da maior adversidade, conservará a razão fria, porque tem uma fé inalterável no futuro.

Dar-lhe-eis essa calma com a perspectiva do nada? Não, pois ele não entrevê nenhuma compensação, e se não tiver o que comer, poderá comer-vos. A fome é terrível conselheira para quem acredita que tudo acaba com a vida. Ora! O Espiritismo faz suportar a fome, porque faz ver, compreender e esperar a vida que sucede à morte do corpo. Eis a sua loucura.

A maneira pela qual o verdadeiro espírita encara as coisas deste mundo e do outro, leva-o a domar em si as mais violentas paixões, mesmo a cólera e a vingança.

Depois do artigo insultuoso da Gazette de Lyon, relembrado pouco acima, um grupo de cerca de uma dúzia de operários nos disse: "Se não fôssemos espíritas iríamos dar uma surra no autor, para lhe ensinar a viver, e se estivéssemos em revolução incendiaríamos a redação de seu jornal. Mas somos espíritas. Nós o lastimamos e pedimos a Deus que o perdoe."

Que dizeis desta loucura, Sr. Burlet? Num caso semelhante, o que teríeis preferido: tratar com loucos dessa espécie ou com homens que nada temem? Pensai que hoje os há mais de vinte mil em Lyon. Pretendeis servir aos interesses da Humanidade e não compreendeis os vossos! Pedi a Deus para que um dia não tenhais que lamentar não sejam todos os homens espíritas. É para isto que vós e os vossos trabalhais com todas as forças. Semeando a incredulidade, minais os fundamentos da ordem social; estimulais a anarquia, as reações sangrentas.

Nós trabalhamos para dar a fé aos que em nada creem; para espalhar uma crença que torna os homens melhores uns para com os outros; que lhes ensina a perdoar os inimigos; a se olharem como irmãos, sem distinção de raça, casta, seita, cor, opinião política ou religiosa, uma crença que, numa palavra, faz nascer o verdadeiro sentimento da caridade, da fraternidade e dos deveres sociais.

Perguntai a todos os chefes militares que têm subordinados espíritas sob suas ordens, quais eles conduzem com mais facilidade, que melhor observam a disciplina sem emprego do rigor.

Perguntai aos magistrados, aos agentes da autoridade que têm auxiliares espíritas nas camadas inferiores da Sociedade, quais são os mais ordeiros e tranquilos; sobre os quais menos se exerce a lei; onde há menos tumulto a apaziguar e desordens a reprimir.

Numa cidade do sul, dizia-nos um comissário de polícia: "Desde que o Espiritismo se espalhou em minha circunscrição, tenho dez vezes menos casos do que antes."

Perguntai, enfim, aos médicos espíritas quais os doentes em que encontram menos afecções causadas pelos excessos de todo gênero. Eis uma estatística que me parece um pouco mais concludente que os vossos seis casos de alienação mental. Se tais resultados são uma loucura, tenho a glória de propagá-la.

Onde foram colhidos tais resultados? Nos livros que alguns queriam lançar à fogueira. Nos grupos dos quais recomendais aos operários que fujam. Que é o que se vê nesses grupos, que pintais como o túmulo da razão? Homens, senhoras, crianças que escutam com recolhimento uma suave e consoladora moral, em vez de ir ao cabaré perder seu dinheiro e sua saúde ou fazer barulho em praça pública; que de lá saem com o amor aos semelhantes no coração, em vez de ódio e vingança.

Eis uma singular confissão feita pelo autor do artigo precitado: *"Vítimas da alucinação que os empolga, admitida a sua premissa, raciocinam a seguir com uma lógica inatacável, que não faz senão fortalecê-los na aberração."* Singular loucura, na verdade, essa que raciocina com uma lógica irreprochável!

Ora, qual é essa premissa? Nós o dissemos há pouco: *A alma sobrevive ao corpo, conserva a sua individualidade e suas afeições, e pode comunicar-se com os vivos.* O que pode provar a verdade de uma premissa, senão a lógica *irreprochável* das deduções? Quem diz *irreprochável*, diz inatacável, irrefutável. Assim, se as deduções de uma premissa são inatacáveis, é que satisfazem a tudo, e que nada se lhes pode opor. Assim, se essas deduções são verdadeiras, é que a premissa é verdadeira, pois a verdade não pode ter o erro por princípio.

De um princípio falso, sem dúvida podem deduzir-se consequências aparentemente lógicas, mas será uma lógica aparente, isto é, sofismas e não uma lógica irreprochável, pois deixará sempre uma porta aberta à refutação. A verdadeira lógica é a que satisfaz plenamente à razão; a que não pode ser contestada.

A falsa lógica não passa de falso raciocínio, sempre contestável. O que caracteriza as deduções de nossa premissa é, em princípio, que são baseadas na observação dos fatos; em segundo lugar, que explicam de maneira racional o que sem isso seria inexplicável. Substituí a nossa premissa pela negação e vos chocareis a cada passo com dificuldades insolúveis. A teoria espírita, dizemos nós, é baseada em fatos, mas sobre milhares de fatos que se repetem todos os dias e são observados por milhões de pessoas. A vossa, sobre meia dúzia, observados por vós. Eis uma premissa da qual cada um pode tirar a conclusão.

CÍRCULO ESPÍRITA DE TOURS

DISCURSO DO PRESIDENTE NA SESSÃO DE INSTALAÇÃO

(TERÇA-FEIRA, 12 DE NOVEMBRO DE 1862)

"Senhores,
"Inicialmente, devo agradecer aos Espíritos protetores de nossa pequena sociedade nascente a minha designação para vossa presidência. Tratarei de justificar a escolha, que me honra, velando escrupulosamente para que os trabalhos de nossas reuniões tenham sempre um caráter sério e moral, objetivo que jamais devemos perder de vista, sob pena de nos expormos a muitas decepções.

"Que vimos buscar aqui, senhores, longe do bulício dos negócios mundanos? O conhecimento de nossos destinos. Sim, todos quantos estamos neste modesto círculo, que crescerá e que se elevará, assim espero, pela grandeza e altura do objetivo que perseguimos, cedemos ao desejo muito natural de rasgar o véu espesso que oculta aos pobres humanos o temível mistério da morte, e de saber se é verdade, como ensina uma falsa ciência, e como creem tantos infelizes Espíritos tresmalhados, que o túmulo fecha o livro dos destinos do homem.

"Bem sei que Deus colocou no coração de cada um, um facho destinado a clarear seus passos pelos rudes caminhos da vida: a razão, e uma balança para pesar todas as coisas em seu justo valor: a justiça. Mas quando a viva e pura luz desse facho diretor se enfraquece mais e mais, ao sopro impuro das paixões pervertidas, ela está a ponto de extinguir-se. Quando essa balança da Justiça é viciada pelo erro e pela mentira; quando o cancro do materialismo, após invadir tudo, até as religiões, ameaça tudo devorar, é necessário que o Supremo Juiz venha, enfim, por prodígios de sua onipotência e por manifestações insólitas capazes de chamar a atenção violentamente, endireitar os caminhos da Humanidade e retirá-la do abismo.

"No ponto de degradação moral em que tombaram as sociedades modernas, sob a influência de falsas e perniciosas doutrinas toleradas, senão encorajadas, exatamente por aqueles que têm a missão de reprimi-las; no meio desse indiferentismo geral por tudo quanto não é matéria; desse sensualismo extremo, exclusivo; desse furor, antes desconhecido, de enriquecimento a qualquer preço; desse culto desenfreado do bezerro de ouro; dessa desordenada paixão do lucro, que engendra o egoísmo, gela todos os corações falseando todas as inteligências e tende à dissolução dos laços sociais, as comunicações de Além-Túmulo podem ser consideradas como *uma revelação divina, necessária* para a chamada à ordem por parte da Providência, que não pode deixar perecer sem socorro sua criatura predileta. Com a rapidez que se expandem em todos os pontos do globo os ensinamentos da Doutrina Espírita, fácil é prever que a hora se aproxima em que a Humanidade, depois de um compasso de espera, vai transpor uma nova etapa, passar a uma nova fase de desenvolvimento na sua progressão intermitente através dos séculos.

"Quanto a nós, senhores, agradeçamos à Providência por nos haver escolhido para espalhar e fazer frutificar neste recanto da Terra a semente espírita, e assim cooperar, na medida de nossas forças, na grande obra da regeneração moral que se prepara.

"Eu me ocupo, neste momento, a propósito de uma questão médica, alguns dentre vós o sabem, de um trabalho filosófico importante, no qual tento explicar racionalmente os fenômenos fisiológicos do Espiritismo e ligá-los à filosofia geral. Antes de publicar esse trabalho, essencialmente antimaterialista, que ainda não passa de um esboço, proponho-me submetê-lo à vossa apreciação, a fim de tomar vosso conselho quanto à oportunidade de submeter à aprovação dos Espíritos elevados que têm a bondade de nos assistir, os principais pontos de doutrina que ele encerra. Além do mais, ali poderemos encontrar, previamente e metodicamente dispostas, a maior parte das questões que devem constituir o tema de nossas conversas espíritas.

"Jamais devemos perder de vista, senhores, o fim essencial do Espiritismo, que é a destruição do materialismo pela prova experimental da sobrevivência da alma humana. Se os mortos respondem ao nosso chamado, se se põem em comunicação conosco, é que evidentemente eles não estão mortos de fato; é que o último estertor da agonia não lhes marcou o termo definitivo de sua existência. Todos os sermões do mundo não valem, a tal respeito, um argumento como este.

72 | REVISTA ESPÍRITA

"É por isto que é dever nosso, de crentes, espalhar a luz em volta de nós e não encerrá-la sob o alqueire, isto é, neste pequeno recinto que, ao contrário, por nosso zelo deve tornar-se um foco de irradiação. Isto quer dizer que deveríamos convidar todo mundo às nossas reuniões, acolher o primeiro que manifeste curiosidade de nos ver em atividade, como se se tratasse de ver um prestidigitador operando? Seria irrefletidamente expor às chances do ridículo a coisa mais séria do mundo, e nós mesmos nos comprometermos. Mas sempre que uma pessoa, de cuja boa-fé não temos motivo de suspeita, tiver adquirido noções do Espiritismo na leitura de obras especiais e deseje presenciar os fatos, devemos satisfazer-lhe o pedido. Apenas será bom regular essas admissões e não admitir em nossas sessões pessoas estranhas, sem que a sociedade, consultada, tenha dado autorização prévia.

"Senhores, quando, há dois anos apenas, constatávamos, com um dos nossos sócios, em casa de um amigo comum, os fenômenos espíritas de ordem mecânica e intelectual mais admiráveis, a despeito da evidência dos fatos que testemunhávamos, e a despeito de nossa convicção profunda de que essas manifestações extraordinárias se passavam fora das leis naturais conhecidas, apenas ousáramos expor timidamente os nossos conhecimentos íntimos, tamanho era o receio que pusessem em dúvida a integridade de nossa razão. O Livro dos Espíritos, então pouco conhecido em Tours, ainda estava na primeira ou na segunda edição. Naquela época, numa palavra, quase não havia transposto os limites da capital. Ora, vede que imenso progresso no espaço de três anos! Hoje o Espiritismo penetrou em toda parte; tem adeptos em todas as camadas sociais; reuniões e grupos mais ou menos numerosos organizam-se em todas as cidades, grandes e pequenas, esperando a vez das aldeias. Hoje as obras espíritas são expostas em todos os livreiros, que têm dificuldade em atender à demanda da clientela, ávida de iniciar-se nos grandes mistérios das evocações. Hoje, enfim, o Espiritismo vulgarizado, de todos conhecido de alguma forma, não é mais um espantalho, um signo de reprovação ou de desdém, e podemos ousadamente, sem receio de passar por loucos, revelar a finalidade de nossas reuniões. Podemos desafiar a troça e o sarcasmo e dizer aos brincalhões: 'Antes de nos pôr em ridículo, ao menos nos contem e nos pesem.'

"Quanto ao anátema de um partido, avaliamos bem o seu pequeno alcance para nos inquietarmos. Dizem que fizemos pacto com o diabo. Seja. Mas, então, há que convir que nem todos os diabos são maus. Aos seus olhos, o nosso verdadeiro crime é a nossa pretensão, certamente muito legítima, de nos comunicarmos com Deus e seus santos, sem a sua intermediação obrigatória.

"Provemo-lhes que, graças aos ensinamentos dos que eles chamam demônios, nós compreendemos a moral sublime do Evangelho, que se resume no amor a Deus e aos nossos semelhantes e na caridade universal. Abraçamos a Humanidade inteira, sem distinção de culto, de raça, de origem, e, com mais forte razão, de família, de fortuna e de condição social. Que saibam que o nosso Deus, o dos espíritas, não é um tirano cruel e vingativo que pune um instante de desvio com torturas eternas, mas um pai bom e misericordioso que vela por seus filhos desviados, com uma solicitude incessante, e procura atraí-los a si por uma série de provas destinadas a lavá-los de todas as manchas. Não está escrito que *Deus não quer a morte do pecador, mas a sua conversão?*

"Além disso, nós nos reservamos expressamente, aqui como em qualquer parte, os direitos imprescritíveis da razão que deve tudo dominar e tudo julgar em última instância. Não dizemos aos recalcitrantes, conduzindo-os ao pé da fogueira: *Crê ou morre*, mas, *crê, se tua razão o quer*.

"Ainda uma palavra para terminar, senhores, pois não quero abusar de vossa atenção. Não tendo, nem podendo ter nossa sociedade outro fim senão a nossa instrução e o nosso melhoramento moral, devemos afastar de nossas reuniões, com o maior cuidado, toda questão ligada direta ou indiretamente a pessoas, à política e aos interesses materiais.

"*Estudo do homem em relação ao seu destino futuro,* tal o nosso programa, do qual jamais nos devemos separar."

CHAUVET

Doutor em medicina.

Segue a esse discurso a comunicação espontânea abaixo transcrita, recebida por um dos médiuns da sociedade:

"Meus amigos, a finalidade de vossa sociedade é de vos instruirdes e trazer o homem tresmalhado à luz, que há tanto

74 | REVISTA ESPÍRITA

tempo é obscurecida pela treva que reina neste século. Não deveis olhar esta Instituição como se ela tivesse vindo instruir-vos sobre questões de Direito ou Ciência. Ela vem pura e simplesmente para vos dispor a entrar na nova via da regeneração que deveis percorrer sem medo, pondo vossa confiança nas instruções que recebereis. Nada deveis temer, porque Deus vela pelo homem que faz o bem e não o abandona.

"Eu vos ouvi discutir a propósito de um artigo do regulamento de admissão de pessoas estranhas em vossa sociedade. Escutai um pouco os conselhos de um amigo, ou antes, do irmão que vos fala, não de boca, mas do coração, não materialmente, mas espiritualmente, porque, crede-o, quando para vir até vós transponho todos os graus de Espíritos impuros, o espaço a percorrer não me parece penoso se vejo vosso coração animado de sentimentos do bem.

"Quando um estranho pedir para assistir às vossas sessões, antes de admiti-lo, fazei-o vir em particular ao vosso gabinete e, na conversa, sondai os seus sentimentos e vede se está instruído na nova doutrina. Se nele descobrirdes o desejo do bem e não simples curiosidade; se vem animado de intenções sérias, então podeis admiti-lo sem receio. Mas repeli quem quer que venha com o pensamento de perturbar a sessão e desprezar vossos ensinos. Pensai também que os espiões se insinuam por toda parte: Jesus os teve.

"Se alguém se apresenta dizendo-se espírita ou médium, não o recebais sem saber com quem estais lidando. Não ignorais que há médiuns cheios de frivolidade e de orgulho e que, por isso mesmo, só atraem Espíritos levianos. Diz-se sempre que semelhante atrai semelhante. Um verdadeiro espírita não deve ter outro sentimento senão o do bem e da caridade, sem o que não pode ser assistido por Espíritos elevados.

"Sem dúvida a perda de um médium pode deixar um vazio entre vós, mas, por isso, não se deve crer que não tereis mais instruções nossas, porque estaremos sempre prontos a vir assistir-vos nos trabalhos, sempre que Deus o permita. Se um bom médium vos é tirado, é que certamente Deus o destina a outra missão, que julga mais útil. Quem sabe o que o espera? Há coisas que o homem não pode compreender, mas que deve aceitar.

"O caminho que ides percorrer, meus amigos, é difícil de subir, mas, com a ajuda dos vossos irmãos que estão acima de vós, conseguireis.

"Espero numa outra oportunidade vos instruir sobre questões mais sérias."

FÉNELON

VARIEDADES

CURA POR UM ESPÍRITO

Recebemos várias cartas constatando a boa aplicação do remédio indicado na *Revista Espírita* de novembro de 1862, cuja receita foi dada por um Espírito. Um oficial de cavalaria nos disse que o farmacêutico de seu regimento teve o cuidado de prepará-la para os casos mais frequentes de coices dados pelos cavalos. Sabemos que outros farmacêuticos fizeram o mesmo em certas cidades.

A propósito da origem do remédio, um assinante de Eure-et-Loir comunica-nos o seguinte fato, de seu conhecimento pessoal:

"Autheusel, 6 de novembro de 1862

"Um homem doente, chamado Paquine, que mora numa comuna próxima, veio ver-me, há um mês, andando de muletas. Admirado de vê-lo assim, indaguei do acidente. Respondeu-me que há algum tempo suas pernas estavam demasiadamente inchadas e cobertas de úlceras, e que nenhum remédio fazia efeito.

"Esse homem é espírita e tem alguma mediunidade. Disse-lhe que era necessário dirigir-se a Espíritos bons e fazê-lo com fervor. No dia de Todos os Santos vi-o na missa, com uma simples bengala. No dia seguinte veio ver-me e contou o seguinte:

"– Senhor, disse ele, desde que me recomendou empregar os bons Espíritos para obter a cura, não deixei uma noite, e algumas vezes durante o dia, de invocá-los e de lhes mostrar quanto o meu mal me trazia dificuldades para ganhar a vida. Havia apenas cinco ou seis dias que assim orava quando uma noite, estando adormecido, apareceu-me no meio do quarto um homem todo de branco. Ele avançou para o meu aparador e pegou um boião, no qual havia graxa de que eu me servia para aliviar as dores das pernas. Mostrou-me o boião e depois, tomando fumo que eu conservava sobre um papel, mostrou-me também. Em seguida foi buscar um vidro com extrato de saturno, depois uma garrafa com essência de terebintina. Mostrando tudo, indicou-me que era preciso fazer uma mistura. Indicou-me a dose, despejando-a no boião. Depois de fazer sinais de amizade, desapareceu. No dia seguinte fiz o que o Espírito havia indicado e desde então as pernas entraram em excelente via de cura. Hoje só me resta uma inchação no pé, que desaparece aos poucos, pela eficácia do remédio. Espero em breve estar curado.

"Eis, senhores, um fato que quase poderia ser classificado como cura milagrosa, e creio que seria levar longe o espírito de partido para ver aí um fato demoníaco.

"Examinando a vulgaridade e quase sempre a simplicidade dos remédios indicados pelos Espíritos em geral, eu me pergunto se daí não seria possível concluir que o remédio em si não passa de simples fórmula e que é a influência fluídica do Espírito que opera a cura. Penso que a questão poderia ser estudada.

"L. DE TARRAGON."

A última questão não nos parece duvidosa, sobretudo quando se conhecem as propriedades que a ação magnética pode dar às substâncias mais benignas, como a água, por exemplo. Ora, como os Espíritos magnetizam também, eles certamente podem, conforme as circunstâncias, dar propriedades curativas a certas substâncias. Se o Espiritismo revela todo um mundo de seres pensando e agindo, revela, também, forças materiais desconhecidas, que um dia serão aproveitadas pela Ciência.

DISSERTAÇÕES ESPÍRITAS

PAZ AOS HOMENS DE BOA VONTADE

(POITIERS. REUNIÃO PREPARATÓRIA DE OPERÁRIOS ESPÍRITAS)
(MÉDIUM: SR. X...)

Meus caros amigos, a vida é curta. Grande é o que a precede e o que a sucede. Nada acontece senão pela vontade de Deus. Nada é, portanto, senão legítima e alta justiça. Vossa miséria, quando vos aperta, é um mal merecido, uma punição, não tenhais dúvida, de faltas anteriores. Encarai-a bravamente e levai os olhos ao alto com resignação. A bênção e o alívio descerão.

Por vezes vossos pesares são a prova pedida pelo vosso Espírito, por vosso Espírito desejoso de chegar prontamente ao objetivo final, sempre entrevisto no estado de não encarnado.

No momento em que o mundo se agita e sofre, em que as sociedades, em busca do que é verdadeiro, se contorce num parto laborioso, Deus permite que o Espiritismo, isto é, um raio da eterna verdade, desça das altas regiões e vos esclareça. Nosso objetivo é mostrar-vos o caminho, mas deixar-vos a liberdade, isto é, o mérito e o demérito de vossas ações. Escutai-nos, pois, e ficai certos de que a vossa felicidade é para nós uma viva preocupação. Se soubésseis quanto vossas más ações nos afligem; quanto os vossos esforços para a lei de Deus nos enchem de alegria!

O Senhor nos disse: "Servidores do meu império, apóstolos dedicados da minha lei, a todos levai a minha palavra; a todos explicai que a vida eterna será a dos que praticam o Evangelho; a todos os homens fazei entender que o bem, o belo, o grande, degraus de minha eternidade, estão contidos numa palavra: *Amor.*"

O Senhor nos disse: "Espíritos velozes, correi a todos: aos mais infelizes e aos mais felizes; do rei ao artesão; do fariseu ao que se queima em fé ardente." E nós vamos a todos os lados e gritamos aos infelizes: resignação; aos felizes: caridade, humildade; aos reis: amor aos povos; ao artesão: respeito à lei!

Meus amigos, no dia em que fizerdes mais que nos escutar, isto é, no dia em que praticardes os preceitos, não mais egoísmo, não mais inveja. Partindo daí, não mais misérias, não mais esse luxo que é o verme que rói as sociedades e as destrói; não mais esses erros morais que perturbam as consciências; não mais revoluções, não mais sangue! Não mais esse triste preconceito que fez com que por muito tempo se acreditasse, nas famílias principescas, que o povo era uma coisa que lhes pertencia e que elas tinham um sangue diferente do sangue do povo. Nada além da felicidade!

Vossos governos serão bons, porque governantes e governados terão tirado proveito do Espiritismo. As Ciências e as Artes, levadas nas asas da divina caridade, elevar-se-ão a uma altura que não suspeitais. Vosso clima, saneado pelos trabalhos agrícolas; vossas colheitas mais abundantes; as palavras tão profundas de igualdade e fraternidade enfim interpretadas sem que *ninguém sonhe despojar aquele que possui*, realizarão, vo-lo afirmo, as promessas do vosso Deus.

"Paz, disse o seu Cristo, aos homens de boa vontade!" Não tivestes a paz porque não tivestes a boa vontade. A boa vontade, tanto para os pobres quanto para os ricos, chama-se *caridade*. Há caridade moral, como há caridade material, e não a tivestes, e o pobre foi tão culpado quanto o rico!

Escutai-me bem: Crede e amai!

Amai: Muito será perdoado a quem muito amou.

Crede: A fé transporta montanhas.

Prudência e doçura no apostolado novo: Vossa melhor prédica será o bom exemplo.

Lamentai os cegos: os que não querem ver a luz. Lamentai, mas não censureis.

Orai, meus amigos, e a bênção de Deus será com as vossas almas. O facho da vida irradia; em todos os lados do horizonte acendem-se faróis; a tempestade vai sacudir e talvez quebrar os barcos! Mas o piloto que sobre a vaga furiosa olhar sempre o farol, chegará à praia e o Senhor lhe dirá: "Paz aos homens de boa vontade; sê bendito, tu que amaste; sê feliz, pois trabalhaste pela felicidade de outrem. Meu filho, a cada um segundo suas obras!"

F. D.

Antigo magistrado

POESIA ESPÍRITA
O DOENTE E SEU MÉDICO

Conto dedicado ao Sr. redator do *Renard,* de Bordéus,
pelo Espírito batedor de Carcassone

"Não aguento mais, doutor; é muito forte!
Exclamava outro dia o Sr. Rochefort.
Tome o pulso, doutor, estou doente;
O mundo inteiro está esmaniado.
Parece que Deus não sabe o seu ofício.
Ele baixa... e eu maldigo o mundo inteiro.
Pra começo o vapor... É assim que se caminha?
Que foi o que restou da gostosa berlinda,
Quando sem risco de partir o pescoço,
Nós íamos em bando, de Paris até Sceaux?
Fala-se de progresso!... Doutor, isto é ridículo!
Passando para trás o planeta recua.
Um caos..... Um cabo, um fio de ferro,
De Calais a Pequim tagarela no mar.
Um alfaiate costura sem agulhas;
Da água fazem fogo; do algodão, pólvora;
Um troca-tintas sem pincel mas com caixa
Vende retratos fabricados ao sol!

Glória, glória ao passado! Neste século frívolo,
A igualdade berra; o povo é que fala!
Resolveu Sabò escrever em Bordéus!
Veja, doutor, tudo está transtornado.
Eu hei de descobrir a pista dos patifes!
Diabo! E avisarei ao chefe da *Etincelle.*
É lá que, espada em punho, um crânio nos defende.
Não é tudo, doutor, ó escândalo! Pretendem
Que, seguindo o bom do La Fontaine,
Um morto, um Espírito, nos meta a palmatória."
Aqui Rochefort cuspiu, depois continuou:
– Doutor, de boa-fé, acredita em Espírito?
– Báh! lhe diz o doutor, fingindo bom apóstolo,
Em Espírito? Meu caro eu não creio... nem mesmo no seu.

NOTA: Este conto, cujo mérito cabe ao leitor julgar, foi obtido espontaneamente pela *tiptologia*, como outros belos versos pelo mesmo médium, a propósito de um espirituoso artigo do Sr. Aug. Bez, publicado no *Renard*, que deseja abrir suas colunas aos adeptos do Espiritismo. O *Etincelle* (centelha) é um outro jornal de Bordéus, redigido pelo Sr. de Rattier, e que lança flechas incendiárias contra o Espiritismo, mas que, até agora, só conseguiu uma luz semelhante à das *centelhas* dos fogos de artifício, que se apagam antes de tocar a terra. Quanto ao Sr. de Rochefort, certamente achará a poesia *malsã*.

SUBSCRIÇÃO RUANESA

Pagamentos feitos no escritório da *Revista Espírita* em 27 de Janeiro 1863:

Sociedade Espírita de Paris: 423 francos; Príncipe da Geórgia, 20 fr.; Srs. Aumont, livreiros, 5 fr.; Courtois, 2 fr.; Dolé, desenhista-litog., 5 fr.; Roger, 20 fr.; Yvose, 10 fr.; Sra. Hilaire, 20 fr. TOTAL: 505,00 fr.

Sociedades e grupos espíritas: de Sens, 60,05 fr.; de Orléans, 40 fr.; de Marennes, 34,50 fr.; de Saint-Malo, 15 fr. – Srs. Bodin, (de Cognac), 20 fr.; Borreau (de Niort), 3 fr.; Bitaubé (de Blaye), 5 fr.; Bourgès, lugar-tenente (de Provins), 10 fr.; Blin, cap. (de Marselha), 20 fr.; Lausat (de Condom), 5 fr.; Viseur (de Orthez), 10 fr.; Saint-Martin, arcabuzeiro (de Maubourguet), 5 fr.; Petitjean, alfaiate, e seu ajudante (de Joinville H.-M.), 7 fr.; Auzanneau (de Neuvic), 10 fr.; Lafage (de Tarbes), 5 fr.; Jouffroy (de Gaillon), 6 fr.; Noël (de Bone), 10 fr.; D... (Guelma), 2,50 fr.; N... (Ilha de Ré), 9 fr. – de Poitiers: Sr. Barbault de la Motte, antigo magistrado, 100 fr.; Sra. Barbault de la Motte, 100 fr.; Sr. Frothier, escultor, 20 fr.; Sr. Bonvalet, operário, 10 fr. – Sociedade Espírita de Montreuil-sur-Mer, 74 fr. TOTAL: 497,05 francos.

Espíritas e colônia francesa de Barcelona (Espanha): Srs. Henri de Vincio, François Nerici, Ernest Lalaux, Ed. Hardy, Désiré Maigrin, Maurice Lachâtre, Srta. Marie Garette, 100 fr. – Srs. Achon, Ziegler, Ed. Bettiz, G. Sins, J.-C. Carpentier, Holder, Muller, J. Arto, Devenel, 80 fr.; Srta. Nérici, 5 fr.; Srs. Rovira, pai e filho, 2,60 fr.; Louis Borel, chapeleiro, 5 fr.; Simonnet, ourives, 10 fr.; Srta. Caroline Vignes, 10 fr.; Sra. Guizy, 20 fr.; Srs. Guizy, 30 fr.; E. B., 5 fr.; Emprin, comissário, 10 fr.; Marius Brunos, sapateiro, 5 fr.; Leconte, irmãos, 25 fr.; Hardy, pai, 5 fr.; Flocon, caixeiro-viajante, 5 fr.; Bonsignori, joalheiro, 1 fr.; Louis Pintrau, fundidor, 1 fr.; Canals & Cia., negociantes, 15 fr.; Cousseau & Cia., tapesseiros, 10 fr.; Tasimez Bion, 1 fr.; Subernie, 1 fr.; Dupont, 2 fr.; Irmãos Paul, fabricantes, 50 fr.; Garcerie, novidades, 10 fr.; Senhoras Curel, modas, 10 fr.; Antoinette Fournols, modista, 10 fr.; Srs. Emile Consoles, enfermeiro, 5 fr.; J. Hugon, 10 fr.; Louis Verdereau, novidades, 20 fr.; Torri, chapeleiro, 5 fr.; Joseph Faur, 1 fr.; A.C., 5 fr.; Gustave Fouquel, 1 fr.; Lavallée, 5 fr.; Fournier, 3,75 fr.; J.-J. Maumus, 3 fr.; Thiébault, 2 fr. TOTAL: 489,35 francos.

Total Geral: 1.491,40 francos.[2]
A subscrição continua aberta.

ALLAN KARDEC[3]

---

[2] A soma das parcelas não confere com os totais parciais. Deve haver erros de revisão, impossíveis de corrigir. N. do T.

[3] Paris. – Tipografia de COSSON e Cia, Rua do Four-Saint-Germain, 43.

REVISTA ESPÍRITA

JORNAL DE ESTUDOS PSICOLÓGICOS

ANO VI	MARÇO DE 1863	VOL. 3

A LUTA ENTRE O PASSADO E O FUTURO

Neste momento há uma verdadeira cruzada contra o Espiritismo, como nos havia sido anunciado. De vários pontos assinalam-nos escritos, discursos e até atos de violência e de intolerância. Todos os espíritas devem alegrar-se, porque essa é a prova evidente de que o Espiritismo não é uma quimera. Fariam tanto barulho por causa de uma mosca que voa?

O que, principalmente, excita essa grande cólera é a prodigiosa rapidez com que a ideia nova se propaga, malgrado tudo quanto fizeram para detê-la. Nossos adversários, forçados pela evidência a reconhecer que esse progresso invade as mais esclarecidas camadas da Sociedade, e até os homens de Ciência, estão reduzidos a deplorar esse arrastamento fatal que conduz a Sociedade inteira aos manicômios.

A troça esgotou seu arsenal de chacotas e sarcasmos, e essa arma, que dizem ser tão terrível, não conseguiu atrair os trocistas para o seu lado, prova de que no caso não há matéria para risos. Não é menos evidente que não arrebatou um só partidário da doutrina, mas, ao contrário, eles aumentaram a olhos vistos. A razão é muito simples: reconheceu-se prontamente tudo quanto há de mais profundamente religioso nessa doutrina, que toca as cordas mais sensíveis do coração; que eleva a alma ao infinito; que faz reconhecer Deus àqueles que o haviam desconhecido. Ela arrancou tantos homens do desespero, acalmou tantas dores, cicatrizou tantas feridas morais, que as piadas tolas e vulgares a ela atiradas inspiraram mais desgosto do que simpatia. Em vão os trocistas se desdobraram em esforços para provocar o riso à sua custa. Há coisas das quais a gente instintivamente sente que não pode rir sem profanação.

Contudo, se algumas pessoas, não conhecendo a doutrina senão pelas facécias de mau gosto, tivessem podido acreditar que se tratava de um sonho vão, de lucubrações de um cérebro doentio, o que se passa é bem feito para desenganá-las. Ouvindo tantas declamações furibundas, devem dizer para si mesmas que é mais sério do que pensavam.

A população pode dividir-se em três classes: os crentes, os incrédulos e os indiferentes. Se o número de crentes centuplicou em alguns anos, foi à custa das duas outras categorias. Mas os Espíritos que dirigem o movimento acharam que as coisas ainda não iam bastante depressa. Há ainda, disseram eles, muita gente que não ouviu falar de Espiritismo, sobretudo no campo. Já é tempo de a doutrina ali penetrar. Além disso, é preciso despertar os indiferentes entorpecidos.

A troça fez o seu papel de propaganda involuntária, mas tirou todas as flechas de sua aljava, e os dardos que lança agora estão rombudos. Agora é um foguinho pálido. É preciso algo de mais vigoroso, que faça mais barulho que o tinido dos folhetins; que repercuta até nas solidões. É preciso que a última aldeia ouça falar de Espiritismo. Quando a artilharia ribombar, cada um se perguntará: O que é isto? E desejará ver.

Quando fizemos a pequena brochura "*O Espiritismo em sua expressão mais simples*", perguntamos aos nossos guias espirituais que efeito ela produziria. Responderam-nos: Produzirá um efeito que não esperas, isto é, teus adversários ficarão furiosos de ver uma publicação destinada por seu baixíssimo preço a espalhar-se na massa e penetrar em toda parte. Já te foi anunciado um grande desdobramento de hostilidades, e tua brochura será o sinal. Não te preocupes, pois conheces o fim. Eles se zangam em face da dificuldade de refutar teus argumentos.

– Já que assim é, dizemos nós, essa brochura, que deveria ser vendida a 25 cêntimos, sê-lo-á por 2 sous[1]. O acontecimento justificou essas previsões e nós nos felicitamos.

Aliás, tudo o que se passa foi previsto e devia ser para o bem da causa. Quando virdes uma grande manifestação hostil, longe de vos apavorardes, alegrai-vos, pois foi dito: o ronco do trovão será o sinal da aproximação dos tempos preditos. Orai, então, meus irmãos; orai sobretudo pelos vossos inimigos, pois serão tomados de verdadeira vertigem.

Mas nem tudo está ainda realizado. As labaredas da fogueira de Barcelona não subiram o bastante. Se se repetir em

[1] Antiga moeda de valor equivalente a 5 cêntimos de franco. (Nota do revisor Boschiroli)

qualquer parte, guardai-vos de extingui-la, pois quanto mais elevar-se, mais será vista de longe, como um farol, e ficará na lembrança das idades. Deixai a coisa correr e em parte alguma oponde violência. Lembrai-vos de que o Cristo disse a Pedro que embainhasse a sua espada. Não imiteis as seitas que se entredevoraram em nome de um Deus de paz que cada um evocava em auxílio de seus furores. A verdade não se prova pelas perseguições, mas pelo raciocínio. Em todos os tempos as perseguições foram as armas das causas más e dos que tomam o triunfo da força bruta pelo da razão. A perseguição não é um bom meio de persuasão. Ela pode momentaneamente abater o mais fraco, jamais convencê-lo, porque, mesmo na angústia onde tiver sido mergulhado, ele exclamará como Galileu na prisão: *e pur si muove!* Recorrer à perseguição é provar que se conta pouco com a força da lógica. Jamais useis represálias. À violência oponde a doçura e uma inalterável tranquilidade. Fazei aos vossos inimigos o bem pelo mal. Por aí dareis um desmentido às calúnias e os forçareis a reconhecer que vossas crenças são melhores do que eles dizem.

A calúnia! direis. Pode ver-se de sangue-frio nossa doutrina indignamente deformada por mentiras? Acusada de dizer o que não diz, de ensinar o contrário do que ensina, produzir o mal, quando só produz o bem? A autoridade dos que usam tal linguagem não pode falsear a opinião e retardar o progresso do Espiritismo?

Incontestavelmente, tal é o seu objetivo. Atingi-lo-ão? É outra questão, e não hesitamos em dizer que chegam a um resultado inteiramente contrário: o de desacreditarem a si mesmos e à sua própria causa.

Sem contradita, a calúnia é uma arma perigosa e pérfida, mas tem dois gumes e fere sempre a quem dela se serve. Recorrer à mentira para se defender é a prova mais forte de que não têm boas razões para dar, pois se as tivessem não deixariam de fazê-las valer.

Dizei que uma coisa é má, se tal for a vossa opinião; gritai-o de cima dos telhados, se puderdes. Ao público cabe julgar se estais certos ou errados. Mas deformá-la para apoiar o vosso sentimento, desnaturá-la, é indigno de todo homem que se respeita.

Na crítica das obras dramáticas e literárias, frequentemente veem-se apreciações opostas. Um crítico elogia sem reservas o que outro ataca. É direito seu. Mas o que pensar daquele que, para sustentar o seu ataque, fizesse o autor dizer o que não diz e lhe atribuísse maus versos para provar que sua poesia é detestável?

É assim que procedem os detratores do Espiritismo: Por suas calúnias eles mostram as fraquezas de sua própria causa e a desacreditam, mostrando a que lamentáveis extremos são obrigados a recorrer para sustentá-la. Que peso pode ter uma opinião fundada em erros manifestos? De duas, uma: ou os erros são voluntários e então está vista a má fé; ou são involuntários e o autor prova a sua inconsequência, falando do que não sabe. Num caso, como no outro, perde o direito à confiança.

O Espiritismo não é obra que marche na sombra. Ele é conhecido; seus princípios são formulados com clareza, precisão e sem ambiguidades. A calúnia não poderia, pois, atingi-lo. Para convencê-la de impostura basta dizer: lede e vede. Sem dúvida, é útil desmascará-la. Mas é preciso fazê-lo com calma, sem azedume nem recriminação, limitando-se a opor, sem palavras supérfluas, o que é ao que não é. Deixai aos vossos adversários a cólera e as injúrias, e guardai para vós o papel da força verdadeira: o da dignidade e da moderação.

Aliás, é preciso não exagerar as consequências dessas calúnias, que trazem consigo o antídoto de seu veneno e são, em definitivo, mais vantajosas que prejudiciais. Elas provocam forçosamente o exame dos homens sérios que querem julgar as coisas por si mesmas, e a isso são levados em razão da importância que lhes é dada. Ora, longe de temer o exame, o Espiritismo o provoca e só lamenta uma coisa: é que tanta gente fale dele como os cegos das cores. Mas, graças aos cuidados que os nossos adversários tomam em torná-lo conhecido, em breve esse inconveniente não existirá mais, e isto é tudo o que pedimos. A calúnia que ressalta de tal exame engrandece-o em vez de diminuí-lo.

Espíritas, não lamenteis, pois, essas falsificações. Elas não tiram nenhuma das qualidades do Espiritismo. Ao contrário, elas o farão sobressair com mais brilho pelo contraste, e deixarão confusos os caluniadores.

Por certo essas mentiras podem ter o efeito imediato de abusar de certas pessoas, e mesmo confundi-las, mas, o que é isso? Que são alguns indivíduos junto às massas? Vós mesmos sabeis quanto o seu número é pouco considerável. Que influência terá isto no futuro? Esse futuro vos está assegurado: os fatos realizados por ele o respondem, e cada dia vos trazem a prova da inutilidade dos ataques dos adversários.

A doutrina do Cristo não foi caluniada, qualificada de subversiva e ímpia? Ele mesmo não foi tratado como louco e impostor? Ele abalou-se por isso? Não, porque sabia que seus inimigos passariam, mas sua doutrina ficaria.

Assim será com o Espiritismo. Singular coincidência! Ele não é outra coisa senão a volta à pura lei do Cristo, e o atacam com as mesmas armas! Mas os seus detratores passarão; é uma necessidade à qual ninguém pode subtrair-se.

A geração atual se extingue todos os dias, e com ela se vão os homens imbuídos de preconceitos de outra época. A que desabrocha é alimentada por ideias novas e, aliás, sabeis que ela se compõe de Espíritos mais adiantados que, enfim, devem fazer a lei de Deus reinar na Terra.

Assim, olhai as coisas de mais alto, e não as vejais do ponto de vista estreito do presente, mas estendei vosso olhar na direção do futuro e dizei: O futuro nos pertence! Que são as questões pessoais? As pessoas passam e as instituições ficam.

Pensai que estamos num momento de transição; que assistimos à luta entre o passado, que se debate e puxa para trás, e o futuro, que nasce e empurra para a frente. Qual deles vencerá? O passado é velho e caduco – falamos das ideias – enquanto o futuro é jovem e marcha para a conquista do progresso que está nas leis de Deus. Vão-se os homens do passado; chegam os do futuro.

Saibamos, pois, esperar com confiança, e felicitemo-nos por sermos os primeiros pioneiros encarregados de preparar o terreno. Se temos trabalho, teremos salário. Trabalhemos, pois, não por meio de uma propaganda furibunda e irrefletida, mas com a paciência e a perseverança do trabalhador que sabe o tempo que lhe é necessário para esperar a colheita.

Sememos a ideia, mas não comprometamos a colheita por uma semeadura intempestiva e por nossa própria impaciência, antecipando a estação adequada a cada coisa. Cultivemos sobretudo as plantas férteis, que só precisam ser plantadas. Elas são bastante numerosas para ocupar todos os nossos instantes, sem gastar nossas forças contra as rochas inamovíveis que Deus se encarrega de abalar ou de extirpar, quando for tempo, porque se ele tem o poder de elevar montanhas, tem o de rebaixá-las.

Falemos sem dissimulação e digamos claramente que há resistências que será supérfluo tentar vencer, que se obstinam mais por amor-próprio ou por interesse do que por convicção.

Seria perder tempo procurar trazê-las para o nosso lado. Elas não cederão senão ante a força da opinião. Recrutemos os adeptos entre gente de boa vontade, que não falta; aumentemos a falange com todos os que, fatigados pela dúvida e horrorizados com o nada materialista, só desejam crer, e em breve seu número será tal que os outros acabarão por se render à evidência. Já se manifesta o resultado. Esperai, que em pouco vereis em vossas fileiras aqueles que só esperáveis no fim.

OS FALSOS IRMÃOS E OS AMIGOS INEPTOS

Como demonstramos no artigo precedente, nada poderia prevalecer contra o destino providencial do Espiritismo. Do mesmo modo que ninguém pode impedir a queda daquilo que pelas leis divinas deve cair, – homens, povos ou coisas – nada pode travar a marcha daquilo que tem de avançar.

Em relação ao Espiritismo, esta verdade ressalta dos fatos realizados e, muito mais ainda, de outro ponto capital. Se o Espiritismo fosse uma simples teoria, um sistema, poderia ser combatido por outro sistema, mas ele repousa numa lei da Natureza, assim como o movimento da Terra.

A existência dos Espíritos é inerente à espécie humana. Não é possível evitar que existam, como não se pode impedir a sua manifestação, do mesmo modo que não se impede o homem de caminhar. Para tanto eles não precisam de licença e se riem de toda proibição, pois não se deve perder de vista que, além das manifestações mediúnicas propriamente ditas, há manifestações naturais e espontâneas, que se produziram em todos os tempos e que se produzem diariamente numa porção de gente que jamais ouviu falar de Espíritos.

Quem, pois, poderia opor-se ao desenvolvimento de uma lei da Natureza? Sendo obra de Deus, insurgir-se contra essa lei é revoltar-se contra Deus.

Estas considerações explicam a inutilidade dos ataques dirigidos contra o Espiritismo. O que tem os espíritas a fazer em presença dessas agressões é continuar pacificamente seus trabalhos, sem basófia, com a calma e a confiança dadas pela certeza de atingir o objetivo.

88 | REVISTA ESPÍRITA

Contudo, se nada pode parar a marcha geral, há circunstâncias que podem determinar entraves parciais, como uma pequena barragem pode desacelerar o curso de um rio, sem impedi-lo de correr. Entre essas circunstâncias estão os movimentos inconsiderados de certos adeptos mais zelosos que prudentes, que não calculam bem o alcance de seus atos ou de suas palavras. Assim, produzem sobre as pessoas não iniciadas na doutrina uma impressão desfavorável, muito mais própria a afastá-las que as diatribes dos adversários.

Sem dúvida, o Espiritismo está muito difundido, mas estaria ainda mais se todos os adeptos tivessem sempre escutado os conselhos da prudência e guardado uma sábia reserva. Sem dúvida é preciso levar-lhes em conta a intenção, mas é certo que mais de um tem justificado o provérbio: "Melhor um inimigo declarado que um amigo inepto."

O pior disto é fornecer armas aos adversários, que sabem explorar habilmente uma falha. Nunca seria demais recomendar aos espíritas refletir maduramente antes de agir. Em tais casos, manda a prudência não se bastar à opinião pessoal. Hoje, que de todos os lados se formam grupos ou sociedades, nada mais simples que se reunir antes de agir. Não tendo em vista senão o bem da causa, o verdadeiro espírita sabe fazer abnegação do amor próprio. Crer em sua infalibilidade, recusar o conselho da maioria e persistir num caminho que se revela mau e comprometedor, não é atitude do verdadeiro espírita. Seria dar prova de orgulho, senão de obsessão.

Entre as inabilidades colocam-se em primeira linha as publicações intempestivas ou excêntricas, por serem fatos de maior repercussão. Nenhum espírita ignora que os Espíritos estão longe de possuir a ciência suprema, pois muitos dentre eles sabem menos que certos homens e também, como certos homens, têm a pretensão de saber tudo. Sobre todas as coisas têm sua opinião pessoal, que pode estar certa ou errada. Ora, ainda como os homens, os que têm ideias mais falsas são os mais cabeçudos. Esses falsos sábios falam de tudo, armam sistemas, criam utopias ou ditam as coisas mais excêntricas e sentem-se felizes quando encontram intérpretes complacentes e crédulos que aceitam suas elucubrações de olhos fechados. Tais publicações têm inconvenientes muito graves, porque o próprio médium, enganado, seduzido muitas vezes por um nome apócrifo, as dá como coisas sérias das quais a crítica se apodera para denegrir o Espiritismo, ao passo que, com menos presunção, bastaria ter-se aconselhado com os colegas para ser esclarecido. É muito raro que, neste caso, o médium não ceda às injunções de um Espírito que, ainda como certos homens, quer ser publicado a qualquer preço. Com mais experiência ele saberia que os Espíritos verdadeiramente superiores aconselham, mas nem se impõem nem adulam jamais e que toda prescrição imperiosa é um sinal suspeito.

Quando o Espiritismo estiver completamente assente e conhecido, as publicações dessa natureza não terão mais inconvenientes que os maus tratados de ciência em nossos dias. Mas no começo – repetimo-lo – elas têm um lado muito prejudicial. Assim, em se tratando de publicidade, toda circunspecção é pouca e não se calcularia com bastante cuidado o efeito que talvez produzisse sobre o leitor. Em resumo, é um grave erro crer-se obrigado a publicar tudo quanto ditam os Espíritos, porque, se os há bons e esclarecidos, também os há maus e ignorantes. Importa fazer uma escolha muito rigorosa de suas comunicações e afastar tudo quanto for inútil, insignificante, falso ou de natureza a produzir má impressão. É necessário semear, sem dúvida, mas semear boa semente e em tempo oportuno.

Passemos a assunto ainda mais grave, os *falsos irmãos*. Os adversários do Espiritismo, alguns pelo menos, porquanto existem os de boa-fé, não são, como se sabe, absolutamente escrupulosos quanto à escolha dos meios. Para eles, tudo vale na guerra, e quando não se pode tomar a cidadela de assalto, mina-se-lhe as bases. Na falta de boas razões, que são as armas leais, vemo-los diariamente despejar mentiras e calúnias sobre o Espiritismo. A calúnia é odiosa, eles bem o sabem, e a mentira pode ser desmentida. Assim, procuram fatos para justificar-se. Mas como achar fatos comprometedores entre gente séria, senão os produzindo por si mesmos ou pelos afiliados? O perigo não está no ataque aberto, nem nas perseguições, nem mesmo nas calúnias, como vimos. Está nos artifícios ocultos empregados para desacreditar e arruinar o Espiritismo por si mesmo. Consegui-lo-ão? É o que vamos examinar.

Já chamamos a atenção para essa manobra no relatório de nossa viagem de 1862, porque, em nossa caminhada, recebemos três beijos de Judas, com os quais não nos enganamos, posto não nos tivéssemos manifestado. Aliás, tínhamos sido prevenidos antes de nossa partida, bem como das armadilhas que nos seriam preparadas. Mas ficamos de olho, certo de que um

90 | REVISTA ESPÍRITA

dia mostrariam as unhas, porque é tão difícil a um falso espírita imitar sempre um verdadeiro espírita, quanto a um mau Espírito simular um Espírito superior. Nem um nem outro pode sustentar seu papel por muito tempo.

De várias localidades nos indicam homens e senhoras de antecedentes e ligações suspeitas, cujo zelo aparente pelo Espiritismo apenas inspira medíocre confiança, e não nos surpreendemos de entre eles encontrar os três Judas de que falamos: eles existem nas baixas e nas altas camadas. Da parte deles, muitas vezes é mais que zelo: é entusiasmo, uma admiração fanática. Em sua opinião, seu devotamento vai até o sacrifício de seus interesses e, não obstante, não atraem simpatias: um fluido malsão parece envolvê-los; sua presença nas reuniões lança um manto de gelo. Acrescente-se que os meios de subsistência de alguns é um problema, sobretudo no interior, onde todo mundo se conhece.

O que caracteriza principalmente esses pretensos adeptos é a tendência para fazer o Espiritismo sair dos caminhos da prudência e da moderação por seu ardente desejo do triunfo da verdade; a estimular as publicações excêntricas; a extasiar-se de admiração ante as comunicações apócrifas mais ridículas que eles têm o cuidado de espalhar; a provocar, nas reuniões, assuntos comprometedores sobre política e religião, sempre para a vitória da verdade que não pode ficar sob o velador. Seus elogios aos homens e às coisas são incensórios de arrebentar: são os ferrabrás do Espiritismo. Outros são mais adocicados e hipócritas. Com olhar oblíquo e palavras melosas, sopram a discórdia enquanto pregam a união. Colocam em discussão, com habilidade, questões irritantes ou ferinas, assuntos de natureza a provocar dissidências. Excitam uma inveja de preponderância entre os vários grupos e ficariam encantados se os vissem a se apedrejarem e, em favor de algumas diferenças de opinião sobre questões formais ou de fundo, geralmente provocadas, erguem bandeira contra bandeira.

Alguns, ao que dizem, fazem enorme aquisição de livros espíritas, de que os livreiros mal se apercebem, e uma propaganda intensa. Mas, por efeito do acaso, a escolha de seus adeptos é infeliz. Uma fatalidade os leva a procurar de preferência gente exaltada, de ideias obtusas, ou que já deram sinais de aberração. Depois, ao estourar um caso que deploram gritando por toda parte, constata-se que essa gente se ocupava do Espiritismo, do qual, a maior parte do tempo, não entenderam uma palavra.

Aos livros espíritas que esses zelosos apóstolos distribuem generosamente, com frequência adicionam, não críticas, pois seria inabilidade, mas livros de *magia* e *feitiçaria* ou escritos políticos pouco ortodoxos, ou ignóbeis diatribes contra a religião, a fim de que, surgindo um caso, fortuito ou não, numa verificação se possa confundir tudo.

Como é mais cômodo ter as coisas na mão, para ter compadres dóceis, o que não se encontra em toda parte, alguns organizam ou fazem organizar reuniões onde se ocupam de preferência daquilo que precisamente o Espiritismo desaconselha, e onde há o cuidado de atrair estranhos que nem sempre são amigos. Ali o sagrado e o profano estão indignamente confundidos; os mais venerados nomes são misturados às mais ridículas práticas de magia negra, acompanhadas de sinais e termos cabalísticos, talismãs, tripés sibilinos e outros acessórios. Alguns adicionam, como complemento, e por vezes com objetivo de lucro, a cartomancia, a quiromancia, a borra de café, o sonambulismo pago etc. Espíritos complacentes, que aí encontram intérpretes não menos complacentes, predizem o futuro, leem a buena-dicha, descobrem tesouros ocultos e tios na América e, caso necessário, indicam o curso da bolsa e os números premiados na loteria. Depois, um belo dia, a justiça intervém, ou a gente lê nos jornais a descrição de uma sessão espírita à qual o autor assistiu e conta o que viu; o que viu com seus próprios olhos.

Tentareis trazer toda essa gente a ideias mais sãs? Seria trabalho perdido, e compreende-se por quê: A razão e o lado sério da doutrina não lhes interessa; é o que mais os aflige. Dizer-lhes que prejudicam a causa e que dão armas aos inimigos é agradá-los. Seu objetivo é desacreditá-la, com ares de defendê-la. Instrumentos, não temem comprometer os outros, levando-os a enfrentar os rigores da lei, nem a si mesmos, pois sabem arranjar uma compensação.

Nem sempre seu papel é idêntico: varia conforme sua posição social, suas aptidões, a natureza de suas relações e o elemento que os faz agir, mas o objetivo é sempre o mesmo. Nem todos empregam meios tão grosseiros, mas que nem por isto são menos pérfidos. Lede certas publicações que se dizem simpáticas à ideia, e mesmo aparentemente em defesa da ideia; examinai todos os pensamentos e vede se por vezes ao lado de uma aprovação posta à guisa de cobertura e de etiqueta, não descobris, como que lançado ao acaso, um pensamento

92 | REVISTA ESPÍRITA

insidioso, uma insinuação de sentido dúbio, um fato relatado de modo ambíguo e que pode ser interpretado desfavoravelmente. Entre estes, uns são menos velados e, sob o manto do Espiritismo, têm em vista suscitar divisões entre adeptos.

Por certo nos perguntarão se todas as torpezas de que acabamos de falar são invariavelmente manobras ocultas ou uma comédia com fim interesseiro, e se também não podem ser um movimento espontâneo. Numa palavra, se todos os espíritas são homens de bom senso e incapazes de se enganar.

Pretender que todos os espíritas sejam infalíveis seria tão absurdo quanto a pretensão dos nossos adversários ao privilégio exclusivo da razão. Mas se alguns se enganam, é que se confundem quanto ao sentido e a finalidade da doutrina. Neste caso, sua opinião não pode fazer lei e é ilógico ou desleal, conforme a intenção, tomar a ideia individual pela ideia geral e explorar a exceção. Seria o mesmo que tomar as aberrações de alguns sábios como regra de ciência. A esses diremos: Se quiserdes saber de que lado está a presunção de verdade, estudai os princípios admitidos pela imensa maioria, se ainda não for pela unanimidade absoluta dos espíritas do mundo inteiro.

Os crentes de boa-fé, pois, podem enganar-se, e não julgamos crime se não pensarem como nós. Se, entre as torpezas acima referidas, algumas fossem apenas opinião pessoal, só poderíamos ver nisso desvios isolados, lamentáveis, mas seria injusto fazer recair a responsabilidade sobre a doutrina que os repudia claramente. Mas se dizemos que podem ser o resultado de manobras interessadas, é que nosso quadro é feito sobre modelos. Ora, como é a única coisa que o Espiritismo tem realmente a temer no momento, convidamos todos os adeptos sinceros a se porem em guarda, evitando as ciladas que lhes poderiam armar. Para tanto, não seria demasiada a circunspecção na escolha de elementos a introduzir nas reuniões, nem a cuidadosa repulsa a todas as sugestões que tendessem a desnaturar o caráter essencialmente moral. Mantendo a ordem, a dignidade e a gravidade que convém a homens sérios, ocupados com uma coisa séria, fecharão o acesso aos mal-intencionados, que se retirarão quando reconhecerem que aí nada têm a fazer. Pelos mesmos motivos, devem declinar de toda solidariedade com as reuniões formadas fora das condições prescritas pela sã razão e pelos verdadeiros princípios da doutrina, se eles não puderem conduzi-los ao bom caminho.

Como se vê, há certamente uma grande diferença entre falsos irmãos e amigos ineptos, mas, sem o querer, o resultado pode ser o mesmo: desacreditar a doutrina. A nuança que os separa frequentemente está apenas na intenção, o que, por vezes, permitiria a confusão, e, vendo-os servir aos interesses do partido contrário, supor que por este foram conquistados. A circunspecção é, pois, sobretudo neste momento, mais necessária que nunca, pois não devemos esquecer que palavras, ações e escritos inconsiderados são explorados, e que os adversários se encantam por poderem dizer que isto vem dos Espíritos.

Neste estado de coisas, compreende-se que armas a especulação, em razão dos abusos aos quais ela pode dar lugar e oferecer meios aos detratores para apoiar a acusação de charlatanice. Isto, pois, em certos casos, pode ser uma cilada da qual se deve desconfiar. Ora, como não há charlatanice filantrópica, a abnegação e o desinteresse absolutos dos médiuns tiram dos detratores um de seus mais poderosos meios de denegrir, cortando cerce toda discussão a respeito desse assunto.

Levar a desconfiança ao excesso seria um erro grave, sem dúvida, mas em tempo de guerra, e quando se conhece a tática do inimigo, a prudência torna-se uma necessidade que não exclui nem a moderação nem a observação das conveniências, das quais nunca nos devemos separar.

Por outro lado, não nos deveríamos enganar quanto ao caráter do verdadeiro espírita, pois há nele uma franqueza de atitudes que desafia qualquer suspeita, sobretudo quando corroborada pela prática dos princípios da doutrina. Mesmo que se erga bandeira contra bandeira, como tentam fazer nossos antagonistas, o futuro de cada uma está subordinado à soma de consolações e satisfações morais que elas trazem. Um sistema não pode prevalecer sobre outro se não for mais lógico, o que só a opinião pública pode julgar. Em todo caso, a violência, as injúrias e a acrimônia são maus antecedentes e uma recomendação ainda pior.

Resta examinar as consequências de tal estado de coisas. Essas manobras, sem dúvida, podem levar momentaneamente a algumas perturbações parciais, razão pela qual é necessário adiá-las tanto quanto possível, mas não prejudicariam o futuro, em primeiro lugar porque terão um tempo restrito, de vez que são uma manobra da oposição que cairá pela força das coisas; em segundo lugar porque, digam o que disserem e façam o que fizerem, jamais tirarão da doutrina seu caráter distintivo, sua filosofia racional e sua moral consoladora. Por mais que a torturem e deformem, por mais que façam falar os Espíritos à sua vontade ou recolham comunicações apócrifas para lançar contradições, não farão prevalecer um ensino isolado, mesmo que verdadeiro e não suposto, contra aquele que é dado por toda parte.

O Espiritismo se distingue de todas as outras filosofias porque não é concepção filosófica de um homem só, mas de um ensino que cada um pode receber em todos os cantos da Terra, e tal é a consagração que *O Livro dos Espíritos* recebeu. Escrito sem equívocos possíveis e ao alcance de todas as inteligências, esse livro será sempre a expressão clara e exata da doutrina e a transmitirá intacta aos que vierem depois de nós. As cóleras que ele excita são indícios do papel que tem de representar, e da dificuldade de lhe opor algo de mais sério. O que fez o rápido sucesso da Doutrina Espírita foram as consolações e as esperanças que ela dá. Todo sistema que, pela negação dos princípios fundamentais, tendesse a destruir a própria fonte dessas consolações, não poderia ser acolhido com indulgência.

É preciso não perder de vista que estamos, como já dissemos, em momento de transição, e que nenhuma transição se opera sem conflito. Não se admirem de ver agitarem-se as paixões em jogo, as ambições comprometidas, as pretensões frustradas, e cada um tentar retomar o que lhe escapa, aferrando-se ao passado. Pouco a pouco, tudo isso se extingue. A febre se acalma, os homens passam e as ideias novas ficam.

Espíritas, elevai-vos pelo pensamento. Lançai vosso olhar vinte anos para a frente, e o presente não mais vos inquietará.

MORTE DO SR. GUILLAUME RENAUD, DE LYON

Domingo, 1.º de fevereiro, realizaram-se em Lyon as exéquias do Sr. Guillaume Renaud, antigo oficial, condecorado com a medalha de Santa Helena, um dos mais antigos e fervorosos espíritas daquela cidade, muito conhecido entre seus irmãos de crença. Embora ele professasse, sobre alguns pontos de forma que combatemos, aliás pouco importantes e que não afetam o fundo da doutrina, ideias particulares que não eram partilhadas por todos, ele não era menos amado e estimado, em razão da bondade de seu caráter e de suas eminentes qualidades morais. Se tivéssemos estado em Lyon na ocasião, teríamos tido a felicidade de lançar algumas flores em seu túmulo. Que ele receba aqui, bem como sua família e seus amigos particulares, esse testemunho de nossa afetuosa lembrança.

Homem simples e modesto, o Sr. Renaud quase não era conhecido fora de Lyon. Contudo, sua morte repercutiu até numa aldeia da Haute-Saône, onde foi contada no púlpito, no domingo, 8 de fevereiro, do seguinte modo:

O vigário da paróquia, falando aos paroquianos sobre os *horrores* do Espiritismo, acrescentou que "o chefe dos espíritas de Lyon tinha morrido há três ou quatro dias; que tinha recusado os sacramentos; que ao seu enterro haviam comparecido apenas dois ou três espíritas, sem parentes nem sacerdotes; que se o chefe dos espíritas (fazendo alusão ao Sr. Allan Kardec) viesse a morrer, ele o lamentaria, se ele fizesse como aquele de Lyon." Depois concluiu, dizendo que não negaria nada dessa doutrina, que não afirmava nada, a não ser que era do demônio, que age contra a vontade de Deus.

Se quiséssemos refutar todas as falsidades que atribuem ao Espiritismo, tentando adulterar sua finalidade e seu caráter, só com isso encheríamos nossa Revista. Como isto não nos inquieta, deixamos que falem, limitando-nos a recolher as notas que nos enviam, para usá-las depois, se possível, na história do Espiritismo.

Nas circunstâncias que acabamos de falar, trata-se de um fato material, sobre o qual o Sr. vigário sem dúvida foi mal informado, pois não queremos supor que conscientemente tenha desejado induzir em erro. Ele teria agido melhor, sem dúvida, se não se apressasse e se aguardasse informações mais exatas.

Acrescentaremos que nessa comuna, há pouco tempo, quando da morte de um de seus habitantes, espalharam o boato – de muito mau gosto, por certo – que a sociedade dos *Irmãos Batedores,* composta de sete ou oito indivíduos da comuna, queria ressuscitar os mortos, pondo-lhes na fronte emplastros feitos com uma pomada preparada pela Sociedade Espírita de Paris; que essa sociedade de irmãos batedores todas as noites ia visitar o cemitério para reanimar os mortos. As mulheres e a gente moça do bairro ficavam apavoradas a ponto de não mais ousarem sair de casa, com medo de encontrar o defunto.

96 | REVISTA ESPÍRITA

Não era preciso mais para impressionar desagradavelmente algum cérebro fraco ou doentio, e se acontecesse um acidente, logo teriam culpado o Espiritismo.

Voltemos ao Sr. Renaud. Durante sua doença, inúteis esforços foram tentados para que ele fizesse uma autêntica abjuração das crenças espíritas. Não obstante, um venerável sacerdote recebeu sua confissão e lhe deu a absolvição. É certo que depois disto quiseram retirar o atestado de confissão e que a absolvição fosse declarada nula pelo clero de Saint-Jean, como tendo sido dada *irrefletidamente*. É um caso de consciência que não podemos resolver. Daí essa reflexão muito justa, feita em público, que aquele que recebe a absolvição antes de morrer não pode saber se ela é válida ou não, considerando-se que um padre, com a melhor das intenções, pode dá-la de maneira irrefletida. O clero, pois, se recusou obstinadamente a receber o corpo na igreja, porque o Sr. Renaud não quis retratar-se das convicções que lhe haviam dado tantas consolações e feito suportar com resignação as provas da vida.

Por uma questão de decoro, que será apreciada, e em razão das pessoas que seríamos forçados a citar, mantemos silêncio sobre as lamentáveis manobras que foram tentadas e as mentiras que foram contadas para provocar desordem nessa circunstância. Limitar-nos-emos a dizer que elas foram completamente contraditadas pelo bom senso e prudência dos espíritas que, a respeito, receberam provas da benevolência das autoridades. Recomendações haviam sido feitas por todos os chefes de grupos para que não se desse resposta a nenhuma provocação.

Sobre a recusa do clero de conceder as orações da Igreja, o corpo foi levado diretamente da casa ao cemitério, seguido por aproximadamente mil pessoas, entre as quais cerca de cinquenta senhoras e moças, o que não é hábito em Lyon. Sobre o túmulo foi lida uma prece especial, por um dos assistentes, por todos escutada com a cabeça descoberta, em religioso recolhimento. Em seguida a multidão silenciosa retirou-se e tudo terminou como havia começado, na mais perfeita ordem.

Como contraste diremos que nosso antigo colega, Sr Sanson, recebeu todos os sacramentos antes de morrer; que ele foi levado à igreja e acompanhado por um padre ao cemitério, embora tivesse previamente declarado de modo formal que era espírita e não renegava nenhuma de suas convicções. Disse-lhe o padre:

– Se, entretanto, eu fizesse a absolvição depender desta condição, que faríeis?

– Ficaria aborrecido, respondeu o Sr. Sanson, mas persistiria, porque vossa absolvição não valeria nada.

– Como assim? Não credes na eficácia da absolvição?

– Sim, mas não creio na validade de uma absolvição recebida por hipocrisia. Escutai-me. O Espiritismo não é para mim apenas uma crença, um artigo de fé, é um fato tão patente quanto a vida. Como quereis que eu negue um fato que me é demonstrado como a luz que nos ilumina e ao qual devo a cura miraculosa da minha perna? Se o fizesse, seria com os lábios e não com o coração; eu seria perjuro. Então daríeis a absolvição a um perjuro. Digo que ela de nada valeria porque a daríeis à forma e não pelo fundo. Eis por que preferiria dela privar-me.

– Meu filho, respondeu o padre, sois mais cristão do que muitos daqueles que tal se dizem.

Ouvimos estas palavras do próprio Sr. Sanson.

Como podem apresentar-se, aqui ou ali, circunstâncias semelhantes às do Sr. Renaud, esperamos que todos os espíritas sigam o exemplo dos de Lyon e que em nenhum caso percam a moderação, que é uma consequência dos princípios da doutrina, e a melhor resposta a dar aos seus detratores, que só buscam pretextos para justificar os seus ataques.

Evocado no grupo central de Lyon, trinta e seis horas após sua morte, o Sr. Renaud deu a seguinte comunicação:

"Ainda estou um pouco embaraçado para comunicar-me, e posto encontre aqui rostos amigos e corações simpáticos, sinto-me quase envergonhado ou, para melhor dizer, meu pensamento está um pouco jovem. Oh! senhora B..., que diferença e que mudança na minha posição! Muito obrigado por vossa constante afeição. Obrigado, senhora V..., por vossas boas visitas e por vossa acolhida.

"Perguntais e quereis saber o que me aconteceu desde ontem. Comecei por me destacar do corpo, pela manhã. Parecia-me que eu evaporava. Eu sentia o sangue coagular-se nas veias e parecia que me ia aniquilar. Pouco a pouco perdi a percepção das ideias e adormeci com certa dor compressiva, depois despertei e então vi em redor de mim Espíritos que me cercavam e festejavam. Então fiquei um pouco confuso, pois não distinguia bem os mortos dos vivos; as lágrimas e as alegrias me perturbaram um pouco a cabeça, e de todos os lados me chamavam, como ainda neste momento. Sim, graças aos verdadeiros amigos que me protegeram, evocado e encorajado nessa dura passagem, pois há sofrimento no desligamento, e não é sem dor muito viva que o Espírito deixa o corpo, compreendo o grito de chegada e o suspiro da partida. Já fui evocado várias vezes, por isso estou fatigado como um viajante que varou a noite.

"Antes de partir, permitireis que volte para apertar a mão de todos?

"G. RENAUD"

O Sr. Renaud foi evocado na Sociedade de Paris. Por falta de espaço, adiamos a publicação.

RESPOSTA DA SOCIEDADE ESPÍRITA DE PARIS A QUESTÕES RELIGIOSAS

(RESUMO DA ATA DA SESSÃO DE 13 DE FEVEREIRO DE 1863)

Foi dada a conhecer uma carta dirigida de Tonnay-Charente (Charente Inferior) ao Sr. Allan Kardec, com as respostas ditadas a um médium daquela cidade, sobre perguntas das mais delicadas sobre dogmas da Igreja. Essas perguntas, dirigidas ao Espírito de *Jesus, filho de Deus*, evocado para tal fim, são estas:

1º – O inferno é eterno?

2º – Podereis pôr ao alcance de minha inteligência a explicação que vos pedi sobre a *cena* que precedeu a vossa paixão?

3º – Por que se realizou a vossa paixão?

4º – Que devo pensar da comunhão? Estais na hóstia, meu Jesus?

5º – Que tem de comum o poder temporal com o poder espiritual para não poder se separar dele?

6º – Que tem o amor de tão precioso para estar no coração de todas as criaturas?
7º – Que é a história sagrada e quem a fez?
8º – Que significam as palavras *história sagrada*?

O autor da carta pede que a Sociedade se pronuncie em sessão solene sobre o valor das respostas que ele obteve, e sobre a autenticidade do nome do Espírito que as deu.

Depois de examinar o assunto, o comitê propõe a resolução seguinte, que lê à Sociedade, a qual a aprova calorosamente, por unanimidade, e pede a inserção na Revista Espírita, para instrução de todos, a fim de que se compreenda a inutilidade de dirigir, no futuro, perguntas sobre semelhantes assuntos.

Se o autor se tivesse limitado à primeira pergunta, bastaria enviá-lo a *O Livro dos Espíritos*, onde o assunto é tratado. Aliás, a questão é mal apresentada. Não se sabe se ele entende a eternidade como um lugar de expiação, ou das penas infligidas a cada indivíduo.

DECISÃO TOMADA PELA SOCIEDADE ESPÍRITA DE PARIS

EM SUA SESSÃO DE 13 DE FEVEREIRO DE 1863

SOBRE AS QUESTÕES PROPOSTAS PELO SR. M..., DE TONNAY CHARENTE

A Sociedade Espírita de Paris, depois de tomar conhecimento da carta do Sr. M... e das perguntas sobre as quais deseja que ela se pronuncie em sessão solene, sente-se no dever de lembrar ao autor da carta que o fim essencial do Espiritismo é a destruição das ideias materialistas e o melhoramento moral do homem; que ele não se ocupa, absolutamente, de discutir os dogmas particulares de cada culto, deixando sua apreciação à consciência de cada um; que seria desconhecer tal fim transformá-lo em instrumento de controvérsia religiosa cujo efeito

100 | REVISTA ESPÍRITA

seria perpetuar um antagonismo que ele tende a eliminar, chamando todos os homens para a bandeira da caridade, e levando-os a não verem em seus semelhantes senão irmãos, sejam quais forem as suas crenças. Se, em certas religiões, há dogmas controversos, é preciso deixar ao tempo e ao progresso das luzes o cuidado de sua depuração. O perigo dos erros que poderiam encerrar desaparecerá à medida que os homens fizerem do princípio da caridade a base de sua conduta. O dever dos verdadeiros espíritas, dos que compreendem o fim providencial da doutrina, é, pois, antes de tudo, aplicar-se em combater a incredulidade e o egoísmo, que são as verdadeiras chagas da Humanidade, e a fazer prevalecer, tanto pelo exemplo quanto pela teoria, o sentimento de caridade, que deve ser a base de toda religião racional e servir de guia nas reformas sociais. As questões de fundo devem passar à frente das questões de forma. Ora, as questões de fundo são as que têm por objeto tornar os homens melhores, visto que todo progresso social ou outro não pode ser senão consequência do melhoramento das massas. É a isto que o Espiritismo tende, e assim prepara os caminhos a todos os gêneros de progressos morais. Querer agir de outra forma é começar um edifício pelo telhado, antes de assentar os alicerces. É semear antes de haver preparado o terreno.

Como aplicação dos princípios acima, a Sociedade Espírita de Paris se interdita, por seus regulamentos, a todas as questões de controvérsia religiosa, política e de economia social, e não cederá a nenhum incitamento que tenda a desviá-la dessa linha de conduta.

Por estes motivos, nem oficial nem oficiosamente ela emitiria opinião quanto ao valor das respostas ditadas ao médium do Sr. M..., por serem suas respostas essencialmente dogmáticas e até mesmo políticas, e ainda menos delas fazer objeto de uma discussão solene, como pede o autor da carta.

Quanto ao livro que deve tratar dessas questões, e cuja publicação é prescrita pelo Espírito que a ditou, a Sociedade não hesita em declarar que considera tal publicação inoportuna e perigosa, pois ela poderia fornecer armas aos inimigos do Espiritismo. Em consequência, ela acredita que é seu dever desaconselhar, como desaconselha toda publicação própria a falsear a opinião sobre o fim e as tendências da doutrina.

No que concerne à natureza do Espírito que ditou aquelas comunicações, a Sociedade julga dever lembrar que o nome que toma um Espírito jamais é garantia de sua identidade; que não é possível ver uma prova de superioridade nalgumas ideias justas que emita, se ao lado dessas encontramos outras falsas.

Os Espíritos realmente superiores são lógicos e coerentes em tudo o que dizem. Ora, não é este o caso do Espírito de que se trata. Sua pretensão de crer que esse livro deve ter como consequência levar o governo a modificar certas partes de sua política, bastaria para fazer duvidar de sua elevação e melhor ainda do nome que toma, porque isto não é racional. Sua insuficiência ressalta ainda de dois outros fatos não menos característicos.

O primeiro é que é completamente falsa a informação de que o Sr. Allan Kardec tenha recebido a missão, como pretende o Espírito, de examinar e fazer publicar o livro de que se trata. Se ele tem a missão de examiná-lo, não pode ser senão para fazer sentir os inconvenientes e combater a publicação.

O segundo fato está na maneira pela qual o Espírito exalta a missão do médium, o que jamais fazem os bons Espíritos, e o que fazem, ao contrário, os que se querem impor captando a confiança por meio de bonitas palavras, com a ajuda das quais esperam fazer passar o resto.

Em resumo, torna-se evidente para a Sociedade que o nome com que se enfeita o Espírito, que diz ser o Cristo, é apócrifo. Ela se julga no dever de aconselhar o autor da carta, bem como o seu médium, a não ter ilusões sobre essas comunicações e a restringir-se ao objetivo essencial do Espiritismo.

FRANÇOIS-SIMON LOUVET, DO HAVRE

A comunicação seguinte foi dada espontaneamente, numa reunião espírita no Havre, a 12 de fevereiro de 1863.

Tende piedade de um pobre miserável que há longos anos sofre torturas cruéis! Oh! O vazio... o espaço... eu caio, eu caio, socorro! Meu Deus tive uma vida tão miserável!... Eu era um pobre diabo, por vezes passei fome nos dias da velhice. Por isso me dei à bebida e tinha vergonha e desgosto de tudo...

Quis morrer e atirei-me.... Oh! Meu Deus, que momento!... Por que então desejar acabar com tudo, quando eu estava tão próximo do fim? Orai para que eu não veja sempre o vazio abaixo de mim... Vou me arrebentar nessas pedras. Eu vos conjuro, a vós que conheceis as misérias dos que não estão mais na Terra, eu me dirijo a vós, mesmo que não me conheçais, porque sofro tanto... Por que querer ter provas? Eu sofro, isto não basta? Se eu tivesse fome em vez deste sofrimento terrível mas invisível para vós, não hesitaríeis em me aliviar, dando-me um pedaço de pão. Eu vos peço que oreis por mim. Não posso ficar mais. Perguntai e um destes felizes que estão aqui e sabereis quem eu era. Orai por mim.

FRANÇOIS-SIMON LOUVET

Logo depois desta comunicação, o Espírito protetor do médium disse: Este que acaba de se dirigir a ti, minha filha, é um pobre infeliz que tinha uma prova de miséria na Terra, mas o desgosto o tomou, falhou-lhe a coragem e, infeliz, em vez de olhar para o alto, como deveria ter feito, deu-se à embriaguês, desceu aos últimos limites do desespero e pôs termo à triste prova atirando-se da torre de Francisco I, a 22 de julho de 1857. Tende piedade de sua pobre alma que não é adiantada mas tem bastante conhecimento da vida futura para sofrer e desejar uma nova prova. Pedi a Deus que lhe conceda esta graça e fareis uma boa obra. Estou feliz por vos ver reunidos, meus caros filhos; estou convosco quando vos reunis assim. Estou sempre pronto a vos dar meus ensinamentos. Se um bom Espírito não pudesse comunicar-se convosco por falta de relações físicas, eu seria seu intermediário, mas estais cercados de bons Espíritos e eu deixo que vos instruam. Perseverai na via do Senhor e sereis abençoados. Tende paciência nas provas, e não vos recuseis a fazer o bem por causa da ingratidão dos homens. Em breve os homens serão melhores, e os tempos estão próximos.

Adeus, meus bem-amados. Eu vos acompanho nas tristezas e nas alegrias.

A paz esteja com todos.

Teu Espírito Protetor

Tendo-se feito buscas, foi encontrado no *Journal du Havre* de 23 de julho de 1857, um artigo, cuja substância é a seguinte:

"Ontem, às quatro horas, os transeuntes do cais ficaram dolorosamente impressionados por um horrível acidente. Um homem atirou-se da torre e veio arrebentar-se nas pedras. Era um velho coitado cujas tendências para a bebida arrastaram ao suicídio. Chama-se François-Victor-Simon Louvet. O corpo foi transportado para a casa de uma das filhas, na Rua de la Corderie. Ele tinha sessenta e sete anos."

NOTA: Um incrédulo, a quem foi relatado esse fato mediúnico como prova das comunicações de Além-Túmulo, respondeu: "Mas quem sabe se o médium não tinha conhecimento do *Journal du Havre* e se não construiu o romance com a notícia?" Como se vê, a trapaça é sempre o último reduto dos negadores quando não se podem dar conta de um fato cuja evidência material não pode ser posta em dúvida. Com eles, nem mesmo basta mostrar que não se tem nada nas mãos nem nos bolsos, porque, dizem eles, os escamoteadores fazem o mesmo e, entretanto, desafiam a argúcia do observador.

A isto, perguntaremos, por nossa vez, que interesse poderia ter o médium em representar a comédia? Aqui nem se pode supor um interesse de amor-próprio numa coisa que se passa na intimidade da família, onde se enganaria apenas a si mesmo e aos seus. Aliás, quando a gente quer divertir-se, não se escolhem assuntos dessa natureza, pouco recreativos, e não é admissível que uma moça piedosa misture o nome de Deus a uma brincadeira grosseira. O desinteresse absoluto e a honorabilidade da pessoa são as melhores garantias de sinceridade e a resposta mais peremptória a dar em casos que tais.

Além disso, faremos notar o castigo infligido a esse suicida. Falecido há seis anos, ele se vê sempre caindo da torre e indo quebrar-se nas pedras; espanta-se com o vazio que há em sua frente, e isto há seis anos! Quanto tempo isso durará? Ele não sabe, e essa incerteza lhe aumenta sua angústia. Isto não equivale ao inferno e suas labaredas? Quem nos revelou tais castigos? Nós os inventamos? Não. São os próprios sofredores que no-los vêm descrever, como outros descrevem as suas alegrias.

CONVERSAS DE ALÉM-TÚMULO

CLARA RIVIER

(SOCIEDADE ESPÍRITA DE PARIS, 23 DE JANEIRO DE 1863)
(MÉDIUM, SR. LEYMARIE)

O Sr. J..., médico em..., (Gard), relata-nos este fato:

"Uma família de trabalhadores, meus vizinhos de campo, tinha uma filha de dez anos, chamada Clara, completamente enferma havia quatro anos. Em toda a sua vida jamais soltou um lamento, nem deu um sinal de impaciência. Posto sem instrução, consolava a família aflita, falando da vida futura e da felicidade que ali devia encontrar. Morreu em setembro de 1862, após quatro dias de torturas e convulsões, durante as quais não cessou de orar a Deus. "Não temo a morte, dizia ela, porque depois me está reservada uma vida feliz." Dizia a seu pai, que chorava: "Consola-te; eu virei visitar-te; minha hora está próxima, eu o sinto, mas quando chegar, eu saberei e te avisarei antes."

"Com efeito, quando estava para chegar o momento fatal, chamou os seus dizendo: 'Não tenho mais que cinco minutos de vida. Dai-me as vossas mãos'. E expirou, como havia anunciado.

"Depois disso, um Espírito batedor tem vindo visitar a casa dos Rivier, onde derruba tudo. Ele bate na mesa como se tivesse um macete; agita as cortinas, mexe na louça e joga bolas no celeiro. Esse Espírito apareceu sob a forma de Clara à irmãzinha dela, de apenas cinco anos. Segundo a menina, sua irmã lhe falou muitas vezes, e o que exclui o pensamento de incerteza é que as aparições lhe fazem soltar gritos de alegria, ou de lamentação, se não fazem logo o que ela deseja, isto é, apagar o fogo e todas as luzes do quarto onde se dá a visão, enquanto a criança não cessa de dizer: 'Mas vejam como Clara está linda!'

"Desejando saber o que Clara queria, ela pediu ao pai que lhe devolvessem o cabelo que lhe haviam cortado, conforme costume da região. Mas, posto tivessem os pais satisfeito o desejo, levando os cabelos ao túmulo, o Espírito continuou as visitas e o barulho, que eu mesmo testemunhei, a ponto de os vizinhos e os amigos se comoverem. Então doutrinei os pais, perguntando se não tinham nada a se censurarem em relação a alguém, ou cometido qualquer ação desleal. Era provável que o Espírito os atormentasse enquanto não tivessem reparado suas faltas, para o que os aconselhei, seriamente.

"Durante minha ausência forçada de dez dias, a obsessão tomou um caráter mais violento, a ponto de Rivier travar luta corpo a corpo e ter sido derrubado. O terror apoderou-se desses infelizes, que foram consultar um médium, o qual os aconselhou a dar uma esmola geral a todos os pobres da região, esmola que durou dois dias. Eu vos comunicarei o resultado, e serei feliz se receber vossos conselhos a respeito."

1. Evocação de Clara Rivier.

– Estou ao vosso lado, disposta a responder.

2. – De onde vos vêm, posto que tão jovem e sem instrução, as ideias elevadas que externastes sobre a vida futura, antes de vossa morte?

– Do pouco que devia passar no vosso mundo e de minha precedente encarnação. Eu era médium quando deixei a Terra e era médium ao renascer entre vós. Era uma predestinação. Eu sentia e via o que dizia.

3. – Como é que uma criança de vossa idade não soltou nenhum lamento durante quatro anos de sofrimentos?

– Porque o sofrimento físico era dominado por uma força maior, a de meu anjo de guarda, que eu via continuamente junto a mim. Ele sabia aliviar tudo o que eu sentia. Ele tornava minha vontade mais forte que a dor.

4. – Como fostes prevenida do instante da morte?

– Meu anjo de guarda me dizia. Ele jamais me enganou.

5. – Dissestes ao vosso pai: "Consola-te. Eu virei visitar-te." Como é que animada de tão bons sentimentos para com os pais, vínheis atormentá-los após a morte, fazendo barulho em sua casa?

– Sem dúvida eu tive uma prova, ou antes, uma missão a cumprir. Se venho rever meus pais, credes que seja por nada? Esses ruídos, essa perturbação, essas lutas provocadas por

106 | REVISTA ESPÍRITA

minha presença são uma advertência. Sou ajudada por outros Espíritos, cuja turbulência tem um valor, como eu tenho o meu, aparecendo à minha irmã. Graças a nós, muitas convicções vão surgir. Meus pais tinham que passar por uma prova. Ela cessará em breve, mas só depois de haver levado a convicção a uma porção de Espíritos.

6. – Assim, não sois vós pessoalmente que causais essa perturbação?

– Sou ajudada por outros Espíritos que servem à prova reservada a meus pais.

7. – Como é que vossa irmã vos reconheceu se não sois vós que produzis as manifestações?

– Minha irmã só viu a mim. Ela possui agora uma segunda vista e não será a última vez que minha presença virá consolá-la e encorajá-la.

8. – A esmola geral que foi aconselhada aos vossos pais terá o efeito de cessar a obsessão?

– A obsessão terminará quando chegar o momento necessário. Mas, crede, a prece e a fé dão grande força para dominar a obsessão. A própria esmola é uma prece. Ela serve para consolar e assim nos ajudar a levar a convicção a muitos corações. É pela fé que devemos levantar e salvar toda uma população. Que importa se os inimigos do Espiritismo gritam que é o demônio! Esse grito, em todos os tempos, motivou a conhecê-lo, e para um que cede, há uma centena cuja curiosidade leva ao estudo. A obsessão e a subjugação, na verdade, são provas para quem as sofre, mas, ao mesmo tempo, um caminho aberto a novas convicções. Esses fatos forçam a falar dos Espíritos, cuja existência não se pode negar, vendo o que fazem.

OBSERVAÇÃO: Parece evidente que, neste caso, a esmola aconselhada ao casal Rivier era, ao mesmo tempo, uma prova para eles, mais ou menos proveitosa conforme a maneira que tenha sido feita, e um meio de chamar a atenção de um maior número de pessoas para os fenômenos. É um meio de provar que o Espiritismo não é obra do demônio, pois aconselha o bem e a caridade para combater aquilo a que chamam demônios. O que podem fazer os adversários do Espiritismo contra manifestações desse gênero? Podem proibir que se ocupem com os Espíritos, mas não podem impedir que os Espíritos venham, e a prova disso é que essas manifestações se produzem nas próprias casas onde não as querem provocar e que, por sua reputação de santidade, parece que deveriam desafiá-las, caso fosse o diabo. Contra fatos não há oposição nem negação que possa prevalecer, de onde é forçoso concluir-se que o Espiritismo deve seguir seu curso.

9. – Por que, tão jovem, vos afligiram tantas enfermidades?

– Eu tinha faltas anteriores a expiar. Tinha usado mal a saúde e a posição brilhante de que desfrutava na precedente encarnação. Então, Deus me disse: "Gozaste grandemente, desmesuradamente e sofrerás do mesmo modo; eras orgulhosa e serás humilde; eras convencida de tua beleza e serás quebrada; em vez da vaidade esforçar-te-ás por adquirir a bondade e a caridade." Fiz segundo a vontade de Deus e meu anjo de guarda ajudou-me.

10. – Queríeis que algo fosse dito aos vossos pais?

– A pedido de um médium, meus pais fizeram muita caridade. Eles tiveram razão para não orar sempre com os lábios; é necessário fazer com a mão e com o coração. Dar aos que sofrem é orar, é ser espírita.

Deus a todas as almas deu o livre-arbítrio, isto é, a faculdade de progredir. A todas deu a mesma aspiração, e é por isso que o sofrimento atinge os felizes da Terra mais do que geralmente se imagina. Assim, encurtai as distâncias pela caridade; introduzi o pobre em vossa casa, encorajai-o, levantai-o, não o humilheis. Se em toda parte se soubesse praticar essa grande lei da consciência, não se teria, em determinadas épocas, essas grandes misérias que desonram os povos civilizados, e que Deus envia para castigá-los e lhes abrir os olhos.

Caros pais, orai a Deus; amai-vos; praticai a lei do Cristo; não façais aos outros o que não quereríeis que vos fosse feito; implorai a Deus que vos prove, mostrando-vos que a sua vontade é santa e grande como ele. Prevendo o futuro, sabei armar-vos de coragem e perseverança, porque sois chamados ainda a sofrer. É preciso saber merecer uma boa posição num mundo melhor, onde a compreensão da justiça divina se torna a punição dos maus Espíritos.

Estarei sempre junto de vós, caros pais. Adeus, ou melhor, até logo. Tende resignação, caridade, amor aos semelhantes, e um dia sereis felizes.

CLARA

OBSERVAÇÕES: Eis um belo pensamento: "O sofrimento atinge os felizes da Terra mais do que geralmente se imagina." É uma alusão aos Espíritos que, de uma existência a outra, passam de uma posição brilhante a outra humilde ou miserável, porque muitas vezes expiam num meio ínfimo o abuso dos dons que Deus lhes havia concedido. É uma justiça que todo mundo compreende.

Outro pensamento, não menos profundo, é o que atribui as calamidades dos povos à infração da lei de Deus, porque Deus castiga os povos como castiga os indivíduos. É certo que se praticassem a lei da caridade, não haveria guerras nem grandes misérias. É à prática dessa lei que o Espiritismo conduz. Será por isso que encontra inimigos tão encarniçados? As palavras da menina a seus pais serão as de um demônio?

FOTOGRAFIA DOS ESPÍRITOS

O *Courrier du Bas-Rhin* de sábado, 3 de janeiro de 1863, (parte alemã) traz o seguinte artigo, sob o título *Fotografia espectral*:

"Os americanos, que nos vão à frente em muitas coisas, certamente nos ultrapassam na arte fotográfica e da evocação dos Espíritos. Em Boston, hoje, os defuntos não são apenas chamados pelos médiuns mas, além disto, fotografados. A descoberta maravilhosa é devida a um Sr. William Mumler, de Boston.

"É ele próprio que conta: Há algum tempo eu experimentava em meu laboratório um novo aparelho fotográfico, fazendo meu próprio retrato. De súbito senti certa pressão no braço direito e uma lassidão em todo o corpo. Mas quem descreveria o meu espanto quando vi meu retrato reproduzido e encontrei à direita a imagem de uma segunda pessoa, que não era outra senão minha prima morta? A semelhança do retrato, ao que dizem os que conheceram aquela senhora, nada deixa a desejar.

"Segue-se que, desde então, o Sr. Mumler não dá aos clientes apenas sessões espíritas, mas ainda tira fotografias dos defuntos evocados. Elas são geralmente um pouco descoradas e nevoentas e os traços bem difíceis de reconhecer, o que não impede os habitantes de Boston, esclarecidos, de declará-las verdadeiras, autênticas. Quem consideraria tão próximas as imagens espectrais!"

Caso fosse real, semelhante descoberta por certo teria imensas consequências e seria um dos fatos mais notáveis de manifestações. Contudo, aconselhamos acolhê-la com prudente reserva. Os americanos, que, no dizer do articulista, nos ultrapassam em tantas coisas, nos ensinaram que eles também se distanciaram de nós na invenção de patranhas.

Para quem quer que conheça as propriedades do perispírito, à primeira vista a coisa não parece materialmente impossível. Veem-se surgir tantas coisas extraordinárias que de nada nos devemos admirar. Os Espíritos anunciaram manifestações de nova ordem, ainda mais surpreendentes do que as que já vimos. Esta estaria, incontestavelmente, nesse número. Mas, ainda uma vez, até uma constatação mais autêntica que o relato de um jornal, é prudente ficar com a dúvida. Se a coisa for verdadeira, será vulgarizada; enquanto se espera, é preciso evitar acreditar em todas as histórias maravilhosas que os inimigos do Espiritismo se comprazem em espalhar para torná-lo ridículo, bem como os que as aceitam muito facilmente. Além disso, é preciso observar as coisas mais detidamente, antes de atribuir aos Espíritos todos os fenômenos insólitos que não se pode explicar. Um exame atento mostra, na maioria dos casos, uma causa inteiramente material que não tinha sido notada. É uma recomendação expressa que fazemos em *O Livro dos Médiuns*.

Em apoio ao que acabamos de dizer, e a propósito da fotografia espírita, citaremos o artigo seguinte, tirado do *la Patrie* de 23 de fevereiro de 1863. Ele ajuda a nos guardarmos contra os julgamentos precipitados.

"Um jovem lord, portador de um dos nomes mais antigos e ilustres da câmara alta, cujo gosto apaixonado pela fotografia proporciona grandes e felizes sucessos a essa arte que talvez seja ainda mais uma ciência que uma arte, um jovem lord, dizia eu, acabara de perder sua irmã que ele amava com extrema ternura. Ferido no coração e lançado em profundo desânimo que muitas vezes a mágoa produz, deixou os seus aparelhos fotográficos, deixou a Inglaterra, fez uma longa viagem pelo continente e só voltou à sua residência quase real de Lancashire depois de uma ausência de quase quatro anos.

"Como sói acontecer, seu desespero havia passado do estado agudo ao crônico, isto é, sem ter perdido a intensidade, havia perdido a violência, que pouco a pouco se transformava em resignação.

"Quando os que sofrem procuram consolo, a princípio se dirigem a Deus, depois ao trabalho. Assim, pouco a pouco o jovem lord tomou o caminho do laboratório e voltou aos seus aparelhos fotográficos.

"Por uma espécie de transação com sua dor, a primeira imagem que pensou em reproduzir foi o interior da capela onde repousavam os restos mortais de sua irmã. Obtido o negativo, entrou no laboratório, submeteu a placa à preparação ordinária e expôs o clichê à luz para ter uma prova.

"Lançando os olhos sobre a prova, quase caiu sem sentidos. O interior da capela tinha *vindo* com grande nitidez, mas a cabeça da jovem moça defunta aparecia vagamente na parte menos iluminada da fotografia. Distinguiam-se perfeitamente seus traços suaves e belos, e até os longos panejamentos do vestido. Contudo, através desses panejamentos, os menores detalhes da capela apareciam claramente.

"O primeiro movimento do lord foi crer numa aparição. Mas logo sorriu tristemente balançando a cabeça. Com efeito, lembrou-se que alguns anos antes, sobre a mesma chapa, tinha feito uma fotografia da irmã. Não tendo o retrato saído bom, o tinha apagado, provavelmente apagado mal, pois os contornos vagos hoje se confundiam com a nova imagem impressa na chapa.

"Na Inglaterra, alguns artistas exploram essa bizarra aplicação da fotografia: fabricam e vendem retratos duplos, cuja montagem produz efeitos estranhos, ou engraçados. Entre outros, mostraram-nos um castelo em ruínas, embaixo do qual transparecia seu parque, suas fachadas e seus torreões, como deveriam ter sido antes de serem destruídos.

"Fazem ainda retratos de velhos, através dos quais se veem seus rostos tais quais eles eram nos mais belos tempos da juventude."

VARIEDADES

O *Akhbar,* jornal de Argel, de 10 de fevereiro de 1863, traz o seguinte artigo:

"O Sr. Bispo de Argel acaba de publicar, para a quaresma de 1863, uma instrução pastoral em que trata do *Espiritismo*, assunto muito na ordem do dia, sobre o qual o clero da África até agora tinha guardado silêncio. Eis as passagens a ele relativas:

"É o demônio que dita a filósofos ilustres essas doutrinas malsãs de dois princípios iguais, o bem e o mal, governando com a mesma autoridade, mas em sentidos opostos: o espírito e a matéria, materialismo que tudo reporta ao corpo e nada reconhece além do túmulo; cepticismo que duvida de tudo; fatalismo, que escusa tudo, negando a liberdade e a responsabilidade humanas; metempsicose, magia e *evocação dos Espíritos,* tristes e vergonhosos sistemas que inteligências desviadas procuram reviver em nossos dias... (Pág. 21).

"Que história lamentável não se faria dos empreendimentos diabólicos que remontam ao cenáculo, partindo das sinagogas e das palhaçadas de Simão, o Mago, para chegar através das perseguições, dos cismas, das heresias e das incredulidades de toda natureza, ao *Espiritismo* de nossos dias, tão tolamente renovado de um paganismo anterior a Moisés e por ele justamente condenado como uma abominação perante Deus." (Pág. 24)

"Os que gostam de ouvir as duas partes, em todo litígio, têm inteira facilidade de fazê-lo, porque o Espiritismo teórico e prático está amplamente explicado em *O Livro dos Espíritos* e *O Livro dos Médiuns,* duas obras que se encontram em todas as livrarias de Argel. Se se quiser mesmo levar seu estudo mais à frente, pode acrescentar-se a essa pequena biblioteca a *Revista Espírita,* pelo Sr. Allan Kardec. É, ao que nos parece, o melhor meio de verificar se o Espiritismo é, com efeito, obra do demônio, ou se, ao contrário, é uma revelação sob forma nova, como pretendem os seus adeptos."

ARIEL

O Sr. Home veio a Paris, onde ficou apenas alguns dias. De vários lugares nos pedem informações sobre extraordinários fenômenos que ele teria produzido perante augustas pessoas, do que alguns jornais falaram vagamente.

Como essas coisas se passaram na intimidade, não nos cabe revelar o que não tem caráter oficial e, menos ainda, envolver certos nomes. Diremos apenas que os detratores exploraram essa circunstância, como tantas outras, para tentar lançar o ridículo sobre o Espiritismo, com histórias absurdas, sem respeito às pessoas nem às coisas.

Acrescentaremos que a passagem do Sr. Home por Paris, bem como a qualidade das casas onde foi recebido, constituem um desmentido formal às infames calúnias, segundo as quais ele teria sido expulso de Paris, como há tempos, durante uma ausência sua, tinham circulado o boato de que ele estava preso em Mazas, por motivos graves, quando estava tranquilamente em Nápoles, cuidando de sua saúde. Calúnia! Sempre a calúnia! Já é tempo de virem os Espíritos expungir delas a Terra.

Remetemos os nossos leitores aos artigos minuciosos, publicados sobre o Sr. Home e suas manifestações, na *Revista Espírita*, números de fevereiro, março e abril de 1858.

Um artigo publicado no *Monde Illustré* sobre os supostos médiuns americanos Sr. e Sra. Girroodd, também motivou muitos pedidos de informações. Nada temos a acrescentar ao que dissemos na *Revista Espírita* de fevereiro de 1862, senão que vimos pessoalmente, e que se veem com Robert Houdin coisas não menos inexplicáveis, quando não se conhece a meada. Nenhum espírita ou magnetizador, conhecendo as condições normais em que se produzem os fenômenos, pode levar a sério essas coisas, nem perder tempo em discuti-las seriamente.

Certos adversários ineptos quiseram explorar essas habilidades contra os fenômenos espíritas, dizendo que, se podem ser imitados é porque não existem e que todos os médiuns, a começar pelo Sr. Home, são hábeis prestidigitadores.

Eles não observam que dão armas à incredulidade contra si próprios, pois que seria possível usar o argumento contra a maioria dos milagres.

Sem destacar o que há de ilógico nesta conclusão, e sem discutir novamente os fenômenos, diremos que há entre os prestidigitadores e os médiuns a diferença do ganho ao desinteresse, da imitação à realidade, da flor artificial à flor natural. Também não podemos impedir que um escamoteador se diga médium ou físico. Não nos cabe defender nenhuma exploração desse gênero. Deixamo-la à crítica.

POESIAS ESPÍRITAS

POR QUE LAMENTAR-SE?

(GRUPO ESPÍRITA DE PAU. MÉDIUM, SR. T...)

O homem foi criado ativo e inteligente;
Deus o fez o artífice de seu próprio destino.
Dois caminhos lhe abriu à sua livre escolha:
Um conduz ao mal, outro conduz ao bem.
O primeiro dos dois, de aparência suave,
Pode ser transitado sem menor esforço,
Sem estudo ou cuidado, entregue à indolência,
Dos instintos brutais entregue ao mero impulso.
É tudo o que precisa. O outro, ao contrário,
Quer esforço seguido e trabalho constante,
Completa vigilância e atenta pesquisa,
O instinto frenado e a razão operante.
Livre, pode o homem entrar pelo primeiro,
Atolar-se na treva indefinidamente;

Ao dever preferir grosseria e paixão,
À razão sobrepor instinto, brutalidade.
Mas, também, pode, docilmente escutando
Uma voz que lhe diz: "Nasceste para crescer,
Progredir, sair da imobilidade."
Entrar pelo segundo cheio de nobre afã.
Seu destino será o que ele escolher:
Sombra perdida, vagando ao léu, sem rumo
Ou qual noiva feliz, que marcha sorridente
Para o homem a quem o coração uniu.
Se fizerdes o mal, podereis neste mundo,
Riqueza conquistar e títulos, honrarias.
Mas a calma da alma, alegria profunda
Filha do são desejo a banhar o coração,
Estas vos fugirão; e o remorso pungente
Vos perseguirá em meio dos festins,
Mesclando, a perturbar, a nota discordante
Aos contos de triunfo, às alegres canções.
Depois, quando tiver soado a hora derradeira,
Quando o Espírito deixar o corpo que o encerrava,
De novo penetrar na esfera moral
Onde a verdade brilha e donde o erro foge,
Onde o sofisma impuro e a torpe hipocrisia
Não penetram, e tudo é luminoso,
Fantasma acusador, vossa vida culposa
Surgirá ante vós, vossos passos seguindo.
Os crimes são os carrascos e, rico,
Estarás nu; poderoso, serás abandonado.
Fugireis aterrados, tremendo como a corça
Que foge ao caçador e se sabe perdida,
Talvez, ébrio de orgulho e de tonto sofrer
Contra Deus dirijais vosso grito blasfemo,
Culpando-o pelo mal. Contudo a consciência
Soltará ainda mais alto o grito vingador:
"Cessa de blasfemar, homem demente e mau,
Quando Deus te criou, ativo e inteligente
Somente para ti limitou seu poder,
E te fez o artífice de tua própria sorte.

Basta a tua vontade para tornar alegria
O mal que experimentas. Contempla radioso
Aquele que seguiu a trilha do dever,
Que lutou, que venceu e conquistou os Céus.
Prêmio do mesmo esforço, a mesma recompensa
Te aguarda. Não lamentes. Levanta-te.
Desse Deus justo implora toda assistência:
Trabalha, luta, ora e o Céu estará em ti."

Um Espírito Protetor

Nota. Deixamos passar falhas poéticas em favor das ideias.

MÃE E FILHO

(SOCIEDADE ESPÍRITA DE BORDÉUS,
6 DE JULHO DE 1862)
(MÉDIUM, SR. RICARD)

Num berço repousava belo anjo
De rosa e branco; cantando o balançava
A jovem mãe, de eterno olhar de arcanjo,
Ébria de amor sobre o filho velava!...

Oh! Como é belo o filho de minhas ternuras!
Dorme, querido, tua mãe está bem perto...
Despertando, as primeiras carícias
E teus beijos, amigo, serão para mim!...

Ah! Como é belo, meu Deus. Tomai-me a vida,
Se tiverdes de me levar o filho...

Deixai-mo, Senhor, eu vo-lo peço!
Sua boca já murmurou: mamã!...
Esta palavra tão doce... palavra que a gente espia
Como na primavera um raio de sol...
Uma palavra de amor, cuja doce harmonia
Ao escutá-la faz sonhar com o Céu!...

Oh! Quando envolta nos seus braços;
Quando sobre meu seio bate seu coração,
Sou feliz e minh'alma inebriada
Partilha a felicidade dos eleitos...

É tudo para mim... A criança é meu sonho!
Viver para ela... para ela, é minha sorte.
De meu amor a vivificante seiva
Deve afastar a morte deste berço...

Breve, meu Deus, amparado por mim,
Vê-lo-ei a dar os seus primeiros passos!...
Oh! dia feliz... que impaciente espero...
Temo sempre, sempre que não chegues!

E ainda nessa doce esperança,
Vejo-o grande, honrado, virtuoso,
Conservando dessa tímida infância
A pureza que deve conservá-lo feliz.

Como é belo, meu Deus! Tomai a minha vida
Se a desgraça tiver de ferir meu filho!
Ao meu amor conservai-o, eu vo-lo imploro,
Sua boca já murmurou: mamã!...

Como está frio... o lábio está pálido!
Desperta, caro filho do meu coração!
Vem ao meu seio que te deu a vida...
Está gelado... Eu tremo e tenho medo!

Ah! Tudo acabado! Já cessou de viver!
Pobre de mim! Já não tenho meu filho!

Deus sem piedade... de raiva estou tomada...
Não sois um Deus justo e onipotente!
Que vos fez este anjo inocente
Para tão cedo o arrebatar ao meu amor?
Agora eu abjuro toda a santa crença...
E aos vossos olhos também eu vou morrer...

"Mãe!... Sou eu... Minh'alma que voou,
"Que o Eterno envia para junto de ti.
"Maldiz, mamãe, essa raiva insensata;
"Volta a Deus... eu te trago a Fé!...

"Inclina-te ante os decretos do Senhor.
"Mãe culpada, num passado remoto...
"Fizeste morrer o filho que pariste:
"Deus te castigou! Curva-te ao seu poder!

"Toma! Toma este livro; acalmará a dor,
"Este livro santo... ditado dos Espíritos,
"Se o leres, ó mãe, tem a certeza,
"Que um dia, no Céu, encontrarás teu filho!!!

Teu anjo de Guarda

SUBSCRIÇÃO RUANESA

Montante das subscrições recolhidas no escritório da *Revista Espírita e publicado no número de fevereiro* - 1.491,40 francos.

Novas contribuições até 28 de fevereiro:

Sociedade Espírita de Paris (total 740 fr. Publicado na lista de fevereiro, 423 fr.) Nesta lista, 317 francos.

Sociedades e grupos espíritas diversos. – Montreuil-sur-Mer, 74 fr. (contribuição de fevereiro, mas que por engano não constou na lista); – Mescher-sur-Girond, 32,50 fr.; – Carmaux (Tarn), 20 fr.; – Monterat et Saint-Gemme (Tarn), 40 fr.; – Chauny (Aisne), 40 fr.; – Metz, 50 fr.; – Bordéus (sociedade e grupos Roux et Petit), 70 fr.; – Albi (Tarn), 20 fr.; – Tours, 103,30 fr.; – Angoulême, 18 fr. – TOTAL 467,80 francos.

Assinantes diversos:
(Paris) – Srs. L..., 5 fr.; Hobach, 40 fr.; Nant et Breul (Passy), 100 fr.; Doit, 1 fr.; Livraria Aumont, (2.ª contribuição), 5 fr.; Dufaux, 5 fr.; Mazaroz, 20 fr.; Queyras, 3 fr.; X..., 25 fr.; Doutor Houat, 20 fr.; Dufilleul, oficial de cavalaria, 10 fr.; X... (Saint-Junien), 1 fr.; L. D..., 2 fr.; X..., 5 fr.; Moreau, farmacêutico (Niort), 10 fr.; Blin, capitão (Marselha), 10 fr. (constou na lista de fevereiro por 20 fr., em vez de 10 fr., que foram considerados apenas no montante); J. L... (Digne), 3 fr.; Doutor Reignier (Thionville), 7,50 fr.; Sra. Wilson Klein (Grão-ducado de Bade), 20 fr.; B... (Saint-Jean d'Angely), 2 fr.; A... (Versalhes), 1 fr.; V... (Versalhes), 2 fr.; S... (Dôle), 2 fr.; Martner, oficial do Estado-Maior (Orléans), 10 fr.; Gevers (Antuérpia), 10 fr.; C. Babin (de Champblanc, por Cognac), 40 fr. – TOTAL - 369,50 francos.

Espíritas e franceses de Barcelona (Espanha): – Srs. Jaime Ricart e filhos, 52,50 fr.; Micolier, 5 fr.; Luís Nuty, 5 fr.; Jean Regembat, 5 fr.; Alex Wigle, fotógrafo, 5 fr.; Ch. Soujol, 2,60 fr.; X..., 1,25 fr. – TOTAL - 76,35 francos.

(Com o montante de 489,35 francos correspondentes à lista de fevereiro, temos, para Barcelona, um total de 565,70 francos.)

TOTAL GERAL - 2.722,05 francos.

Errata. – Na lista de fevereiro, em vez de Lausat (de Condom), *leia-se* Loubat. – Em vez de Frothier (de Poitiers), *leia-se* Frottier. – Em vez de Bodin (de Cognac), *leia-se* Babin.

A subscrição continua aberta.

Além desta soma, a *Revista Espírita* contribuiu a 6 de fevereiro, para a subscrição aberta pela *Opinion Nationale*, com 2.216,40 francos, conforme nota publicada a 15 de fevereiro, por aquele jornal, na lista 14.

Comunicamos que a maioria dos grupos e sociedades contribuíram nas listas abertas em suas localidades. De Lyon nos enviam, entre outras, a seguinte lista de coleta em diferentes reuniões:

Grupo Desprêle, Av. Carlos Magno, 57,95 fr.; id. dos Trabalhadores, 93,30 fr.; id. Viret, 26 fr.; id. da Cruz Vermelha, 3l,10 fr.; id. Rousset, 48,30 fr.; id. Central, 123 fr.; reunião particular, l5,25 fr.; outra, id. 32,50 fr.; outra, id. (Edoux), 22 fr.; subscrições isoladas, 316,50 fr.; - TOTAL - 765,90 francos.

A Sociedade de Saint-Jean d'Angely contribuiu na lista aberta na subprefeitura com l00 francos.

ALLAN KARDEC[2]

---

[2] Paris. Tipografia de Cosson & Cia., Rua do Four-Saint-Germain, 43

REVISTA ESPÍRITA

JORNAL DE ESTUDOS PSICOLÓGICOS

ANO VI	ABRIL DE 1863	VOL. 4

ESTUDO SOBRE OS POSSESSOS DE MORZINE

CAUSAS DA OBSESSÃO E MEIOS DE COMBATÊ-LA
(QUARTO ARTIGO)[1]

Numa segunda edição de sua brochura sobre a epidemia de Morzine[2], o Dr. Constant responde ao Sr. de Mirville, que criticou o seu cepticismo acerca dos demônios, e o censurou por não ter estado nos lugares. "Ele não passou de Thonon, certamente não por medo dos diabos, mas do caminho, e nem por isso se julga o homem menos informado. Censura-me ainda, como a outro médico, de ter partido de Paris com juízo formado. Em bom direito, se ele me permite, posso devolver a censura: Estaremos, então, *ex aequo*, nesse ponto."

Não sabemos se o Sr. de Mirville lá teria ido com a ideia preestabelecida de não ver qualquer afecção física nos doentes de Morzine, mas é bem evidente que o Dr. Constant lá foi com a de não ver nenhuma causa oculta. O preconcebido, num sentido qualquer, é a pior condição para um observador, porque então tudo vê e tudo ajusta ao seu ponto de vista, negligenciando o que pode haver de contrário. Certamente não é esse o meio de chegar à verdade.

A opinião bem arraigada do Sr. Constant no que concerne à negação das causas ocultas, resulta de que ele, a *priori*, repele como errônea qualquer observação e qualquer conclusão que se afaste de sua maneira de ver, nos relatórios feitos antes do seu. Assim, enquanto o Sr. Constant insiste com veemência sobre a constituição débil, linfática e raquítica dos habitantes,

---

[1] Vide os números de dezembro de 1862 e janeiro e fevereiro de 1863.
[2] Broch. in-8º Adrien Delahaye, praça da Escola de Medicina. Preço 2 fr.

a insalubridade da região, a má qualidade e a insuficiência da alimentação, o Sr. Arthaud, médico chefe dos alienados de Lyon, que foi enviado a Morzine, diz em seu relatório que "a constituição dos habitantes é boa e as escrófulas são raras, e que a despeito de *todas as suas pesquisas*, só descobriu um caso de epilepsia e um de imbecilidade." Mas, replica o Sr. Constant, "o Sr. Arthaud passou bem poucos dias nessa região. Ele não pode ter visto mais que uma pequeníssima parte da população, e é muito difícil obter informações sobre as famílias."

Um outro relatório assim se exprime sobre o mesmo assunto:

"Nós, abaixo assinados, declaramos que tendo ouvido falar dos casos extraordinários tidos como possessão de demônios, ocorridos em Morzine, transportamo-nos para aquela paróquia, onde chegamos a 30 de setembro último (1857), para testemunhar o que se passava e examinar tudo com maturidade e prudência, esclarecendo-nos por todos os meios fornecidos pela presença no lugar, a fim de poder formar um juízo razoável em semelhante matéria.

"1º – Vimos oito jovens que estão libertas e cinco em estado de crise. A mais jovem tem dez anos e a mais velha, vinte e dois.

"2º – Conforme tudo quanto nos dizem e que pudemos observar, essas jovens estão no mais perfeito estado de saúde; fazem todas as obras e trabalhos peculiares à sua posição, de modo que não se vê, quanto aos outros hábitos e ocupações, nenhuma diferença entre elas e as outras jovens da montanha.

3º – Vimos essas moças, as não curadas, nos momentos lúcidos. Ora, podemos assegurar que nada foi observado nelas, quer idiotia, quer predisposição para as crises atuais, por falhas de caráter ou por exaltação de espírito. Aplicamos a mesma observação às que estão curadas. Todas as pessoas que consultamos sobre os antecedentes e os primeiros anos dessas moças nos asseguraram que elas eram, do ponto de vista da inteligência, perfeitamente normais.

4º – A grande maioria dessas moças pertence a famílias em situação financeira confortável.

5º – Asseguramos que pertencem a famílias que gozam de boa reputação, dentre as quais algumas são de uma virtude e de uma piedade exemplares."

Daremos oportunamente a continuação deste relatório concernente a certos fatos. Queríamos apenas constatar que nem todos viram as coisas com cores tão negras quanto o Sr. Constant, que apresenta os habitantes como na extrema miséria e dos mais cabeçudos, teimosos e mentirosos, posto que no fundo bons e sobretudo piedosos, ou antes, devotos. Ora, quem tem razão? O Sr. Constant, sozinho, ou vários outros, não menos honrados, que certificam ter bem observado? De nossa parte, não hesitamos em nos colocarmos ao lado dos últimos, em razão daquilo que vimos e em razão do que nos disseram várias autoridades médicas e administrativas da região, e em mantermos a opinião emitida em nossos artigos precedentes.

Para nós, a causa primeira não está nem na constituição nem no regime higiênico dos habitantes, porque, como fizemos notar, há muitas regiões, a começar pelo Valais, limítrofe, em que as condições de toda natureza, morais e outras, são infinitamente mais desfavoráveis e onde, entretanto, não grassou essa doença. Nós a veremos já circunscrita, não ao vale, mas apenas aos limites da comuna de Morzine. Se, como afirma o Dr. Constant, a causa é inerente à localidade, ao gênero de vida e à inferioridade moral dos habitantes, perguntamos, ainda, por que o efeito é epidêmico e não endêmico, como a papeira e o cretinismo no Valais? Por que as epidemias do mesmo gênero, de que fala a história, se produziram nas casas religiosas onde nada falta, e que se achavam nas melhores condições de salubridade?

Aliás, eis o quadro que o Sr. Constant faz do caráter da gente de Morzine:

"Uma demora prolongada, visitas sucessivas e diárias a quase todas as casas, permitiram-me chegar a outras constatações.

"Os habitantes de Morzine são suaves, honestos, de grande piedade; seria talvez mais justo dizer de grande devoção.

"São cabeçudos e dificilmente renunciam à ideia que adotaram, o que, além de outros inconvenientes, acrescenta o de se tornarem teimosos, outra fonte de mal-estar e de miséria, porque as conciliações são raras. Mas só em exceções muito raras é que a justiça criminal encontra culpados entre eles.

"Eles têm um aspecto grave e sério, que parece um reflexo da natureza áspera que os rodeia e que lhes imprime uma espécie de cunho particular, que os faria tomar por membros de uma vasta comunidade religiosa. Com efeito, sua existência difere pouco da de um convento.

"Seriam inteligentes, se seu raciocínio não fosse obscurecido por uma porção de crenças absurdas ou exageradas, por um invencível arrastamento para o maravilhoso, legado pelos séculos passados e do que não os curou o século atual.

"Todos gostam dos contos e histórias impossíveis. Posto que fundamentalmente honestos, alguns mentem com imperturbável aprumo, para sustentar o que disseram, nesse gênero, se bem acabem, estou convicto, por mentir de boa-fé, por crer em suas próprias mentiras, sem deixar de crer nas dos outros. Para ser justo, é preciso dizer que a maioria não mente: apenas conta inexatamente o que viu."

Aos nossos olhos, a causa é independente das condições físicas dos homens e das coisas. Se formulamos tal opinião, não é com o propósito de ver por toda parte a ação dos Espíritos, pois ninguém admite sua intervenção com mais circunspecção do que nós, mas pela analogia que notamos entre certos efeitos e os que nos são demonstrados como resultado evidente de uma causa oculta.

Mas, ainda uma vez, como admitir essa causa quando não se acredita na existência dos Espíritos? Como admitir, com Raspail, as afecções produzidas por seres microscópicos, se se nega a existência desses animais, porque não os vimos? Antes da invenção do microscópio, Raspail teria passado por louco, por ver animais em toda parte. Hoje, que se está um pouco mais esclarecido, não se veem Espíritos. Para isto, entretanto, só falta pôr óculos.

Não negamos que haja efeitos patológicos na afecção de que se trata, porque a experiência no-los mostra, por vezes, em casos semelhantes, mas dizemos que são consecutivos e não causais. Se um médico espírita tivesse ido a Morzine, teria visto o que outros não viram, sem, contudo, desprezar os fatos fisiológicos.

Depois de haver falado do Sr. de Mirville que, diz ele, para no caminho, acrescenta o Sr. Constant:

"O Sr. Allan Kardec fez a viagem completa. Nos números de dezembro de 1862 e janeiro de 1863 da sua *Revista Espírita*, já publicou dois artigos, apenas preliminares. O exame dos fatos virá no número de fevereiro. Enquanto esperamos, ele nos adverte que a epidemia de Morzine é semelhante à que caiu sobre a Judeia, ao tempo do Cristo. É bem possível.

"Com o risco de incorrer na censura de alguns leitores que acharão que eu provavelmente faria melhor se não falasse dos espíritas, aconselho aos que lerem esta brochura a ler o mesmo assunto nos autores que acabo de citar.

"Contudo, não deveriam enganar-se quanto ao meu convite. Quanto mais leitores sérios houver para as obras sobre o Espiritismo, tanto mais cedo será feita completa justiça a uma crença, a uma *ciência*, como dizem, sobre a qual talvez eu pudesse arriscar uma opinião, depois de tantas vezes haver verificado um de seus resultados: o contingente bastante notável que ele fornece anualmente à população dos asilos de alienados."

Pode-se ver por aí com que ideias o Sr. Constant foi a Morzine. Certamente não procuraremos convencê-lo de nossa opinião. Apenas lhe diremos que o resultado da leitura das obras espíritas foi demonstrado pela experiência totalmente contrário ao que ele espera, pois que essa leitura, em vez de fazer pronta justiça a essa pretensa ciência, anualmente multiplica os adeptos aos milhares; que hoje, no mundo inteiro, são cinco ou seis milhões, dos quais a décima parte só na França. Se ele objetasse que são apenas tolos e ignorantes, nós lhe perguntaríamos por que essa doutrina conta, entre seus mais firmes partidários, com tão grande número de médicos em todos os países, o que atesta nossa correspondência, o número de médicos assinantes da *Revista* e o dos que presidem ou fazem parte de grupos e sociedades espíritas, sem falar do número não menor de adeptos pertencentes a posições sociais às quais só se chega pela inteligência e pela instrução. Isto é um fato material que ninguém pode negar. Ora, como todo efeito tem uma causa, a causa desse efeito é que o Espiritismo não parece a todo mundo tão absurdo quando alguns se gabam de dizer.

– Infelizmente é verdade, exclamam os adversários da doutrina. Assim, não temos mais que cobrir o rosto pela sorte da Humanidade que marcha para a decadência.

Resta a questão da loucura, o bicho-papão com o auxílio do qual procuram apavorar as criaturas, que quase não se abalam, como bem se vê. Quando esse meio estiver esgotado, certamente inventarão outro. Enquanto se espera, remeteremos o leitor para o artigo publicado no número de fevereiro último, sob o título de *A Loucura Espírita*.

Os primeiros sintomas da epidemia de Morzine se declaravam em março de 1857 em duas meninas de doze anos. Em novembro seguinte o número de doentes era de vinte e sete, e em 1861 atingiu o máximo de cento e vinte.

Se relatássemos os fatos com base no que vimos, poderiam dizer que vimos apenas o que quisemos ver. Além do mais, chegamos no declínio da doença e não ficamos o bastante para tudo observar. Citando as observações alheias, não nos podem acusar de somente ver por nossos olhos.

Tomamos do relatório de que acima fizemos um extrato, as seguintes observações:

"Essas moças falam francês durante a crise com uma admirável facilidade, mesmo as que, fora da crise, só sabem algumas palavras.

"Uma vez em crise, as moças perdem completamente qualquer reserva, seja para o que for, e também perdem completamente toda afeição de família.

"A resposta é sempre tão pronta e fácil, que parece vir antes da interrogação. Essa resposta é sempre *ad rem*[3], exceto quando quem fala responde por tolices, insultos ou uma recusa formal.

"Durante a crise o pulso fica calmo e, no maior furor, o personagem tem um ar de domínio, como alguém que tivesse a cólera sob seu comando, sem parecer nem exaltado nem tomado de um acesso de febre.

"Notamos, durante as crises, uma insolência incrível, que ultrapassa qualquer limite, em meninas que, fora daí, são delicadas e tímidas.

"Durante a crise há em todas essas meninas um caráter de impiedade permanente, levada além de todos os limites, dirigida contra tudo o que lembra Deus, os mistérios da religião, Maria, os santos, os sacramentos, a prece etc. O caráter dominante desses momentos terríveis é o ódio a Deus e a tudo quanto a ele se refere.

"Constatamos muito bem que essas meninas *revelam coisas que chegam de longe, bem como fatos passados de que não tinham nenhum conhecimento. Também revelaram os pensamentos de várias pessoas.*

"*Algumas vezes anunciam o começo, a duração e o fim das crises*, o que farão mais tarde e o que não farão.

"Sabemos que deram respostas exatas a perguntas feitas em línguas desconhecidas, como alemão, latim etc.

---

[3] *Ad rem,* expressão latina que significa *à coisa* – afirmativa direta à coisa. (Nota do revisor Boschiroli)

"No estado de crise as moças têm uma força desproporcional à sua idade, pois são precisos três ou quatro homens para conter, durante o exorcismo, meninas de dez anos.

"É de notar-se que, durante a crise, as meninas não se maltratam, nem pelas contrações, que parecem de natureza a deslocar os membros, nem pelas quedas, nem pelas pancadas violentas que se dão.

"Em suas respostas há sempre, invariavelmente, distinção de várias entidades: *a filha e ele, o demônio e o danado*.

"Fora das crises as meninas não têm qualquer lembrança do que disseram ou fizeram, quer a crise tenha durado todo o dia, quer tenham feito trabalhos prolongados ou desempenhado encargos dados no estado de crise.

"Para concluir, diremos:

"Que a nossa impressão é de que tudo isto é sobrenatural, na causa e nos efeitos, segundo as regras da lógica sã e conforme tudo quanto a teologia, a história eclesiástica e o Evangelho nos ensinam e nos contam.

"Declaramos que, em nossa opinião, há uma verdadeira possessão do demônio.

"Em fé do que, assinado: ***

"Morzine, 5 de outubro de 1857."

Eis como o Sr. Constant descreve as crises dos doentes, segundo suas observações:

"Em meio à mais completa calma, raramente à noite, de repente sobrevêm bocejos, espreguiçamento, tremores e pequenos solavancos de aspecto coreico nos braços; pouco a pouco, em curto espaço de tempo, como por efeito de descargas sucessivas, tais movimentos se tornam mais rápidos, depois mais simples e em breve não parecem mais que exagero de movimentos fisiológicos; a pupila se dilata e se contrai sucessivamente e os olhos participam do movimento geral.

"Então as doentes, cujo aspecto a princípio parecia exprimir terror, entram num estado de furor que vai sempre crescendo, como se a ideia que as domina produzisse dois efeitos quase simultâneos: depressão e excitação logo depois.

"Elas batem sobre móveis com força e vivacidade, começam a falar, ou melhor, a vociferar; o que elas dizem, quase todas, quando não superexcitadas por perguntas, se reduz a estas palavras indefinidamente repetidas: 'S... nome! S... c...!... s... vermelho!' (Elas chamam vermelhos aqueles em cuja piedade elas não acreditam.) Algumas acrescentam blasfêmias.

"Se junto a elas não se acha nenhum espectador estranho; se não lhes fizerem perguntas, repetem incessantemente a mesma coisa, sem nada acrescentar. Se for o contrário, elas respondem ao que pergunta o espectador, e mesmo aos pensamentos que elas lhes incutem, às objeções que elas preveem, mas sem se afastarem de sua ideia dominante, a ela relacionando tudo o que elas dizem. É sempre assim: 'Ah! tu crês, b... incrédulo, que nós somos loucas, que apenas temos devaneios! Somos danadas, s... n... de D...! Nós somos diabos do inferno!'

"E como é sempre um diabo que fala por sua boca, o suposto diabo por vezes conta *o que fazia na Terra e o que fez depois, no inferno* etc.

"Em minha presença acrescentavam invariavelmente:

"Não são os teus s... médicos que nos curarão! Nós nos f... perfeitamente de teus remédios! Bem podes fazer a menina tomar, elas a atormentarão, fá-la-ão sofrer; mas a nós elas nada farão, porque nós somos diabos! Nós precisamos de santos sacerdotes, de bispos etc.'

"Isso tudo não lhes impede de insultar os sacerdotes, quando estão presentes, sob o pretexto de que *eles não são bastante santos para ter ação sobre os demônios.*

"Diante do prefeito e dos magistrados, era sempre a mesma ideia, mas com outras palavras.

"À medida que elas falam, sempre com a mesma veemência, suas fisionomias têm um só aspecto: o do furor. Por vezes o pescoço incha e a face se injeta; noutras, empalidece, como nas pessoas normais, que coram ou empalidecem, conforme a constituição, num violento acesso de cólera. Os lábios estão sempre úmidos de saliva, o que levou a dizer que as doentes espumavam.

"Limitados inicialmente às partes superiores, os movimentos vão ganhando o tronco e os membros inferiores; a respiração

128 | REVISTA ESPÍRITA

torna-se ofegante; as doentes redobram o furor, tornam-se agressivas, deslocam os móveis e atiram as cadeiras, os tamboretes, tudo quanto lhes cai às mãos, sobre os assistentes; precipitam-se sobre estes para lhes bater, tanto nos parentes quanto nos estranhos; jogam-se por terra, sempre com os mesmos gritos; rolam, batem as mãos no solo ou no peito, no ventre, na garganta, e procuram arrancar alguma coisa que parece incomodar nesse ponto. Viram-se e reviram-se de um salto. Eu vi duas que, levantando-se como que por uma mola, voltavam-se para trás de tal modo que a cabeça tocava o solo ao mesmo tempo que os pés.

"Esta crise dura mais ou menos dez, vinte minutos, meia hora, conforme a causa que a provocou. Se é a presença de um estranho, sobretudo de um padre, é muito raro que termine antes que a pessoa se afaste. Nesse caso, entretanto, os movimentos convulsivos não são contínuos. Depois de terem sido violentos, enfraquecem e param para recomeçar imediatamente, como se a força nervosa esgotada repousasse um momento para se refazer.

"Durante a crise, nem o pulso nem o batimento do coração se aceleram, e mais comumente se dá o contrário: o pulso se concentra, torna-se fraco, lento, e as extremidades esfriam; a despeito da violência da agitação e dos golpes furiosos desferidos por todos os lados, as mãos ficam geladas.

"Contrariamente ao que em geral se vê em casos análogos, nenhuma ideia erótica se mistura ou parece juntar-se à ideia demoníaca. Eu mesmo fiquei chocado com essa particularidade, por ser comum a todas as doentes: nenhuma diz qualquer palavra ou faz o menor gesto obsceno. Em seus mais desordenados movimentos, elas jamais se descobrem, e se seus vestidos se levantam um pouco quando rolam por terra, é muito raro que não os recomponham imediatamente.

"Não parece que haja aqui lesão da sensibilidade genital; assim, jamais se tratou de íncubos, de súcubos ou de cenas de Sabat. Todas as doentes pertencem, como demonômanas, ao segundo dos quatro grupos indicados pelo Sr. Macário. Algumas *escutam* a voz dos diabos; muito mais geralmente *eles falam por sua boca*.

"Depois da grande desordem, pouco a pouco os movimentos se tornam menos rápidos; certos gases se escapam pela boca, e a crise termina. A doente olha em redor com um ar meio espantado, arranja os cabelos, apanha e coloca o seu gorro, bebe uns goles d'água e retoma o seu trabalho, se executava algum ao começar a crise. Quase todas dizem que não sentem cansaço nem se lembram do que disseram ou fizeram.

"Esta última asserção nem sempre é sincera. Surpreendi algumas lembrando-se muito bem. Elas apenas acrescentavam: *'Bem sei que ele* (o diabo) *disse ou fez isto ou aquilo, mas não sou eu. Se minha boca falou, se minhas mãos bateram, era* ELE *que as fazia falar e bater. Bem que eu queria ficar tranquila, mas* ELE *é mais forte que eu.'*

"Esta descrição é a do estado mais frequente, mas entre os extremos existem vários graus, desde a doente que só tem crises de dores gastrálgicas, até a que chega ao último paroxismo do furor. Feita esta ressalva, em todas as doentes visitadas não encontrei diferenças dignas de nota senão nalgumas poucas.

"Uma delas, chamada Jeanne Br..., de quarenta e oito anos, não casada, histérica há muito tempo, sente animais que não passam de *diabos* que lhe correm pelo rosto e a mordem.

"A senhora Nicolas B..., de trinta e oito anos, doente há três anos, *late* durante as crises. Ela atribui sua doença a um copo de vinho que bebeu em companhia de um desses que fazem o mal.

"Jeanne G..., de trinta e sete anos, não casada, é aquela cujas crises diferem mais. Não tem os movimentos clônicos gerais que se veem nas outras, e quase nunca fala. Quando sente vir a crise, vai sentar-se e se põe a balançar a cabeça para frente e para trás. Os movimentos, a princípio lentos e pouco pronunciados, vão-se acelerando e acabam fazendo a cabeça descrever um círculo cada vez mais amplo, com incrível rapidez, até vir alternativa e regularmente bater nas costas e no peito. A intervalos o movimento cessa um instante, e os músculos contraídos mantêm a cabeça fixa na posição em que se encontrava ao parar, sem que seja possível erguê-la ou dobrá-la, mesmo com esforços.

"Victoire V..., de vinte anos, foi uma das primeiras a adoecer, aos dezesseis anos. Seu pai assim narra o que ela sofreu: 'Ela jamais tinha sentido nada, quando um dia foi tomada pelo mal, na igreja. Durante os dois ou três primeiros dias, apenas saltava um pouco. Um dia me trouxe o jantar na cúria, onde eu trabalhava, e tocou o *Ângelus* quando ela chegava. Ela imediatamente pôs-se a saltar, atirou-se no chão, gritando e gesticulando, blasfemando junto ao sineiro. Por acaso lá se achava o cura de Montriond. Ela o injuriou, chamando-o s... ch... de Montriond. O cura de Morzine também veio para junto dela, quando a crise terminava, mas ela recomeçou no mesmo instante, porque ele fez o sinal da cruz em sua fronte. Tinham-na exorcizado várias vezes, mas vendo que nada a curava, nem exorcismos nem nada, levei-a a Genebra, ao Sr. Lafontaine, o magnetizador. Lá ela permaneceu um mês e ficou curada. Ficou tranquila cerca de três anos.

"Há seis semanas recaiu, mas já não tinha crises. Não queria ver ninguém e se trancava em casa. Só comia quando eu tinha algo de bom para lhe dar. Do contrário, não podia engolir. Não se mantinha nas pernas nem movia os braços. Várias vezes tentei pô-la de pé, mas ela não se *sentia* e caía se eu não a segurasse mais. Resolvi levá-la novamente ao Sr. Lafontaine. Não sabia como transportá-la. Ela me disse: 'Quando eu estiver na comuna de Montriond eu caminharei bem.' Ajudado por um dos meus vizinhos, carregamo-la até Montriond. Mas logo do outro lado da ponte ela andou sozinha e só se queixava de um gosto horrível na boca. Depois de duas sessões com o Sr. Lafontaine ela ficou melhor e agora está empregada como doméstica.

"Geralmente constatou-se, diz o Sr. Constant, que *se estão fora da comuna*, só raramente as doentes têm crises.

"Um dia, o prefeito, que me acompanhava, foi surpreendido por uma doente e violentamente batido com uma pedra no rosto. Quase no mesmo instante outra doente se atirava sobre ele, com um pedaço de pau, para lhe bater também. Vendo esta vir, ele mostrou a ponta ferrada de sua bengala, ameaçando-a, se avançasse. Ela parou, deixou cair o pau e contentou-se em injuriá-lo.

"A despeito das corridas, dos saltos, dos movimentos violentos e desordenados das doentes, das pancadas que dão, seus terrores e divagações, não se citam tentativas de suicídio nem acidentes graves com qualquer delas. Não perdem, pois, toda a consciência, e ao menos subsiste o instinto de conservação.

"Se no começo da crise uma mulher tem o filho nos braços, acontece muitas vezes que um *diabo* menos mau do que aquele que a vai *trabalhar* lhe diz: 'Deixa esta criança; *ele* (o outro diabo) *far-lhe-ia mal*.' O mesmo se dá quando têm uma faca ou outro instrumento capaz de ferir.

"Como as mulheres, os homens sofreram a influência da crença que a todos deprime em graus diversos, mas neles os efeitos foram menores e bastante diferentes. Alguns sentem realmente as mesmas dores que as mulheres; como estas sentem sufocação, uma sensação de estrangulamento e acusam a sensação da bola histérica, mas nenhum chegou às convulsões, e se houve alguns raros casos de acidentes convulsivos, quase sempre podem ser atribuídos a um estado mórbido anterior e diferente. O único representante do sexo masculino que pareceu ter tido crises da mesma natureza que as moças foi o jovem T... São geralmente as moças de quinze a vinte e cinco anos que foram atingidas. Ao contrário, no outro sexo, com exceção do jovem T..., conforme acabo de dizer, são apenas homens maduros, aos quais as vicissitudes da vida talvez tivessem trazido preocupações preexistentes ou a acrescentar às causadas pela doença."

Depois de haver discutido a maioria dos fatos extraordinários contados a respeito das doentes de Morzine, e tentado provar o estado de degenerescência física e moral dos habitantes por força de afecções hereditárias, acrescenta o Sr. Constant:

"É, pois, necessário ter como certo que tudo quanto se diz em Morzine, uma vez reconduzido à verdade, se acha consideravelmente reduzido. Cada um arranjou a sua história e quis ultrapassar o outro contador de histórias. Tais exageros se encontram em todos os relatos de epidemias desse gênero. Mesmo que alguns fatos fossem autênticos em todos os pontos e escapassem a toda interpretação, seria esse um motivo para lhes buscar uma explicação além das leis naturais? Seria o mesmo que dizer que os agentes, cujo modo de agir ainda não foram descobertos e escapam à nossa análise, são necessariamente sobrenaturais.

"Tudo o que se viu em Morzine, sobretudo aquilo que se conta, poderá muito bem ficar para certas pessoas como sinal manifesto de uma possessão, mas é, também, com muita certeza, o dessa moléstia complexa que recebeu o nome de histero-demonomania.

"Em resumo, acabamos de ver uma região cujo clima é rude e a temperatura muito variável, onde a histeria em todos os tempos foi considerada endêmica; uma população cuja alimentação, sempre a mesma para todos, mais pobres ou menos pobres, e sempre má, é composta de alimentos por vezes alterados, que podem provocar, e provocam, desarranjos das funções dos órgãos da nutrição, e por aí, nevroses particulares; uma população de uma constituição pouco robusta e especial, muitas vezes marcada de predisposições hereditárias, ignorante e vivendo num isolamento quase completo; muito piedosa, mas de uma piedade que tem por base *mais o medo que a esperança*; muito supersticiosa e cuja superstição, essa chaga que São Tomé chamava *um vício oposto à religião por excesso*, tem sido mais acariciada que combatida. Embalada por histórias de feitiçaria que são, fora das cerimônias da Igreja, a única distração não impedida pela severidade religiosa exagerada; uma imaginação viva, muito impressionável, que teria necessidade de qualquer alimento, e que não tem outro senão essas mesmas cerimônias."

Resta-nos examinar as relações que podem existir entre os fenômenos acima descritos e os que se produzem nos casos de obsessão e subjugação bem constatados, o que cada um sem dúvida já terá notado; o efeito dos meios curativos empregados; as causas da ineficácia do exorcismo e as condições nas quais podem ser úteis. É o que faremos num próximo e último artigo.

Enquanto isto, diremos com o Sr. Constant que não há necessidade de buscar no sobrenatural a explicação dos efeitos desconhecidos. Nós estamos perfeitamente de acordo com ele neste ponto. Para nós os fenômenos espíritas nada têm de sobrenatural. Eles nos revelam uma das leis, uma das forças da Natureza que não conhecíamos e que produz efeitos até agora não explicados. Essa lei, que brota dos fatos e da observação, é mais desarrazoada porque tem como promotores seres inteligentes em vez de animais ou da matéria bruta? Será tão insensato crer em inteligências ativas além do túmulo, sobretudo quando elas se manifestam de maneira ostensiva? O conhecimento dessa lei, levando certos efeitos à sua causa verdadeira, simples e natural, é o melhor antídoto às ideias supersticiosas.

RESULTADO DA LEITURA DAS OBRAS ESPÍRITAS

CARTAS DOS SRS. MICHEL, DE LYON E D..., DE ALBI

Como resposta à opinião do Dr. Constant relativa ao efeito que deve produzir a leitura das obras espíritas, publicamos a seguir duas cartas, entre milhares da mesma natureza que nos são enviadas. Como vimos no artigo precedente, sua opinião é que esse efeito deve ser inevitavelmente o de fazer pronta justiça à pretensa ciência espírita, e é com esse propósito que ele recomenda a leitura. Ora, há mais de seis anos que essas obras são lidas e, coisa lamentável para a sua perspicácia, a justiça ainda não foi feita!

Albi, 06 de março de 1863.
Sr. Allan Kardec,
...Sei que não devo abusar do vosso tempo precioso. Também me privo da felicidade do entreter-me longamente convosco. Direi que lamento amargamente não ter conhecido mais cedo vossa admirável doutrina, pois sinto que teria sido outro homem. Contudo, não sou médium, nem procuro sê-lo, pois tenho graves aborrecimentos que incessantemente me obsidiam. Tenho um passado de deplorável negligência. Cheguei aos quarenta e nove anos sem saber uma única prece. Depois que vos li, oro todas as noites, às vezes pela manhã, e sobretudo por meus inimigos. Vossa doutrina me salvou de muitas coisas e me faz suportar os revezes com resignação.

Quanto seria reconhecido, caro senhor, se orásseis algumas vezes por mim!

Recebei etc.

..

Lyon, 09 de março de 1863.
Meu caro mestre,
Devo começar pedindo um duplo perdão, primeiro, por haver retardado muito o cumprimento de um dever desta natureza; segundo, pela liberdade que tomo, sem ter a honra de ser vosso conhecido, de tratar convosco de coisas que me são, de certo modo, inteiramente pessoais.

Esta consideração me obriga a ser tão breve quanto possível, para não abusar de vossa bondade, nem vos fazer perder apenas comigo um tempo que podereis empregar utilmente no bem geral.

Depois de seis meses que tenho a felicidade de ser iniciado na Doutrina Espírita, senti nascer em mim um vivo sentimento de reconhecimento. Aliás, tal sentimento não passa de uma consequência muito natural da crença no Espiritismo. E, desde que tem sua razão de ser, deve igualmente manifestar-se. Em minha opinião, deve dividir-se em três partes, da qual a primeira é Deus, a quem diariamente cada espírita deve agradecer esta nova prova de sua infinita misericórdia; a segunda pertence de direito ao próprio Espiritismo, isto é, aos bons Espíritos e seus sublimes ensinamentos; enfim, a terceira, àquele que nos guia em nossa nova estrada, e que nos sentimos felizes ao reconhecê-lo como nosso mestre venerado.

Assim compreendido o reconhecimento espírita, três deveres distintos se impõem: para com Deus, para com os bons Espíritos e para com o propagador de seus ensinamentos. Tenho esperança de me desobrigar para com Deus, pedindo-lhe perdão de meus erros passados e continuando a orar diariamente. Tentarei pagar minha dívida ao Espiritismo, espalhando em meu redor, tanto quanto esteja em minha pouca força, os benefícios da instrução espírita. E o fim desta carta é vos testemunhar, senhor, o vivo desejo que sentia de me desobrigar para convosco, o que me acuso de fazer tão tardiamente. Apelo, pois, à vossa caridade e vos peço aceiteis esta sincera homenagem de um reconhecimento sem limites.

Associando-me de coração aos que me precederam, venho dizer-vos: Obrigado a vós que nos haveis tirado do erro, fazendo brilhar sobre nós o facho da verdade; obrigado a vós que nos destes a conhecer os meios de chegar à verdadeira felicidade pela prática do bem; obrigado a vós, que não temeis ser o primeiro a entrar na luta.

O surgimento do Espiritismo no século dezenove, numa época em que o egoísmo e o materialismo parecem dividir o domínio do mundo, é um fato muito importante e muito extraordinário para não provocar a admiração e o espanto das pessoas sérias e dos espíritos observadores. Tal fato é completamente inexplicável para os que recusam reconhecer a intervenção divina na marcha dos grandes acontecimentos que se realizam entre nós e, muitas vezes, malgrado nosso.

Mas, um fato não menos surpreendente, é que se tenha encontrado, nesta época de incredulidade, um homem bastante crente, bastante corajoso, para sair da multidão, abandonar a corrente e anunciar uma doutrina que devia pô-lo em desacordo com o maior número de pessoas, pois seu objetivo é combater e derrubar os preconceitos, os abusos e os erros da massa, e, enfim, pregar a fé aos materialistas, a caridade aos egoístas, a moderação aos fanáticos, a verdade a todos.

Esse fato está hoje realizado, portanto, não era impossível. Mas, para realizá-lo, era necessária uma coragem que só a fé pode dar. Eis o que causa a nossa admiração.

Semelhante devotamento, meu caro mestre, não podia ficar infrutífero. Assim, desde já, podeis começar a receber a recompensa de vosso labor, contemplando o triunfo da doutrina que ensinastes.

Sem vos preocupar com o número e a força dos vossos adversários, descestes sozinho à arena, e vos opusestes às facécias injuriosas com uma serenidade inalterável, e aos ataques e calúnias, com a moderação. Assim, em pouco tempo, o Espiritismo propagou-se por todas as partes do mundo. Hoje seus adeptos se contam aos milhões e, o que é mais satisfatório, se recrutam em todos os graus da escala social. Ricos e pobres, ignorantes e letrados, livres-pensadores e puritanos, todos responderam ao apelo do Espiritismo, e cada classe empenhou-se em fornecer seu contingente nesta grande cruzada da inteligência... Luta sublime, onde o vencido tem orgulho de proclamar sua derrota, e mais orgulho ainda de combater sob a bandeira dos vencedores.

Esta vitória não só honra aquele que a conquistou, mas também atesta a justeza da causa, isto é, a superioridade da Doutrina Espírita sobre todas as que a precederam e, consequentemente, sua origem divina. Para o adepto fervoroso, o fato não pode ser posto em dúvida, e o Espiritismo não pode ser obra de alguns cérebros dementes, como seus detratores tentaram demonstrar. É impossível que o Espiritismo seja uma obra humana. Deve ser, e é, com efeito, uma revelação divina. Se assim não fosse, já teria sucumbido e teria ficado impotente perante a indiferença e o materialismo.

Toda ciência humana é sistemática em sua essência e, por isso mesmo, sujeita a erro. Eis por que não pode ser admitida senão por um pequeno número de indivíduos que, por ignorância ou por cálculo, propagam crenças errôneas que caem por si mesmas depois de algum tempo de prova. O tempo e a razão sempre têm feito justiça às doutrinas abusivas e despidas

136 | REVISTA ESPÍRITA

de fundamento. Nenhuma ciência, nenhuma doutrina pode pretender estabilidade se não possuir, no seu conjunto, como nos menores detalhes, essa emanação pura e divina a que chamamos verdade, porque só a verdade é imutável como o Criador, que é a sua fonte. Disto encontramos um exemplo muito consolador nas divinas palavras do Cristo, que o santo Evangelho, a despeito de sua longa e aventurosa peregrinação, nos transmitiu tão suaves, tão puras quanto ao caírem da boca do divino Renovador.

Depois de dezoito séculos de existência, a doutrina do Cristo nos parece tão luminosa quanto no momento de seu nascimento. Malgrado as falsas interpretações de uns e as perseguições de outros, e posto que pouco praticada em nossos dias, nem por isso ficou menos enraizada na lembrança dos homens. A doutrina do Cristo é, pois, uma base indestrutível, contra a qual se vêm quebrar incessantemente as paixões humanas. Como a vaga impotente que se arrebenta contra o rochedo, as tempestades do erro se esgotam em vãos esforços contra o farol da verdade. Sendo o Espiritismo a confirmação e o complemento dessa doutrina, é, portanto, justo dizer-se que se transformará num monumento indestrutível, porque tem Deus como princípio e a verdade como base.

Assim como nos sentimos felizes predizendo seu longo destino, entrevemos com felicidade o momento em que será crença universal. Esse momento não está muito distante, porque os homens não tardarão a compreender que aqui embaixo não há felicidade possível sem fraternidade. Eles compreenderão, também, que a palavra virtude não deve apenas errar sobre os lábios, mas gravar-se profundamente nos corações. Compreenderão, enfim, que aquele que toma a tarefa de pregar a moral deve, antes de tudo e sobretudo, pregá-la pelo exemplo.

Eu paro, meu caro mestre, pois a grandeza do assunto arrasta-me para alturas onde não me posso manter. Mãos mais hábeis que as minhas já pintaram com vivas cores o quadro tocante que em vão minha pena ignorante tenta esboçar. Peço-vos me perdoeis por ter-vos distraído tanto tempo com meus próprios sentimentos, mas eu sentia um desejo invencível de me expandir no seio daquele que havia dado calma a minha alma, substituindo a dúvida que a torturava há quinze anos por uma consoladora certeza!

Eu fui, sucessivamente, católico fervoroso, fatalista, materialista, filósofo resignado. Mas dou graças a Deus por não ter sido ateu. Eu praguejava contra a Providência, sem contudo negar Deus.

Para mim, de há muito, as chamas do inferno estavam extintas, contudo, meu espírito não estava tranquilo quanto ao futuro. Os prazeres celestes preconizados pela Igreja não tinham atrativos suficientes para exortar-me à virtude, entretanto, raramente minha consciência aprovava minha conduta. Estava em contínua dúvida. Apropriando-me do pensamento de um grande filósofo de que "A consciência foi dada ao homem para o vexar", eu tinha chegado à conclusão de que o homem deve evitar tudo quanto possa confundir sua consciência. Assim, teria evitado cometer uma grande falta, porque minha consciência a isso se opunha; teria praticado algumas boas obras para experimentar a satisfação que elas provocavam, mas eu nada via além. A Natureza me havia tirado do nada; a morte devia levar-me ao nada! Este pensamento por vezes me mergulhava numa profunda tristeza, mas, por mais que consultasse, que buscasse, nada me dava a chave do enigma. As disposições sociais me chocavam, e muitas vezes eu indagava por que havia nascido no sopé da escada, onde me achava tão mal colocado. Não podendo dar a resposta, dizia: o acaso!

Uma consideração de outro gênero me fazia sentir horror do nada! De que valia instruir-se? Para brilhar num salão?... é preciso fortuna. Para se tornar um poeta, um grande escritor?... é preciso um talento natural. Mas para mim, simples artesão, talvez destinado a morrer sobre o banco de trabalho, ao qual me liguei por necessidade de ganhar o pão diário... para que instruir-me?...

Eu não sei quase nada e isso já é muito, pois nada me serve em vida e tudo deve apagar-se com a morte. Tal pensamento apresentou-se muitas vezes em meu espírito. Eu tinha chegado a maldizer essa instrução que é dada gratuitamente ao filho do operário. Posto que muito exígua, muito incompleta, essa instrução me parecia supérflua e não só nociva à felicidade do pobre, mas incompatível com as exigências de sua condição. Em minha opinião, era uma calamidade a mais para o pobre, pois lhe dava a compreender a importância do mal, sem lhe indicar o remédio. É fácil explicar os sofrimentos morais de um homem que, sentindo bater no peito um coração nobre, é obrigado a curvar a sua inteligência à vontade de um indivíduo do qual um punhado de escudos, por vezes mal adquiridos, constitui todo o mérito e todo o saber.

138 | REVISTA ESPÍRITA

É então que se precisa apelar para a filosofia. Olhando o topo da escada, a gente diz: O dinheiro não faz a felicidade. Depois, olhando para baixo, veem-se criaturas numa posição inferior à sua e se acrescenta: Tenhamos paciência, há outras a lamentar mais que nós. Mas, se por vezes essa filosofia dá resignação, jamais produz a felicidade.

Eu estava nessa situação quando o Espiritismo veio tirar-me do atoleiro de provas e de incertezas onde me afundava cada vez mais, a despeito dos esforços para sair.

Durante dois anos ouvi falar do Espiritismo sem lhe dar atenção séria. Julgava, como diziam seus adversários, tratar-se de mais uma palhaçada. Mas, enfim, fatigado de ouvir falar de uma coisa da qual apenas sabia o nome, resolvi instruir-me. Adquiri *O Livro dos Espíritos* e *O Livro dos Médiuns*. Li, ou melhor, devorei essas duas obras com uma avidez e uma satisfação impossível de definir. Qual não foi minha surpresa, lançando os olhos sobre as primeiras páginas, ao ver que se tratava de filosofia moral e religiosa, quando eu esperava ler um tratado de magia acompanhado de histórias maravilhosas! Logo a surpresa deu lugar à convicção e ao reconhecimento. Quando terminei a leitura, percebi com felicidade que era espírita há muito tempo. Agradeci a Deus que me concedia este insigne favor. De agora em diante poderei orar sem temer que minhas preces se percam no espaço, e suportarei com alegria as tribulações desta curta existência, sabendo que a minha miséria atual não passa de justa consequência de um passado culposo ou de um período de prova para alcançar um futuro melhor. Não mais a dúvida. A justiça e a lógica nos desvendam a verdade. E nós aclamamos com felicidade esta benfeitora da Humanidade.

É quase inútil dizer-vos, meu caro mestre, quanto era grande o meu desejo de ser médium. Assim, estudei com grande perseverança. Após alguns dias de observação, reconheci que era médium intuitivo. Meu desejo se realizava a meio, pois desejava muito ser médium mecânico.

A mediunidade intuitiva deixa por muito tempo a dúvida no espírito de quem a possui. Para dissipar todos os escrúpulos a respeito, tive que assistir a algumas sessões de Espiritismo, a fim de poder fazer uma comparação entre a minha mediunidade e a de outros médiuns. Foi então que compreendi a justeza de vossa recomendação que *prescreve ler antes de ver*, se se quiser ficar convencido. Porque, posso dizer-vos francamente, nada vi de convincente para um incrédulo. Eu daria tudo para ter sido colocado pela Providência sob a direção imediata de nosso bem-amado chefe, porque pensava que as provas deviam ser mais palpáveis e frequentes na sociedade que presidis. Não obstante, não me detive aí, e convidei alguns médiuns escreventes, videntes e desenhistas a se reunirem comigo para trabalharmos juntos. Foi então que tive a sorte de testemunhar fatos surpreendentes e as provas mais evidentes da bondade e virtude do Espiritismo. Pela segunda vez, eu estava convencido!

Junto a esta carta, já bem longa, algumas das minhas comunicações. Serei feliz, meu caro mestre, se vos for possível dar-lhes uma olhada e julgar de seu valor. Do ponto de vista moral, eu as julgo irrepreocháveis, mas do ponto de vista literário... não estando apto para julgar, abstenho-me de qualquer apreciação. Se, contra minha expectativa, encontrardes alguns fragmentos capazes de serem dados à publicidade, peço-vos deles dispor à vontade. Para mim seria uma grande felicidade haver contribuído com uma pedrinha para a construção do edifício.

Daria um grande valor a uma resposta de vosso próprio punho, meu caro mestre, mas não ouso solicitá-lo, pois sei da impossibilidade material em que vos achais de responder a todas as cartas que vos são dirigidas. Termino vos rogando perdoeis esta extrema liberdade, esperando creiais na sinceridade daquele que tem a honra de se dizer um dos vossos fervorosos admiradores e vosso muito humilde servo.

MICHEL
Rua Bouteille, 25, Lyon

OS SERMÕES CONTINUAM, MAS NÃO SE ASSEMELHAM

Em data de 7 de março de 1863, escrevem-nos de Chauny:
"Senhor,
"Vou tentar vos dar uma análise do sermão que nos foi pregado ontem pelo Padre X..., estranho à nossa paróquia. Esse sacerdote, aliás bom pregador, explicou, até onde podia fazê-lo,

140 | REVISTA ESPÍRITA

o que é Deus e o que são os Espíritos. Não deveria ignorar que havia grande número de espíritas no auditório, de modo que tivemos viva satisfação de ouvir falar dos Espíritos e de suas relações com os vivos.

"Não compreendo de outra maneira, disse ele, todos os fatos miraculosos, todas as visões, todos os pressentimentos, senão pelo contato dos que nos são caros e nos precederam no túmulo. E, se não temesse levantar um véu muito misterioso, ou vos falar de coisas que não seriam compreendidas por todos, eu me alongaria muito mais sobre este assunto. Sinto-me inspirado e, obedecendo à voz da minha consciência, não seria demasiada a recomendação de que guardeis boa lembrança de minhas palavras: Crer nesse Deus do qual emanam todos os Espíritos e no qual todos deveremos reunir-nos um dia.

"Esse sermão, senhor, pronunciado num tom de doçura, de benevolência e de convicção, ia muito mais ao coração que os discursos furibundos, nos quais em vão procuramos a caridade pregada pelo Cristo. Ele estava ao alcance de todas as inteligências. Assim, todos o compreenderam e saíram reconfortados, em vez de ficarem tristes e desencorajados pelos quadros do inferno e das penas eternas e tantos outros assuntos em contradição com a sã razão.

"Aceitai etc.

V..."

Graças a Deus, este sermão não é o único do gênero. Relatam-nos vários outros no mesmo sentido, mais ou menos acentuados, que foram pregados em Paris e nos departamentos. E, coisa bizarra, num sentido diametralmente oposto, pregados no mesmo dia, na mesma cidade e quase à mesma hora. Isto nada tem de surpreendente, porque há muitos eclesiásticos esclarecidos, que compreendem que a religião só terá a perder em autoridade tomando posição errada contra a irresistível marcha das coisas e que, como todas as instituições, deve seguir o progresso das ideias, sob pena de receber, mais tarde, o desmentido dos fatos constatados.

Ora, quanto ao Espiritismo, é impossível que muitos desses senhores não se tenham convencido por si mesmos da realidade das coisas. Pessoalmente conhecemos mais de um neste caso. Um deles dizia-nos outro dia: "Podem proibir-me de falar em favor do Espiritismo, mas obrigar-me a falar contra minha convicção, a dizer que tudo isto é obra do demônio, quando tenho a prova material em contrário, é o que jamais farei."

Dessa divergência de opinião ressalta um fato capital: é que a doutrina exclusiva do diabo é uma opinião individual, que necessariamente terá de curvar-se ante a experiência e a opinião geral. Que alguns persistam em suas ideias *in extremis*, é possível, mas eles passarão, e com eles suas palavras.

SUICÍDIO FALSAMENTE ATRIBUÍDO AO ESPIRITISMO

O ardor dos adversários em recolher e sobretudo em desnaturar os fatos que julgam comprometer o Espiritismo, é verdadeiramente incrível. Está num ponto em que em breve não haverá mais nenhum acidente pelo qual ele não seja responsabilizado.

Um fato lamentável passou-se ultimamente em Tours, que não podia deixar de ser explorado pela crítica: o suicídio de duas criaturas, que se esforçam por atribuir ao Espiritismo.

O Jornal *Le Monde*, (antigo *Univers Religieux*), e com ele vários jornais, publicaram a respeito um artigo, do qual extraímos as seguintes passagens:

"Um casal em idade avançada, o Sr. e Sra. F..., ainda bem dispostos e desfrutando uma renda que lhes permitia viver à vontade, de dois anos para cá entregava-se a operações do Espiritismo. Quase todas as noites reunia-se em sua casa um certo número de operários, homens e mulheres, e jovens de ambos os sexos, perante os quais os dois espíritas faziam suas evocações, ou ao menos *pretendiam fazê-las*.

"Não falaremos das questões de *toda espécie*, cuja solução era pedida aos Espíritos naquela casa. Os que conhecem essas duas pessoas de longa data e os seus sentimentos sobre religião jamais ficaram surpresos com as cenas que ali podiam produzir-se. *Estranhos a toda ideia cristã, tinham-se atirado à magia, passando por mestres hábeis e consumados*.

"Um e outro estavam convencidos, desde algum tempo, que os Espíritos os induziam vivamente a deixar a Terra, a fim de gozarem uma grande soma de delícias num outro mundo, o mundo *supraterrestre*. Não duvidando que assim fosse, consumaram o suicídio com o maior sangue frio e um grande escândalo na cidade de Tours.

"Assim é hoje o suicídio que temos a constatar como resultado do Espiritismo e de *sua doutrina*. Ontem eram os casos de loucura, sem falar nas desordens domésticas e *de outras desordens tão comumente* ocasionadas pelo Espiritismo. Isto não basta para que os homens compreendam – esses não querem escutar a voz da religião – a que perigos se expõem, entregando-se a essas práticas tenebrosas e estúpidas?"

Notemos, de começo, que se os dois indivíduos *pretendiam fazer evocações*, é que realmente não as faziam; que abusavam dos outros ou enganavam-se a si mesmos. Portanto, se não faziam evocações reais, era uma quimera, e os Espíritos não lhes podem ter dado maus conselhos.

Eram espíritas, isto é, espíritas de coração ou de nome? O artigo constata que eram *estranhos a toda ideia cristã*, e mais, que passavam por *mestres hábeis e consumados na magia*. Ora, é sabido que o Espiritismo é inseparável das ideias religiosas e sobretudo cristãs; que a negação destas é a negação do Espiritismo, que condena as práticas de magia, com as quais nada tem de comum; que denuncia como supersticiosa a crença na virtude dos talismãs, fórmulas, sinais cabalísticos e palavras sacramentais. Portanto, aquelas pessoas não eram espíritas, pois estavam em contradição com os princípios do Espiritismo. Em homenagem à verdade, diremos que, das informações obtidas, ressalta que aquelas pessoas não se ocupavam de magia e que, sem dúvida, quiseram aproveitar a circunstância para ligar esse nome ao Espiritismo.

Além disso, diz o artigo que em casa deles faziam aos Espíritos *perguntas de toda espécie*. O Espiritismo diz expressamente que não se pode dirigir aos Espíritos toda sorte de perguntas; que eles vêm para nos instruir e nos tornar melhores, e não para se ocuparem de interesses materiais; que é um engano ver nas manifestações um meio de conhecer o futuro, descobrir tesouros ou heranças, fazer invenções ou descobertas científicas para ilustrar-se ou enriquecer sem trabalho. Numa palavra, que os Espíritos não vêm dizer a *buena-dicha*. Assim, fazendo aos Espíritos *perguntas de toda espécie*, o que é muito real, esses indivíduos provavam sua ignorância quanto aos fins do Espiritismo.

O artigo não diz que disso fizessem profissão. Com efeito, não faziam. Do contrário, lembraríamos o que foi dito centenas de vezes a respeito desta exploração e suas consequências, de que o Espiritismo sério não pode assumir a responsabilidade *legal* ou outra, como não assume pelas excentricidades dos que não o compreendem. Ele não toma a defesa dos abusos que pudessem ser cometidos em seu nome, por aqueles que tomassem a forma ou a *máscara* sem lhe assimilar os princípios.

Outra prova de que aqueles indivíduos ignoravam um dos pontos fundamentais da Doutrina Espírita é que o Espiritismo prova, não por simples teoria moral, mas por exemplos numerosos e terríveis, que o suicídio é severamente castigado; que aquele que julga escapar às misérias da vida por uma morte voluntária antecipada aos desígnios de Deus, cai num estado muito mais infeliz. Sabe, pois, o espírita, sem sombra de dúvida, que pelo suicídio troca-se um mau estado passageiro por outro pior e mais duradouro. É o que teriam sabido aquelas criaturas se tivessem conhecido o Espiritismo. O autor do artigo, afirmando que essa doutrina conduz ao suicídio, falou de uma coisa que ele próprio ignora.

De modo algum nos surpreendemos com o resultado da repercussão deste caso. Apresentando-o como consequência da Doutrina Espírita, despertaram a curiosidade, e cada um quis conhecer essa doutrina por si mesmo, livre de a repelir se ela fosse tal qual a apresentavam. Ora, reconheceram que ela dizia tudo ao contrário do que pretendiam que dissesse. Assim, pois, ela só tem a ganhar em ser conhecida, coisa de que os nossos adversários parecem encarregar-se com um ardor pelo qual lhes somos gratos, salvo, todavia, quanto às suas intenções. Se por suas diatribes produzem uma pequena

144 | REVISTA ESPÍRITA

perturbação *local* e *momentânea*, ela não tarda a ser seguida por uma recrudescência do número dos adeptos. É o que se vê por toda parte.

Escrevem-nos de Tours:

"Se, portanto, esses indivíduos acreditaram que deveriam envolver os Espíritos em sua fatal resolução e a suas excentricidades bem conhecidas, é evidente que nada haviam compreendido do Espiritismo, e que desse fato nenhuma conclusão pode ser tirada contra a doutrina. Do contrário, seria preciso responsabilizar as doutrinas mais sérias e mais sagradas pelos abusos e até crimes em seu nome cometidos por pobres insensatos ou fanáticos. A Sra. F... pretendia ser médium, mas todos quantos a ouviram jamais puderam levá-la a sério. As ideias muito batidas, os exageros e as excentricidades dos dois esposos e, sobretudo, da mulher, levaram a que lhes fossem fechadas as portas do círculo espírita de Tours, *onde não foram admitidos a uma única sessão.*

O jornal precipitado não foi mais bem informado sobre as causas do suicídio. Nós a tomamos de peças autênticas, do escrivão de Tours, bem como de uma carta a respeito, que nos escreveu o Sr. X..., promotor desta cidade.

O casal F..., a mulher com sessenta e dois anos e o marido com oitenta, longe de estarem bem, foram levados ao suicídio apenas *pela perspectiva única da miséria.* Eles tinham amealhado uma pequena fortuna no comércio de tecidos, em Nova Orleans, mas, arruinados por falência, vieram para Nantes, depois para Tours, com os restos do naufrágio. Um usufruto de 480 francos, que era seu principal recurso, cessou em 1856, em consequência da outra falência. Já por três vezes, e antes que tratassem de Espiritismo, tinham tentado o suicídio. Nestes últimos tempos, perseguidos por antigos credores, um processo infeliz tinha conseguido arruiná-los e fazê-los perder a coragem e a razão.

A carta que segue, escrita pela senhora F... antes de morrer, e que se acha entre as peças referidas, assinadas pelo presidente do tribunal, *ne varietur*, revela o verdadeiro motivo. Nós a transcrevemos textualmente, na grafia original:

"Senhor e senhora B..., antes de ir ao céu, quero entender-me convosco mais uma vez, aceitai meus último adeuses, espero muito entretanto que nos veremos, como parto antes de vós, vou guardar vosso endereço para quando vier o momento, quero comunicar nosso projeto, desde nossas adversidades temos alimentado no coração, uma mágoa que não se apagou, é mais que um aborrecimento, tudo se torna num peso, tenho sempre o coração cheio de amargura, é preciso que eu diga que há seis anos que o negócio da casa não termina, talvez seja preciso gastar mais dois mil francos como vemos que não podemos sair disso senão com grandes privações que é preciso sempre recomeçar sem ver o fim, é preciso acabar com isso, agora estamos velhos as forças começam a nos abandonar, a coragem falta, a partida não é mais igual, é preciso acabar com isto e nos decidimos parar. Peço que aceiteis meus votos sinceros. Fe. e F..."

Hoje sabe-se em Tours o que pensar das verdadeiras causas de tal acontecimento, e o ruído feito a respeito se volta em favor do Espiritismo porque, diz o nosso correspondente, fala-se a respeito dele em toda parte, e querem saber efetivamente o que ele é, e desde então as livrarias da cidade têm vendido mais livros espíritas que nunca.

É realmente curioso ver o tom lamentável de uns, a cólera furibunda de outros, e, em meio a tudo isto, o Espiritismo seguir sua marcha ascendente, como um soldado que sobe ao assalto sem se inquietar com a metralha. Vendo a zombaria impotente, depois de haverem dito que era um fogo-fátuo, agora os adversários dizem que é um cão danado.

VARIEDADES

Lê-se em o *Siècle* de 23 de março de 1862:

O casal C..., residente na Rua Notre-Dame de Nazareth, tinha dois filhos, um garoto de quinze meses e uma menina de cinco anos, que nunca eram vistos, pois ninguém ia à casa deles. Só uma vez a viram, amarrada pelas axilas e pendurada numa porta, e com frequência ouviam gemidos saindo do apartamento. Correu o boato de que ela sofria um tratamento odioso. O comissário de polícia foi até lá e teve que usar da força para entrar.

Aos olhos das pessoas que entraram apresentou-se um espetáculo horroroso. A pobre menina estava sem camisa e sem meias, apenas com um vestidinho indiano de uma sujeira repugnante. A carne dos pés havia aderido ao couro dos sapatos. Ela estava sentada num urinol, apoiada numa caixa amarrada com cordas que passavam pelas alças. Ressalta do inquérito que há vários meses ela estava nessa posição, o que havia produzido uma hérnia do reto; que os pais se levantavam à noite para atormentar a vítima; que a despertavam com pancadas, a mulher com tenazes e o cabo do espanador, e o marido com uma corda. Às perguntas do comissário, o marido respondeu: "*Senhor, eu sou muito religioso.* Minha filha fazia mal as preces, por isso quis corrigi-la."

Que diria o autor do artigo supracitado sobre os suicidas de Tours, se se imputasse à religião esta barbaridade de gente que se diz muito religiosa? O ato daquela mãe que matou seus cinco filhos para mandá-los mais cedo ao Céu? O da jovem criada que, tomando ao pé da letra o ensino do Cristo: "Se tua mão direita te escandaliza, corta-a", cortou a mão a golpes de machado? Ele responderia que não basta dizer-se religioso, mas que é preciso sê-lo na boa acepção; que não se deve tirar uma consequência geral de um fato isolado. Nós somos desta opinião, e lhe mandamos esta resposta a respeito de suas imputações contra o Espiritismo, a propósito de pessoas que dele tomam apenas o nome.

OS ESPÍRITOS E O ESPIRITISMO

PELO SR. FLAMMARION

(EXTRAÍDO DA *REVUE FRANÇAISE*)

Sob esse título, o Sr. Flammarion, autor da brochura sobre a *Pluralidade dos mundos habitados,* da qual demos notícia em nosso número de janeiro último, acaba de publicar na *Revue Française* de fevereiro de 1863[4], um primeiro artigo muito interessante, do qual a seguir damos o começo. O trabalho, que lhe foi pedido pela direção do jornal, resumo literário importante e muito difundido, é uma exposição da história e dos princípios do Espiritismo. Sua extensão lhe dá, quase, a importância de uma obra especial, pois o primeiro artigo não tem menos de 23 páginas grandes in-8.º Até certo ponto, o autor achou que deveria fazer abstração de sua opinião pessoal sobre o assunto e ficar num terreno de certo modo neutro, limitando-se a uma exposição imparcial dos fatos, de maneira a deixar ao leitor a inteira liberdade de apreciação.

Ele assim começa:

"Num século em que a Metafísica caiu de seu alto pedestal; no qual a ideia religiosa quis libertar-se de todo dogma e de todo culto especial; no qual a própria Filosofia mudou seu modo de raciocinar para ligar-se ao positivismo da ciência experimental, uma doutrina espiritualista veio se oferecer aos homens, e estes a receberam. Ela lhes propôs um símbolo de crença e eles o adotaram. Ela lhes mostrou uma nova via que conduz a regiões inexploradas e eles a ela se engajaram, e eis que essa doutrina, baseada nas manifestações dos seres invisíveis, elevou-se, apenas saída do berço, acima das nuanças ordinárias da vida, e propagou-se universalmente entre os povos do antigo e do novo mundo. O que é, pois, esse sopro potente, sob cujo impulso tantas cabeças pensantes olharam o mesmo ponto do céu?

"Vã utopia ou ciência real; engodo fantástico ou verdade profunda, o acontecimento lá está aos nossos olhos e nos mostra o estandarte do Espiritismo reunindo ao seu redor grande número de campeões, contando hoje com defensores aos milhões. E esse número prodigioso formou-se no curto lapso de dez anos.

"Temos, pois, um evento novo sob os nossos olhos: é um fato incontestável. Ora, seja qual for, aliás, a frivolidade ou a importância desse fato, não será inútil estudá-lo em si mesmo, a fim de saber se tem direito de nascimento entre os filhos do progresso; se sua marcha é paralela ao movimento das ideias progressivas, ou se não tenderia, como pretendem alguns, a nos fazer retroceder para crenças caducas, pouco dignas de consideração.

---

[4] *Revue française*, Rue d'Amsterdam, 35 - 20 fr. Assinatura mensal, 120 francos por ano.

"E como para raciocinar sobre um assunto qualquer importa, antes de tudo, conhecê-lo bem, a fim de não nos expormos a apreciações errôneas, vamos examinar sucessivamente sobre quais *fatos* repousa o Espiritismo; sobre que base foi construída a teoria de seu ensino, e em que consiste sumariamente essa ciência.

Observemos que se trata aqui de *fatos* e não de sistemas especulativos, de opiniões aventuradas, porque, por mais maravilhosa que seja a questão que nos ocupa, o Espiritismo nem por isso deixa de basear-se pura e simplesmente na observação dos fatos. Se assim não fosse, se não se tratasse senão de uma nova seita religiosa, de uma nova escola de filosofia, temos como certo que o acontecimento perderia muito de sua importância e que os homens sérios da época presente, na maioria discípulos do método baconiano, não teriam passado o tempo a examinar uma pura questão de teoria. Muitas utopias se inscreveram no livro da fraqueza humana, para que não se queira mais recolher os sonhos que cérebros exaltados concebem e proclamam diariamente.

"Vamos, agora, francamente e sem segunda intenção, abordar esta ciência doutrinária, da qual se disse muito bem e muito mal, talvez sem havê-la estudado suficientemente. Nesta exposição começaremos pela origem de sua história moderna – porque o Espiritismo tem sua história antiga – e daremos a conhecer os fenômenos sucessivos que a estabeleceram definitivamente. Seguindo a ordem natural das coisas, examinaremos o efeito antes de remontar à causa."

Segue o histórico das primeiras manifestações na América, sua introdução na Europa, sua conversão em doutrina filosófica.

DISSERTAÇÕES ESPÍRITAS

CARTÃO DE VISITA DO SR. JOBARD

(SOCIEDADE ESPÍRITA DE PARIS, 9 DE JANEIRO DE 1863
MÉDIUM, SR. D'AMBEL)

Venho hoje fazer-vos minha visita de confraternização e, ao mesmo tempo, apresentar-vos um velho camarada de colégio, com que acabam de enriquecer-se as nossas legiões etéreas. Recebei-o, pois, como um novo e zeloso partidário da verdade nova. Se em vida não foi um espírita autêntico, pode afirmar-se que jamais se pronunciou abertamente contra as nossas crenças. Direi mesmo que no fundo de sua consciência ele via nelas, no futuro, a salvaguarda de todas as religiões. Mais de uma vez em sua vida ele teve a insigne ventura de sentir a iluminação interior que lhe mostrava o caminho da verdade, quando a incerteza estava a ponto de invadir sua alma. Assim, quando, há apenas algumas horas, trocamos fraterno aperto de mãos, ele me disse com suave sorriso:

– Amigo, você tinha razão!

Se ele não se prestou ao desenvolvimento de nossas ideias, é que a intuição mediúnica que nele agia lhe deu a entender que nem a hora nem o momento eram chegados, e que ele teria corrido perigo em fazê-lo no meio das graves complicações de seu ministério e entre um rebanho tão difícil de dirigir quanto o seu.

Hoje, liberto das preocupações da vida terrena, ele está felicíssimo por assistir a uma das vossas sessões, pois há muito tempo tinha o desejo de vir sentar-se em vosso meio. Muitas vezes desejou visitar nosso presidente, pelo qual tinha uma estima muito particular, apreciando quanto seus livros e seus ensinos convocavam almas, senão para o seio da Igreja, pelo menos à crença e ao respeito a Deus e à certeza da imortalidade. Devo, contudo, dizer-lhe que quando fui visitá-lo, recebendo-me com a efusão de um antigo condiscípulo, ele tinha oposto ao meu zelo, talvez exagerado, de convertê-lo, a famosa razão de Estado, ante a qual tive que me inclinar. Nada obstante, acompanhando-me, disse estas palavras simpáticas: *Si non è vero è bene trovato!*

Agora que veio juntar-se às nossas falanges e que não é retido pelos mesmos escrúpulos, ele faz votos pelo sucesso de nossa obra e encara com alegria o futuro que ela promete à Humanidade. Contempla com alegria inefável a terra prometida às novas gerações, ou antes, às velhas gerações que tanto lutaram, e prevê a hora abençoada em que seus sucessores erguerão resolutamente a nova bandeira da fé galicana: o Espiritismo!

Seja como for, meu caro presidente e meus caros confrades, tive a honra de receber às portas da vida este venerável amigo e tenho orgulho de apresentá-lo ao vosso meio. Ele me encarrega de vos assegurar toda a sua simpatia e de vos dizer que seguirá com muito interesse vossos trabalhos e estudos. À felicidade de ser seu intérprete junto a vós, alio a de vos apresentar as felicitações de uma legião de grandes Espíritos que acompanham vossas sessões com assiduidade. Trago-vos, pois, em meu nome e no deles, o tributo de nossa estima e os votos, que formulamos, pelo sucesso da grande causa.

Vamos! Em pouco tempo a Terra não contará mais entre os seus habitantes senão alguns raros humanimais.

Aperto a mão de Allan Kardec em nome de todos os vossos amigos de Além-Túmulo, em cujo número peço que me conteis como um dos mais dedicados.

JOBARD

SEDE SEVEROS PARA CONVOSCO E INDULGENTES PARA COM OS OUTROS

(1ª homilia)

(SOCIEDADE ESPÍRITA DE PARIS, 9 DE JANEIRO DE 1863)
(MÉDIUM, SR. D'AMBEL)

É a primeira vez que venho entreter-me convosco, meus caros filhos. Desejava escolher outro médium, mais simpático aos sentimentos que foram o móvel de toda a minha vida terrena e mais apto a me prestar um concurso religioso, mas já que há muito tempo Santo Agostinho tomou conta do médium cujas matérias cerebrais me teriam sido mais úteis, e para o qual me sentia arrastado, dirijo-me a vós por este, de quem se servia meu excelente condiscípulo Jobard, para me apresentar à vossa sociedade filosófica. Terei, pois, muita dificuldade em exprimir, hoje, o que vos quero dizer, primeiro em razão da dificuldade que experimento em manipular a matéria mediana, pois ainda não tenho o hábito desta propriedade de meu ser desencarnado, depois, porque devo fazer jorrarem minhas ideias de um cérebro que não as admite todas. Dito isto, vamos ao assunto.

Um corcunda espirituoso da antiguidade dizia que os homens de seu tempo carregavam um duplo alforje, em cuja parte traseira estavam os defeitos e imperfeições, enquanto que a dianteira recebia todos os defeitos alheios. É o que lembraria mais tarde o Evangelho, na alegoria da palha e da trave no olho. Meu Deus! meus filhos, já era tempo de que os sacos do alforje mudassem de lugar. Cabe aos espíritas sinceros operar essa modificação, levando à frente o saco que contém suas próprias imperfeições, a fim de que, tendo-as de contínuo sob os olhos, delas se corrijam, e o que contém os defeitos alheios do outro lado, a fim de não mais ligar a eles inveja e maledicência. Ah! Como será digno da doutrina que confessais, e que deve regenerar a Humanidade, ver seus adeptos sinceros e convictos agirem com essa caridade que proclamam e que lhes ordena não mais verem a palha que embaraça o olho de seu irmão, e, ao contrário, de se ocupar com ardor por desembaraçar-se da trave que os cega a eles próprios. Ah! meus caros filhos, essa trave é constituída pelo feixe de vossas tendências egoísticas, das vossas más inclinações e de vossas faltas acumuladas pelas quais tendes, até o presente, como todos os homens, professado uma tolerância paternal muito grande, ao passo que, na maior parte do tempo, só tendes intolerância e severidade para com as fraquezas do próximo. Eu queria tanto vos ver a todos libertos dessa enfermidade moral do resto dos homens, ó meu caros espíritas, que vos concito, com todas as minhas forças, a entrardes na via que vos indico. Bem sei que de vossas tendências veniais, muitas já se modificaram no sentido da verdade, mas vejo ainda tanta moleza e tanta indecisão em vós para o bem absoluto, que a distância que vos separa do rebanho dos pecadores endurecidos e dos materialistas não é tão grande que a torrente não possa vos arrastar ainda. Ah! Resta-vos uma rude etapa a percorrer para atingirdes a altura da santa e consoladora doutrina que os Espíritos meus irmãos vos revelam há vários anos.

Na vida militante da qual, graças sejam dadas ao Senhor, acabo de sair, vi tantas mentiras se afirmarem como verdades; tantos vícios se alçarem como virtudes, que me sinto feliz por haver deixado um meio onde quase sempre a hipocrisia revestia com seu manto as tristezas e as misérias morais que me rodearam. Não posso senão vos felicitar por ver que vossas fileiras não se abrem facilmente para os sectários dessa hipocrisia mentirosa.

Meus amigos, jamais vos deixeis prender pelas palavras douradas. Vede e sondai os atos antes de abrir vossas fileiras aos que solicitam essa honra, porque muitos falsos irmãos procurarão misturar-se convosco, a fim de levar a perturbação e sutilmente semear a divisão. Minha consciência ordena-me vos esclareça, e o faço com toda a sinceridade de meu coração, sem me preocupar com ninguém. Estais advertidos. Doravante, agi coerentemente.

Para terminar como comecei, peço-vos encarecidamente, meus bem-amados filhos, que vos ocupeis seriamente convosco; que expiais de vossos corações todos os germes impuros que ainda podem estar a eles vinculados; que vos reformeis pouco a pouco, mas sem interrupção, segundo a sã moral espírita; que sejais, enfim, tão severos para convosco quanto deveis ser indulgentes para com as fraquezas dos vossos irmãos

Se esta primeira homilia deixa algo a desejar, quanto à forma, não a atribuais senão à minha inexperiência da mediunidade. Farei melhor, na primeira vez que me for permitido comunicar-me em vosso meio, onde agradeço ao meu amigo Jobard por me haver apadrinhado.

Adeus, meus filhos, eu vos abençoo.

FRANÇOIS-NICOLAS MADELEINE

FESTA DE NATAL

(SOCIEDADE ESPÍRITA DE TOURS,

24 DE DEZEMBRO DE 1862 MÉDIUM, SR. N...)

É nesta noite que, no mundo cristão, se festeja o nascimento do Menino Jesus. Mas vós, meus irmãos, deveis também alegrar-vos e festejar o nascimento da nova Doutrina Espírita. Vê-la-eis crescer como essa criança. Ela virá, como ele, esclarecer os homens e lhes mostrar o caminho que devem percorrer. Em breve vereis os reis, como os magos, virem pessoalmente a esta doutrina pedir o socorro que não encontram nas ideias antigas. Eles não vos trarão incenso e mirra, mas prosternar-se-ão de coração ante as ideias novas do Espiritismo. Já não vedes brilhar a estrela que deve guiá-los? Coragem, pois, meus irmãos! Coragem! Em breve, com o mundo inteiro, podereis celebrar a grande festa da regeneração da Humanidade.

Meus irmãos, durante muito tempo encerrastes no coração o germe desta doutrina. Eis, porém, que hoje ele surge em plena luz, com o apoio de um tutor solidamente plantado e que não deixará que verguem seus galhos tenros. Com esse sustentáculo providencial, ele crescerá dia a dia e tornar-se-á a árvore da criação divina. Dessa árvore colhereis frutos dos quais não conservareis a exclusividade para vós, mas para os vossos irmãos que tiverem fome e sede da fé sagrada. Oh! Então apresentai-lhes esse fruto, e gritai-lhes do fundo do vosso coração: "Vinde, vinde partilhar conosco o que alimenta o nosso espírito e alivia as nossas dores físicas e morais."

Mas não esqueçais, meus irmãos, que Deus vos fez fermentar o primeiro germe; que esse germe cresceu e já se tornou uma árvore capaz de dar o seu fruto. Restar-vos-á algo a utilizar: os galhos que podereis transplantar. Mas, antes, vede se o terreno, ao qual confiais esse germe, não oculta sob sua camada aparente algum verme roedor, que poderia devorar aquilo que o Mestre vos confiou.

SÃO LUÍS.

ENCERRAMENTO DA SUBSCRIÇÃO RUANESA

Montante da lista publicada no número de março: 2.722,05 francos. Sr. V. Fourrier (Versalhes), 10 fr.; Sr. Lux (Dôle), 2,50 fr.; Sra. D... (Paris) 5 fr.; Sr. C. L... (Paris), 30 fr.; Sr. Blin, cap. (Marselha) l5 fr.; Sr. Derivis, pelo 2.º grupo espírita de Albi, 16 fr.; Sr. Berger (Cahors) 2 fr.; Sr. Cuvier (Ambroise) l4 fr.; Sr. V... (Bayonne) 10 fr.; Sr. L. D... (Versalhes) 2 fr.; Sra. Borreau (Niort) 2 fr.; Sr. D... (Paris) 3 fr. TOTAL: 111,50 francos.
TOTAL GERAL: 2.833,55 francos.

AOS LEITORES DA REVISTA

De algum tempo para cá, as circunstâncias nos forçaram a dar maior desenvolvimento aos artigos de fundo e a restringir as comunicações espíritas, pela necessidade de certas refutações de urgência. Em breve poderemos restabelecer o equilíbrio.

Procuramos com empenho dar tanta variedade quanto possível ao nosso jornal, para satisfazer a todos os gostos e um pouco a todas as pretensões, mas há coisas que têm primazia. Sentimo-nos feliz por ver que somos geralmente compreendido e que são levadas em consideração as complicações do trabalho resultante da luta a sustentar e do crescimento incessante da doutrina, estando no centro onde chegam todas as ramificações e os inúmeros fios desse feixe que hoje abarca o mundo inteiro. Graças a Deus, nossos esforços são coroados de sucesso, e como compensação às nossas fadigas, não nos faltam as satisfações morais.

ALLAN KARDEC[5]

---

[5] Paris. Tipografia de Cosson & Cia., Rua do Four-Saint-Germain, 43

REVISTA ESPÍRITA

JORNAL DE ESTUDOS PSICOLÓGICOS

ANO VI	MAIO DE 1863	VOL. 5

ESTUDO SOBRE OS POSSESSOS DE MORZINE

CAUSAS DA OBSESSÃO E MEIOS DE COMBATÊ-LA
(QUINTO E ÚLTIMO ARTIGO[1])

Como deve ter sido notado, o Sr. Constant chegou a Morzine com a ideia de que a causa do mal era puramente física. Ele podia ter razão, porque seria absurdo supor *a priori* uma influência oculta a todo efeito cuja causa é desconhecida. Segundo ele, essa causa está inteiramente nas condições higiênicas, climáticas e fisiológicas dos habitantes.

Estamos longe de pretender que ele tivesse vindo com uma opinião contrária prontinha, o que não teria sido mais lógico. Dizemos apenas que com sua ideia preconcebida ele não viu apenas o que queria ver, ao passo que se tivesse admitido, em sua opinião, somente a possibilidade de outra causa, teria visto outra coisa.

Quando uma causa é real, deve poder explicar todos ou efeitos que produz. Se certos efeitos vêm contradizê-la, é que ela é falsa, ou que não é única, e então é preciso procurar outra. Incontestavelmente é o caminho mais lógico.

A Justiça, nas suas investigações em busca da criminalidade, não procede de modo diverso. Se se trata de constatar um crime, chega ela com a ideia de que deve ter sido cometido desta ou daquela maneira, por tal ou qual pessoa? Não. Ela observa as menores circunstâncias e, remontando dos efeitos às causas, afasta as que são inconciliáveis com os efeitos observados e, de

---

[1] Ver os números de dezembro de 1862 e janeiro, fevereiro e abril de 1863. Ver também sobre o mesmo assunto o número de abril de 1862.

156 | REVISTA ESPÍRITA

dedução em dedução, é raro que não chegue à constatação da verdade.

Dá-se o mesmo nas ciências. Quando uma dificuldade resta insolúvel, o mais sábio é suspender seu julgamento. A partir de então, toda hipótese é permitida para tentar resolvê-la. Mas se essa hipótese não resolve todos os casos da dificuldade, é que ela é falsa. Ela não tem o caráter de uma verdade absoluta se não der a razão de tudo.

É assim que no Espiritismo, por exemplo, à parte toda constatação material, remontando dos efeitos às causas, chega-se ao princípio da pluralidade das existências, como consequência inevitável, porque só ele explica claramente o que nenhum outro pôde explicar.

Aplicando este método aos fatos de Morzine, é fácil ver que a causa única admitida pelo Sr. Constant está longe de tudo explicar. Ele constata, por exemplo, que geralmente as crises cessam quando os doentes estão fora do território da comuna. Se, pois, o mal é devido à constituição linfática e à má nutrição dos habitantes, como essa causa cessa de agir quando eles transpõem a ponte que os separa da comuna vizinha? Se as crises nervosas não fossem acompanhadas de nenhum outro sintoma, ninguém duvida que se pudesse, aparentemente, atribuí-los a um estado constitucional, mas há fenômenos que não seriam explicados exclusivamente por esse estado.

Aqui o Espiritismo nos oferece uma comparação chocante. No começo das manifestações, quando se viam mesas girando, batendo, erguendo-se no espaço sem ponto de apoio, o primeiro pensamento foi que isso podia ser por ação da eletricidade, do magnetismo ou de outro fluido desconhecido. Essa suposição não era desarrazoada; ao contrário, oferecia total probabilidade. Mas quando se viu que os movimentos davam sinal de inteligência; que manifestavam uma vontade própria, espontânea e independente, a primeira hipótese teve de ser abandonada, pois não resolvia esta fase do fenômeno, e houve que reconhecer-se uma causa inteligente para um efeito inteligente. Qual era essa inteligência? Foi, ainda, por via da experimentação que a ela se chegou, e não por um sistema preconcebido.

Citemos outro exemplo. Quando, observando a queda dos corpos, Newton notou que todos caíam na mesma direção, procurou a causa e levantou uma hipótese. Essa hipótese, resolvendo todos os casos do mesmo gênero, tornou-se a lei da gravitação universal, lei puramente mecânica, porque todos os efeitos eram mecânicos. Mas, suponhamos que vendo cair uma maçã, essa maçã tivesse obedecido à sua vontade; que, a seu comando, em vez de descer ela tivesse subido; que ela fosse para a direita ou para a esquerda; que ela parasse ou entrasse em movimento; que, por um sinal qualquer tivesse respondido ao seu pensamento, ele teria sido forçado a reconhecer algo que não uma lei mecânica, isto é, que não sendo inteligente, a maçã deveria ter obedecido a uma inteligência. Assim foi com as mesas girantes. Assim é com os doentes de Morzine.

Para não falar senão de fatos observados pelo próprio Sr. Constant, perguntaríamos: Como uma alimentação má e um temperamento linfático podem produzir a antipatia religiosa em criaturas naturalmente religiosas e até devotas? Se fosse um fato isolado, podia ser uma exceção, mas reconhece-se que é geral e que é um dos caracteres da doença, lá e alhures. Eis um efeito. Procurai a sua causa. Não a conheceis? Seja. Confessai-o, mas não digais que é devido ao fato de os habitantes comerem batatas e pão preto, nem à sua ignorância e inteligência obtusa, porque vos oporão o mesmo efeito entre gente que vive na abundância e recebeu instrução. Se o conforto bastasse para curar a impiedade, ficaríamos admirados de encontrar tantos ímpios e blasfemadores entre as criaturas que de nada se privam.

O regime higiênico explicaria melhor este outro fato não menos característico e geral do sentimento de dualidade que se traduz de modo inequívoco na linguagem dos doentes? Certamente não. É sempre um terceiro que fala. Há sempre uma distinção entre ele e a moça, fato constante entre os indivíduos no mesmo caso, seja qual for a sua classe social.

Os remédios são ineficazes por uma boa razão. É que eles são bons, como diz aquele terceiro, para a moça, isto é, para o ser corporal, mas não para o outro, aquele que não é visto e que, entretanto, a faz agir, a constrange, a subjuga, a derruba e se serve de seus membros para bater e de sua boca para falar.

Ele diz nada haver visto que justifique a ideia da possessão, mas os fatos estavam ante os seus olhos, e ele mesmo os menciona. Podem ser explicados pela causa que ele lhes atribui? Não. Então, essa causa não é verídica. Ele via os efeitos morais e devia procurar uma causa moral.

158 | REVISTA ESPÍRITA

Outro médico, o Dr. Chiara, que também visitou Morzine e publicou sua apreciação[2], constata os mesmos fenômenos e os mesmos sintomas que o Sr. Constant. Entretanto, para ele, como para este último, os Espíritos malignos estão na imaginação dos doentes. Em seu trabalho encontramos o seguinte fato, a propósito de uma doente:

"O acesso começa por um soluço e movimentos de deglutição; pela flexão e soerguimento alternativos da cabeça sobre o tronco; em seguida, depois de várias contorções que lhe dão ao rosto tão suave uma expressão horrorosa, ela grita:

"– S... doutor, eu sou o diabo... Tu queres fazer-me sair da moça? Eu não tenho medo de ti... Vem!... Faz quatro anos que a possuo. Ela é minha. Eu ficarei aqui.

"– Que fazes nesta moça?

"– Eu a atormento.

"– E por que, infeliz, atormentas uma pessoa que não te fez nenhum mal?

"– Porque me puseram aqui para atormentá-la.

"– Tu és um celerado.

"Aqui paro, atordoado por uma avalanche de injúrias e imprecações."

Falando de outra doente, diz ele:

"Após alguns instantes de uma cena muda, de uma pantomima mais ou menos expressiva, nossa possessa põe-se a soltar pragas horríveis. Espumando de raiva, ela nos injuria a todos com um furor sem igual. Mas – digamo-lo já – não é a moça que assim se exprime, é o diabo que a possui e que, servindo-se de seu órgão, fala em seu próprio nome. Quanto à nossa energúmena, é apenas um instrumento passivo no qual foi inteiramente abolida a noção do *eu*. Se for interpelada diretamente, fica muda. Só Belzebu responderá.

"Enfim, depois de aproximadamente três minutos, esse drama horrível cessa de repente, como que por encanto. A mocinha B... retoma o aspecto mais calmo natural do mundo, como se nada tivesse acontecido. Tricotava antes, eis que tricota depois, parecendo não ter interrompido o trabalho. Interrogo-a. Ela responde que não sente a menor fadiga, e não se lembra

---

[2] *Les Diables de Morzine*, no Mégret, quai de l'Hôpital, 51, em Lyon.

de nada. Falo-lhe das injúrias que nos dirigiu. Ela as ignora, mas parece contrariar-se e nos pede desculpas.

"Em todas essas doentes, a sensibilidade geral é abolida completamente. Elas podem ser beliscadas, picadas ou queimadas e nada sentem. Numa delas fiz uma dobra na pele e atravessei com uma agulha comum. Correu sangue, mas ela nada sentiu.

"Em Morzine vi ainda várias dessas doentes fora do estado de crise. Eram jovens, gordas e agradáveis, gozando da plenitude de suas faculdades físicas e morais. Vendo-as era impossível supor a existência da menor afecção."

Isto contrasta com o estado raquítico, macilento e sofredor que o Sr. Constant acredita ter notado. Quanto ao fenômeno da insensibilidade durante as crises, não é, como se viu, a única aproximação que os fatos apresentam com a catalepsia, o sonambulismo e a dupla vista.

Após todas suas observações, o Dr. Chiara chegou a esta definição do mal:

"É um conjunto mórbido, formado de diferentes sintomas, tomado um pouco em todo o quadro patológico das moléstias nervosas e mentais; numa palavra, é uma afecção *sui generis*, para a qual conservarei, pouco ligando às denominações, o nome de *histerodemonia*, que já lhe foi dado."

É caso de dizer: "Quem tiver ouvidos, ouça." É um mal particular, formado de diferentes partes, e que tem sua fonte um pouco em toda parte. É o mesmo que dizer simplesmente: "É um mal que não compreendo." É um mal *sui generis*, estamos de acordo, mas qual é esse gênero ao qual nem sabeis dar o nome?

Poderíamos provar a insuficiência de uma causa puramente material para explicar o mal de Morzine, por muitas outras aproximações, mas que os próprios leitores farão. Que eles queiram, portanto, reportar-se aos nossos artigos precedentes, sobre o mesmo assunto, nos quais dizemos a maneira pela qual se opera a ação dos Espíritos obsessores, bem como os fenômenos resultantes dessa ação, e a analogia ressaltará com a última evidência.

Se, para a gente de Morzine, o terceiro interveniente é o diabo, é porque lhes disseram que era o diabo, e eles só sabiam isto. Aliás, é sabido que certos Espíritos de baixo nível divertem-se tomando nomes infernais para apavorar. Substituí esse nome,

160 | REVISTA ESPÍRITA

em sua boca, pelo vocábulo *Espírito*, ou antes, *maus Espíritos*, e tereis a reprodução idêntica de todas as cenas de obsessão e de subjugação que nós relatamos.

É incontestável que, numa região onde dominasse a ideia do Espiritismo, sobrevindo uma epidemia semelhante, os doentes se dissessem solicitados por maus Espíritos, quando, aos olhos de certas pessoas, pareceriam loucos. Eles dizem que é o diabo: é uma afecção nervosa. É o que teria acontecido em Morzine, se o conhecimento do Espiritismo ali tivesse precedido a invasão desses Espíritos. Então seus adversários teriam gritado: *Haro!*[3] Segurem ele! Mas a Providência não lhes quis dar essa satisfação passageira. Ao contrário, quis provar sua impotência para combater o mal pelos meios ordinários.

No final das contas, recorreram ao afastamento das doentes, que foram removidas para os hospitais de Thonon, Chambéry, Lyon, Mâcon etc. O meio era bom porque quando todas tivessem sido transportadas, eles poderiam gabar-se de que não existiam mais doentes na região. A medida podia basear-se num fato observado, o da cessação das crises fora da comuna, mas parece ter-se baseado em outra consideração: o isolamento das doentes. Aliás, a opinião do Sr. Constant é categórica: "Deveria haver uma espécie de lazareto, diz ele, onde pudessem ser escondidas, assim que se mostrassem, as desordens morais e nervosas cuja propriedade contagiosa fosse estabelecida, como disse meu velho amigo Dr. Bouchut. Enquanto se aguardava coisa melhor, o lazareto foi encontrado, o asilo de alienados, o único lugar verdadeiramente conveniente para o tratamento racional e completo das doentes com as quais me ocupo, quer se admita que sua doença seja de fato uma variedade de alienação, quer mesmo não admitindo que fossem, sob qualquer título, tomadas como alienadas. É necessário sobre elas produzir um certo grau de intimidação; ocupar seu espírito de modo a deixar o menor tempo possível às suas preocupações com outros problemas; subtraí-las absolutamente a toda influência religiosa irrefletida e desmedida, às conversas, aos conselhos ou observações susceptíveis de alimentar seu erro, que, ao contrário, deve ser combatido diariamente; dar-lhes um regime

---

[3] *Haro!* (Do Direito ancestral.) Grito de apelo por ajuda, pela vítima de um flagrante delito, e que torna obrigatórias a intervenção das autoridades e o arresto do culpado. Clamor de *haro, haro*, fóumula jurídica que dava a cada um o direito de erigir-se em oficial de justiça e de prender o culpado. (Grande Enciclopedia Glasson – apud Grand Robert) (Nota do revisor Boschiroli)

apropriado; obrigá-las, enfim, a se submeterem às prescrições que poderia ser útil associar a um tratamento puramente moral e ter os meios de execução. Onde encontrar reunidas todas essas condições necessárias, essenciais, senão num asilo? Teme-se para essas doentes o contacto com as verdadeiras alienadas. Esse contacto teria sido menos prejudicial do que se pensava e, afinal, teria sido fácil conservar provisoriamente um pavilhão só para as doentes de Morzine. Se sua aglomeração tivesse tido qualquer inconveniente, ter-se-ia encontrado compensação na própria reunião, e estou convicto de que o nome de asilo, de casa de loucos, por si só teria produzido mais de uma cura, e que fossem encontrados poucos diabos que uma ducha não teria posto em fuga."

Estamos longe de partilhar do otimismo do Sr. Constant sobre a inocuidade do contacto dos alienados e a eficácia das duchas em casos semelhantes. Ao contrário, estamos persuadidos de que tal regime pode produzir uma verdadeira loucura, onde não há senão uma loucura aparente. Ora, note-se bem que fora das crises, as doentes têm todo o bom senso e são sãs de corpo e espírito; não há nelas senão uma perturbação passageira, sem quaisquer características da loucura propriamente dita. Seu cérebro, necessariamente enfraquecido pelos ataques frequentes que experimenta, seria ainda mais facilmente impressionado pela visão dos loucos e pela só ideia de achar-se entre loucos. O Sr. Constant atribui o desenvolvimento e a continuidade da moléstia à imitação, à influência das conversas dos doentes entre si, e aconselha a pô-las entre loucos ou isolá-las num pavilhão de hospital! Não é uma contradição evidente? É isso que ele entende por tratamento moral?

Em nossa opinião, o mal se deve a uma causa absolutamente diversa e requer meios curativos totalmente diferentes. Ele tem a sua fonte na reação incessante que existe entre o mundo visível e o invisível que nos cerca e em cujo meio vivemos, isto é, entre os homens e os Espíritos, que não passam de almas dos que viveram, e entre os quais há bons e maus. Essa reação é uma das forças, uma das leis da Natureza, e produz uma porção de fenômenos psicológicos, fisiológicos e morais incompreendidos, porque a causa era desconhecida. O Espiritismo nos deu a conhecer essa lei, e considerando-se que os efeitos são submetidos a uma lei da Natureza, nada têm de sobrenatural. Vivendo no meio desse mundo, que não é tão imaterial quanto o imaginam, uma vez que esses seres, embora

162 | REVISTA ESPÍRITA

invisíveis, têm corpos fluídicos semelhantes aos nossos, nós sentimos a sua influência. A dos bons Espíritos é salutar e benéfica. A dos maus é perniciosa como o contacto das criaturas perversas na Sociedade.

Assim, dizemos que em Morzine, de momento, uma nuvem desses seres invisíveis malfazejos abateu-se sobre a localidade, como aconteceu sobre muitas outras, e não será com duchas nem alimentos suculentos que serão expulsos. Uns os chamam *diabos ou demônios*. Nós os chamamos apenas *maus Espíritos* ou *Espíritos inferiores*, o que não implica uma melhor qualidade, mas o que é muito diferente pelas consequências, visto que a ideia ligada aos demônios é a de seres à parte, enquanto eles não passam de almas de homens que foram maus na Terra, mas que acabarão por se melhorar um dia. Indo a essa localidade, eles fazem, como Espíritos, o que teriam feito se tivessem ido enquanto em vida, isto é, o mal que faria um bando de malfeitores. É, pois, necessário expulsá-los, como se expulsaria uma tropa inimiga.

Em a natureza desses Espíritos está o serem antipáticos à religião, porque temem o seu poder, assim como os criminosos são antipáticos à lei e aos juízes que os condenam, e exprimem esse sentimento pela boca de suas vítimas, verdadeiros médiuns inconscientes, absolutamente certos quando dizem ser apenas ecos. O paciente é reduzido à passividade. Ele está na situação de um homem dominado por um inimigo mais forte, que o obriga a fazer a sua vontade. O *eu* do Espírito estranho neutraliza momentaneamente o *eu* pessoal. Há subjugação obsessiva e não possessão.

Que absurdo! dirão certos médicos. Vá que seja absurdo, mas nem por isso deixa de ser tido como verdade por grande número de médicos. Tempo virá, mais rapidamente do que se pensa, em que a ação do mundo invisível será genericamente admitida e a influência dos maus Espíritos será posta entre as causas patológicas. Será levado em conta o importante papel desempenhado pelo perispírito na fisiologia, e uma nova via de cura será aberta para uma porção de doenças considerada incuráveis.

Se assim é, perguntarão de onde vem a inutilidade dos exorcismos. Isto prova uma coisa: é que os exorcismos, tais quais são praticados, não valem mais que os remédios, porque sua eficácia não está no ato exterior, na virtude das palavras e sinais, mas no ascendente moral exercido sobre os maus Espíritos.

Os doentes não diziam: "Não são remédios que nos faltam, mas padres santos?" E insultavam-nos dizendo que *eles não eram bastante santos para terem ascendência sobre os demônios.* Era a alimentação de batatas que os levava a falar assim? Não, mas a intuição da verdade. A ineficácia do exorcismo, em casos semelhantes, é constatada pela experiência. E por quê? Porque consiste em cerimônias e fórmulas de que se riem os maus Espíritos, ao passo que cedem ao ascendente moral que se lhes impõe. Eles veem que querem dominá-los por meios impotentes e querem mostrar-se mais fortes. São como o cavalo passarinheiro que derruba o cavaleiro inábil, mas se dobra quando encontra um mestre.

"Numa dessas cerimônias," diz o Dr. Chiara, "houve, na igreja, onde haviam reunido todos os doentes, um tumulto horrível. Todas as mulheres caíram em crise simultaneamente, derrubando, quebrando os bancos da igreja e rolando pelo chão, de mistura com homens e crianças, que em vão se esforçavam por contê-las. Elas proferiam blasfêmias horríveis e incríveis e interpelavam os sacerdotes nos mais injuriosos termos."

Nesse momento cessaram as cerimônias públicas de exorcismo, mas foram exorcizar a domicílio, a qualquer hora do dia e da noite, o que não deu melhores resultados, determinando-se sua renúncia.

Citamos vários exemplos da força moral em semelhantes casos, e quando não tivéssemos sob os olhos um número suficiente de provas, bastaria lembrar a que exercia o Cristo que, para expulsar os demônios, apenas mandava que se retirassem. Comparai, nos Evangelhos, os possessos daquele tempo com os de nossos dias, e vereis uma chocante similitude. Jesus os curava por milagres, direis vós. Que seja, mas eis um fato passado entre os cismáticos, que não considerareis menos miraculoso.

O Sr. A..., de Moscou, que não havia lido o nosso relato, contava-nos, há poucos dias, que nas suas propriedades os habitantes de uma aldeia foram atingidos por um mal em tudo semelhante ao de Morzine. Mesmas crises, mesmas convulsões, mesmas blasfêmias, mesmas injúrias contra os padres, mesmo efeito do exorcismo, mesma impotência da ciência médica. Um de seus tios, o Sr. R..., de Moscou, poderoso magnetizador, homem de bem por excelência, de coração muito piedoso, tendo vindo visitar aqueles infelizes, parava as convulsões mais violentas pela simples imposição das mãos, acompanhada sempre de fervorosa prece. Repetindo esse ato, ele acabou curando quase todos radicalmente.

Este exemplo não é o único. Como explicá-lo, senão pela influência do magnetismo, secundada pela prece, remédio pouco usado por nossos materialistas, porque não se encontra no códex nem nas farmácias? Remédio poderoso, entretanto, quando parte do coração e não dos lábios, e que se apoia numa fé viva e num ardente desejo de fazer o bem. Descrevendo a obsessão em nossos primeiros artigos, explicamos a ação fluídica que se exerce em tal circunstância, e daí concluímos, por analogia, que esse teria sido um poderoso auxiliar em Morzine.

Seja como for, parece que o mal chegou a seu termo, a despeito das condições da região continuarem as mesmas.

Por que isto? É o que ainda não nos é permitido dizer. Como, porém, mais tarde será reconhecido, haverá servido ao Espiritismo mais do que se pensa, ainda quando não fosse senão para provar, por um grande exemplo, que aqueles que não o conhecem não estão preservados contra a ação dos maus Espíritos, bem como a impotência dos meios ordinários empregados para expulsá-los.

Terminaremos tranquilizando certos habitantes da região sobre a pretensa influência que alguns dentre eles teria podido exercer *causando o mal*, como o dizem. A crença nos cartomantes deve ser relegada às superstições. Que eles sejam piedosos de coração, e os que se encarregaram de conduzi-los se esforcem por elevá-los moralmente, eis o mais seguro meio de neutralizar a influência dos maus Espíritos e de prevenir a volta do que se passou. Os maus Espíritos só se dirigem àqueles a quem sabem que podem dominar, e não àqueles a quem a superioridade moral – não dizemos intelectual – encouraça contra os ataques.

Aqui se apresenta uma objeção muito natural, que convém prevenir. Talvez perguntem por que todos os que fazem o mal não são atingidos pela possessão? A isto respondemos que fazendo o mal, ele sofre de outra maneira a perniciosa influência dos maus Espíritos, cujos conselhos escutam, pelo que serão punidos com tanto mais severidade quanto mais agirem com conhecimento de causa.

Não creiais na virtude de nenhum talismã, de nenhum amuleto, de nenhum signo, de nenhuma palavra para afastar os maus Espíritos. A pureza de coração e de intenção, o amor a Deus e ao próximo, eis o melhor talismã, porque lhes tira todo império sobre as nossas almas.

Eis a comunicação que a respeito deu o Espírito de São Luís, guia espiritual da Sociedade Espírita de Paris:

"Os possessos de Morzine estão realmente sob a influência dos maus Espíritos, atraídos para aquela região por causas que conhecereis um dia, ou melhor, que vós mesmos reconhecereis um dia. O conhecimento do Espiritismo ali fará predominar a boa influência sobre a má, isto é, os Espíritos curadores e consoladores, atraídos pelos fluidos simpáticos, substituirão a maligna e cruel influência que desola aquela população. O Espiritismo é chamado a prestar grandes serviços. Ele será o curador desses males cuja causa era antes desconhecida e ante as quais a Ciência continua impotente. Ele sondará as chagas morais e lhes ministrará o bálsamo reparador. Tornando os homens melhores, deles afastará os maus Espíritos, atraídos pelos vícios da Humanidade.

Se todos os homens fossem bons, os maus Espíritos deles se afastariam, porque não poderiam induzi-los ao mal. A presença dos homens de bem os afugenta e a dos homens viciosos os atrai, ao passo que se dá o contrário com os bons Espíritos.

Sede bons, portanto, se quiserdes ter apenas bons Espíritos em redor de vós." (Médium, Sra. Costel).

ALGUMAS REFUTAÇÕES

Indicam-nos de vários pontos novas prédicas contra o Espiritismo, todas no mesmo espírito de que temos falado. Como nunca passam de variantes do mesmo pensamento, em termos mais ou menos escolhidos, julgamos supérfluo fazer-lhes a análise. Limitar-nos-emos a destacar certas passagens, acompanhando-as de algumas reflexões.

"Meus irmãos, é um cristão que fala a cristãos e, como tal, temos o direito do nos admirarmos, vendo o Espiritismo crescer entre nós. Que é o Espiritismo, eu vos pergunto, senão uma mistura de *horrores* que só a loucura pode justificar?"

A isto nada temos a dizer senão que todas as prédicas feitas nesta cidade não detiveram o crescimento do Espiritismo, como constata o orador. Portanto, os argumentos que lhe opõem são menos válidos que os seus. Portanto, se as prédicas vêm de Deus e o Espiritismo do diabo, é que este é mais poderoso que Deus. Nada mais brutal que um fato. Ora, o fato da propagação do Espiritismo por força das prédicas é notório, portanto, é que as pessoas acham os argumentos por ele dados mais convincentes que os dos adversários. É um tecido de horrores, que seja, mas haveis de concordar que se esses Espíritos viessem ocupar vossas ideias, em vez de demônios vós os faríeis santos, e longe de condenar as evocações, vós as encorajaríeis.

"Nosso século não respeita mais nada. Nem a cinza dos túmulos é respeitada, pois insensatos ousam chamar os mortos para entreter-se com eles. Contudo é assim, e eis onde chegou esse pretenso século das luzes: conversar com os mortos."

Conversar com os mortos não é um acontecimento deste século, pois a história de todos os povos prova que isto tem sido feito em todos os tempos. A única diferença é que hoje isto é feito em toda parte, sem os acessórios supersticiosos com que outrora cercavam as evocações; é feito com um sentimento mais religioso e mais respeitoso.

De duas uma: ou a coisa é possível, ou não é. Se não é, é uma crença ilusória, como acreditar na fatalidade da sexta-feira e na influência do sal derramado. Não vemos, pois, que haja tantos horrores e que se falte com o respeito conversando com gente que não está mais aqui. Se os mortos vêm conversar conosco, só pode ser com a permissão de Deus, a menos que se admita que venham sem essa permissão, ou contra a sua vontade, o que implicaria que Deus não se importa com isso, ou que os evocadores são mais poderosos que Deus.

Notai, porém, as contradições. De um lado dizeis que *só* o diabo se comunica; do outro que se perturbam as cinzas dos mortos, chamando-os. Se é o diabo, não são os mortos, portanto não são perturbados nem se lhes falta com o respeito. Se são os mortos, então não é o diabo. Seria preciso, ao menos, que vos pusésseis de acordo neste ponto capital.

Admitindo que sejam os mortos, reconhecemos que haveria profanação em chamá-los levianamente, por motivos fúteis, e sobretudo para fazer disso profissão lucrativa. Todas essas coisas nós condenamos, e não assumimos responsabilidade por aqueles que se afastam dos princípios do Espiritismo sério, assim como vós não assumis pela dos falsos devotos que da religião só têm a máscara; que pregam o que não praticam, ou que especulam com as coisas santas. Certamente evocações feitas em condições burlescas atribuídas a um eloquente orador, que citamos mais adiante, seriam um sacrilégio, mas, graças a Deus, não entramos nisso e não cremos que a do Sr. Viennois, igualmente relatada adiante, esteja neste caso.

"Eu mesmo testemunhei esses fatos, e ouvi pregar a moral e a caridade, é verdade. Mas sobre que se apoiam essa moral e essa caridade? Ah! Sobre nada. Pode chamar-se moral uma doutrina que nega as penas eternas?"

Se essa moral conduz a fazer o bem sem temor das penas eternas, não tem senão maior mérito. Outrora julgava-se impossível manter os estudantes sem medo da palmatória. Eram melhores? Não. Hoje ela não mais é usada e eles não são piores: ao contrário. Então o regime atual é preferível. Julga-se a bondade de um meio pelos seus efeitos. Aliás, a quem se dirige essa moral? Precisamente aos que não acreditam as penas eternas e a quem damos um freio que aceitam, enquanto vós não lhes dais, pois não aceitam o vosso. Nós impedimos de crer na danação absoluta àqueles a quem isto convém? Absolutamente. Ainda uma vez, não nos dirigimos aos que têm fé e aos quais esta basta, mas aos que não a têm ou que duvidam. Preferiríeis que eles ficassem na incredulidade absoluta? Seria pouco caridoso. Temeis que vos tomem ovelhas? É que não tendes muita confiança no poder dos vossos meios para retê-las. É que receais sejam elas atraídas pela erva tenra do perdão e da misericórdia divina. Credes, então, que as que flutuam incertas preferirão as fornalhas do inferno? Por outro lado, quem deve estar mais convencido das penas eternas do que os que são alimentados no seio da Igreja? Ora! Dizei por que essa perspectiva não parou todos os escândalos, todas as atrocidades, todas as prevaricações contra as leis divinas e humanas que formigam na história e que se reproduzem incessantemente em nossos dias? São crimes ou não? Se, pois, os que fazem profissão dessa crença não se detêm, como querer que se detenham os que não creem? Não, ao homem esclarecido

168 | REVISTA ESPÍRITA

dos nossos dias é preciso outro freio, que sua razão admita. Ora, a crença nas penas eternas, talvez útil em outras épocas, passou da moda. Ela se extingue dia a dia, e por mais que fizerdes, não dareis vida a um cadáver, como não fareis reviver os usos, costumes e ideias medievais.

Se a Igreja Católica julga sua segurança comprometida pelo desaparecimento dessa crença, é o caso de lamentá-la por repousar sobre uma base tão frágil, porque se ela tem um verme roedor, é o dogma das penas eternas.

"Assim, apelo à moralidade de todas as almas honestas; apelo aos magistrados, pois eles são responsáveis por todo o mal que semelhante heresia atrai sobre as nossas cabeças."

Não sabíamos que na França os magistrados fossem encarregados de perseguir os heréticos, porque se entre eles há católicos, há também protestantes e judeus heréticos, que seriam assim encarregados, eles próprios, de se perseguirem e se condenarem. E os há entre os funcionários dos mais altos níveis.

"Sim, os espíritas, não temo declarar alto e bom som, não somente são passíveis da polícia correcional, da Corte Imperial, mas, ouvi-o bem, são passíveis do tribunal civil, porque são falsários, pois eles assinam comunicações em nome de honradas figuras que certamente não as teriam assinado em vida, figuras que tanto fazem falar hoje em dia."

Os espíritas estão realmente muito felizes que Confúcio, Sócrates, Platão, Santo Agostinho, São Vicente de Paulo, Fénelon e outros não possam vir lhes mover processos por crimes de falsificação de escritos. Mas eu penso nisto: eles teriam uma tábua de salvação precisamente nos tribunais, nos quais serão justiçáveis, porque lá estão os jurados que se pronunciam segundo a sua consciência. Ora, entre eles há também protestantes e judeus; há, até – coisa abominável! – filósofos, incrédulos, horríveis livres-pensadores que, à vista de nossas detestáveis leis modernas, se acham em toda parte. Assim, se nos acusam de fazer Santo Agostinho dizer alguma coisa de heterodoxo, também encontraremos jurados que nos absolvam. Ó perversidade do século! Dizer que em nossos dias Voltaire, Diderot, Lutero, Calvino, João Huss, Arius, teriam sido jurados por direito de nascimento, que poderiam ter sido juízes, prefeitos, ministros de justiça e mesmo dos cultos! Vós os vedes, esses bichos do inferno, a se pronunciarem sobre uma questão de heresia, porque, para condenar a assinatura de Fénelon posta numa comunicação dita herética, é preciso julgar a questão da ortodoxia, e quem será competente no júri?

"Entretanto, seria tão fácil interditar semelhantes *malefícios*! O que seria preciso fazer? O mínimo. Mesmo sem lhes fazer a honra da capa de comissário, podeis postar um sargento à entrada de cada grupo para dizer: Aqui não se entra! Pinto o mal, descrevo o remédio, nada mais, nada menos, porque os dispenso da Inquisição."

Muito obrigado, mas não há muito mérito em oferecer aquilo que não se tem. Infelizmente não tendes a Inquisição, sem o que seria duvidoso que nos concedêsseis o indulto.

Por que não dizeis, então, aos magistrados para interditarem a entrada dos templos judeus e protestantes, onde pregam publicamente dogmas que não são os vossos? Quanto aos espíritas, eles não têm templos nem sacerdotes, mas grupos, o que para vós é a mesma coisa, à entrada dos quais basta pôr um sargento, para que tudo fique dito. Com efeito, é muito simples. Mas esqueceis que os Espíritos forçam todas as barreiras e entram em qualquer parte sem pedir permissão, mesmo em vossa casa, pois os tendes ao vosso lado, escutando-vos, sem que o suspeiteis e, o que mais é, vos falam ao ouvido. Repassai bem vossas lembranças e vereis que tendes tido mais que uma manifestação sem buscá-la.

Parece que ignorais uma coisa que é bom saibais. Os grupos espíritas não são absolutamente necessários. São apenas reuniões onde se sentem felizes por encontrar-se pessoas que pensam do mesmo modo. Prova disto é que hoje na França há mais de 600.000 espíritas, 99% dos quais não fazem parte de nenhum grupo e neles jamais puseram os pés; que eles não existem numa porção de cidades; que nem os grupos nem as sociedades abrem suas portas ao público para pregar sua doutrina aos transeuntes; que o Espiritismo se prega por si mesmo e pela força das coisas, porque responde a uma necessidade da época; que suas ideias estão no ar e são aspiradas por todos os poros da inteligência; que o *contágio* está no exemplo dos que são felizes com essas crenças, e que eles são encontrados por toda parte, no mundo todo, sem ter que procurá-los nos grupos.

170 | REVISTA ESPÍRITA

Assim, não são os grupos que fazem a propaganda, pois não acolhem o primeiro que apareça. Ela é feita de vizinho a vizinho, de indivíduo a indivíduo. Admitindo a interdição de todas as reuniões, os espíritas ficariam livres para se reunirem em família, como se faz em milhares de lugares, sem que nada sofra o Espiritismo; ao contrário, pois temos sempre condenado as grandes assembleias, mais nocivas do que úteis, sendo a intimidade reconhecida como a condição mais favorável às manifestações. Interditareis as reuniões em família? Colocareis um sargento à porta de cada sala para vigiar o que se passa à lareira? Isto não se faz na Espanha nem em Roma, onde há mais espíritas do que pensais. Não faltaria senão isso para aumentar ainda mais a importância do Espiritismo.

Admitamos agora a interdição legal dos grupos. Sabeis o que fariam esses espíritas que acusais de semear a desordem? Eles diriam: "Respeitemos a lei; *dura lex, sed lex*. Demos o exemplo e mostremos que se pregamos a união, a paz e a concórdia, não é para nos tornarmos fatores de desordem. As sociedades organizadas não são condições necessárias para a existência do Espiritismo. Não há entre elas qualquer solidariedade material que possa ser quebrada por sua supressão. O que os espíritas aí ensinam, ensinam igualmente de pessoa para pessoa. O Espiritismo tem esse privilégio incrível de ter seu foco de ensino por toda parte. Seu sinal de ligação é o amor a Deus e ao próximo, e para colocá-lo em prática, não são necessárias reuniões oficiais. Ele tanto se estende sobre os amigos como sobre os inimigos."

Qualquer um pode dizer o mesmo, e a autoridade não tem encontrado tantas vezes a resistência onde pensava encontrar a maior submissão? Se os espíritas são gente tão turbulenta e tão pervertida quanto pretendeis, por que é que nos centros onde eles são mais numerosos, os encarregados da manutenção da ordem têm menos trabalho, o que levou um deles a dizer que se todos os seus administrados fossem espíritas, ele podia fechar a repartição?

Por que entre os militares espíritas há menos penas disciplinares?

E depois, não imaginais que atualmente há espíritas por toda parte, de alto a baixo na escala social; que há reuniões e médiuns até em casa daqueles que invocais contra nós. Vedes, pois, que o vosso meio é insuficiente. É preciso encontrar outro.

– Temos os raios do púlpito!

– Está bem, e vós o usais largamente, mas não vedes que por toda parte onde o fulminam o Espiritismo aumenta?
– Temos a censura da Igreja e a excomunhão.
– É melhor, mas, ainda uma vez, bateis no vazio; ainda uma vez, o Espiritismo não se dirige a vós nem aos que estão convosco; ele não vai buscá-los para dizer-lhes: deixai a vossa religião e segui-me; sereis danados, se não o fizerdes. Não. Ele é mais tolerante que isso e deixa a cada um a liberdade de consciência. Como já dissemos, ele se dirige à massa inumerável dos incrédulos, dos dúbios, dos indiferentes. Esses não estão convosco, e vossas censuras não podem atingi-los. Eles vinham a vós, e vós os repelíeis. É simplesmente errado. Se alguns dos vossos os seguem, é que vossos argumentos não são bastante fortes para retê-los, e não é com rigor que o conseguireis.

O Espiritismo agrada porque não se impõe. Ele é aceito pela vontade e pelo livre exame. Nisto ele é de nossa época. Ele agrada pela doçura, pelas consolações que proporciona nas adversidades, pela inabalável fé no futuro, que ele dá, na bondade e na misericórdia de Deus. Ademais, ele se apoia em fatos patentes, materiais, irrecusáveis, que desafiam toda negação. Eis o segredo de sua tão rápida propagação.

Que lhe opondes? Sempre a danação eterna, meio mau para os tempos que correm; depois, a deformação de suas doutrinas. Vós o acusais de pregar o aborto, o adultério e todos os crimes. A quem pensais impor isto? Certamente não é aos espíritas. Aos que não o conhecem? Mas nesse número muitos querem saber o que é essa abominável doutrina; leem, e vendo que ela diz exatamente o contrário do que lhe atribuís, vos deixam para segui-la, e isto sem que ele vá procurá-lo.

A posição, bem sei, é embaraçosa, porque dizeis: Se falamos contra o Espiritismo, recrutamos-lhe partidários; se nos calamos, ele anda sozinho. Que fazer então? Outrora se dizia: Deixai passar a justiça do rei; agora é preciso dizer: Deixemos passar a justiça de Deus. *(Continua no próximo número).*

CONVERSAS FAMILIARES DE ALÉM-TÚMULO

SR. PHILIBERT VIENNOIS

(SOCIEDADE ESPÍRITA DE PARIS, 20 DE MARÇO DE 1863)
(MÉDIUM, SR. LEYMARIE)

1. Evocação.

– Estou junto de vós.

2. – Havíeis combinado com a Sra. V... que dos dois o que ficasse vivo dirigir-se-ia a mim para evocar o que havia partido. A Sra. V... notificou-me desse compromisso, e tenho prazer em concordar. Sei que éreis um espírita fervoroso, além de dotado de bom coração. Estas circunstâncias só podem alimentar o desejo de nos comunicarmos convosco.

– Posso então escrever-te e me aproximar de ti, para te exprimir tudo quanto o meu Espírito sente de benevolência a teu respeito. Obrigado por toda a felicidade que me deste, querida esposa, tu que me fizeste amar a crença, santa regra dos meus últimos dias junto de ti. Sinto-me muito feliz por colher hoje todos os bens que nos eram prometidos pela fé venerada que nos revela a existência de outra vida que não a da Terra. Estou de posse de uma força desconhecida pelos homens; a imensidade nos pertence; eu posso compreender melhor e melhor amar-te. Minhas sensações não são mais obscuras e o que há de divino em nós é de uma simplicidade extrema, porque tudo o que é grande é simples. A grandeza é o verdadeiro elemento do Espírito.

Estou sempre perto de ti. De agora em diante serás feliz, porque eu te cercarei com meu fluido que te fortalecerá, se for necessário. Quero que sejas sempre corajosa, boa e sobretudo espírita. Com estes três elementos bendirás a Deus por me ter chamado, pois eu te espero, persuadido que, graças ao Espiritismo, Deus te reserva um bom lugar entre nós.

3. – Peço-vos a bondade de nos descrever vossa passagem ao mundo dos Espíritos, vossas impressões e a influência dos conhecimentos espíritas em vossa elevação.

– A morte, que eu esperava, não era sofrimento para mim, mas antes um desligamento completo da matéria. O que eu via era uma nova vida. O futuro divino, essa hora desejada, veio com calma. É certo que eu sentia falta de minha companheira, que não podia deixar sem dor: é o último elo da cadeia que une o Espírito à matéria; uma vez rompido, pouco sofri a passagem da vida à morte. Meu Espírito levou as preces de minha bem-amada. Todas as impressões se extinguiram para me acordar em nosso domínio, no domínio dos Espíritos. A viagem é um sono para o justo; a ruptura é natural; mas, ao primeiro despertar, que admiração! Como tudo é novo, esplêndido, maravilhoso! Aqueles que eu amava e outros Espíritos, meus amigos de precedentes encarnações, acolheram-me e abriram as portas da existência verdadeira, neste parque sem limites chamado Céu. Minhas impressões, não as podeis compreender nem eu poderia exprimi-las. Tentarei vo-las transmitir de outra vez.

4. – Ao receber a carta da Sra. V..., dirigi-lhe uma prece adequada. Podeis dizer-me o que pensais a respeito?

– Obrigado pela vossa bondade, Sr. Kardec! Não poderíeis ter feito melhor. Os que choram os ausentes necessitam do Espírito de Deus, mas também do apoio de outros Espíritos benevolentes, e os Espíritos devem sê-lo. Vossa prece comoveu muitos Espíritos levianos e *incrédulos*, que são as testemunhas invisíveis de vossas sessões (A prece tinha sido lida na Sociedade, após a evocação). Vossas boas palavras servirão para o seu adiantamento. Vós fazeis ao nosso mundo, com frequência, o bem que dele recebeis. Não desdenhar o conselho de alguém menor do que nós próprios é reconhecer esse laço íntimo criado por Deus entre todas as criaturas.

5. – Eu queria vos pedir me désseis uma comunicação para a Sra. V..., mas vejo que vos antecipastes ao meu pensamento.

– À vossa primeira pergunta respondi à minha mulher, quando deveria tê-lo feito à Sociedade Espírita. Perdoai-me, porque eu cumpria uma promessa. Sei que, pela persuasão, atraís aqueles que pedem para ser consolados. Conversar com os seres do outro mundo será a maior felicidade dos que não sacrificam tudo ao ouro e ao prazer. Por favor, dizei à minha mulher que minha presença não lhe faltará nunca. Trabalharemos juntos para o seu progresso espiritual. Mandai-lhe minha comunicação. Eu queria dizer-lhe tantas boas palavras, mas me faltam as expressões. Que ela ame sempre a nossa família, a fim de que, por seu exemplo, ela possa tornar-se espírita e crer na vida eterna, que é a vida de Deus.

VIENNOIS

Sentimos que é nosso dever dar publicidade à prece acima referida, que nos foi dada pelos Espíritos para circunstâncias análogas.

PRECE PELAS PESSOAS QUE FORAM ESTIMADAS[4]

Prefácio

– Como é horrível a ideia do nada! Como são lamentáveis os que acreditam que a voz do amigo que chora seu amigo se perde no vácuo e não acha eco que a responda! Jamais conheceram as puras e santas afeições, esses que pensam que tudo morre com o corpo; que o gênio que iluminou o mundo com sua vasta inteligência é um jogo da matéria, que se extingue para todo o sempre, como um sopro; que do mais caro ser, de um pai, de uma mãe, ou de um filho adorado, não resta mais que um punhado de pó que o tempo dissipa para sempre!

Como pode um homem de coração manter-se frio ante tal pensamento?

Como a ideia do aniquilamento absoluto não o gela de terror e, ao menos, não lhe faz desejar que assim não seja?

Se até hoje não bastou a razão para nos arrancar das dúvidas, eis que o Espiritismo vem dissipar toda incerteza sobre o futuro, pelas provas materiais da sobrevivência da alma e da existência dos seres de Além-Túmulo que ele nos dá.

Assim, por toda parte essas provas são acolhidas com alegria, e a confiança renasce, porque daí em diante, o homem sabe que a vida terrestre é apenas curta passagem conducente a uma vida melhor; que seus trabalhos aqui embaixo não lhe são perdidos; e que as mais santas afeições não são quebradas sem esperança.

Prece

– Deus Todo-Poderoso, dignai-vos acolher favoravelmente a prece que vos dirijo pelo Espírito de N... Fazei-o entrever vossas divinas claridades e tornai-lhe fácil o caminho da felicidade eterna. Permiti que bons Espíritos lhe levem minhas palavras e meu pensamento.

---

[4] Inserida em *O Evangelho segundo o Espiritismo*, Cap. XXVIII, itens 62 e 63. (Nota do revisor Boschiroli)

Tu, que me eras caro neste mundo, ouve minha voz que te chama para te dar novo penhor da minha afeição. Deus quis que fosses libertado primeiro. Eu não me poderia lamentar sem egoísmo, porque seria lamentar para ti as penas e os sofrimentos da vida. Espero, pois, com resignação, o momento de nossa reunião no mundo mais feliz onde me precedeste.

Sei que nossa separação é apenas momentânea, e que, por mais longa que me possa parecer, a duração se apaga ante a eternidade da felicidade que Deus promete aos seus eleitos. Que sua bondade me preserve de fazer que possa retardar esse instante desejado e que ele me poupe, assim, a dor de te não encontrar ao sair do meu cativeiro terreno.

Oh! Como é doce e consoladora a certeza de que entre nós há apenas um véu material que te subtrai à minha vista! Que podes estar aqui ao meu lado, ver-me e ouvir-me como outrora, e melhor ainda que outrora; que não me esqueces, assim como eu não te esqueço; que nossos pensamentos não cessam de confundir-se, e que o teu me segue e me sustenta sempre!

UM TERRÍVEL ARGUMENTO CONTRA O ESPIRITISMO

HISTÓRIA DE UM JUMENTINHO

Num sermão pregado ultimamente contra o Espiritismo, pois foi dada a palavra de ordem de atacá-lo por todos os lados, bem como a seus partidários, o orador, querendo dar um golpe mortal, contou a seguinte anedota:

"Há três semanas uma senhora perdeu o marido. Apresentou-se um médium para lhe propor uma conversa com o defunto, e talvez ela pudesse até vê-lo. A visão não se deu, mas o defunto explicou à sua mulher, pela mão do médium, que não foi julgado digno de entrar no repouso dos bem-aventurados e que se viu obrigado a reencarnar *imediatamente* para expiar pecados graves. Adivinhais onde? A um quilômetro daqui, na casa de um moleiro, na pessoa de um jumentinho surrado a chicotadas.

"Imaginai a dor da pobre senhora, que corre ao moleiro, *abraça o humilde animal* e se propõe a comprá-lo. O moleiro foi duro no preço, mas, enfim, cedeu ante um bom saco de moedas, e há quinze dias, mestre Aliboron ocupa um cômodo especial na casa da senhora, cercado de cuidados jamais desfrutados por seus semelhantes, *desde que a Deus aprouve criar essa raça estimável.*"

Duvidamos que o auditório se tenha convencido da história, mas, ao que sabemos por testemunhas auriculares, a maioria achou que ela ficaria melhor num folhetim gaiato do que no púlpito, tanto pelo fundo quanto pelas expressões. Sem dúvida o orador ignorava que o Espiritismo ensina, sem equívoco, que a alma ou Espírito não pode animar o corpo de um animal (O Livro dos Espíritos, n.º 118, 612 e 613).

O que ainda mais nos admira é o ridículo lançado sobre a dor em geral, com a ajuda de um conto alegre e em termos que não brilham pela dignidade. Além disso, de ver um sacerdote tratar assim, com tanta insolência a obra de Deus, por estas palavras pouco reverentes: "Desde quando a Deus aprouve criar essa raça estimável." O assunto é tanto pior escolhido para fazer graça, quanto poderia objetar-se que tudo é respeitável na obra de Deus, e que Jesus não se sentiu desonrado por entrar em Jerusalém montado num indivíduo daquela raça.

Faça-se um paralelo do quadro burlesco da dor daquela suposta viúva com o da viúva verdadeira cujo relato demos acima, e digam qual dos dois é mais edificante, mais marcado de verdadeiro sentimento religioso e de respeito à Divindade; enfim, qual deles estaria mais bem estabelecido no púlpito da verdade.

Admitamos o fato que contastes, senhor pregador, isto é, não a reencarnação num jumento, mas a credulidade da viúva em tal encarnação. Como castigo, o que lhe teríeis dado em substituição? As chamas eternas do inferno, perspectiva ainda menos consoladora, porque essa mulher viúva certamente teria respondido: "Prefiro saber que meu marido está na pele de um jumento do que sendo queimado por toda a eternidade." Suponde que ela tivesse de escolher entre o vosso quadro de torturas sem fim e o que nos dá mais acima o Espírito do Sr. Viennois. Credes que ela teria hesitado? Conscienciosamente não o pensais, porque, por conta própria, vós não vacilaríeis.

ALGUMAS PALAVRAS SÉRIAS ACERCA DE CACETADAS

Escreve-nos um dos nossos correspondentes de uma cidade do Sul:

"Venho hoje fornecer nova prova de que a cruzada de que vos falei se traduz de mil formas. Assistia ontem a uma reunião onde se discutia acaloradamente pró e contra o Espiritismo. Um dos assistentes asseverou o seguinte: 'As experiências do Sr. Allan Kardec não são melhores do que as de que acabamos de falar. O Sr. Kardec evita contar em sua *Revista* todas as mistificações e tribulações que experimenta. Sabei, por exemplo, que no ano passado, no mês de setembro, numa reunião de cerca de trinta pessoas, havida em casa do Sr. Kardec, todos os assistentes foram mimoseados a cacetadas pelos Espíritos. Eu estava em Paris na ocasião e ouvi os detalhes de uma pessoa que acabara de assistir à reunião, e que me mostrou na espádua o lugar machucado por violenta cacetada recebida. Eu não vi a bengala, disse-me ela, mas senti a pancada.'

"Desnecessário dizer-vos que desejo ser esclarecido sobre este ponto e que vos seria muito reconhecido pelas explicações que tiverdes a bondade de me dar etc."

Não teríamos distraído nossos leitores com um caso tão insignificante, se o mesmo não tivesse fornecido matéria para uma instrução que pode ter utilidade no momento, pois não acabaríamos se tivéssemos que responder a todos os absurdos de que nos acusam.

Resposta. Meu caro senhor, o fato de que me falais está entre as coisas possíveis, e das quais há mais de um exemplo. Dizer que um deles se passou em minha casa é reconhecer formalmente a manifestação dos Espíritos. A forma da história, contudo, denota uma intenção que não me deixa concordar com o autor. Pode ele ser um *crente*, mas certamente não é benevolente, e esquece a base da moral espírita: a caridade. Se o caso relatado houvesse acontecido, como pretende a pessoa tão bem informada, eu não teria deixado passar em silêncio, porque seria um fato capital, do qual não se poderia duvidar, pois, como foi dito, havia trinta testemunhas levando no lombo a prova da existência dos Espíritos. Infelizmente, para o vosso narrador, não há uma só palavra verdadeira na história. Dou-lhe um desmentido formal, bem como àquele que afirma ter assistido à sessão, e desafio ambos a virem sustentar o que dizem perante a Sociedade de Paris, como o fazem a duzentas léguas.

Os contadores de histórias não pensam em tudo e caem em suas próprias armadilhas. É o que ocorre neste caso, porque há, para o fato tão positivamente afirmado por uma testemunha que se diz ocular, uma impossibilidade material: é que a Sociedade suspende suas sessões de 15 de agosto a 1.º de outubro; que partindo de Paris no fim de agosto só voltei a 20 de outubro; consequentemente, que no mês de setembro eu estava em plena viagem. Como vedes, é um álibi dos mais autênticos.

Se, pois, a pessoa em questão levava nas espáduas a marca de bengaladas, e como não houve reunião em minha casa, ela as recebeu *alhures* e, não querendo dizer *onde nem como*, achou interessante acusar os Espíritos, o que era menos comprometedor e evitava qualquer explicação.

Meu caro senhor, dais realmente muita importância a essa historinha ridícula, pondo-a entre os atos da cruzada contra o Espiritismo. Há tantas dessa natureza que seria preciso não ter o que fazer para se dar ao trabalho de responder. A hostilidade traduz-se por atos mais sérios e que, entretanto, não são mais inquietantes. Tomais as diatribes dos nossos adversários muito a sério. Pensai, pois, que quanto mais se agitam para combater o Espiritismo, mais provam a sua importância. Se não passasse de mito ou sonho vão, não se inquietariam tanto. O que os torna tão furiosos e encarniçados contra ele é que o veem avançar contra o vento e a maré, e sentem apertar-se cada vez mais o círculo onde se movem.

Deixai, pois, os mal-intencionados inventarem histórias para boi dormir, e outros jogarem o veneno da calúnia, porque semelhantes meios são a prova de sua impotência para atacar com boas razões. Deles nada tem o Espiritismo a temer. Ao contrário, são as sombras que lhe destacam o brilho. Os mentirosos se desgastam com suas invenções, e os caluniadores com a vergonha que jorra sobre eles.

O Espiritismo tem o apanágio de todas as verdades novas que atiçam as paixões das pessoas cujas ideias e interesse elas podem ferir. Ora, vede se todas as grandes verdades que foram combatidas com o maior encarniçamento não superaram todos os obstáculos que lhes foram opostos; se uma só sucumbiu aos ataques de seus inimigos. As ideias novas que apenas tiveram um brilho passageiro caíram por si mesmas e porque não tinham em si a vitalidade que só a verdade pode dar. Estas foram menos atacadas, ao passo que as que prevaleceram o foram com mais violência.

Não penseis que a guerra movida contra o Espiritismo tenha chegado ao apogeu. Não. Ainda é preciso que certas coisas se realizem para abrir os olhos aos cegos. Não posso nem devo dizer mais no momento, porque não devo entravar a marcha necessária dos acontecimentos. Digo-vos, porém, enquanto esperamos: Quando ouvirdes declamações furibundas; quando virdes atos materiais de hostilidade, de qualquer parte de onde vierem, longe de vos abalardes, aplaudi-os tanto mais quanto mais repercussão tiverem. É um dos sinais anunciados do triunfo próximo.

Quanto aos verdadeiros espíritas, devem distinguir-se pela moderação e deixar aos antagonistas o triste privilégio das injúrias e das personalidades que nada provam, a não ser uma falta de habilidade, a princípio, e a penúria de boas razões a seguir.

Ainda algumas palavras, eu vos peço, para aproveitar a ocasião, sobre a conduta em relação aos adversários. Tanto é dever de todo bom espírita esclarecer aos que o procuram de boa-fé, quanto é inútil discutir com antagonistas de má-fé ou com ideia preconcebida, que por vezes estão mais convencidos do que parece, mas não querem confessá-lo. Com estes, toda polêmica é ociosa, porque ela não tem objetivo e não leva à mudança de opinião. Muita gente de boa vontade reclama para que não percamos tempo com os outros.

Tal é a linha de conduta que sempre aconselhei e tal a que eu mesmo segui invariavelmente, abstendo-me sempre de ceder às provocações que me foram feitas de descer à arena da controvérsia. Se por vezes respondo a certos ataques e afirmações errôneas, é para mostrar que não é a possibilidade de resposta que falta, e para dar aos espíritas meios de refutação, caso necessário. Aliás, há algumas que reservo para mais tarde. Como não tenho impaciência, tudo observo com calma e sangue frio. Espero confiante o momento oportuno, que sei que virá, deixando que os adversários se metam num beco sem saída.

A medida de suas agressões não está cheia. É preciso que se encha. O presente prepara o futuro. Até aqui não há qualquer objeção séria que não se ache refutada em meus escritos. Não posso, pois, senão enviar a eles, para me não repetir incessantemente com todos aqueles a quem agrada falar do que ignoram as primeiras palavras. Com quem não leu, ou se leu, tomou atitude premeditada, de pé atrás, contra o que é dito, toda discussão é supérflua.

As questões pessoais apagam-se ante a grandeza do objetivo e do conjunto do movimento irresistível que se opera nas ideias.

Pouco importa, pois, que este ou aquele seja contra o Espiritismo, quando se sabe que ninguém tem o poder de impedir a realização dos fatos. É o que a experiência confirma todos os dias.

Digo, pois, a todos os espíritas: Continuai a semear a ideia. Espalhai-a pela doçura e pela persuasão e deixai aos nossos antagonistas o monopólio da violência e da acrimônia a que só se recorre quando não se é bastante forte pelo raciocínio.

Vosso dedicado,

A. K.

EXAME DAS COMUNICAÇÕES MEDIÚNICAS QUE NOS ENVIAM

Muitas comunicações nos foram enviadas por diferentes grupos, já pedindo conselho e julgamento de suas tendências, já, como umas poucas, na esperança de publicação na *Revista*. Todas nos foram mandadas com a faculdade de dispormos das mesmas como melhor entendêssemos para o bem da causa. Fizemos o seu exame e classificação, e não fiquem admirados da impossibilidade de publicá-las todas, quando souberem que além das já publicadas, há mais de três mil e seiscentas que, por si sós, teriam absorvido cinco anos *completos da Revista*, sem contar um certo número de manuscritos mais ou menos volumosos dos quais falaremos adiante. A súmula desse exame nos fornecerá tema para algumas reflexões, que cada um poderá aproveitar.

Entre elas encontramos algumas notoriamente más, no fundo e na forma, evidente produto de Espíritos ignorantes, obsessores ou mistificadores e que juram pelos nomes mais ou menos pomposos com que as assinam. Publicá-las teria sido dar armas à crítica. Uma circunstância digna de nota é que a quase totalidade das comunicações dessa categoria emana de indivíduos isolados e não de grupos. Só a fascinação poderia levá-los a ser tomados a sério, e impedir se visse o lado ridículo. Como se sabe, o isolamento favorece a fascinação, ao passo que as reuniões encontram controle na pluralidade de opiniões.

Reconhecemos, contudo, com prazer, que as comunicações dessa natureza formam, na massa, uma pequena minoria. A maioria das outras encerra bons pensamentos e excelentes conselhos, mas não se negue que todas sejam boas para publicação, pelos motivos que vamos expor.

Os bons Espíritos ensinam mais ou menos a mesma coisa por toda parte, porque em toda parte há os mesmos vícios a reformar e as mesmas virtudes a pregar, e aí está um dos caracteres distintivos do Espiritismo, pois geralmente a diferença está apenas na maior ou menor correção e elegância de estilo.

Para apreciar as comunicações com vistas à publicidade, não se pode analisá-las de seu ponto de vista, mas do ponto de vista público. Compreendemos a satisfação que se experimenta ao obter algo de bom, sobretudo quando se começa, mas além de que certas pessoas podem ter ilusões relativamente ao mérito intrínseco, não se pensa que há centenas de outros lugares onde se obtêm coisas semelhantes, e o que é de poderoso interesse individual pode ser banalidade para a massa.

Além disto, é preciso considerar que de algum tempo para cá as comunicações adquiriram, sob todos os aspectos, proporções e qualidades que deixam muito para trás as que eram obtidas há alguns anos. Aquilo que então era admirado, parece pálido e mesquinho ao lado do que se obtém hoje. Na maioria dos centros realmente sérios, o ensino dos Espíritos cresceu com a compreensão do Espiritismo. Considerando-se que por toda parte são recebidas instruções mais ou menos idênticas, sua publicação poderá interessar apenas sob a condição de apresentar qualidades especiais, tanto na forma quanto no alcance instrutivo. Seria, pois, ilusão crer que toda mensagem deve encontrar leitores numerosos e entusiastas. Outrora, a menor conversa espírita era novidade e atraía a atenção. Hoje, que os espíritas e os médiuns são incontáveis, o que era uma raridade é um fato quase banal e habitual, e que foi distanciado pela amplidão e pelo alcance das comunicações atuais, assim como os deveres escolares o são pelo trabalho do adulto.

Temos sob nossas vistas a coleção de um jornal publicado no princípio das manifestações, sob o título de *La Table Parlante*, título característico da época. Diz-se que o jornal tinha de 1.500 a 1.800 assinantes, cifra enorme para aquela época. Ele continha uma porção de pequenas conversas familiares e fatos mediúnicos que então tinham o enorme atrativo da curiosidade. Aí procuramos inutilmente algo para reproduzir em nossa *Revista*. Tudo quanto tivéssemos escolhido, hoje seria pueril, sem interesse. Se esse jornal não tivesse desaparecido, por circunstâncias que não vêm ao caso, só poderia ter vivido com a condição de acompanhar o progresso da Ciência, e se reaparecesse agora nas mesmas condições, não teria cinquenta assinantes. Os espíritas são imensamente mais numerosos do que então, é verdade, mas são mais esclarecidos, e querem ensinamentos mais substanciais.

Se as comunicações emanassem de um único centro, sem dúvida os leitores multiplicar-se-iam em razão do número de adeptos, mas não se deve perder de vista que os focos que as produzem se contam por milhares, e que por toda parte onde são obtidas coisas superiores, não pode haver interesse pelo que é fraco e medíocre.

O que dizemos não é para desencorajar de fazer publicações. Longe disso. Mas para mostrar a necessidade de escolha rigorosa, condição *sine qua non* do sucesso. Elevando seus ensinamentos, os Espíritos no-los tornaram mais difíceis e mesmo exigentes. As publicações locais podem ter uma imensa utilidade, sob um duplo aspecto, o de espalhar nas massas o ensino dado na intimidade, depois o de mostrar a concordância que existe nesse ensino sobre diversos pontos. Aplaudiremos isto sempre, e os encorajaremos todas as vezes que elas forem feitas em boas condições.

Para começar, convém descartar tudo quanto, sendo de interesse privado, só interessa a quem isso diz respeito, e depois, tudo quanto é vulgar no estilo e nas ideias, ou pueril pelo assunto.

Uma coisa pode ser excelente em si mesma e muito boa para servir de instrução pessoal, mas o que deve ser entregue ao público exige condições especiais. Infelizmente o homem é inclinado a supor que tudo o que lhe agrada deve agradar aos outros. O mais hábil pode enganar-se. O essencial é enganar-se o menos possível. Há Espíritos que se comprazem em alimentar essa ilusão em certos médiuns, por isso nunca seria demais recomendar a eles que não confiem em seu próprio julgamento. É nisto que os grupos são úteis, pela multiplicidade de opiniões que podem ser colhidas. Aquele que, neste caso, recusasse a opinião da maioria, julgando-se mais esclarecido que todos, provaria sobejamente a má influência sob a qual se acha.

Aplicando estes princípios de ecletismo às comunicações que nos enviaram, diremos que em 3.600, há mais de 3.000 que são de uma moralidade irreprochável, e excelentes como fundo, mas que desse número não há 300 para publicidade, e apenas cem de um mérito incontesta. Considerando-se que essas comunicações vieram de muitos pontos diferentes, inferimos que a proporção deve ser mais ou menos geral. Por aí pode-se julgar da necessidade de não publicar inconsideradamente tudo quanto vem dos Espíritos, se quisermos atingir o objetivo a que nos propomos, tanto do ponto de vista material quanto do efeito moral e da opinião que os indiferentes possam fazer do Espiritismo.

Resta-nos dizer algumas palavras sobre os manuscritos ou trabalhos de fôlego que nos mandaram, entre os quais, de trinta, encontramos cinco ou seis de real valor.

No mundo invisível, como na Terra, não faltam escritores, mas os bons são raros. Tal Espírito é apto a ditar uma boa comunicação isolada; a dar excelente conselho particular, mas é incapaz de um trabalho de conjunto completo, que suporte um exame, sejam quais forem suas pretensões. Por outro lado, o nome com o qual ele se compraz em disfarçar-se, não é uma garantia. Quanto mais alto o nome, mais obriga. Ora, é mais fácil tomar um nome do que justificá-lo. Eis por que, ao lado de alguns bons pensamentos, encontram-se, por vezes, ideias excêntricas e os traços menos equívocos da mais profunda ignorância. É nestas espécies de trabalhos mediúnicos que temos notado mais sinais de obsessão, dos quais um dos mais frequentes é a injunção da parte do Espírito de fazê-los imprimir, e mais de um pensa equivocadamente que tal recomendação basta para encontrar um editor interessado no negócio.

É sobretudo em semelhante caso que um exame escrupuloso se torna necessário, se não nos quisermos expor a aprender às nossas custas. Além do mais, é o melhor meio de afastar os Espíritos presunçosos e pseudossábios, que invariavelmente se retiram, quando não encontram instrumentos dóceis a quem façam aceitar suas palavras como artigos de fé. A intromissão desses Espíritos nas comunicações é – e isto é um fato conhecido – o maior escolho do Espiritismo. Todas as precauções são poucas para evitar as publicações lamentáveis. Em tais casos, mais vale pecar por excesso de prudência, no interesse da causa.

Em resumo, publicando comunicações dignas de interesse, faz-se uma coisa útil. Publicando as que são fracas, insignificantes ou más, faz-se mais mal do que bem.

Uma consideração não menos importante é a da oportunidade. Umas há cuja publicação é intempestiva, e por isso prejudicial. Cada coisa deve vir a seu tempo. Várias delas que nos são dirigidas estão neste caso e, posto que muito boas, devem ser adiadas. Quanto às outras, acharão seu lugar conforme as circunstâncias e o seu objetivo.

PERGUNTAS E PROBLEMAS
OS ESPÍRITOS INCRÉDULOS E MATERIALISTAS

(SOCIEDADE ESPÍRITA DE PARIS, 27 DE MARÇO DE 1863)

Pergunta: – Na evocação do Sr. Viennois, feita na última sessão, encontra-se esta frase: "Vossa prece comoveu muitos Espíritos levianos e *incrédulos*." Como podem os Espíritos ser incrédulos? O meio em que se acham não é a negação da incredulidade?

Pedimos aos Espíritos que quiserem comunicar-se, que tratem desta questão, se a julgarem propositada.

Resposta (Médium, Sr. d'Ambel): – A explicação que me pedis não está toda escrita ao longo de vossas obras? Perguntais por que os *Espíritos incrédulos* ficaram comovidos. Mas vós mesmo não tendes dito que os Espíritos que se achavam na erraticidade aí haviam entrado com suas aptidões, conhecimentos e maneira de ver antigos? Meus Deus! Sou ainda muito noviço para resolver a vosso contento as questões espinhosas da doutrina. Não obstante, posso, por experiência, por assim dizer recentemente adquirida, responder às questões sobre fatos. No mundo em que habitais, acreditava-se geralmente que a morte vem de repente modificar a opinião dos que partem, e que a venda da incredulidade é violentamente arrancada aos que na Terra negavam Deus. Aí está o erro, porque a punição começa justamente, para esses, em permanecer na mesma incerteza relativamente ao Senhor de todas as coisas e conservar a mesma dúvida da Terra. Não, crede-me, a vista obscurecida da inteligência humana não percebe a luz instantaneamente. Procede-se, na erraticidade, pelo menos com tanta prudência quanto na Terra, e não são projetados os raios da luz elétrica sobre os olhos dos doentes a fim de curá-los.

A passagem da vida terrena à espiritual oferece, é certo, um período de confusão e de turbação para a maioria dos que desencarnam, mas há alguns, já em vida desprendidos dos bens terrenos, que realizam essa transição tão facilmente como uma pomba que se eleva nos ares. É fácil vos dardes conta dessa diferença examinando os hábitos dos viajantes que embarcam para atravessar os oceanos. Para alguns a viagem é um prazer; para a maioria é um sofrimento vulgar, mas afligente, que durará até o desembarque. Pois bem! É isso que acontece, por assim dizer, para quem viaja da Terra para o mundo dos Espíritos. Alguns se desprendem rapidamente, sem sofrimento e sem perturbação, ao passo que outros são submetidos ao mal da travessia etérea. Mas acontece o seguinte: Assim como os viajantes que desembarcam em terra, ao sair do navio, recobram o aprumo e a saúde, também o Espírito que transpôs todos os obstáculos da morte acaba por se achar, como no seu ponto de partida, com a consciência límpida e clara de sua individualidade.

É certo, portanto, meu caro senhor Kardec, que os incrédulos e os materialistas absolutos conservam sua opinião além do túmulo, até o momento em que a razão ou a graça tiver despertado em seu coração o pensamento verdadeiro ali escondido. Daí essa difusão de ideias nas manifestações e essa divergência nas comunicações dos Espíritos de Além-Túmulo. Daí alguns ditados ainda manchados de *ateísmo* ou de *panteísmo*.

Permiti-me, ao terminar, voltar às questões que me são pessoais. Eu vos agradeço por me terdes evocado. Isto me ajudou a reconhecer-me. Agradeço-vos também as consolações dirigidas à minha mulher e vos peço continueis vossas

186 | REVISTA ESPÍRITA

boas exortações em relação a ela, a fim de sustentá-la nas provas que a esperam. Quanto a mim, estarei sempre junto a ela e inspirá-la-ei.

VIENNOIS

Pergunta: – Compreende-se a incredulidade em certos Espíritos, mas não se compreenderia o materialismo, pois seu estado é um protesto contra o reino absoluto da matéria e o nada após a morte.

Resposta: (Médium, Sr. d'Ambel) – Só uma palavra: Todos os corpos sólidos ou fluídicos pertencem à substância material, isto está bem demonstrado. Ora, os que em vida só admitiam um princípio na Natureza – a matéria – muitas vezes não percebem, mesmo após a morte, senão esse princípio único, absoluto.

Se refletísseis sobre os pensamentos que os dominaram por toda sua vida, certamente encontrá-los-íeis, ainda hoje, sob o inteiro domínio dos mesmos pensamentos. Outrora eles se consideravam como corpos sólidos; hoje se olham como corpos fluídicos, eis tudo. Notai bem, eu vos peço, que eles se apercebem sob uma forma claramente circunscrita, embora vaporosa, mas idêntica à que tinham na Terra, em estado sólido ou humano, de sorte que eles não veem em seu novo estado senão uma transformação de seu ser naquele em que não tinham pensado, mas ficam convencidos de que é um encaminhamento para o fim a que chegarão, quando estiverem suficientemente desprendidos, para se dissolverem no grande todo universal. Nada mais teimoso do que um sábio, e eles persistem a pensar que, nem por ser demorado, esse fim é menos inevitável.

Uma das condições de sua cegueira moral é a de encerrá-los mais violentamente nos laços da materialidade e, consequentemente, de impedi-los de se afastarem das regiões terrestres ou similares à Terra. E da mesma forma que a grande maioria dos encarnados aprisionados na carne não podem perceber as formas vaporosas dos Espíritos que os cercam, também a opacidade do envoltório dos materialistas lhes veda a contemplação das entidades espirituais que se movem, tão belas e tão radiosas, nas altas esferas do império celeste.

ERASTO.

Outra: (Médium, Sr. A. Didier) – A dúvida é a causa das penas e muitas vezes dos erros deste mundo. Ao contrário, o conhecimento do Espiritualismo causa as penas e os erros dos Espíritos.

Onde estaria o castigo se os Espíritos não reconhecessem os seus erros pela consequência, que é a realidade penitenciária da outra vida? Onde estaria o seu castigo se sua alma e seu coração não sentissem todo o erro do cepticismo terreno e o nada da matéria? O Espírito vê o Espírito como a carne vê a carne. O erro do Espírito não é o erro da carne, e o homem materialista que aqui duvidou não mais duvida lá em cima.

O suplício dos materialistas é lamentar as alegrias e as satisfações terrenas, eles que ainda não podem compreender nem sentir as alegrias e as perfeições da alma. E vede o rebaixamento moral desses Espíritos que vivem completamente na esterilidade moral e física, de lamentar esses bens que momentaneamente constituíram a sua alegria e atualmente constituem o seu suplício.

Agora, é verdade que sem ser materialista pela satisfação de suas paixões terrenas, pode-se sê-lo mais no campo das ideias e do espírito do que nos atos da vida. É o que se chama livres-pensadores, e são esses que não ousam aprofundar a causa de sua existência.

Esses, no outro mundo, serão igualmente punidos. Eles nadam na verdade, mas não são por ela penetrados. Seu orgulho abatido os faz sofrer, e eles lamentam aqueles dias terrenos em que, ao menos, tinham liberdade de duvidar.

LAMENNAIS

OBSERVAÇÃO: À primeira vista, esta apreciação parece em contradição com a de Erasto. Este admite que certos Espíritos podem conservar as ideias materialistas, enquanto Lamennais pensa que essas ideias são apenas o pesar dos prazeres materiais, mas que esses Espíritos estão perfeitamente esclarecidos quanto ao seu estado espiritual. Os fatos parecem vir em apoio à opinião de Erasto. Se vemos Espíritos que mesmo muito depois da morte *ainda se julgam vivos, vagam ou creem vagar nas ocupações terrenas*, é que eles têm completa ilusão quanto à sua posição e não se dão conta de seu estado espiritual. Se não se julgam mortos, não seria de admirar que tivessem conservado a ideia do nada após a morte, que para eles ainda não veio. Foi sem dúvida neste sentido que quis falar Erasto.

Resposta: – Evidentemente eles têm a ideia do nada, mas é uma questão de tempo. Chega o momento em que no alto se rompe o véu e as ideias materialistas se tornam inaceitáveis. A resposta de Erasto se refere a fatos particulares e momentâneos. Eu não falava senão de fatos gerais e definidos.

LAMENNAIS.

OBSERVAÇÃO: A divergência era apenas aparente e provinha do ponto de vista a partir do qual cada um encarava a questão. É evidente que um Espírito não pode ficar perpetuamente materialista. Perguntávamos se essa ideia seria necessariamente destruída logo após a morte. Ora, ambos os Espíritos são concordes nesse ponto, pronunciando-se pela negativa. Acrescentemos que a persistência da dúvida sobre o futuro é um castigo para o Espírito incrédulo. É para ele uma tortura tanto mais pungente quando não tem as preocupações terrenas para distraí-lo.

NOTÍCIA BIBLIOGRÁFICA

Multiplicam-se as publicações espíritas e, como temos dito, nosso encorajamento tem contagiado todas aquelas que ultimamente podem servir à causa que defendemos. São outras tantas vozes que se elevam e servem para espalhar a ideia sob diferentes formas. Se não demos nossa opinião sobre certas obras mais ou menos importantes que tratam de matéria análoga, é que, receoso de que vissem nisso um sentimento de parcialidade, preferimos deixar que a opinião se formasse por si mesma. Ora, vemos que a da maioria confirmou a nossa. Por nossa posição, devemos ser sóbrio em apreciações no gênero, sobretudo quando a aprovação não pode ser absoluta. Ficando neutro, não nos acusarão de ter exercido uma pressão desfavorável, e se o sucesso não corresponder à expectativa, não nos poderão culpar por isso.

Entre as publicações recentes, que temos a satisfação de recomendar sem restrições, lembraremos principalmente as duas pequenas brochuras anunciadas em nosso *último número*, sob os títulos de *Espiritismo sem os Espíritos* e *A Verdade sobre o Espiritismo experimental* nos grupos, por um espírita teórico, sobre as quais mantemos a opinião já emitida, dizendo que, num quadro restrito, o autor tinha sabido resumir os verdadeiros princípios do Espiritismo com notável precisão e num estilo atraente. Na relativa aos grupos, os curiosos e os incrédulos encontrarão uma excelente lição sobre a maneira conveniente de observar o que se passa nos grupos sérios. – Preço: 50 cêntimos cada um; 60 cêntimos pelo correio. – Livraria Dentu, Palais-Royal.

Também não podemos omitir o jornal *La Verité,* publicado em Lyon, sob a direção do Sr. Edoux, que igualmente anunciamos. A falta de espaço força-nos a nos limitarmos a dizer que é um novo campeão que parece ser olhado de soslaio, no campo adverso. Ele marcou sua estreia por vários artigos de elevado alcance, assinados *Philoléthès,* entre os quais destacam-se os intitulados: *Fundamento do Espiritismo*; o *Perispírito ante as tradições; O Perispírito ante a Filosofia e a História* etc. Eles denotam uma pena exercitada, apoiando-se numa lógica rigorosa e que pode, perseverando nessa via, dar trabalho aos nossos antagonistas, sem sair da linha de moderação que parece ser a divisa desse jornal, como a nossa. É pela lógica que se deve combater, e não pelas personalidades, injúrias e represálias.

ALLAN KARDEC

Em breve Bordéus terá a sua *Revista* especial, que seremos felizes por ajudar com nossos conselhos, pois insistiram em no-los pedir. Se, como não duvidamos, ela seguir a via da sabedoria e da prudência, não deixará de ter o apoio de todos os verdadeiros espíritas, dos que veem o interesse da causa acima das questões pessoais, de interesse ou de amor-próprio. É por esses, bem se sabe, que nossas simpatias são conquistadas. A abnegação da personalidade, o desinteresse moral e material, a prática da lei do amor e da caridade serão sempre os sinais distintivos daqueles para quem o Espiritismo não é só uma crença estéril nesta vida e na outra, mas uma fé fecunda.

O jornal *Courrier de la Moselle*, de Metz, de 11 de abril de 1863, traz excelente e notável artigo assinado por *Um espírita de Metz,* refutando os casos de loucura atribuídos ao Espiritismo. Gostamos de ver os espíritas que entram na liça, opondo a fria e severa lógica dos fatos às diatribes de seus adversários. Citaremos algumas de suas passagens que a falta de espaço nos força a transferirmos para o próximo número.

REVISTA ESPÍRITA

JORNAL DE ESTUDOS PSICOLÓGICOS

ANO VI	JUNHO DE 1863	VOL. 6

DO PRINCÍPIO DA NÃO RETROGRADAÇÃO DOS ESPÍRITOS

Tendo sido várias vezes levantadas questões sobre o princípio da não retrogradação dos Espíritos, princípio diversamente interpretado, vamos tentar resolvê-las. O Espiritismo quer ser claro para todos e não deixar aos seus futuros seguidores nenhum motivo para discussão de palavras, por isso todos os pontos suscetíveis de interpretação serão elucidados sucessivamente.

Os Espíritos não retrogradam, no sentido de que nada perdem do progresso realizado. Eles podem ficar momentaneamente estacionários, mas de bons não podem tornar-se maus, nem de sábios, ignorantes. Tal é o princípio geral, que só se aplica ao estado moral e não à situação material, que de boa pode tornar-se má, se o Espírito a tiver merecido.

Façamos uma comparação. Suponhamos um homem do mundo, instruído, mas culpado de um crime que o conduz às galés. Certamente há para ele uma grande descida como posição social e como bem-estar material. À estima e à consideração sucederam o desprezo e a abjeção. Entretanto, ele nada perdeu quanto ao desenvolvimento da inteligência. Levará à prisão as suas faculdades, os seus talentos, os seus conhecimentos. É um homem decaído, e é assim que devem ser compreendidos os Espíritos decaídos. Deus pode, pois, ao cabo de certo tempo de prova, retirar de um mundo onde não terão progredido moralmente, aqueles que o tiverem *desconhecido*, que se tiverem rebelado contra as suas leis, mandando que expiem os seus erros e o seu endurecimento num mundo inferior, entre seres ainda menos adiantados. Aí serão o que eram antes, moral e intelectualmente, mas numa condição infinitamente mais penosa, pela própria natureza do globo, e sobretudo pelo meio no qual se acharem. Numa palavra, estarão na posição de um homem civilizado forçado a viver entre os selvagens, ou de um homem educado condenado à sociedade dos forçados. Eles perderam sua posição e suas vantagens, mas não regrediram ao estado primitivo. De adultos, não se tornaram crianças. Eis o que se deve entender pela não retrogradação. Não tendo aproveitado o tempo, é para eles um trabalho a recomeçar. Em sua bondade, Deus não quer deixá-los por mais tempo entre os bons, cuja paz perturbam, e é por isto que ele os envia para viverem entre homens que eles terão por missão fazer com que progridam, ensinando-lhes o que sabem. Por esse trabalho eles próprios poderão adiantar-se e se regenerarem, expiando as faltas passadas, como o escravo que economiza pouco a pouco para um dia comprar sua liberdade. Mas, como o escravo, muitos só economizam dinheiro, em vez de amontoar virtudes, as únicas que podem pagar seu resgate.

Esta tem sido, até agora, a situação de nossa Terra, mundo de expiação e de provas, onde a raça adâmica, raça inteligente, foi exilada entre as raças primitivas inferiores que a habitavam antes dela. Tal a razão pela qual há tantas amarguras aqui, amarguras que estão longe de sentir no mesmo grau os povos selvagens.

Há, certamente, retrogradação do Espírito no sentido de que retarda seu progresso, mas não do ponto de vista de suas aquisições, em razão das quais e do desenvolvimento de sua inteligência, sua degradação social lhe é mais penosa. É assim que o homem do mundo sofre mais num meio abjeto do que aquele que sempre viveu na lama.

Segundo um sistema que tem algo de especioso à primeira vista, os Espíritos não teriam sido criados para se encarnarem e a encarnação não seria senão o resultado de sua falta. Tal sistema cai pela mera consideração de que se nenhum Espírito tivesse falido, não haveria homens na Terra, nem em outros mundos. Ora, como a presença do homem é necessária para o melhoramento material dos mundos; como ele concorre por sua inteligência e sua atividade para a obra geral, ele é uma das engrenagens essenciais da Criação. Deus não podia subordinar a realização dessa parte de sua obra à queda eventual de suas criaturas, a menos que contasse para tanto com um número sempre suficiente de culpados para fornecer operários aos mundos criados e por criar. O bom senso repele tal ideia.

A encarnação é, pois, uma necessidade para o Espírito que, realizando a sua missão providencial, trabalha para seu próprio adiantamento pela atividade e pela inteligência que ele deve desenvolver a fim de prover à sua vida e ao seu bem-estar. Mas a encarnação torna-se uma punição quando, não tendo feito o que devia, o Espírito é constrangido a recomeçar sua tarefa e multiplica suas existências corpóreas penosas por sua própria culpa. Um estudante só é graduado após ter passado por todas as classes. Essas classes são um castigo? Não. Elas são uma necessidade, uma condição indispensável ao seu avanço. Mas se, pela preguiça, for obrigado a repeti-las, aí é uma punição. Ser aprovado em algumas é um mérito. O que é certo, portanto, é que a encarnação na Terra é uma punição para muitos que a habitam, porque poderiam tê-la evitado, ao passo que eles talvez a tenham duplicado, triplicado, centuplicado, por sua própria culpa, assim retardando sua entrada em mundos melhores. O que é errado é admitir, em princípio, a encarnação como um castigo.

Outra questão muitas vezes discutida é esta: Como o Espírito foi criado simples e ignorante, com a liberdade de fazer o bem ou o mal, não teria ele uma queda moral quando toma o mau caminho, considerando-se que chega a fazer o mal que não fazia antes?

Esta proposição não é mais sustentável que a precedente, porquanto só há queda na passagem de um estado relativamente bom a um pior. Ora, criado simples e ignorante, o Espírito está, em sua origem, num estado de nulidade moral e intelectual, como a criança que acaba de nascer. Se não fez o mal, também não fez o bem; não é feliz nem infeliz; age sem consciência e sem responsabilidade. Como nada tem, nada pode perder, nem pode retrogradar. Sua responsabilidade só começa no momento em que se desenvolve o seu livre-arbítrio. Seu estado primitivo não é, pois, um estado de inocência inteligente e raciocinada. Consequentemente, o mal que fizer mais tarde, infringindo as leis de Deus e abusando das faculdades que lhe foram dadas, não é um retorno do bem ao mal, mas a consequência do mau caminho por onde entrou.

Isto nos conduz a outra questão. Nero, por exemplo, enquanto encarnado como Nero, pode ter cometido mais maldades do que na sua precedente encarnação? A isto respondemos sim, o que não implica que na existência em que tivesse feito menos mal ele fosse melhor. Para começar, o mal pode mudar de forma sem ser um mal maior ou menor. A posição de Nero, como imperador, tendo-o posto em evidência, permitiu que seus atos fossem mais notados. Numa existência obscura ele pode ter cometido atos igualmente repreensíveis, posto que em menor escala, e que passaram despercebidos. Como soberano, ele pôde mandar incendiar uma cidade. Como uma pessoa comum, pôde queimar uma casa e fazer perecer a família. Um assassino vulgar que mata alguns viajantes para despojá-los, se estivesse no trono seria um tirano sanguinário, fazendo em grande escala o que a posição só lhe permite fazer em escala reduzida.

Considerando a questão sob outro ponto de vista, diremos que um homem pode fazer mais mal numa existência que na precedente, mostrar vícios que não tinha, sem que isto implique uma degeneração moral. Muitas vezes são as ocasiões que faltam para fazer o mal. Quando o princípio existe em estado latente, vem a ocasião e os maus instintos se desvelam.

A vida ordinária nos oferece numerosos exemplos dessa ordem: Um homem que era tido como bom, de repente revela vícios que ninguém suspeitava, e que causam admiração. É simplesmente porque soube dissimular, ou porque uma causa provocou o desenvolvimento de um mau germe. É bem certo que aquele em quem os bons sentimentos estão fortemente arraigados não tem nem mesmo o pensamento do mal. Quando tal pensamento existe, é que o germe existe. Frequentemente apenas falta a execução.

Depois, como dissemos, o mal, posto que sob diferentes formas, não deixa de ser o mal. O mesmo princípio vicioso pode ser a fonte de uma porção de atos diversos, provenientes de uma mesma causa. O orgulho, por exemplo, pode fazer cometer um grande número de faltas, às quais se está exposto, enquanto o princípio radical não for extirpado. Um homem pode, pois, numa existência, ter defeitos que não teria manifestado numa outra e que não são senão consequências várias de um mesmo princípio vicioso.

Para nós, Nero é um monstro, porque cometeu atrocidades. Mas é crível que esses homens pérfidos, hipócritas, verdadeiras víboras que semeiam o veneno da calúnia, despojam as famílias pela astúcia e pelo abuso de confiança, que cobrem suas torpezas com a máscara da virtude para chegarem com mais segurança a seus fins e receberem elogios quando só merecem a execração, é crível, dizíamos nós, que eles sejam melhores do que Nero? Certamente não. Serem reencarnados num Nero, para eles não seria uma regressão, mas uma ocasião para se mostrarem sob nova face. Nessa condição, eles exibirão os vícios que ocultavam. Ousarão fazer pela força o que faziam pela astúcia, eis toda a diferença. Mas essa nova prova não lhes tornará o castigo senão mais terrível se, em vez de aproveitar os meios que lhes são dados para reparar, deles se servem para o mal. Entretanto, cada existência, por pior que seja, é uma ocasião de progresso para o Espírito. Ele desenvolve a inteligência e adquire experiência e conhecimentos que mais tarde o ajudarão a progredir moralmente.

ALGUMAS REFUTAÇÕES

(SEGUNDO ARTIGO – VIDE O NÚMERO DE MAIO)

Toda ideia nova tem contra si, necessariamente, todos aqueles cujas opiniões e interesses ela contraria. Alguns julgam que as da Igreja estão comprometidas – pensamos que não, mas nossa opinião não é lei – por isso nos atacam em seu nome com um furor ao qual só faltam as grandes execuções da Idade Média. Os sermões, as instruções pastorais lançam raios para todos os lados. As brochuras e artigos de jornais chovem como granizo, na maioria com um cinismo de expressões pouco evangélico. Em vários deles é uma raiva que beira o frenesi. Por que, então, essa exibição de força e tanta cólera? Porque dizemos que Deus perdoa ao arrependimento e as penas só serão eternas para os que jamais se arrependerem; e porque proclamamos a clemência e a bondade de Deus, somos heréticos votados à execração, e a Sociedade está perdida. Apontam-nos como perturbadores; convidam as autoridades a nos perseguirem em nome da moral e da ordem pública e acham que deixando-nos tranquilos elas não cumprem o seu dever!

Aqui se apresenta um problema interessante. Pergunta-se por que esse desencadeamento contra o Espiritismo, e não contra tantas outras teorias filosóficas ou religiosas muito menos

196 | REVISTA ESPÍRITA

ortodoxas. A Igreja fulminou o materialismo, que tudo nega, como o faz contra o Espiritismo, que se limita à interpretação de alguns dogmas? Esses dogmas e muitos outros não foram tantas vezes negados, discutidos, controvertidos numa porção de escritos que ela deixa passar despercebidos? Os princípios fundamentais da fé: Deus, a alma e a imortalidade, não foram publicamente atacados sem que ela se movesse? Jamais o sansimonismo, o fourierismo, a própria igreja do Padre Chatel levantaram tanta cólera, sem falar de outras seitas menos conhecidas, tais como os *fusionistas*, cujo chefe acaba de falecer, que têm um culto, seu jornal, e não admitem a divindade do Cristo; e os *católicos apostólicos*, que não reconhecem o papa; que têm seus padres e bispos casados, suas igrejas em Paris e nas províncias, onde batizam, casam e encomendam os mortos. Por que, então, o Espiritismo, que não tem culto nem igreja, e cujos padres só existem na imaginação, levanta tanta animosidade? Coisa bizarra! O partido religioso e o partido materialista, que são a negação um do outro, se dão as mãos para nos *pulverizar*, segundo dizem. O espírito humano apresenta realmente singulares originalidades, quando enceguecido pela paixão, e a história do Espiritismo terá coisas divertidas para registrar.

A resposta está inteira nesta conclusão da brochura do Rev. Pe. Nampon[1]:

"Em geral, nada é mais *abjeto, mais degradado, mais vazio de fundo e de atrativo na forma que tais publicações, cujo sucesso fabuloso é um dos sintomas mais alarmantes de nossa época*. Destruí-os, pois, e com isso nada perdereis. Com o dinheiro gasto em Lyon para essas inépcias, facilmente se teriam construído mais leitos nos hospícios de alienados, superlotados desde a invasão do Espiritismo. E que faremos dessas brochuras malsãs? Faremos delas *o mesmo* que fez o grande apóstolo em Éfeso, e dessa maneira conservaremos em nosso meio o império da razão e da fé, e preservaremos as vítimas dessas lamentáveis ilusões de uma porção de decepções na vida presente e das chamas da eternidade infeliz."

Esse *sucesso fabuloso* é que confunde os nossos adversários. Eles não podem compreender a inutilidade de tudo o que fazem

---

[1] Sermão pregado na igreja primacial de São João Batista, em presença de S. Eminência o Cardeal Arcebispo de Lyon, a 14 e 21 de dezembro, pelo Rev. Pe. Nampon, da Companhia de Jesus, pregador do Advento.

para travar essa ideia que desliza sobre suas armadilhas, se reergue sob seus golpes e prossegue sua marcha ascendente sem se preocupar com as pedras que lhe atiram. Isto é um fato indiscutível e constatado muitas vezes pelos adversários desta ou daquela categoria, em suas prédicas e publicações. Todos deploram o *progresso incrível desta epidemia que ataca até homens de ciência, médicos e magistrados*. Na verdade, é preciso voltar do Texas para dizer que o Espiritismo está morto e ninguém mais dele fala. (Ver o artigo "Sermões contra o Espiritismo, na *Revista* de fevereiro de 1863).

O que fazemos para triunfar? Vamos pregar o Espiritismo nas praças? Convocamos o público para as nossas reuniões? Temos nossos missionários de propaganda? Temos o apoio da imprensa? Temos, enfim, todos os meios de ação ostensivos e *secretos* que possuís e usais largamente? Não. Para recrutar partidários temos mil vezes menos trabalho do que vós para desviá-los. Contentamo-nos em dizer: "Lede, e se isto vos convém, voltai a nós." Fazemos mais, dizendo: "Lede os prós e os contras e comparai." Respondemos aos vossos ataques sem fel, sem animosidade, sem azedume, porque não temos cólera. Longe de nos lamentarmos da vossa, nós a aplaudimos, porque ela serve à nossa causa.

Eis, entre milhares, uma prova da força persuasiva dos argumentos dos nossos adversários:

Um senhor que acaba de escrever à Sociedade de Paris pedindo para dela fazer parte, assim começa sua carta: "A leitura de *A questão do sobrenatural, os mortos e os vivos*, do Pe. Matignon; de *A questão dos Espíritos*, do Sr. de Mirville; do *Espírito batedor,* do Dr. Bronson, e, enfim, de diversos artigos contra o Espiritismo, não fizeram mais do que atrair-me completamente para a doutrina de *O Livro dos Espíritos*, e me deram o mais vivo desejo de fazer parte da Sociedade Espírita de Paris, para poder continuar o estudo do Espiritismo de maneira mais seguida e mais frutífera."

Por vezes a paixão cega a ponto de fazer cometer singulares inconsequências. Na passagem citada acima, o Rev. Pe. Nampon diz que *"nada é mais vazio de fundo e de atrativo na forma que tais publicações, cujo sucesso fabuloso etc."* Ele não percebe que essas duas proposições se destroem reciprocamente. Uma coisa sem atrativo não teria qualquer sucesso, porque só terá sucesso com a condição de ter atrativo, com mais forte razão quando o sucesso é fabuloso.

198 | REVISTA ESPÍRITA

Ele acrescenta que com o dinheiro gasto em Lyon com essas inépcias, facilmente teriam sido *construídos* mais leitos nos hospícios de alienados daquela cidade, superlotados desde a invasão do Espiritismo. É verdade que teriam sido precisos trinta a quarenta mil leitos, só em Lyon, porque todos os espíritas são loucos. Por outro lado, desde que são *inépcias*, não têm nenhum valor. Por que então lhes dar as honras de tantos sermões, mandamentos e brochuras? Sobre essa questão de emprego do dinheiro, sabemos que em Lyon muita gente, certamente inconformada, achava que os dois milhões fornecidos por essa cidade ao chanceler de São Pedro, teriam dado pão a muitos operários infelizes durante o inverno, ao passo que a leitura dos livros espíritas lhes deu coragem e resignação para suportar sua miséria sem revolta.

O Pe. Nampon não é feliz em suas citações. Numa passagem de *O Livro dos Espíritos* ele nos faz dizer: "Há tanta distância entre a alma do animal e a alma do homem, *quanto entre a alma do homem e a alma de Deus.*" (N.º 597). Nós dissemos: "...*quanto entre a alma do homem e Deus*", o que é muito diferente. A *alma de Deus* implica uma espécie de assimilação entre Deus e as criaturas corpóreas. Compreende-se a omissão de uma palavra por inadvertência ou erro tipográfico, mas não se acrescenta uma palavra sem intenção. Por que essa adição, que desnatura o sentido do pensamento, senão para nos dar um tom materialista aos olhos dos que se contentarem em ler a citação sem verificá-la no original? Um livro que apareceu pouco antes de *O Livro dos Espíritos*, e que contém toda uma teoria teogônica e cosmogônica, faz de Deus um ser muito diversamente material, porque o faz composto de todos os globos do Universo, moléculas do ser universal que tem um estômago, come e digere, e de cuja digestão os homens são o mau produto. Contudo, nem uma palavra foi dita para combatê-lo. Todas as cóleras se concentraram sobre O *Livro dos Espíritos*. Será, talvez, porque em seis anos chegou à décima edição e espalhou-se em todos os países do mundo?

Não se contentam em criticar, mas truncam e desnaturam as máximas, para acrescentar ao *horror que deve inspirar essa abominável doutrina*, e nos pôr em contradição conosco mesmo. É assim que o Pe. Nampon cita uma frase da introdução de *O Livro dos Espíritos*, pág. XXXIII, dizendo: "*Certas pessoas, dizeis vós mesmo, entregando-se a esses estudos, perderam a razão.*" Temos assim o ar de reconhecer que o Espiritismo conduz à loucura, ao passo que, lendo todo o § XV, a acusação cai precisamente sobre aqueles que a lançam. É assim que, tomando um fragmento de uma frase de um autor, poder-se-ia "levá-lo à força". Os mais sagrados autores não escapariam a essa dissecção. É com esse sistema que certos críticos esperam mudar as tendências do Espiritismo e fazer crer que ele preconiza o *aborto,* o *adultério, o suicídio*, quando ele demonstra peremptoriamente a sua criminalidade e as funestas consequências para o futuro.

O Pe. Nampon chega, até, a apropriar-se de citações feitas com o objetivo de refutar certas ideias. Diz ele: "O autor às vezes chama Jesus Cristo Homem-Deus; mas alhures (*Livro do Médiuns*, item 259), num diálogo com um *médium* que, tomando o nome de Jesus, lhe dizia: "Eu não sou Deus, mas sou seu filho", logo replica: "Então vós sois Jesus?" Sim, acrescenta o Pe. Nampon, Jesus é chamado Filho de Deus; é pois, num sentido ariano, e sem ser por isto consubstancial ao Pai."

Para começar, não era o *médium* que se dizia Jesus, mas um Espírito, o que é muito diferente, e a citação é precisamente feita para mostrar a velhacaria de certos Espíritos e manter os médiuns em guarda contra seus subterfúgios.

Vós pretendeis que o Espiritismo negue a divindade do Cristo. Onde vistes tal proposição formulada em princípio? É, dizeis vós, a consequência de toda a doutrina. Ah! Se entrarmos no terreno das interpretações, poderemos ir mais longe do que quereis. Se disséssemos, por exemplo, que o Cristo não tinha chegado à perfeição; que tinha tido necessidade das provas da vida corpórea para progredir; que a sua paixão lhe tinha sido necessária para subir em glória, teríeis razão, porque dele faríamos nem mesmo um *Espírito puro*, enviado à Terra com missão divina, mas um simples mortal, a quem era necessário o sofrimento a fim de progredir. Onde encontrais que tenhamos dito isto? Então! Aquilo que jamais dissemos, que jamais diremos, sois vós que dizeis.

Há algum tempo, vimos, no parlatório de uma casa religiosa de Paris, a seguinte inscrição, impressa em letras grandes e afixada para instrução de todos: *"Foi preciso que o Cristo sofresse para entrar na sua glória, e não foi senão depois de haver bebido a longos sorvos na torrente da tribulação e do sofrimento que ele foi elevado ao mais alto dos céus."* (Salmo 109, v. 7.) É o comentário desse versículo, cujo texto é: *"Ele beberá no caminho a água da torrente e em consequência disso*

200 | REVISTA ESPÍRITA

erguerá sua cabeça *(De torrente in via bibet: propterea exultabit caput).*" Se, pois, "FOI PRECISO *que o Cristo sofresse para entrar na sua glória; se* ELE NÃO PÔDE *ser elevado ao mais alto dos céus senão pelas tribulações e pelo sofrimento*", é que antes nem estava na glória, nem no mais alto dos céus, isto é, não estava com Deus. Seus sofrimentos não eram, pois, só em proveito da Humanidade, porque necessários ao seu próprio adiantamento. Dizer que o Cristo tinha necessidade de sofrer para elevar-se é dizer que não era perfeito antes de sua vinda. Não conhecemos protesto mais enérgico contra a sua divindade. Se tal é o sentido do versículo do salmo que se canta às Vésperas, todos os domingos cantam a não divindade do Cristo.

Com o sistema de interpretação vai-se muito longe, dizíamos nós. Se quiséssemos citar as de alguns concílios sobre este outro versículo: "*O Senhor está à vossa direita; ele quebrará os reis no dia de sua cólera*", será fácil provar que daí foi tirada a justificação do regicídio.

"A vida futura, diz ainda o Pe. Nampon, muda inteiramente de aspecto (com o Espiritismo). A imortalidade da alma se reduz a uma permanência material, sem identidade moral, sem consciência do passado."

É um erro. O Espiritismo jamais disse que a alma ficaria sem consciência do passado. Ela perde momentaneamente a sua lembrança, durante a vida corpórea, mas "quando o Espírito entra em sua vida primitiva (vida espírita) todo seu passado se desdobra em sua frente: Ele vê as faltas cometidas, e que são causa de seu sofrimento, e o que poderia ter-lhe impedido de cometê-las. Ele compreende que a posição que lhe foi dada é justa, e então procura a existência que poderia reparar a que acaba de escoar-se." (*O Livro dos Espíritos*, n.º 393). Uma vez que há lembrança do passado, consciência do ser, há, então, identidade moral. Uma vez que a *vida espiritual* é a vida normal do Espírito, e que as existências corpóreas não passam de pontos na vida espírita, a imortalidade não se reduz a uma *permanência material*. Como se vê, o Espiritismo diz exatamente o contrário. Desnaturando-o assim, o Pe. Nampon não tem a desculpa da ignorância, porque suas citações provam que leu, mas comete o erro de fazer citações truncadas e de fazê-lo dizer o contrário do que diz.

O Espiritismo é acusado por alguns de basear-se no mais grosseiro materialismo, porque admite o perispírito, que tem propriedades materiais. É ainda uma falsa consequência, tirada de um princípio exposto incompletamente. Jamais o Espiritismo confundiu a *alma* com o *perispírito*, que não passa de um envoltório, como o corpo é outro envoltório. Tivesse ela dez envoltórios, isto nada tiraria de sua essência imaterial. Já não é o mesmo com a doutrina adotada pelo concílio de Viena, no Dauphiné - França, na sua segunda sessão, a 3 de abril de 1312. Segundo essa doutrina, "A autoridade da Igreja ordena crer que a alma é apenas a forma substancial do corpo; que não há ideias inatas, e declara heréticos os que negarem a materialidade da alma." Raul Fornier, professor de direito, ensina positivamente a mesma coisa em seus discursos acadêmicos sobre a origem da alma, impressos em Paris em 1619, com aprovação e elogios de vários doutores em teologia.

É provável que o concílio, baseando-se nos fatos de numerosas manifestações espíritas visíveis e tangíveis referidas nas Escrituras, manifestações que não podem deixar de ser materiais, pois que impressionam os sentidos, tenha confundido a alma com o seu envoltório fluídico ou perispírito, cuja distinção o Espiritismo demonstra. Sua doutrina é, pois, menos materialista que a do concílio.

"Mas abordemos, sem hesitar, o homem da França, que é o mais adiantado nesses estudos. *Para constatar a identidade do Espírito que fala, é preciso*, diz o Sr. Allan Kardec, *estudar sua linguagem*. Vá, seja! Conhecemos por seus escritos autênticos o pensamento verdadeiro e, consequentemente, a *linguagem* de São João, de São Paulo, de Santo Agostinho, de Fénelon et alii. Como, pois, em vossos livros, ousais atribuir a esses grandes gênios pensamentos e sentimentos absolutamente contrários aos que ficarão para sempre consignados em suas obras?"

Assim, admitis que esses personagens não se enganaram em nada; que tudo quanto escreveram é a expressão da verdade; que se hoje voltassem corporalmente deveriam ensinar tudo o que ensinaram outrora; que vindo como Espírito, não devem renegar nenhuma de suas palavras. Entretanto, Santo Agostinho olhava como heresia a crença na redondeza da Terra e nos antípodas. Ele sustentava a existência dos íncubos e súcubos, e acreditava na procriação pelo comércio dos homens com os Espíritos. Credes que ele não pudesse pensar, a tal respeito, como Espírito, de modo diverso do que pensava como homem, e que hoje ensinasse essas doutrinas? Se as suas ideias tiveram que ser modificadas sobre certos pontos, devem ter sido sobre outros. Se ele se enganou, ele, o gênio incontestavelmente superior, por que vós mesmos não vos enganaríeis, e seria necessário, por respeito pela ortodoxia, negar-lhe o direito, ou melhor, negar-lhe o mérito de retratar-se de seus erros?

"Atribuís a São Luís esta frase ridícula, sobretudo em sua boca, contra a eternidade das penas: *Supor Espíritos incuráveis é negar a lei do progresso.*" (*O Livro dos Espíritos*, n.º 1007). Não é assim que ela é formulada. À pergunta: Há Espíritos que jamais se arrependem? São Luís respondeu: "Há aqueles cujo arrependimento é muito tardio, mas pretender que eles jamais se melhorarão seria negar a lei do progresso e dizer que a criança não se tornará adulto." A primeira forma poderia parecer ridícula. Por que, então, sempre truncar e desnaturar as frases? A quem pensam enganar? Aos que não lerem senão os comentários inexatos? Mas o número é muito pequeno comparado com o daqueles que querem conhecer o fundo das coisas sobre as quais vós mesmos chamais a atenção. Ora, a comparação não deixa de ser favorável ao Espiritismo.

NOTA: Para edificação de todos, recomendamos a leitura da brochura: *Do Espiritismo, pelo Rev. Pe. Nampon, da Companhia de Jesus, Girard et Josserand, Lyon, Praça Bellecour, 30; Paris, Rua Cassette, 5*. Rogamos também ler em *O Livro dos Espíritos* e *O Livro dos Médiuns* os textos *completos*, citados abreviadamente ou alterados na citada brochura.

ORÇAMENTO DO ESPIRITISMO

OU EXPLORAÇÃO DA CREDULIDADE HUMANA

Sob este título, um antigo oficial reformado, ex-representante do povo na Assembleia Constituinte de 1848, publicou em Argel uma brochura, na qual, procurando provar que a finalidade do Espiritismo é uma gigantesca especulação, faz cálculos dos quais resultam para nós rendimentos fabulosos, que deixam muito para trás os milhões com que nos gratificou muito generosamente certo padre de Lyon (*Revista* de junho de 1862). A fim de que os leitores apreciem esse interessante inventário, citamo-lo textualmente, com as conclusões do autor. Tal extrato dará uma ideia do que pode ser o resto da brochura, no ponto de vista da apreciação do Espiritismo.

"Sem nos determos na análise de todos os artigos concernentes em aparência às provas do neofitismo e da disciplina da Sociedade, chamaremos a atenção do leitor para os artigos 15 e 16. Tudo está lá.

"Aí ele verá que, sob o *pretexto* de prover recursos para as despesas da Sociedade, cada sócio titular paga: 1.º uma entrada de 10 fr.; 2.º – uma quota anual de 24 fr., e cada sócio livre paga uma quota anual de 20 fr.

"As quotas são pagas integralmente por ano, isto é, adiantadamente. O Sr. Allan Kardec toma precauções contra as deserções.

"Ora, pela *admiração* que se nota em toda parte pelo Espiritismo, cremos ser modesto contando para Paris apenas 3000 sócios, titulares e livres. As respectivas quotas anuais somam, portanto, 63.000 fr., sem contar as entradas que serviram para montar o negócio.

"Apenas por alto calcularemos os lucros com a venda de *O Livro dos Espíritos* e *O Livro dos Médiuns*. Eles devem, entretanto, ter sido consideráveis, pois não conhecemos nenhuma obra *em maior voga*, voga baseada no insaciável desejo que leva o homem a penetrar o mistério da vida futura.

"Mas, do que precede, ainda não mostramos a maior fonte de lucros. Existe uma revista mensal espírita, publicada pelo Sr. Allan Kardec, coleção indigesta que ultrapassa de muito as lendas maravilhosas da Antiguidade e da Idade-Média, e cuja assinatura é de 10 fr. por ano para Paris; 12 e l4 fr. para as províncias e o exterior.

"Ora, qual dos numerosos adeptos do Espiritismo que, em falta de 10 francos por ano (cerca de 90 cêntimos por mês), se privaria de sua parte de aparições, evocações, manifestações de Espíritos e de lendas? Assim, na França e no estrangeiro, não se pode contar menos de 30.000 assinantes da *Revista*, produzindo um total anual de 300.000 francos. Estes, somados aos 63.000 francos de cotizações, dão um total de 363.000 francos.

204 | REVISTA ESPÍRITA

"As despesas a deduzir são:

"1º – Aluguel da sala de sessões da Sociedade e salários dos secretários, do tesoureiro, dos criados e de um bom número de médiuns. Julgamos estar acima da realidade calculando essas despesas em 40.000 francos.

"Custo líquido da *Revista*: Um número de 32 páginas não custa mais de 20 cêntimos. Os 12 anuais custarão 2,40 francos, que, multiplicados por 30.000, dão a cifra de 72.000.

"Total das despesas - 112.000 francos.

"Subtraindo esses gastos dos 363.000 francos, resta para o Sr. Allan Kardec um lucro anual líquido de 250.000 francos, sem contar o da venda dos *Livros dos Espíritos* e dos *Médiuns*.

"Do modo como progride a epidemia, em breve a metade da França será espírita, *se já não o é de fato*, e como não se pode ser bom espírita se ao menos não se for sócio livre e assinante da *Revista*, há a probabilidade que em 20 milhões de habitantes, de que se compõe aquela metade, haja 5 milhões de sócios e a mesma quantidade de assinantes da *Revista*. Consequentemente, a renda dos presidentes e vice-presidentes das sociedades espíritas será de 100 milhões anuais, e a do Sr. Allan Kardec, proprietário da *Revista* e soberano pontífice, de 38 milhões.

"Se o Espiritismo ganhar a outra metade da França, essa renda será dobrada, e se a Europa se deixar infestar, não será mais por milhões, mas por bilhões que deve ser contada.

"Ah! Os ingênuos espíritas! Que pensais dessa especulação baseada em vossa simplicidade? Poderíeis jamais ter acreditado que do jogo das mesas girantes puderam sair semelhantes tesouros? E agora, estais cientes acerca do ardor que motiva os propagadores da doutrina a fundarem sociedades?

"Não há razão para dizer-se que a tolice humana é uma mina inesgotável a explorar?

"Examinemos agora os meios postos em prática pelo Sr. Allan Kardec, e sua habilidade como especulador será a única coisa que não poderá ser posta em dúvida.

"Ele compreende que, com a voga universal das mesas girantes, e sem gastar um ceitil, acha-se feita a coisa mais difícil, a *publicidade*.

"Ora, em tais circunstâncias, prometer, por meio das mesas girantes, desvendar os mistérios do além e da vida futura, era dirigir-se a uma imensa clientela, ávida por esses mistérios e consequentemente inteiramente disposta a escutar suas revelações. Depois, pensando que os cultos existentes podem lhe subtrair bom número de adeptos, proclama seu fracasso. Lê-se em sua brochura "*O Espiritismo em sua expressão mais simples*" (pág. 15): "Do ponto de vista religioso, o Espiritismo tem por base as verdades fundamentais de todas as religiões: Deus, a alma, a imortalidade, as penas e as recompensas futuras; *mas é independente de qualquer culto particular.*"

"Essa doutrina, feita a propósito para seduzir o número sempre crescente de homens que não mais querem suportar qualquer hierarquia social, não podia deixar de ter seu efeito.

OBSERVAÇÃO: Em vossa opinião, há então muitos para quem o jugo da religião é insuportável!

"O que nos surpreende estranhamente é que, autorizando a pregação do Espiritismo, o governo não tenha visto que essa audaciosa tentativa contém o germe da abolição possível de sua própria autoridade. Porque, enfim, quando a epidemia tiver crescido mais, não é possível que, por injunção dos Espíritos, seja decretada a abolição de uma autoridade que pode ameaçar a existência do Espiritismo?

"Não haveria perigo em permitir as sociedades espíritas. Mas não seria prudente proibir suas publicações?

"A seita ter-se-ia limitado às salas de sessões e provavelmente não teria tido mais sucesso que os espetáculos de *Conus* ou de Robert Houdin.

"Mas a lei é ateísta, disse a filosofia moderna, e é em virtude desse paradoxo que um homem pôde proclamar a derrota da autoridade da Igreja.

"Este exemplo, diga-se de passagem, demonstraria aos olhos menos clarividentes a sabedoria dos legisladores da Antiguidade, que não criam que a ordem material pudesse existir com a desordem moral e que, em seus códigos, tinham ligado tão intimamente as leis civis e as leis religiosas.

"Se coubesse ao poder da Humanidade destruir as criações espirituais de Deus, o primeiro efeito do Espiritismo deveria ser arrancar a Esperança do coração do homem.

"Que esperaria o homem aqui, se adquirisse a convicção (não dizemos a prova) de que após a morte ele terá à sua disposição, e indefinidamente, várias existências corpóreas?

206 | REVISTA ESPÍRITA

"Esse dogma, que não passa da renovada metempsicose de Pitágoras, não é de natureza a enfraquecer nele o sentimento do dever e a fazê-lo dizer aqui embaixo: *Para mais tarde os negócios sérios?* A Caridade, tão fortemente recomendada pelo Cristo e pela Igreja, e da qual o próprio Espiritismo faz a pedra angular de seu edifício, não recebe um golpe mortal?

"Outro efeito do Espiritismo é transformar a Fé, que é um ato de livre-arbítrio e de vontade, numa credulidade cega.

"Assim, para fazer vingar a especulação do Espiritismo ou das mesas girantes, o Sr. Allan Kardec prega uma doutrina cuja tendência é *a destruição da Fé, da Esperança e da Caridade.*

"Entretanto, se o mundo cristão se reerguer, o Espiritismo não prevalecerá contra a Igreja. 'Reconhecer-se-á todo o valor de um princípio religioso (como diz o Sr. Bispo de Argel, em sua carta de 13 de fevereiro de 1863, aos curas de sua diocese), porque ele se basta para, por si só, vencer todas as vacilações, todas as oposições e todas as resistências.'

"Mas há verdadeiros espíritas? – Nós o negaremos enquanto um homem sentir que a Esperança não se extinguiu em seu coração.

"Que há, pois, no Espiritismo? Nada mais que um especulador e iludidos. E no dia em que a autoridade temporal compreender sua solidariedade com a autoridade moral e apenas se limitar a interditar as publicações espíritas, essa especulação imoral cairá para não mais se erguer."

O jornal de Argel, o *Akhbar*, de 28 de março de 1863, num artigo tão benévolo quanto a brochura, reproduzindo uma parte destes argumentos, concluiu que está perfeitamente provado, pelos cálculos autênticos, que o Espiritismo nos dá atualmente uma renda positiva anual de 250.000 francos. O autor da brochura vê as coisas ainda mais largamente, pois suas previsões a levam, daqui a poucos anos, a 38 milhões, isto é, um número superior ao orçamento anual dos mais ricos soberanos da Europa.

Certamente não nos daremos ao trabalho de combater os cálculos que se refutam pelo próprio exagero, mas que provam uma coisa: o pavor que causa aos adversários a rápida propagação do Espiritismo, a ponto de levá-los a dizer as maiores inconsequências.

Admitindo-se, efetivamente, por um instante, a realidade dos números do autor, não seria o mais enérgico protesto contra as ideias atuais, que desmoronariam no mundo inteiro ante a ideia emitida por um só homem, que há seis anos era desconhecido? Não é reconhecer a força irresistível dessa ideia?

Dizeis que ela tende a suplantar a religião, e para prová-lo a apresentais adotada, dentro de pouco tempo, por 20 milhões, depois por quarenta milhões, só na França. Depois gritais: "Não, a religião não pode perecer." Mas se vossas previsões se realizarem, que ficará para a religião?

Façamos uma pequena estatística com os números do autor. Na França, 36 milhões de habitantes; espíritas, 40 milhões; resta para os católicos 0 menos 4 milhões, porque, em vossa opinião, não se pode ser católico e espírita. Se a Igreja é tão facilmente derrubada por um indivíduo com a ajuda de uma ideia extravagante, não é reconhecer que ela repousa sobre uma base muito frágil? Dizer que ela pode ser comprometida por um absurdo, é fraco elogio ao poder de seus argumentos e confessar o segredo de sua própria fraqueza. Onde, então, sua base inamolgável? Desejamos à Igreja um defensor mais forte e, sobretudo, mais lógico que o autor da brochura. Nada mais perigoso que um amigo imprudente.

A gente não pensa em tudo. O autor não percebeu que querendo nos denegrir, exalta a nossa importância, e o meio que ele emprega vai justo contra seu objetivo. Sendo o dinheiro o deus de nossa época, àquele que for mais rico não faltam cortesãos, atraídos pela esperança da carniça. Os bilhões com que nos gratifica, longe de afastá-los de nós, poriam até os príncipes aos nossos pés. Que diria o autor se, desde que não temos filhos, o fizéssemos nosso herdeiro de umas dezenas de milhões? Acharia que a fonte era má? Isto seria capaz de fazê-lo dizer que o Espiritismo serve para alguma coisa.

Em sua opinião, uma das fontes de nossas rendas enormes é a Sociedade de Paris, que ele supõe ter ao menos 3.000 sócios. Para começo, poderíamos perguntar com que direito vem imiscuir-se nos negócios particulares. Mas passamos por cima. Já que ele se gaba de tanta exatidão, e esta é necessária quando se quer provar com cifras, se ele tivesse tido o trabalho apenas de ler o relatório da Sociedade, publicado na *Revista* de 1862, poderia ter feito uma ideia mais exata de seus recursos, e do que chama o orçamento do Espiritismo.

Colhendo informações alhures que não em sua imaginação, teria sabido que a Sociedade, elencada oficialmente entre as sociedades científicas, não é uma confraria nem uma

208 | REVISTA ESPÍRITA

congregação, mas uma simples reunião de pessoas que se ocupam do estudo de uma ciência nova, que ela aprofunda; que, longe de visar o número, mais prejudicial do que útil aos trabalhos, ela o restringe em vez de aumentá-lo, pela dificultação das admissões; que em vez de 3.000 sócios, ela jamais teve cem; que não gratifica nenhum de seus funcionários, nem presidentes, nem vice-presidentes ou secretários; que não emprega médium pago e sempre se levantou contra a exploração da mediunidade; que jamais percebeu um cêntimo dos visitantes que admite em pequeno número, e jamais abriu suas portas ao público; que além dos sócios *contribuintes*, nenhum espírita lhe é tributário; que os sócios honorários não pagam qualquer quota; que entre ela e as outras sociedades não existe qualquer filiação ou solidariedade material; que o produto das quotas jamais passa pelas mãos do presidente; que toda despesa, por menor que seja, só é feita com o visto do comitê; enfim que seu orçamento de 1862 foi fechado com um encaixe de 429,40 francos.

Esse magro resultado diminui a crescente importância do Espiritismo? Não, ao contrário, pois prova que a Sociedade de Paris não é uma especulação para ninguém. Quando o autor procura excitar a animosidade contra nós, dizendo aos adeptos que eles se arruínam em nosso proveito, eles simplesmente responderão que é uma calúnia, porque nada se lhes pede e eles nada pagam. Poder-se-ia dizer o mesmo de todo mundo, e não se poderia devolver a outros o argumento do autor, com números mais autênticos do que os seus? Quanto aos 30.000 assinantes da *Revista*, nós os desejamos. "Caluniai, caluniai, disse um autor, sempre ficará alguma coisa." Sim, certamente restará sempre algo que mais cedo ou mais tarde cairá sobre o caluniador.

Injúrias, calúnias, invenções manifestas, até o imiscuir-se na vida privada, a fim de lançar a desconsideração sobre um indivíduo e sobre uma numerosa classe de indivíduos, essa brochura, que ultrapassou de muito todas as diatribes publicadas até hoje, tem todas as condições exigidas para ser levada à justiça. Não o fizemos, a despeito das solicitações que nos foram dirigidas, porque é uma sorte para o Espiritismo e não quereríamos, às custas de injúrias ainda maiores, que ela não tivesse sido publicada. Nossos adversários nada poderiam fazer de melhor para seu próprio descrédito, mostrando a que tristes expedientes se reduziram a fim de nos atacar e a que ponto o sucesso das ideias novas os espanta. Poderíamos dizer que os faz perderem a cabeça.

O efeito dessa brochura foi provocar uma enorme gargalhada em todos os que nos conhecem, e que são numerosos. Quanto aos que não nos conhecem, ela lhes deve ter inspirado um vivo desejo de conhecer esse Nababo improvisado que recolhe milhões mais facilmente do que se recolhem vinténs, e a quem basta lançar uma ideia para atrair a população de todo um Império. Ora, como, segundo o autor, ele só atrai os tolos, resulta que esse Império é feito de tolos, de alto a baixo da escala.

A História da Humanidade não oferece nenhum exemplo de fenômeno semelhante. Se o autor tivesse sido pago para tal resultado, não se teria saído melhor. Assim, não temos de que nos queixar[2].

UM ESPÍRITO COROADO NOS JOGOS FLORAIS

Reproduzimos textualmente a carta seguinte, que nos foi dirigida de Bordéus, a 7 de maio de 1863:

"Caro Mestre,

"A 22 de abril último, recebi do Sr. T. Jaubert, vice-presidente do tribunal civil de Carcassone, presidente honorário da Sociedade Espírita de Bordéus, uma carta em que me informava que a *Academia dos Jogos Florais* de Toulouse tinha julgado as poesias admitidas ao concurso de 1863.

"Sessenta e oito concorrentes inscreveram-se nas fábulas; duas fábulas foram destacadas e uma obteve o primeiro prêmio (a Primavera); a outra foi mencionada com elogio no relatório

---

[2] Escrevem-nos da Argélia – e o damos com reservas – que o autor da brochura fez parte de um grupo espírita; que seu zelo pela causa o tinha levado à presidência, mas que, mais tarde, não tendo querido renunciar a certos projetos desaprovados pelos outros sócios, tinha sido destituído.

210 | REVISTA ESPÍRITA

verbal. Ora, essas duas peças, diz-me o Sr. Jaubert, *são ambas de seu Espírito familiar.*

"Como esse fato era capital para o Espiritismo, eu próprio quis ser testemunha, e com esse objetivo fui a Toulouse com uma comissão da Sociedade Espírita de Bordéus, para assistir ao coroamento do *Espírito batedor de Carcassone.*

"Assistimos, pois, à sessão solene dos prêmios, e depois da leitura da fábula premiada, nos misturamos aos aplausos do público da cidade e vimos, pelos sufrágios e pelas honras que ela recolheu dos honoráveis membros da academia, deslizar sob os seus "bravos" a hidra do materialismo e, em lugar, surgir o dogma santo e consolador da imortalidade da alma.

"Dirigimo-nos a vós, caro mestre, apenas como intérprete do nosso honorável presidente, Sr. Jaubert. Ele nos encarregou de vos comunicar esse feliz acontecimento, sabendo como nós que ninguém poderá com tanta sabedoria lhe deduzir as consequências, e para torná-lo útil à causa que temos orgulho de servir sob vossa paternal direção.

"Temos a satisfação de aproveitar esta ocasião para testemunhar nosso reconhecimento ao excelente e honrado Sr. Jaubert, pela acolhida cordial e simpática feita à delegação da Sociedade de Bordéus. Esses testemunhos de amizade são preciosos para nós e nos encorajam a marchar com perseverança na via penosa e laboriosa do apostolado, sem nos determos ante os obstáculos que aí poderíamos encontrar. O Sr. Jaubert é um desses homens que podem servir de exemplo aos outros. É um verdadeiro espírita, simples, modesto e bom, cheio de dignidade e de abnegação; calmo e grave como tudo o que é grande; sem orgulho e sem entusiasmo, qualidades essenciais a todo homem que se faz apóstolo de uma doutrina, e que liga o seu nome às corajosas profissões de fé que envia aos fracos e aos tímidos.

"Encaramos a vitória do Espírito no Capitólio de Toulouse como uma vitória para a nossa santa e sublime doutrina. Deus quer parar os risos de ironia e de incredulidade. É sem dúvida por isso que permitiu que os chefes do areópago coroassem a alma de um morto. Que o 3 de maio seja, pois, gravado em letras de ouro nos fastos da história do Espiritismo. Ele cimenta o primeiro elo da solidariedade fraterna que une os vivos aos mortos: revelação esplêndida e sublime que aquece e vivifica as almas pela radiação da fé.

"Para todos os espíritas que assistiram àquela solenidade, como era bela a festa! Desprendendo o pensamento do mundo material, eles viam na sala dos Jogos Florais, volitando aqui e ali, grupos de bons Espíritos que se felicitavam por essa vitória obtida por um de seus irmãos e, irradiando sobre todos, o Espírito de Clemência Isaura, a fundadora desses novos Jogos Olímpicos, tendo nas mãos uma flexível coroa para depositar, no momento do triunfo, sobre a fronte do Espírito laureado.

"Se há na vida momentos de amargura, também os há de inefável felicidade. Isto quer dizer que a 3 de maio de 1863, em Toulouse, eu vi, ou antes, nós vimos um desses momentos que fazem esquecer as tribulações da vida terrena.

"Recebei, caro mestre etc.

"SABÒ"

É, com efeito, um fato notável este que acaba de se passar em Toulouse, e todos compreendem a emoção dos espíritas sinceros que assistiam à solenidade, pois compreendiam as suas consequências, emoção traduzida em termos tão simples e tão tocantes na carta que acabamos de ler. É a expressão da verdade sem fanfarronada, jactância ou bravatas.

Alguém poderia admirar-se de que o Sr. Jaubert não tenha confundido os adversários do Espiritismo, proclamando, durante a sessão, e perante a multidão, a verdadeira origem das fábulas coroadas. Se não o fez, a razão é muito simples: é que o Sr. Jaubert é um homem modesto, que não procura fazer ruído e que, acima de tudo, sabe viver. Ora, entre os juízes provavelmente havia alguns que não partilhavam de suas ideias, relativamente ao Espiritismo. Seria, então, jogar-lhes em face, publicamente, uma espécie de desafio, um desmentido, procedimento indigno de um homem elegante, diremos melhor, de um verdadeiro espírita, que respeita todas as opiniões, mesmo as que não são as suas.

O que teria produzido esse clamor? Protestos da parte de alguns assistentes, talvez escândalo. O Espiritismo teria lucrado? Não. Teria comprometido sua dignidade. O Sr. Jaubert, bem como os numerosos espíritas que assistiam à cerimônia, deram prova de alta sabedoria, abstendo-se de qualquer demonstração pública. Era um sinal de deferência e de respeito, tanto para com a academia quanto para com a assembleia. Eles provaram mais uma vez, nessa circunstância, que os espíritas

212 | REVISTA ESPÍRITA

sabem conservar a calma no sucesso como sabem conservá-la ante as injúrias dos adversários, e que não é da parte deles que se deve esperar o incitamento à desordem. O fato nada perde em importância, porque em pouco será conhecido e aclamado em cem países diferentes.

Os negadores de boa-fé ou de má-fé, porque os há uns e outros, certamente dirão que nada prova a origem dessas fábulas, e que o laureado, para servir aos interesses do Espiritismo, poderia ter atribuído aos Espíritos os produtos de seu próprio talento. Para isto há uma resposta muito simples: é a honorabilidade notória do caráter do Sr. Jaubert, que desafia qualquer suspeita de ter representado uma farsa indigna de sua gravidade e de sua posição.

Quando os adversários nos opõem os charlatães que simulam fenômenos espíritas nos tablados, nós lhes respondemos que o Espiritismo verdadeiro nada tem de comum com eles, assim como a verdadeira ciência não se relaciona com prestidigitadores que se dizem físicos. Cabe aos que se dão ao trabalho de estudar notar-lhe a diferença. Tanto pior para o julgamento dos que falam daquilo que ignoram.

Não podendo ser posta em dúvida a questão da lealdade, resta saber se o Sr. Jaubert é poeta, ou se, de boa-fé, não teria tomado como dos Espíritos uma obra sua. Ignoramos se ele é poeta, mas, se tivesse o talento de Racine, o meio pelo qual obtém suas fábulas espíritas não pode deixar sombra de dúvida a respeito: é notório que todas as que obteve o foram pela tiptologia, isto é, pela linguagem alfabética das pancadas, e que na maioria tiveram numerosas testemunhas, não menos dignas de fé que ele. Ora, para quem quer que conheça esse processo, é evidente que sua imaginação não poderia exercer a menor influência. A autenticidade da origem é, pois, incontestável, e a Academia de Toulouse poderia verificar assistindo a uma experiência.

Damos a seguir as duas fábulas premiadas.

O LEÃO E O CORVO
(PRIMEIRO PRÊMIO)

Percorria um leão seu imenso domínio,
Por mui nobre orgulho dominado,

Sem raiva devorando súditos às dúzias;
Bom príncipe, em suma, como havia jantado!
Mas não andava só, pois em volta da juba
Seguiam, diligentes, tigres, lobos, leopardos,
Panteras, javalis; mas dizem que as raposas
Fechavam, prudentemente, a retaguarda.
Certo dia, porém, o monarca
Assim falou à corte e aos labregos:
"Ilustres companheiros, de minha glória esteios,
Quadrúpedes submissos à minha nobre queixada,
Para me ouvir viestes todos a este sítio.
Escutai: Eu sou rei pela graça de Deus!
Poderia... Mas por que pensar em minha força?"
Depois, o leão, à vontade,
Melhor do que faria um advogado
Ou procurador de muito crânio,
Falou de seus deveres e encargos do Estado,
Dos pastores, dos cães, da nova carta,
Do mal que dele dizem os tolos muitas vezes
E já mui comovido terminou deste jeito:
"Deixei meu palácio para vos dar um prazer;
Exponde vossos pesares; eu julgarei a causa.
Touros, carneiros, cabritos, contai com a bondade.
Eu espero. Explicai-vos com toda liberdade.
Mas que! Nesta imensa assembleia,
Nem um só infeliz! Nenhuma queixa!..."
Um velho corvo o interrompeu,
E, livre, no ar respondeu:
"Pensas que estão contentes; seu silêncio te toca,
Grande rei!... é o terror que a todos fecha a boca."

O OSSO PARA ROER
(MENÇÃO HONROSA)

Exibindo capacete de penacho e muita benevolência,
Um discípulo do defunto Vatel
No pátio de sua vasta mansão
Dava audiência à sua cachorrada.

"Em vós, dizia ele, tenho pensado muito.
Eu vos amo e vos destino
Todos os restos da cozinha:
Este osso, este lindo osso para roer!
Mas só um terá este grande favor.
Sou justo e o darei ao que for o mais digno.
Está aberto o concurso; defendei vossos direitos."

Um cão d'água famoso entre os mais hábeis,
Outrora o primeiro entre a tropa canina,
Logo saudou, fazendo cabriolas,
Lançando sobre os outros os olhos triunfantes,
Latiu, fez-se de morto, saudou o imperador.

Um dogue exclamou: "Que vale a habilidade!
Eu vigio, constante, todo este casarão.
Senhor, não esqueçais que no ano passado,
Um ladrão imprudente ficou em minhas presas."

Um baixinho dizia: "Valente e sem um erro,
Há dez anos eu rodo o vosso espeto;
E há dez anos carrego a sacolinha
Para comprar tabaco no empório da esquina."

– "Pois eu, rosnou Tayaut, amo as trompas e os tambores;
Na caça já fui visto entre os retardatários?
Vós me deveis ao menos cem coelhos, vinte raposas;
Sou sóbrio, submisso, e jamais devoro a perdiz presa ao laço."

Enfim, quem roeu o osso? Foi um velho basset,
Assim como teria feito um deputado do centro.
Como, sem corar, será feito amanhã,
Diante do canastrão arrastou-se sobre o ventre,
Lambeu-lhe os pés e fê-lo abrir a mão.

Bassets de grãos senhores, heróis de refeitório,
Aduladores vis, aqui está vossa história.

CONSIDERAÇÕES SOBRE O ESPÍRITO BATEDOR DE CARCASSONE

Se alguém persistisse em acreditar na influência dos conhecimentos pessoais do médium na produção dos versos coroados pela Academia de Toulouse, já o mesmo não se daria com as coisas que lhe fossem materialmente impossíveis de conhecer. Entre mil, o fato seguinte é uma resposta peremptória à objeção. Tiramo-lo de uma segunda carta do Sr. Sabò. Diz ele:

"A 4 de maio, tendo partido a delegação de Bordéus, fiquei mais um dia em Toulouse, e numa visita ao Sr. Jaubert, ele propôs uma experiência que aceitei com prazer, pois jamais o tinha visto operar. Uma pesada mesa de quatro pés se achava em seu quarto. Colocamo-nos um em frente ao outro e, após diversas evoluções da mesa, que obedecia ao seu comando, quando ela voltou à posição normal ele me pediu que *mentalmente* evocasse um Espírito. Eis as perguntas feitas por ele e as respostas dadas pelo Espírito.

1. – Poderíeis declarar o vosso sexo?
– Feminino. (Era verdade).
2. – Com que idade deixastes a Terra?
— Aos 22 anos. (Também era verdade).
3. – Qual o vosso prenome?

Quando o Espírito havia indicado seis letras, formando *Félici*, o Sr. Jaubert pensou acertar e disse: "Deve ser *Félicie* ou *Félicité*." Sem responder à sua observação, pedi que continuasse. O Espírito indicou *a*. Eu estava comovido e o médium temeu uma mistificação. Certificado do assunto, tendo dito que o nome era mesmo *Félicia*, ele continuou.

4. – Qual o vosso grau de parentesco com o Sr. Sabò?
– Eu era sua esposa.

A isto o Sr. Jaubert se julgou bem mistificado, pois sabia que minha esposa ainda era viva. Não nego que eu estava muito contente. Eu acabava de apalpar, se assim se pode dizer, a alma de minha cara *Félicia*. Então expliquei ao Sr. Jaubert – *o que ele ignorava* – que eu era viúvo e casado há apenas alguns meses com a irmã do Espírito que acabara de nos dar uma prova irrecusável da manifestação da alma. Ele estava tão feliz quanto eu com tal resultado, posto que, disse-me, obtinha fatos dessa natureza ante os quais deverá render-se, de bom grado ou de mau grado, a mais absoluta incredulidade. A quem me disser: "Isto é impossível", responderei com o Sr. Jaubert: "Isto existe, incrédulos! Procurai de boa-fé, e encontrareis."

Por nossa vez, diremos a esses senhores que eles têm em bom conceito os *incrédulos absolutos*, crendo que se renderão à evidência. Há os que nasceram incrédulos e morrerão incrédulos, não que não pudessem crer, mas porque não querem crer. Ora, não há pior cego que aquele que não quer ver. Ultimamente dizia um sábio oficial a um dos nossos amigos que lhe falava desses fenômenos:

– Não acreditarei jamais que uma mesa possa mover-se e levantar-se, a não ser pelos músculos do operador.

– Mas se vísseis uma mesa manter-se no espaço sem contacto e sem ponto de apoio, que diríeis?

– Também não acreditaria, porque EU SEI que é impossível.

Crede, pois, que todos os Espíritos batedores de Carcassone e do mundo inteiro não chegarão jamais a vencer essas incredulidades absolutas e preconcebidas. O que há de melhor a fazer é deixá-los tranquilos. Quando, entre mil pessoas, novecentas e noventa acreditarem, o que não tardará muito, o que farão as dez restantes? Como agora, eles ainda dirão que só eles têm bom senso, e que é preciso prender com os loucos os noventa e nove por cento da população. Deixemo-lhes, pois, essa inocente satisfação, e prossigamos nosso caminho sem nos inquietarmos com os retardatários.

A expressão "*eu sei que é impossível*" nos traz à lembrança uma anedota:

Um embaixador holandês, discutindo com o rei de Sião acerca de particularidades da Holanda, sobre as quais o príncipe se informava, entre outras coisas lhe disse que nesse país a água de tal modo endurecia na estação mais fria do ano, que os homens andavam sobre ela e que assim endurecida ela suportaria elefantes, se os houvesse. A isso respondeu o rei: "Senhor embaixador, até aqui acreditei nas coisas extraordinárias que me contastes, porque vos tinha como um homem honrado e probo, mas agora estou certo de que mentis." Não é o equivalente a "*eu sei que é impossível*"?

O fato acima relatado nada prova, dirão certos negadores, porquanto, se o médium ignorava a coisa, o Sr. Sabò a conhecia perfeitamente. É então o seu pensamento que se reproduzia. Assim, seria o pensamento do que não era médium que se refletia na mesa, tê-la-ia agitado de modo inteligente para fazê-la bater as pancadas indicadoras das letras que conformavam seu pensamento, e isto sem a sua vontade, sem a participação de suas mãos? Singular propriedade do pensamento! Só este fenômeno, admitida a vossa teoria, não seria prodigioso e digno de atenção? Por que, então, desdenhá-lo? Absorvei-vos na composição de um grão de areia; calculais cuidadosamente as proporções de seus elementos e só tendes desdém para uma manifestação tão estranha do pensamento! Se um novo raio do espectro solar se separar, logo estudareis as suas propriedades, sua ação química, calculareis seu ângulo de reflexão e seu poder refringente. Um raio do pensamento se isola, agita a matéria, reflete-se como a luz e isto não vos chama a atenção! Então dizeis: "De que adianta nos ocuparmos com isto? É apenas o pensamento!"

Mas, com essa teoria, como explicareis os numerosos fatos das revelações, quer pela tiptologia, quer pela escrita, de coisas completamente ignoradas por todos os assistentes, e cuja exatidão foi constatada, entre outros o de Simon Louvet, relatado na *Revue* de março de 1863? Do pensamento de quem tal comunicação poderia ser reflexo, se foi necessário recorrer a um jornal de seis anos antes para verificá-lo? É mais simples admitir que tivesse sido o pensamento do jornalista que o do Espírito de Simon Louvet?

Então tendes muito medo de serdes forçado a concordar que a alma sobrevive ao corpo! E a ideia de ser aniquilado após a morte vos sorri mais que a de reviver em condições mais felizes e de reencontrar, no mundo dos Espíritos, as afeições deixadas na Terra! Se vos comprazeis na doce quietude de acabar para sempre no fundo da cova e de adormecer no seio da podridão do corpo, que mal vos fazem os que pensam o contrário, e por que persegui-los como inimigos do gênero humano?

Na proporção da vossa crença, buscais fazer-lhes o mal; na medida da sua, eles não vo-lo fazem, mesmo que sem isso talvez se sentissem vingados de vossas injúrias. Eis a condenação das consequências sociais de vossas doutrinas.

Não nos recusamos a crer, dizem alguns dentre vós, mas não podemos ver, porque nos recusam até a entrada nas reuniões

218 | REVISTA ESPÍRITA

onde nos poderíamos convencer, e onde só se admitem pessoas convencidas.

A entrada às reuniões vos é recusada por uma razão muito simples: É que não quereis fazer o necessário para vos esclarecerdes, nem seguir o caminho que vos é indicado. É que vindes às reuniões não para estudar fria e seriamente, mas com um sentimento hostil, com o pensamento de fazer aí prevalecerem vossas ideias preconcebidas, e que na maior parte do tempo para ali trazeis a perturbação. É que sem o respeito ao caráter privado, posto que não secreto, das reuniões, procurais aí penetrar pela astúcia, para satisfazer uma curiosidade inútil e para buscar assunto para o sarcasmo e muitas vezes para logo desnaturar o que tiverdes visto. Tais são os motivos de vossa exclusão, que nunca seria por demais rigorosa, porque sois nocivos a uns e sem utilidade para vós.

Os que quiserem instruir-se conscientemente devem prová-lo por uma boa vontade paciente e perseverante, e os meios não lhes faltarão. Mas não se poderia ver tal boa vontade no desejo de submeter a coisa às suas exigências, em vez de, eles próprios, submeterem-se às exigências da coisa. Dito isto, deixemos os negadores em paz, esperando chegue a hora em que possam ver a luz.

A primeira resposta dada pelo Espírito de *Félicia*, para certas pessoas poderia parecer uma contradição. Ela diz que é do sexo feminino, e sabe-se que os Espíritos não têm sexo. É certo que não têm sexo, mas sabe-se que para se fazerem reconhecer se apresentam sob a forma que os conhecemos em vida. Para seu antigo marido, *Félicia* continua sendo mulher. Ela não podia, pois, apresentar-se a ele sob outro aspecto, pois lhe teria perturbado a lembrança. Há mais: quando este entrar no mundo dos Espíritos, encontrá-la-á como era na Terra, do contrário não a reconheceria. Mas pouco a pouco apagam-se os caracteres puramente físicos, para deixar que subsistam os essencialmente morais. É assim que a mãe encontra seu filho em tenra idade, posto na verdade não mais seja criança. Acrescentemos ainda que os caracteres morais são tanto mais persistentes quanto menos desmaterializados os Espíritos, isto é, menos elevados na hierarquia dos seres. Depurando-se, os traços da materialidade desaparecem à medida que o pensamento se desliga da matéria. Eis por que os Espíritos inferiores, ainda presos à Terra, são, no mundo invisível, mais ou menos o que eram em vida, com os mesmos gostos e inclinações.

Sobre este capítulo faremos uma última observação. É sobre a qualificação de *batedor*, dada erradamente, em nossa opinião, ao Espírito que se comunica com o Sr. Jaubert. Tal qualificação não convém, como dissemos alhures, senão aos Espíritos que chamaríamos batedores de profissão e que pertencem, sempre, pela pouca elevação das ideias e conhecimentos, às categorias inferiores. Assim não seria com esse, que prova, ao mesmo tempo, a superioridade de suas qualidades morais e intelectuais. Para ele, a tiptologia não é um divertimento. É um meio de transmissão do pensamento, do qual se serve por não ter encontrado no médium a faculdade necessária ao emprego de outro. Seu objetivo é sério, ao passo que o dos Espíritos batedores propriamente ditos é quase sempre fútil, quando não malévolo. À qualificação de Espírito batedor, desde que pode ser tomada em mau sentido, preferimos a de Espírito *tiptor*, termo que se refere à linguagem tiptológica.

MEDITAÇÕES SOBRE O FUTURO

POESIA PELA SRA. RAOUL DE NAVERY
LIDA NA SOCIEDADE ESPÍRITA DE PARIS,
A 27 DE MARÇO DE 1863

OBSERVAÇÃO: Posto não tenhamos o hábito de publicar poesias que não sejam constatadas como mediúnicas, por certo os leitores nos agradecerão pela exceção feita para o trecho seguinte, fruto da inspiração por assim dizer espontânea de uma pessoa que até há pouco considerava as crenças espíritas como utopia.

Quando a mão da Morte, multiplicando seus golpes,
Em redor de nós o luto e o vácuo semeava,
A única expressão a ferir-nos o ouvido
Era: "Se na cova repousa um ser amado,
"A alma, libertada do cárcere do corpo,

"Rompeu os laços de pesado envoltório;
"E agora, voltando à fonte originária
"Desfruta a força e a luz de Deus.
"Um dia a encontrareis e então confundireis
"Com o amor terreno um amor imortal."

Hoje já não é mais a remota esperança
Que lança sobre os males um incerto clarão;
Não é mais o futuro que nos traz nossos mortos:
Eles aí estão, junto a nós, ajudando os esforços,
Atentos aos nossos votos, sofrendo as nossas dores,
Mensageiros trazendo as santas esperanças,
Respondendo do alto a secretos pensares.
Suas mãos apertam as nossas; sua boca tem beijos
Mais consoladores e suaves, no seio de outra esfera
Juntam ao amor a grandeza do mistério.
E quando os evocamos, enxames invisíveis,
Insuflam clareza e tepidez em nosso peito.
Vêm! e para nós tudo muda e se colore;
De mundos desconhecidos a aurora pressentimos;
Um reflexo sideral ilumina-nos a fronte
E, curvados, de joelhos, mudos, nós adoramos
A majestade de Deus, por eles revelada.

Responde! Nós te ofendemos, ó eterna Sabedoria!
Quando santamente impelidos, rompem as nossas mãos
O céu que limitava o olhar das criaturas?
Vamos, seguidores de um espírito indócil,
Lacerar as páginas divinas do Evangelho?
Não! Homens convictos e de coração valente,
Fazemos, como ele, o que fez o Senhor:

Nós cremos. – Podemos operar milagres,
Fazer de nossos lares outros tantos cenáculos,
Chamar aquele Espírito, cujas línguas de fogo
Mudavam pescadores em apóstolos de Deus.

Dos quatro cantos do Céu, soprai, ventos celestes!
E afastai do nosso meio essas trevas funestas;

Espalhai claridade, ó candelabros de ouro;
E da arca sagrada clareai o tesouro!
Raios do Sinai! Arbusto de Horeb em fogo!
Poderosos Espíritos dos fortes, profetas e mulheres,
Espírito, sopro furtivo que Job sentiu passar
Nos pêlos de sua carne até os eriçar;
Vós todos que, consumindo as almas exaltadas,
Da turba amotinada fizestes tantos mártires,
Quando a Idade Média, com o atormentador,
Gerou o sanguinário monge inquisidor;
Vinde! Temos sede de ensinos estranhos;
Repelimos para sempre as roupas infantis;
Queremos outra linguagem para novas verdades
E não velhos sermões, discursos repetidos.

Marchamos à frente da multidão indolente.
E se a Verdade, com seus fachos ardentes
Nos devora e em mártires nos transforma
Morremos sorridentes e não a desmentimos.
Precedamos nosso tempo; busquemos como os Magos
O Deus oculto para as nossas homenagens.
Bem o sabemos, embora de nós digam:
"Poetas sonhadores, transformados em loucos!"

Seja! Porque o nome de que nos orgulhamos,
Foi dado a Jesus quando os seus servidores
Respiraram sobre o seu rosto e sobre as suas vestes
Lançaram o sublime emblema da branca túnica,
Disse Paulo: "Então a loucura é sabedoria!"
Procuremos com coragem, investiguemos sem cessar;
Perguntemos ao morto os segredos poderosos;
Despojemos nosso espírito da trave dos sentidos,
Do mundo cujas regras Deus a nós revela
E que nos muda ao renovar as águias!
Firmados no Direito, fortificados em seu poder,
A todos abriremos as portas do saber.
Um dia virá – e sua aurora se avizinha –
Em que, farta de chorar, a Humanidade inteira,

Sabendo que temos para a sede em nossos corações,
A onda que sacia e não o fogo do pranto,
Virá nos repetir, num lamento profundo:
"Dai-nos a luz e a santa esperança;
"E com as vossas mãos, a unção da virtude,
"Que eleva a fronte para a Terra abatida.
"Aos olhos apagados pela poeira imunda,
"Fazei, súbito, luzir a claridade fecunda.

"Pronunciai o *Epheta* misterioso do Cristo!
"Transfigurai a carne submissa ao Espírito.
"Colocai-nos os vivos em meio às coortes
"Das aparições e das figuras mortas!
"Ah! Os sepulcros não são túmulos,
"Mas, sim, corações maus, mal pintados a cal.
"Os mortos ensinarão como devemos viver
"Para que possamos em Deus acompanhá-los."

E nós, que do Senhor recebemos o favor
De na Terra viver em centro mais perfeito,
Os braços abriremos ao adepto submisso,
Em nome do Espiritismo! Em nome do Evangelho!

RAOUL DE NAVERY

DISSERTAÇÕES ESPÍRITAS

CONHECER-SE A SI MESMO

(SOCIEDADE ESPÍRITA DE SENS, 9 DE MARÇO DE 1863)

O que impede, por vezes, que vos corrijais de um defeito, de um vício, é, certamente, que não vos apercebeis que o tendes.

Enquanto vedes os menores defeitos do vosso próximo, do vosso irmão, nem mesmo suspeitais que tendes as mesmas falhas, talvez cem vezes maiores que as deles. Isto nada mais é que uma consequência do orgulho que vos leva, como a todos os seres imperfeitos, a não achar nada de bom senão em vós. Deveríeis vos analisar como se não fôsseis vós mesmos. Imaginai, por exemplo, que aquilo que fizestes ao vosso irmão vos tivesse sido feito por ele. Colocai-vos no lugar dele. O que faríeis? Respondei sem ideia preconcebida, pois suponho que queirais a verdade. Assim fazendo, estou certo de que muitas vezes descobrireis defeitos vossos, que antes não havíeis notado. Sede francos convosco mesmos; travai conhecimento com o vosso caráter, mas não o aduleis, porque as crianças aduladas às vezes se tornam más e os aduladores são os primeiros a experimentar os efeitos. Voltai ao alforje onde estão os vossos e os alheios defeitos. Ponde os vossos na frente e os dos outros atrás e atentai bem para ver se isso não vos faz abaixar a cabeça, quando tiverdes essa carga na frente.

LA FONTAINE

A AMIZADE E A PRECE

(SOCIEDADE ESPÍRITA DE VIENA – ÁUSTRIA)
(TRADUZIDO DO ALEMÃO)

Criando as almas, Deus não estabeleceu diferenças entre elas. Que essa igualdade de direitos entre elas sirva de princípio à amizade, que nada mais é senão a unidade nas tendências e nos sentimentos. A verdadeira amizade só existe entre os homens virtuosos, que se reúnem sob a proteção do Todo-Poderoso, para se encorajarem reciprocamente no cumprimento de seus deveres. Todo coração verdadeiramente cristão possui o sentimento da amizade. Ao contrário, essa virtude encontra no egoísmo das almas viciosas a pedra de tropeço que, semelhante à semente caída sobre rocha árida, a torna infecunda para o bem.

Rodeai vossa alma pelo muro protetor de uma prece cheia de fé, a fim de que o inimigo, interno ou externo, aí não possa penetrar.

A prece eleva o Espírito do homem para Deus, o desprende de todas as preocupações terrenas, o transporta para um estado de tranquilidade, de paz, que o mundo não lhe poderia oferecer. Quanto mais confiante e fervorosa for a prece, melhor será escutada e mais agradável será a Deus.

Quando, inteiramente penetrada de zelo santo, a alma do homem se lança para os céus na prece íntima e ardente, os inimigos interiores, isto é, as paixões do homem, e os inimigos externos, isto é, os vícios do mundo, são impotentes para forçar os muros que a protegem.

Homens, orai a Deus com toda confiança, do fundo do coração, com fé e verdade!

O FUTURO DO ESPIRITISMO

(LYON, 21 DE SETEMBRO DE 1862 – MÉDIUM, SRA. B...)

Perguntas-me qual será o futuro do Espiritismo e que lugar ocupará no mundo. Ele não ocupará somente um lugar. Ele encherá o mundo inteiro. O Espiritismo está no ar, no espaço, na Natureza. É a chave da abóbada do edifício social. Podes pressagiar o seu futuro por seu passado e por seu presente.

O Espiritismo é a obra de Deus. Vós, homens, lhe destes um nome; Deus vos deu a razão, quando chegou o tempo, porque o Espiritismo é a lei imutável do Criador. Desde quando o homem teve inteligência, Deus lhe inspirou o Espiritismo e, de época em época, enviou à Terra Espíritos adiantados, que ensaiaram em sua natureza corpórea a influência do Espiritismo. Se esses homens não triunfaram, foi porque a inteligência humana ainda não se achava suficientemente aperfeiçoada. Mas nem por isso esses homens deixaram de implantar a ideia, e deixaram atrás de si seus nomes e seus atos, como marcos indicadores numa estrada, para que o viajante achasse a rota. Olha para trás e verás quantas vezes Deus já experimentou a influência espírita como melhoramento moral.

Que era o Cristianismo há dezoito séculos senão Espiritismo? Só o nome é diferente. O pensamento é o mesmo. Apenas o homem, com o livre-arbítrio, desnaturou a obra de Deus. A natureza preponderou e o erro veio implantar-se sobre essa preponderância. Depois, o Espiritismo esforçou-se por germinar, mas o terreno era inculto e a semente partiu-se e feriu a fronte dos semeadores por Deus encarregados de semeá-la. Com o tempo, a inteligência cresceu, o campo pôde ser lavrado, já que se aproxima a época em que o terreno deve ser novamente semeado. Todos admitem que o Espiritismo se espalha. Até os mais incrédulos o compreendem, e se não o confessam, e se fecham os olhos, é que a luz ofuscante do Espiritismo os cega. Mas Deus protege a sua obra. Ele a sustenta com seu poderoso olhar; ele a encoraja, e em breve todos os povos serão espíritas, porque aí está a universalidade de todas as crenças.

O Espiritismo é a grande niveladora que avança para aplainar todas as heresias. Ele é conduzido pela simpatia; ele é seguido pela concórdia, pelo amor e pela fraternidade; ele avança sem abalos e sem revolução; ele nada vem destruir, nada derrubar na organização social; ele vem a tudo renovar.

Não vejas aqui uma contradição: Tornando-se melhores, os homens aspirarão leis melhores. Compreendendo que o operário é da mesma essência que a sua, o patrão introduzirá leis suaves e sábias nas suas relações comerciais. As relações sociais se transformarão muito naturalmente entre a riqueza e a mediocridade. Não podendo o Espírito tornar-se morgado, sentirá o espírita que algo existe de mais importante para si que a riqueza; libertar-se-á da ideia de acumular, que gera a cupidez e, por certo, o pobre ainda será beneficiado por essa diminuição do egoísmo. Não direi que não haverá rebeldes a esta ideia; que todos crescerão universalmente fecundados pela onda do Espiritismo. Ainda haverá refratários e anjos decaídos, pois os homens têm o livre-arbítrio e, posto não lhes faltem conselhos, muitos deles, vendo apenas de seu acanhado ponto de vista, que restringe o horizonte da cupidez, não quererão render-se à evidência. Pior para eles. Lamentai-os, esclarecei-os, porque não sois juízes e só Deus lhes pode censurar a conduta.

Pelo futuro que te mostro para o Espiritismo, podes julgar da influência que ele exercerá sobre as massas. Como estais organizados, moralmente falando? Fizestes uma estatística de vossas qualidades e defeitos? Os homens levianos e neutros povoam boa parte da Terra. Os benevolentes constituem maioria? É duvidoso. Entre os neutros, isto é, entre os que estão com um pé na balança do bem e outro na do mal, muitos podem meter os dois no prato da benevolência, que é a primeira etapa que conduz rapidamente a níveis mais avançados.

Ainda há no globo uma parcela de seres maus, mas que diariamente tende a diminuir. Quando os homens estiverem imbuídos do pensamento que a pena de Talião é a lei imutável que Deus lhes inflige, lei muito mais terrível que vossas terríveis leis terrenas; mais apavorante e mais lógica que as chamas eternas do inferno, em que não mais acreditam, eles temerão essa reciprocidade de penas e pensarão duas vezes antes de cometer um ato censurável.

Quando, pela manifestação espírita, o criminoso puder prognosticar a sorte que o espera, recuará ante a ideia do crime, pois saberá que Deus tudo vê e que o crime, ainda que ficasse impune na Terra, ele terá que pagar um dia, e muito caramente, essa impunidade. Então, todas as falhas odiosas, que vêm, vez por outra, trazer a sua marca indelével à fronte da Humanidade, desaparecerão para dar lugar à concórdia e à fraternidade que há séculos vos são pregadas. Vossa legislação abrandar-se-á, na proporção do melhoramento moral, e a escravidão e a pena de morte não permanecerão em vossas leis, a não ser como uma lembrança das torturas da inquisição.

Assim regenerado, o homem poderá ocupar-se mais com seu progresso intelectual. Não mais existindo o egoísmo, as descobertas científicas, que por vezes reclamam o concurso de várias inteligências, desenvolver-se-ão rapidamente, cada um dizendo: "Que importa aquele que produz o bem, desde que o bem seja produzido?" Porque, na verdade, o que muitas vezes detém os vossos cientistas em sua marcha ascendente para o progresso, senão o personalismo, a ambição de ligar seu nome à sua obra?

Eis qual é o futuro e a influência do Espiritismo sobre os povos da Terra.

Um filósofo do outro mundo.

NOTÍCIA BIBLIOGRÁFICA

No último número, falando do jornal *La Verité de Lyon*, dissemos que em breve Bordéus também teria sua *Revista Espírita*. Vimos uma prova dessa publicação, que terá como título *La ruche bordelaise, Revue de l'enseignement des Esprits* (A Colmeia bordelesa, Revista do ensino dos Espíritos) e promete um novo órgão sério para a defesa e propagação do Espiritismo. Tendo solicitado o nosso conselho, mandamos uma carta aos seus diretores, a qual tiveram a gentileza de colocar no alto do seu primeiro número, declarando que querem seguir em todos os pontos a bandeira da Sociedade de Paris. Sentimo-nos feliz com esta adesão, que não pode senão estreitar, pela comunhão de ideias, os laços de união entre todos os espíritas sinceramente dedicados à causa comum, sem preconceitos personalistas.

La Ruche Bordelaise sai no dia primeiro e no dia 15 de cada mês, em cadernos de 16 páginas in-8.º, a partir de 1º de junho de 1863. Preço: 6 francos por ano para a França e a Argélia. Redação em Bordéus, Rua des Trois-Conils, 44.

ALLAN KARDEC[3]

---
[3] Paris. Tipografia de COSSON & Cia. Rua do Four-Saint-Germain, 43.

REVISTA ESPÍRITA

JORNAL DE ESTUDOS PSICOLÓGICOS

ANO VI	JULHO DE 1863	VOL. 7

DUALIDADE DO HOMEM PROVADA PELO SONAMBULISMO

Sem lembrar aqui os inúmeros fenômenos que ressaltam do Espiritismo experimental e provam, com a última evidência, a independência do Espírito e da matéria, chamaremos a atenção para um fato vulgar, do qual não se tem, ao que saibamos, tirado todas as consequências, e que, entretanto, é de natureza a impressionar todo observador sério.

Queremos falar do que se passa no sonambulismo natural ou artificial; nas estranhas faculdades que se desdobram nos catalelépticos; no não menos estranho fenômeno da dupla vista, hoje perfeitamente constatado até pelos incrédulos, mas cuja causa não buscaram, posto valesse a pena.

A seguinte carta, que nos dirige distinto médico do Tarn, prova por qual encadeamento de ideias um homem que reflete pode passar da incredulidade à crença, apenas ajudado pelo raciocínio e pela observação feita com boa-fé.

"Senhor,

"Confundido na massa dos dúbios e dos incrédulos, a leitura do *Livro dos Espíritos* me produziu vivíssima sensação. A suave satisfação que me ficou de sua leitura fez nascer em mim o desejo muito natural de crer, sem restrições, em todos os ensinos dados pelos Espíritos nesse livro.

"A fim de atingir tal objetivo, desejaria constatar por mim mesmo a realidade das comunicações. Assim, esforcei-me por me tornar médium, mas não o consegui e tive que parar as pesquisas. Cansado de viver na minha incerteza, resolvi reportar-me às observações alheias. Mas como não sou, por natureza, fácil de ser persuadido, sentia a necessidade de conhecê-las a fim de poder julgar de sua realidade. Depois de percorrer os quatro primeiros anos da *Revista Espírita*, e sobretudo de haver notado com que precaução os numerosos fatos são ali reportados, e que as manifestações dos Espíritos e suas comunicações são sempre constatadas por pessoas respeitáveis, desinteressadas e fidedignas, não mais é possível conservar qualquer dúvida quanto à sua autenticidade.

"Entretanto, uma vez admitidas as comunicações, eu deveria fazer uma ideia do grau de confiança que se deveria conferir às revelações, sobretudo àquelas que constituem a base da filosofia espírita.

"Nessa apreciação, as chamas do inferno não me poderiam deter, a menos que negasse a bondade infinita de Deus.

"Também a diferença das religiões não criava obstáculos à minha lógica, visto que semeando o bem, o mais simples bom senso diz que não se pode colher o mal.

"Restava-me, contudo, o ponto capital da reencarnação. Sobre isso, o sonambulismo me foi uma ajuda valiosa, e se ele não resolve inteiramente o problema, em minha opinião o torna tão provável que se faz necessária forte dose de má vontade para não admiti-lo.

"Para começar, se a existência da alma já não estivesse suficientemente demonstrada pelas manifestações e comunicações dos Espíritos, seria claramente provada pela visão à distância e através dos corpos opacos, que não pode ser explicada senão por seu intermédio. Depois, pondo de lado as faculdades da alma desprendida da matéria, tais como a visão à distância, a transmissão do pensamento etc., o sonambulismo leva à descoberta, no sensitivo, de conhecimentos muito mais extensos que os que ele possui no estado de vigília. Disto resulta que a alma deve ser mais antiga que o corpo, porque, se criada ao mesmo tempo que ele, ela não poderia ter conhecimentos além dos adquiridos durante a existência deste último.

"Mas, depois de haver constatado que a alma é mais antiga que o corpo, não se sente nenhuma repugnância em lhe conferir outras encarnações, porque se a existência atual não é o começo, nada prova que seja a última; ao contrário, tornam-se muito naturais e até mesmo indispensáveis. Há mais: O sonâmbulo, em estado de vigília, geralmente não tem nenhuma lembrança do que disse ou fez durante o sono, mas, durante o sono, reencontra sem dificuldade tudo quanto fez, não só durante os sonos precedentes, mas também durante a vigília.

Não é este o quadro exato da existência da alma em seus numerosos estados errantes e encarnados, com suas lembranças e seu esquecimento?

"Filho do povo, minha instrução, extremamente medíocre e adquirida por mim mesmo, remonta apenas a um terço de minha idade, que é de quarenta e dois anos. Assim, parece-me que uma pena algo mais experimentada faria ressaltar muito mais claramente, a esse propósito, as verdades que tentei descobrir. Contudo, por mais imperfeitas que sejam estas aproximações, elas bastaram para determinar minha convicção, e eu me sentiria feliz se as julgásseis dignas de poder exercer a mesma influência sobre outros.

"Posto minha convicção seja de data muito recente, começou a produzir frutos e, independentemente das felizes modificações trazidas à minha maneira de ser, é para mim a fonte de suaves consolações. Essas mudanças felizes são devidas unicamente ao conhecimento de vossas obras. Assim, senhor, eu vos peço que vos digneis receber o eterno reconhecimento daquele que no futuro deseja ser contado no número dos vossos mais fervorosos adeptos.

"G..."

A visão à distância, as impressões sentidas pelo sonâmbulo, conforme o meio que vai visitar, provam que uma parte de seu ser é transportada. Ora, se não é o seu corpo material, visível, que não mudou de lugar, não pode ser senão o corpo fluídico, invisível e sensível. Não é o mais patente fato da dupla existência corpórea e espiritual?

Mas, sem falar desta singular faculdade, que não é geral, basta observar o que se passa nos mais vulgares sonâmbulos. A dualidade se manifesta de maneira não menos evidente, como observa o nosso correspondente, no fenômeno do esquecimento ao despertar. Não há quem, tendo observado os efeitos magnéticos, não tenha observado a instantaneidade de tal esquecimento. Um sonâmbulo fala e sua conversa é perfeitamente sequencial e racional. Se o despertam de súbito, no meio de uma frase, de uma palavra que ele nem chegou a concluir e lhe perguntam o que acabou de dizer, se lhe relembram a palavra começada, responderá que nada disse.

Se o pensamento fosse produto da matéria cerebral, por que tal esquecimento, se a matéria está sempre lá e é sempre a mesma? Por que basta um instante para mudar o curso das ideias? Mas o que é ainda mais característico, é a relembrança perfeita, num novo sono, daquilo que foi dito e feito num sono precedente, por vezes a um intervalo de um ano. Só este fato provaria que, ao lado da vida do corpo, há a vida da alma, e que a alma pode agir e pensar de maneira independente. Se ela pode manifestar tal independência durante a vida do corpo, cujos entraves sempre sofre mais ou menos, com mais forte razão o pode quando goza de sua inteira liberdade.

As consequências que nosso correspondente tira desses fenômenos para provar a anterioridade da alma e a pluralidade das existências são perfeitamente lógicas.

Os fenômenos sonambúlicos, como tantos outros, parecem trazidos pela Providência para nos pôr na rota dos mistérios do pensamento. A Ciência, entretanto, não se digna considerá-los. Com o propósito de vê-los, ela não desviará os olhos de um pólipo, de um cogumelo, de um filete nervoso. É verdade que a alma não se mostra à ponta de um escalpelo, nem sob as lentes, mas como se julga a causa pelos efeitos, os efeitos da alma, a cada passo, estão sob os vossos olhos e não os olhais. Percorreríeis cem léguas para observar um fenômeno astronômico sem utilidade prática, enquanto só tendes sarcasmo e desdém quando se trata dos fenômenos da alma, que estão ao vosso alcance, e que interessam a toda a Humanidade, em seu presente e no seu futuro.

Se dificilmente a Ciência oficial renuncia a seus preconceitos, seria injusto fazer cair a responsabilidade sobre todos os cientistas. Entre eles manifesta-se um movimento de bom augúrio, em relação às ideias novas. As adesões individuais e tácitas são numerosas, mas, talvez mais que outros, ainda temem pôr-se em evidência. Bastará que algumas sumidades ergam a bandeira, para fazer calar os escrúpulos alheios, impor silêncio aos trocistas de mau gosto e fazer refletirem os agressores interesseiros. É o que não tardaremos a ver.

CARÁTER FILOSÓFICO DA SOCIEDADE ESPÍRITA DE PARIS

232 | REVISTA ESPÍRITA

Como resposta a certas calúnias que os adversários do Espiritismo gostam de despejar contra a Sociedade, julgamos dever publicar os pedidos de admissão formulados nas duas cartas seguintes, sobre as quais fazemos, na sequência, algumas observações.

Ao Sr. Presidente da Sociedade de Estudos Espíritas de Paris.

"Senhor,

"Ser-me-ia permitido aspirar a ser admitido como membro da ilustre Sociedade que presidis?

"Também tive a felicidade de conhecer o Espiritismo e de experimentar, em toda a sua plenitude, a sua benéfica influência. Há tempo eu era vítima de sofrimentos físicos, e consequentemente do sofrimento moral que naturalmente deles decorre quando o pensamento não vê como compensação senão a dúvida e a incerteza. *O Livro dos Espíritos* entrou em minha casa como o salvador cuja mão benfeitora nos tira do abismo, como o médico que cura instantaneamente.

"Li e compreendi, e logo o sofrimento moral deu lugar a uma imensa felicidade, ante a qual morreu o sofrimento físico, porque, desde então, não mais o vejo senão como efeito da vontade e da sabedoria divinas, que só nos envia males para nosso maior bem.

"Sob a influência dessa crença benéfica, meu estado físico já melhorou sensivelmente, e espero que Deus complete sua obra, porque se hoje desejo o restabelecimento da saúde, não é mais, como outrora, para gozar a vida, mas para consagrá-la unicamente ao bem, isto é, para empregá-la exclusivamente em marchar para o futuro, trabalhando com ardor e por todos os meios ao meu alcance, para o bem de meus semelhantes e, particularmente, dedicando-me à propagação da sublime doutrina que Deus, em sua bondade infinita, envia à pobre Humanidade para regenerá-la.

"Glória seja rendida a Deus pela divina luz que, em sua misericórdia, se dignou enviar às suas criaturas cegas! E graças vos sejam dadas, senhor, a quem ele escolheu para lhes trazer o facho sagrado!

"Senhor, se vos dignardes acolher o meu pedido, eu vos serei profundamente reconhecido por sua transmissão aos vossos honrados colegas. Não tenho a honra de ser vosso conhecido pessoalmente, pois meu estado de saúde sempre me impediu de vos visitar. Mas meu amigo Sr. Canu, vosso colega, poderá responder por mim.

"Recebei, senhor e caro mestre, o preito de meus respeitosos sentimentos e de meu sincero devotamento."

HERMANN HOBACH

"Senhor e venerado mestre,

"Confiante em vossa benevolência, venho dirigir-vos um pedido que, se ouvido, encher-me-ia de alegria. Já tive a honra de vos escrever, há tempos, com o duplo objetivo de exprimir os sentimentos, por assim dizer novos, que a leitura séria do *Livro dos Espíritos* havia feito nascer em mim, e obedecer ao dever sagrado de agradecer ao homem venerado que estende a mão de amparo à coragem vacilante dos fracos deste mundo, em cujo número me achava até bem pouco tempo, pela ignorância destes princípios sublimes que enfim determinam ao homem uma tarefa a cumprir, de acordo com suas forças e com as suas faculdades.

"Destes a essa carta uma resposta cheia de amenidade, convidando-me a ir, como ouvinte, assistir às sessões gerais da Sociedade. Essas sessões e a leitura do *Livro dos Médiuns* me deram mais e mais força e coragem e me inspiraram o desejo de participar de uma sociedade fundada sobre os mesmos princípios que acabaram de afastar a perturbação, a dispersão, o caos, que presidiam a todas as minhas ações.

"Eu havia chegado a supor que a chave do enigma da existência devia ser muito insignificante, pois meu espírito ainda não me tinha feito compreender que fora do mundo material que me rodeava havia um mundo espiritual, a marchar lado a lado com o nosso para o melhoramento.

"Assim, senhor, me reafirmo feliz, se puder demonstrar perante o mundo inteiro dos incrédulos e dos cépticos, que a doutrina espírita fez em mim tão radical mudança na maneira de ser que certamente essa mudança poderia, sem exagero, ser qualificada de milagre, porque, abrindo-me os olhos para todo o bem que se pode fazer e não se faz, percebi, para começar, uma finalidade para a nossa vida atual, e depois, carregado de faltas de toda espécie, vi, enfim, que a Providência não nos

234 | REVISTA ESPÍRITA

havia deixado faltar trabalho, e que ao Espírito não bastava uma existência para se aperfeiçoar, trabalhando por dominar primeiro o corpo e em seguida dominar-se a si próprio.

"Se julgardes conveniente receber-me, senhor, posto ainda seja muito moço, como um dos membros da Sociedade Espírita, rogo-vos apresentar meu pedido ao conselho e lhe afirmar a honra que me faria a Sociedade em receber-me em seu seio, o que por mim seria apreciado com o sentimento do mais completo reconhecimento.

"Recebei, senhor, o preito de minha profunda veneração."

PAUL ALBERT

Se tais cartas honram os seus autores, também honram a Sociedade à qual são dirigidas e que vê com felicidade os que pedem para nela entrar, animados por tais sentimentos. É uma prova de que compreendem o objetivo exclusivamente moral a que a Sociedade se propõe, pois não são movidos por uma vã curiosidade que, aliás, não entraria em nossos propósitos satisfazer.

A Sociedade só acolhe gente séria, e cartas como as que acima publicamos lhe indicam o verdadeiro caráter. É entre os adeptos dessa categoria que ela se sente feliz em recrutar, e é a melhor resposta que ela pode dar aos detratores do Espiritismo, que se esforçam em apresentá-la, bem como a suas irmãs dos departamentos e do estrangeiro que marcham sob a mesma bandeira, como focos perigosos para a razão e para a ordem pública, ou como uma vasta especulação. Deus quis que o mundo não tivesse outras fontes de perturbação. Como temos dito, o Espiritismo moderno terá a sua história, que será a das fases que tiver percorrido, de suas lutas e de seus sucessos, de seus defensores, de seus mártires e de seus adversários, pois é preciso que a posteridade saiba de que armas se serviram para atacá-lo. É preciso, sobretudo, que ela conheça os homens de coração que se devotaram à sua causa com inteira abnegação, completo desinteresse material e moral, a fim de que ela lhes possa pagar um justo tributo de reconhecimento. Para nós é uma grande alegria quando podemos inscrever um novo nome, glorioso por sua modéstia, sua coragem e suas virtudes, nesses anais onde se confundem o príncipe e o artífice, o rico e o pobre, os homens de todos os países e de todas as religiões, porque para o bem só há uma casta, uma só seita, uma só nacionalidade e uma só bandeira: a da fraternidade universal.

A Sociedade Espírita de Paris, a primeira fundada e oficialmente reconhecida; a que, pode-se dizer, deu o impulso, e sob cuja égide se formaram tantas outras sociedades e grupos; que se tornou, pela força das coisas, e por mais restrito que seja o número de seus membros, o centro do Movimento Espírita, pois seus princípios são os da quase universalidade dos adeptos, esta Sociedade, dizíamos nós, terá também seus anais para a instrução daqueles aos quais preparamos o caminho, e para a confusão de seus caluniadores.

Não é somente ao longe que a calúnia atira o seu veneno, é às nossas portas mesmo. Há poucos dias alguém nos disse que há muito tempo tinha o maior desejo de assistir a algumas sessões da Sociedade, mas que tinha sido detido porque lhe haviam afirmado que se devia pagar dez francos. Sua surpresa foi grande, e podemos dizer, também sua alegria, quando lhe dissemos que tal boato era filho da malevolência; que desde que a Sociedade existe, jamais um ouvinte pagou um cêntimo; que não se lhe impõe qualquer obrigação pecuniária, sob qualquer forma e a qualquer título que seja, nem como assinatura da *Revista Espírita*, nem como compra de livros; que nenhum dos nossos médiuns é remunerado, pois todos, sem exceção, dão seu concurso por puro devotamento à causa; que os membros titulares e associados são os únicos a participar nas despesas materiais, mas que os membros correspondentes e honorários não suportam nenhum encargo, limitando-se a Sociedade a prover as despesas correntes, restritas quanto possível, e não capitalizando; que o Espiritismo é uma coisa puramente moral, que não pode, assim como as coisas santas, ser objeto de uma exploração que sempre repudiamos verbalmente e por escrito; que, assim, só uma insigne malevolência é capaz de emprestar semelhantes ideias à Sociedade.

Acrescentaremos que o autor dessa informação oficiosa disse haver pago os seus dez francos, o que prova que ele não era inocente na difusão desse boato. A Sociedade Espírita de Paris, por sua posição e pelo papel que desempenha, não deixará de ter, mais tarde, uma certa repercussão. É, pois, necessário aos nossos irmãos dos tempos porvindouros, que o seu objetivo e as suas tendências não sejam desnaturados por manobras malévolas, e para isto não bastam algumas refutações individuais, que só têm efeito no presente e se perdem na multidão. As retratações que se obtêm não passam de uma satisfação momentânea, cuja lembrança logo passará. É necessário um monumento especial, autêntico e durável, e esse monumento será feito em tempo hábil. Enquanto esperamos, deixemos os adversários se desacreditarem a si mesmos pela mentira. A posteridade os julgará.

APARIÇÕES SIMULADAS NO TEATRO

"Senhor,

"Para combater o Espiritismo, seus adversários acabam de imaginar uma nova tática, que consiste em fazer aparecerem no palco espectros e fantasmas impalpáveis, apresentados como os do Espiritismo. Tais aparições se dão todas as noites na Sala Robin, no Boulevard du Temple. Ontem assisti à segunda representação e não foi sem espanto que ouvi o Sr. Robin dizer aos seus espectadores que se havia proposto, por suas experiências, a combater a estranha crença de certas pessoas que imaginam que os Espíritos movimentam mãos e fazem as mesas girarem.

"Senhor, jamais compreendi, por meu lado, que possa haver analogia entre essas imitações criadas pela física recreativa e as manifestações espíritas que estão nas leis da Natureza. Assim, tais manobras quase não são de temer pelos adeptos do Espiritismo. Contudo, como não se deve deixar surpreender a boa-fé do público, considerei-me na obrigação de informar-vos acerca desses fatos, a fim de que lhes consagreis um artigo especial na *Revista*, se achardes conveniente. Como tenho o hábito de agir às claras e não na sombra, autorizo-vos a fazer desta o uso que vos aprouver.

"Recebei etc.

"SIMOND, estudante de Direito em Paris."

Há algum tempo se fala de uma peça fantástica, montada no Teatro *du Châtelet*, onde, por um processo novo e secreto, fazem aparecer em cena sombras-fantasmas impalpáveis. Parece que o segredo foi descoberto, pois o Sr. Robin o explora neste momento. Como não a vimos, nada podemos dizer quanto ao mérito da imitação. Fazemos votos que seja menos grosseira que a imaginada pelo casal Girroodd, americanos do Canadá, que alguns traduzem por *Girod de Saint-Flour*, para simular a transmissão do pensamento através das paredes, e que seria a morte irremediável dos médiuns e dos sonâmbulos. Fazemos votos para que sua invenção não lhe traga o mesmo desastre que trouxe a estes últimos.

Seja como for, o Sr. Simond tem toda razão de pensar que tais manobras não são absolutamente temíveis porque, pelo fato de se poder imitar uma coisa, não se segue que a coisa não exista. Os falsos diamantes nada tiram do valor dos brilhantes finos, e as flores artificiais não impedem que haja flores naturais. Pretender provar que certos fenômenos não existem porque podem ser imitados, seria inegavelmente como se aquele que fabrica o champanhe com água de Seltz pretendesse provar com isso que o champanhe e o bicho preguiça só existem na imaginação.

Jamais a imitação foi mais engenhosa, mais perfeita e mais espirituosa que a da dupla vista pelo Sr. Robert Houdin. Contudo, isso absolutamente não desacreditou o sonambulismo. Ao contrário, porque, tendo visto a pintura, quiseram ver o original.

O Sr. e a Sra. Girroodd tinham a pretensão de matar os médiuns fazendo passar todos os fenômenos espíritas por escamoteações. Ora, como esses fenômenos são o pesadelo de certas pessoas, tinham colhido as adesões, *publicadas em seus prospectos*, de vários padres e bispos *espiritófobos*, encantados com essa cacetada aplicada no Espiritismo. Mas, em sua alegria, tais senhores não tinham refletido que os fenômenos espíritas vêm demonstrar a possibilidade dos fatos miraculosos e que provar, se fosse possível provar, que esses fenômenos não são golpes de mágica, seria provar que o mesmo pode dar-se com os milagres; que, consequentemente, desacreditar uns, seria desacreditar os outros. Jamais se pensa em tudo. Estando um pouco gastas as mágicas do Sr. Girroodd, ele fará agora acordo com o Sr. Robin para as suas aparições?

O *Indépendence Belge*, que não gosta do Espiritismo, não sabemos bem por quê, pois ele nunca lhe fez mal, falando desse

238 | REVISTA ESPÍRITA

novo truque cênico, em um número de junho, exclamava: "Eis a religião do Sr. Allan Kardec metida a pique. Como vai o Espiritismo sair-se desta?" Notai que essa pergunta tem sido feita muitas vezes, por todos quantos lhe pretenderam dar golpes fatais, sem excetuar o Sr. Pe. Marouzeau, e o Espiritismo não saiu deles pior. Diremos ao *Indépendence* que supor que ele repouse em aparições é prova de ignorância completa da base do Espiritismo e que se essa base for subtraída subtraem-lhe a alma.

Se fosse comprovado que o fato das aparições é uma farsa, a religião sofreria mais que o Espiritismo, pois três quartas partes dos mais importantes milagres não têm outro fundamento.

A arte cênica é a arte da imitação por excelência, desde o frango de papelão até as mais sublimes virtudes, e disso não se deduz que não se deva crer nos frangos verdadeiros nem nas virtudes.

Esse novo gênero de espetáculo, por sua originalidade, vai aguçar a curiosidade pública, e será repetido em todos os teatros, pois dará dinheiro; fará falar do Espiritismo talvez ainda mais que os sermões, precisamente devido à analogia que os jornais tentarão estabelecer. É mesmo preciso persuadir-se de que tudo o que tende a preocupar a opinião, forçosamente leva ao exame, ainda quando não fosse por curiosidade, e é de tal exame que saem os adeptos.

Os sermões o apresentam sob um aspecto sério e terrível, como um monstro invasor do mundo e ameaçador da Igreja até os seus alicerces. Os teatros vão dirigir-se à multidão dos curiosos, de sorte que os que não frequentam os sermões dele ouvirão falar no teatro, e os que não vão ao teatro ouvirão falar no sermão. Como se vê, há para todos.

É realmente uma coisa admirável ver por que meios as forças ocultas que dirigem esse movimento chegam a fazê-lo penetrar em toda parte, servindo-se dos mesmos que o querem derrubar. É bem certo que sem os sermões de um lado e as facécias dos jornais do outro, a população espírita seria hoje dez vezes menor do que é.

Assim, dizemos que as imitações, mesmo supondo-as tão perfeitas quanto possível, não podem causar qualquer prejuízo. Dizemos, até, que são úteis. Com efeito, eis o Sr. Robin que, por meio de um processo qualquer, produz coisas admiráveis ante os espectadores, afirmando serem as mesmas do Espiritismo, produzidas pelos médiuns. Ora, entre os assistentes, alguns dirão: "Já que com o Espiritismo é possível fazer o mesmo, estudemo-lo, aprendamos a ser médiuns e poderemos ver em casa, tanto quanto quisermos e sem pagar, aquilo que se vê aqui." Entre estes, muitos reconhecerão o lado sério da questão e é assim que, sem o querer, eles servem aos que querem prejudicar.

O que temem as pessoas sérias é que essas palhaçadas enganem certas criaturas sobre o verdadeiro caráter do Espiritismo. Aí, sem dúvida, está o lado mau, mas o inconveniente não tem importância, porque o número dos que se deixam enganar é ínfimo. Aqueles que dissessem: "É apenas isto!" mais cedo ou mais tarde teriam ocasião de reconhecer que é outra coisa. E, enquanto esperam, a ideia se espalha, a gente se familiariza com a palavra que, sob o manto burlesco, tudo penetra; pronunciam-na sem desconfiança e quando a palavra está por toda parte, a coisa está bem próxima de aí estar.

Quer seja isto uma manobra dos adversários do Espiritismo, quer simples combinação pessoal para reforçar a receita, é forçoso convir que é inepta.

Haveria mais habilidade da parte dos senhores Robin e consortes em negar qualquer analogia com o Espiritismo ou o magnetismo, porque proclamar tal paridade é reconhecer uma concorrência – falamos de seu ponto de vista comercial – é proporcionar a vontade de ver essa concorrência e confessar que ambos podem ser postos de lado.

Já que estamos no capítulo das inépcias, eis uma, como já houve tantas outras. Lamentamos fazê-la figurar ao lado da dos Srs. Robin e Girroodd, mas é a analogia do resultado que a isto nos força. Aliás, considerando-se que os dignitários da Igreja não julgaram que se rebaixavam patrocinando um prestidigitador contra o Espiritismo, não poderão escandalizar-se encontrando um sermão neste capítulo.

Escreve-nos um correspondente de Bordéus:

"Caro mestre, acabo de receber uma carta de minha irmã, que mora na cidadezinha de B... Ela se desesperava por não encontrar ninguém com quem conversar sobre o Espiritismo, quando os adversários de nossa cara doutrina vieram tirá-la do embaraço.

"Tendo dele ouvido falar vagamente, algumas pessoas se dirigiram aos carmelitas para saber o que era. Estes, não contentes em desviá-los, pregaram quatro sermões a respeito, cujas principais conclusões são as seguintes: "Os médiuns são possessos do demônio. Eles só agem com objetivos interesseiros e não se servem de seu poder senão para encontrar

240 | REVISTA ESPÍRITA

tesouros e objetos preciosos perdidos, mas, ao contacto de uma santa relíquia, vê-los-eis esticar-se e torcer-se em horríveis convulsões.

"Os tempos preditos pelos Evangelhos são chegados. Os médiuns não passam dos falsos profetas anunciados pelo Cristo. Em breve todos terão por chefe o Anticristo. Farão milagres e prodígios admiráveis, e por tal meio ganharão para a sua causa três quartos da população do globo, o que será sinal do fim dos tempos, porque Jesus descerá sobre uma nuvem celeste e, de um sopro, os precipitará nas chamas eternas."

"O resultado foi que toda a cidade ficou abalada. Por toda parte se fala do Espiritismo. As pessoas não se contentam com a explicação do padre e querem saber mais, e minha irmã, que não via ninguém, certos dias recebe mais de trinta visitas. Ela os remete sempre ao *Livro dos Espíritos*, que em pouco estará em todas as mãos, e muitos dos que já o têm dizem que isto em nada se parece com o quadro feito pelo pregador, porque ele disse tudo ao contrário. Assim, agora contamos com vários adeptos sérios, graças a esses sermões, sem os quais o Espiritismo não teria penetrado há tanto tempo naquelas paragens remotas."

Não tínhamos razão de dizer que é ainda uma inépcia? E não teríamos razão de bem-querer a adversários que trabalham tão bem por nós? Mas esta não é a última. Esperamos a maior delas, que coroará a obra. Há um ano eles engendram uma muito grave, que evitamos revelar, porque é preciso que ela vá até o fim, mas cujas consequências veremos um dia. Há cerca de dois anos perguntávamos a um dos nossos guias espirituais por que meio poderia o Espiritismo penetrar no campo. A resposta foi:

– Pelos curas.

– Dar-se-á isso voluntária ou involuntàriamente, da parte deles?

– A princípio involuntariamente, depois voluntariamente. Em breve farão uma propaganda cujo alcance não podeis avaliar. Não vos inquieteis com coisa alguma e deixai a coisa andar. Os Espíritos velam e sabem o que fazem.

A primeira parte da predição, como se vê, realiza-se o melhor possível. Aliás, todas as fases pelas quais passou o Espiritismo nos têm sido anunciadas e todas as que deve ainda percorrer até o seu estabelecimento definitivo no-lo são igualmente, e a cada dia se verifica o acontecimento.

É em vão que procuram dissuadir do Espiritismo, apresentando-o sob cores horrorosas. Como se vê, o efeito é bem diverso do que esperam. Para dez pessoas desviadas, há cem ligadas. Isto prova que há, por si mesmo, uma irresistível atração, sem falar da do fruto proibido. Isto nos traz à memória a seguinte anedota:

Um dia um proprietário trouxe para casa um barril de vinho excelente, mas como ele temia a infidelidade dos criados, colou uma etiqueta em letras garrafais: *Vinagre Horroroso*. Ora, vazando um pouco o barril, um deles teve a curiosidade de experimentá-lo com a ponta do dedo, e achou que o vinagre era bom. A coisa passou de boca em boca, de maneira que, cada um vindo apanhar um pouco, ao cabo de algum tempo o barril estava vazio. Como o proprietário dava zurrapa para sua gente beber, diziam uns para os outros: "Isto não vale o vinagre horroroso."

Por mais que digam que o Espiritismo é vinagre, não levarão os que o provarem a não achar que ele é suave. Ora, os que o provarem dirão aos outros, e todos quererão bebê-lo.

UM QUADRO MEDIÚNICO NA EXPOSIÇÃO DE CONSTANTINOPLA

O presidente da Sociedade Espírita de Constantinopla, membro honorário da Sociedade Espírita de Paris, escreve-nos o que segue, em data de 22 de maio último:

"Caro senhor Allan Kardec e irmão espírita,

"Há muito tempo me proponho dar-vos notícias minhas, mas não creiais que por isso haja descanso na propaganda espírita. Ao contrário, há mais atividade do que nunca. Crede que neste país inteiramente fanatizado e arregimentado nas seitas, por toda parte o Espiritismo encontra obstáculos que talvez não existam em parte alguma, mas suas raízes são tão vivazes e tão produtivas que, malgrado tudo, penetram pouco a pouco e acabarão por lançar brotos vigorosos, que nenhum poder humano poderá destruir.

242 | REVISTA ESPÍRITA

"Constantinopla já conta com numerosos adeptos do Espiritismo e, posso afirmar, nas classes mais elevadas da Sociedade. Apenas notei que cada um se fecha em si, por medo de se comprometer.

"Permiti-me citar um fato que aqui se passa, e que denota até que ponto o Espiritismo se inculca: é que vários livreiros que importaram livros espíritas, notadamente o *Livro dos Espíritos* e o *Livro dos Médiuns*, os vendem imediatamente, e a quem? Nós, espíritas conhecidos e confessos aos olhos de todos, o ignoramos. Temos certeza do fato, para o qual chamo a vossa atenção, porque, quando alguns dentre nós quer comprar vossas obras, o livreiro responde: 'Eu as recebi e as vendi imediatamente.' Nós nos perguntamos quem monopoliza essas obras, assim que são desembaladas, a ponto tal que os nossos, quando as querem comprar, não as encontram...

"Eis agora outra notícia que certamente não vos interessará menos:

"Nosso amigo e irmão espírita Paul Lombardo, médium desenhista, do qual vos mandei algumas flores, executou uma pintura em aquarela representando um belo buquê de flores, entre as quais os amadores destacam uma dália-papoula aveludada de um efeito magnífico; todas as outras flores, como rosas, cravos, tulipas, lírios, camélias, margaridas, dormideiras, escovinhas, amores-perfeitos etc., são de uma finura e naturalidade perfeitas.

"Levei-o a apresentar o quadro à Exposição Nacional Otomana, agora aberta, e o quadro foi ali admitido com esta inscrição:

DESENHO MEDIÚNICO
Executado pelo Sr. Paul Lombardo, de Constantinopla, que desconhece as artes do desenho e da pintura

"A esta hora o quadro figura de maneira notável no Palácio da Exposição, à direita do lugar reservado aos quadros e gravuras. O preço foi fixado em 20 libras turcas ou 460 francos. Notai tratar-se de um fato que milhares de pessoas podem constatar autenticamente.

"Recebo cartas de vários pontos da Europa, da Ásia e da África, mas sou sóbrio de respostas, a não ser para encorajar o estudo sério e profundo de nossa grande e bela ciência. Depois eu os remeto sempre às vossas excelentes obras, os livros *dos Espíritos* e o *dos médiuns*.

"Temos sempre reuniões para as experiências físicas e para estudos psicológicos. Posto as primeiras quase sempre nos fatiguem, não podemos abandoná-las completamente, pois servem para convencer certos incrédulos, que querem ver e tocar.

"Peço apresenteis à Sociedade Espírita de Paris os respeitosos e fraternos cumprimentos dos nossos irmãos espíritas de Constantinopla e, em particular, deste que também se diz vosso mui devotado irmão,

"REPOS FILHO

Advogado"

O fato significativo da exposição do quadro do Sr. Lombardo, em Constantinopla, posto que admitido, apresentado ostensivamente como produto mediúnico, é a réplica das fábulas espíritas, coroadas nos Jogos Florais de Toulouse.

Foi dito alhures que se a Academia de Toulouse tivesse conhecido a origem dessas fábulas, tê-las-ia repelido. É fazer-lhe a mais grosseira injúria; é, além disso, esquecer que os assuntos enviados a essa espécie de concursos não devem levar assinatura nem qualquer sinal que pudesse revelar o autor, sob pena de exclusão. O Sr. Jaubert não podia, assim, apor nem a sua nem a de um Espírito, nem mesmo dizer que procediam de um Espírito, pois teria violado a lei do concurso, que exige o mais absoluto segredo. É a resposta aos que acusam o Sr. Jaubert de haver usado uma trapaça guardando silêncio sobre a proveniência das fábulas. Seja como for, nos dois extremos da Europa uma sanção oficial é dada a produções de Além-Túmulo.

Semelhantes fatos bastariam para demonstrar a força irresistível do Espiritismo se, aliás, ela se não tivesse tornado evidente por tudo quanto se passa aos nossos olhos, de alguns anos para cá, e pela inutilidade dos esforços feitos para combatê-lo. E por que são inúteis tais esforços? Porque, como temos dito, ele tem um caráter que o distingue de todas as doutrinas filosóficas, o de não ter um foco único e de não depender da vida de nenhum homem. Seu foco está por toda parte, na terra e no espaço, e se o prejudicam aqui, ele surge ali. Como diz a Sociedade Espírita de Palermo, ele se afirma pelos fatos, que cada um pode experimentar, e por uma teoria que tem suas raízes no senso íntimo de cada um. Para abafá-lo, não se teria que comprimir um ponto do globo, uma aldeia, uma cidade, nem mesmo um país, mas o globo inteiro. Ainda assim, seria uma parada momentânea, pois a geração que surge traz em si a intuição das ideias novas que, mais cedo ou mais tarde, fará prevalecer. Vede o que se passa num país vizinho, onde põem sobre essas ideias uma tampa de chumbo e de onde, entretanto, elas escapam por todas as fissuras.

UM NOVO JORNAL ESPÍRITA NA SICÍLIA

Temos a satisfação de assinalar o aparecimento de um novo órgão do Espiritismo em Palermo, na Sicília, publicado em italiano, sob o título de *O Espiritismo, jornal de Psicologia Experimental*.

A multiplicação de jornais especializados nesta matéria é um indício inequívoco do terreno que conquistam as ideias novas, a despeito, ou antes, em razão mesmo dos ataques de que são objeto. Essas ideias, que em poucos anos se implantaram em todas as partes do mundo, contam na Itália com numerosos e sérios representantes. É que, nessa pátria da inteligência, como em toda parte, quem quer que lhe sonde o alcance, compreende que elas encerram todos os elementos do progresso; que elas são a bandeira sob a qual abrigar-se-ão um dia todos os povos; que só elas resolvem os temíveis problemas do futuro, de maneira a satisfazer a razão.

Nosso concurso simpático é naturalmente extensivo a todas as publicações dessa natureza, próprios a secundar nossos esforços na grande e laboriosa tarefa que empreendemos.

A carta seguinte, que acompanhou esse jornal, anuncia, ao mesmo tempo, a constituição de uma Sociedade Espírita em Palermo, sob o título de *Società Spiritista di Palermo*.

"Senhor,

"Uma nova sociedade espírita acaba de ser constituída aqui em Palermo, sob a presidência do cavaleiro Sr. Joseph

Vassallo Paleologo. Ela já tem o seu órgão de publicidade: *O Espiritismo*, ou *Jornal de Psicologia Experimental*, cujas duas primeiras edições acabam de surgir. Aceitai um exemplar que me permito vos oferecer, como aquele que tão bem mereceu da Humanidade pelo progresso das ideias morais sob o impulso providencial do Espiritismo.

"Aceitai etc.

"PAOLO MORELLO
"Professor de História e de Filosofia na Universidade de Palermo."

Cada número do jornal começa pela citação de alguns aforismos, em forma de epígrafe, tirados do *Livro dos Espíritos* ou do *Livro dos Médiuns*, como, por exemplo:

"Se o Espiritismo é um erro, ele cairá por si mesmo; se for uma verdade, nem todas as diatribes do mundo poderão transformá-lo numa mentira."

"É erro crer que a certas classes de incrédulos baste ver fenômenos extraordinários para se convencerem. Os que não admitem a alma ou o Espírito no homem não podem admiti-lo fora do homem. Eis por que, negando a causa, negam o efeito."

"As reuniões frívolas têm grave inconveniente para os noviços que as assistem, pois lhes dão uma falsa ideia do Espiritismo."

Acrescentamos: e que, sem ser frívolas, não são conduzidas com a ordem e a dignidade convenientes.

O primeiro número contém uma exposição de princípios, em forma de manifesto, do qual extraímos as seguintes passagens:

"Toda ciência repousa em dois pontos: os fatos e a teoria. Ora, conforme o que temos lido e visto, estamos em condições de afirmar que o Espiritismo possui os materiais e as qualidades de uma ciência, porque de um lado se afirma por fatos que lhe são peculiares e que resultam da observação e da experiência, absolutamente como qualquer outra ciência experimental, e por outro lado se afirma por sua teoria, deduzida logicamente da observação dos fatos.

"Considerado do ponto de vista dos fatos ou da teoria, o Espiritismo não saiu do cérebro humano, mas decorre da própria natureza das coisas. Dada a criação das inteligências, assim como a existência espiritual, aquilo que recebeu o nome de

246 | REVISTA ESPÍRITA

Espiritismo apresenta-se como uma necessidade, da qual, nas condições atuais da Ciência e da Humanidade, a gente pode ser testemunha antes que juiz, necessidade da qual resulta um fato complexo que demanda ser estudado seriamente, antes de poder ser julgado. Cada um é livre de não estudá-lo, se tal lhe agrada, mas isto não dá a ninguém o direito de escarnecer dos que o estudam.

"A sociedade fundadora deste jornal não pretende emitir nem uma crença nem uma doutrina sua. Como, na sua convicção, nada pertence menos à invenção humana que o Espiritismo, ela se propõe expor a doutrina espírita, mas não a impô-la. Aliás, ela se reserva inteira liberdade de exame e a mais completa independência de consciência na apreciação dos fatos, sem se deixar influenciar pela opinião de qualquer indivíduo ou de qualquer corporação que seja. É apenas pela sinceridade dos fatos que ela se torna responsável perante sua consciência, perante Deus e perante os homens."

A comunicação seguinte, que traz como assinatura *O Dante*, extraída do segundo número, testemunha a natureza dos ensinos dados a essa sociedade.

OS MÉDIUNS E OS ESPÍRITOS

Ninguém poderá tornar-se bom médium se não conseguir despojar-se dos vícios que degradam a Humanidade. Todos esses vícios se originam do *egoísmo*, e como a negação do egoísmo é o amor, toda virtude se resume nesta palavra: *Caridade*.

A caridade é ensinada pelo preceito: *Quod tibi non vis* etc. Deus não só a gravou de modo indelével no coração do homem, mas a sancionou por seu próprio fato, dando-nos seu Filho por modelo de caridade e de abnegação. Se ela deve ser o guia de cada um, seja qual for sua condição social, é sobretudo a condição *sine qua non* de todo bom médium.

Todo homem pode tornar-se médium, mas a questão não é ser médium, é ser bom médium, o que depende das qualidades morais. É verdade que os Espíritos se comunicam com homens de todas as condições, mas com a missão de aperfeiçoá-los, se suas qualidades forem boas, e eles operam esse aperfeiçoamento submetendo-os às mais duras provas para purificá-los, provas que o homem de bem suporta sem desmentir o sentimento moral de sua consciência e sem se deixar desviar do bom caminho pela tentação. Os Espíritos se comunicam com aqueles cujas qualidades são más, para guiá-los pela mão e levá-los a uma conduta mais conforme à razão e mais em harmonia com o objetivo para o qual deve tender todo homem persuadido de que sua existência neste mundo não é senão expiação. Quando há mistura de bem e de mal, os Espíritos provocam a melhora por processos intermediários.

Muitos serão abandonados por seus Espíritos, por não quererem compreender que a caridade é o único meio de progredir. E então, infeliz daquele que não tiver querido ouvir a voz da verdade! Deus perdoa à ignorância, mas não ao que faz o mal conscientemente. O objetivo de nossa missão é vossa melhora moral e vosso dever é igualmente vosso melhoramento, mas não espereis melhora de qualquer sorte sem a caridade.

PODER DA VONTADE SOBRE AS PAIXÕES

(EXTRATO DOS TRABALHOS DA
SOCIEDADE ESPÍRITA DE PARIS)

Um jovem de vinte e três anos, o Sr. A..., de Paris, iniciado no Espiritismo apenas há dois meses, com tal rapidez assimilou o seu alcance que, sem nada ter visto, o aceitou em todas as suas consequências morais. Dirão que isto não é de admirar da parte de um moço, e só uma coisa prova: a leviandade e um entusiasmo irrefletido. Seja. Mas continuemos. Esse jovem irrefletido tinha, como ele próprio reconhece, um grande número de defeitos, dos quais o mais saliente era uma irresistível disposição para a cólera, desde sua infância. Pela menor contrariedade, pelas causas mais fúteis, quando entrava em casa e não encontrava imediatamente o que queria; se uma coisa não estivesse em seu lugar habitual; se o que tivesse pedido não estivesse pronto em um minuto, entrava em furores, a ponto de tudo arrebentar. Chegava a tal ponto que um dia, no paroxismo da cólera, atirando-se contra a mãe, lhe disse: "Vai-te embora,

248 | REVISTA ESPÍRITA

ou eu te mato!" Depois, esgotado pela superexcitação, caía sem consciência. Acrescente-se que nem os conselhos dos pais nem as exortações da religião tinham podido vencer esse caráter indomável, aliás compensado por vasta inteligência, uma instrução cuidada e os mais nobres sentimentos.

Dirão que é o efeito de um temperamento bilioso-sanguíneo-nervoso, resultado do organismo e, consequentemente, arrastamento irresistível. Resulta de tal sistema que se, em seus desatinos, tivesse cometido um assassinato, seria perfeitamente desculpável, porque teria tido por causa um excesso de bile. Disso ainda resulta que, a menos que modificasse o temperamento, que mudasse o estado normal do fígado e dos nervos, esse moço estaria predestinado a todas as funestas consequências da cólera.

– Conheceis um remédio para tal estado patológico?

– Nenhum, a não ser que, com o tempo, a idade possa atenuar a abundância de secreções mórbidas.

– Ora, o que não pode a Ciência, o Espiritismo faz, não lentamente e por força de um esforço contínuo, mas instantaneamente. Alguns dias bastaram para fazer desse jovem um ser suave e paciente. A certeza adquirida da vida futura; o conhecimento do objetivo da vida terrena; o sentimento da dignidade do homem, revelada pelo livre-arbítrio, que o coloca acima do animal; a responsabilidade daí decorrente; o pensamento de que a maior parte dos males terrenos são a consequência de nossos atos; todas estas ideias, bebidas num estudo sério do Espiritismo, produziram em seu cérebro uma súbita revolução. Pareceu-lhe que um véu se erguera acima de seus olhos e a vida se lhe apresentou sob outra face. Certo de que tinha em si um ser inteligente, independente da matéria, se disse: "Este ser deve ter uma vontade, ao passo que a matéria não a tem. Então, ele pode dominar a matéria." Daí este outro raciocínio: "O resultado de minha cólera foi tornar-me doente e infeliz, e ela não me dá o que me falta, portanto é inútil, porque assim não progredi. Ela me produz o mal e nenhum bem me dá em troca. Além disto, ela pode impelir-me a atos censuráveis e até criminosos."

Ele quis vencer, e venceu. Desde então, mil ocasiões surgiram que antes o teriam enfurecido, mas ante elas ficou impassível e indiferente, com grande estupefação de sua mãe. Ele sentia o sangue ferver e subir à cabeça, mas, por sua vontade, o recalcava e o forçava a descer.

Um milagre não teria feito melhor, mas o Espiritismo fez muitos outros, que nossa Revista não bastaria para registrá-los, se quiséssemos relatar todos os que são do nosso conhecimento pessoal, relativos a reformas morais dos mais inveterados hábitos. Citamos este como um notável exemplo do poder da vontade e, além disso, porque levanta um importante problema que só o Espiritismo pode resolver.

A propósito, perguntava-nos o Sr. A... se seu Espírito era responsável por seus arrastamentos, ou se apenas sofria a influência da matéria. Eis nossa resposta:

Vosso Espírito é de tal modo responsável que, quando o quisestes seriamente, detivestes o movimento sanguíneo. Assim, se tivésseis querido antes, os acessos teriam cessado mais cedo e não teríeis ameaçado vossa mãe. Além disso, quem é que se encoleriza? É o corpo ou o Espírito? Se os acessos viessem sem motivo, poderiam ser atribuídos ao afluxo sanguíneo, mas, fútil ou não, tinham por causa uma contrariedade. Ora, é evidente que o contrariado não era o corpo, mas o Espírito, muito suscetível. Contrariado, o Espírito reagia sobre um sistema orgânico irritável, que teria ficado em repouso, se não tivesse sido provocado.

Façamos uma comparação. Tendes um cavalo fogoso. Se souberdes dirigi-lo, ele se submete. Se o maltratardes, ele dispara e vos derruba. De quem a falta? Vossa ou do cavalo?

Para mim, é evidente que vosso Espírito é naturalmente irascível, mas, como cada um traz consigo o seu pecado original, isto é, um resto das antigas inclinações, não é menos evidente que, em vossa existência precedente, deveis ter sido um homem de uma extrema violência que provavelmente tivestes que pagar muito caro, talvez com a própria vida. Na erraticidade, vossas boas qualidades vos ajudaram a compreender os erros. Tomastes a resolução de vos vencer, e para isto lutar em nova existência. Mas, se tivésseis escolhido um corpo mole e linfático, não encontrando qualquer dificuldade, vosso Espírito nada teria ganho, o que resultaria na necessidade de recomeçar. Foi com esse objetivo que escolhestes um corpo bilioso, a fim de ter o mérito da luta. Agora a vitória está ganha. Vencestes o inimigo do vosso repouso e nada pode entravar o livre exercício de vossas boas qualidades.

Quanto à facilidade com que aceitastes e compreendestes o Espiritismo, ela se explica pela mesma causa. Éreis espírita há muito tempo. Esta crença era inata em vós, e o materialismo foi apenas o resultado da falsa direção dada às vossas ideias. A princípio abafada, a ideia espírita ficou em estado latente e bastou uma centelha para despertá-la. Bendizei a Providência que permitiu que esta centelha chegasse em boa hora para deter uma inclinação que talvez vos tivesse causado amargos desgostos, ao passo que vos resta uma longa carreira a percorrer na via do bem.

Todas as filosofias se chocaram contra esses mistérios da vida humana, que pareciam insondáveis até que o Espiritismo lhes trouxe o seu facho.

Em presença de tais fatos, ainda se pode perguntar para que ele serve? Não estamos em condições de emitir bons augúrios cerca do futuro moral da Humanidade quando ele for compreendido e praticado por todo mundo?

PRIMEIRA CARTA AO PADRE MAROUZEAU

Senhor cura,

Admirai-vos que depois de dois anos não tenha respondido à vossa brochura contra o Espiritismo. Enganai-vos, pois desde a sua aparição tenho tratado, em vários artigos em minha Revista, da maioria das questões que levantais. Bem sei que teríeis desejado uma resposta pessoal, uma contra-brochura; que tivesse tomado vossos argumentos, um a um, para vos dar o prazer da réplica. Ora, eu cometi o erro irreparável de nem mesmo vos citar, mas tenho certeza que a vossa modéstia não considera isto um crime. Reparo hoje esta omissão, mas não penseis que seja para convosco entreter uma polêmica; não, limito-me a algumas reflexões simples e a vos explicar os meus motivos.

Para começar, dir-vos-ei que se não respondi diretamente à vossa brochura, foi porque anunciastes que ela deveria enterrar-nos vivos. Quis esperar o acontecimento e constato com prazer que não estamos mortos; que até o Espiritismo está um pouco mais vivaz que antes; que o número das sociedades se multiplica em todos os países; que em toda parte onde pregaram contra ele, cresceu o número de adeptos; que tal crescimento está na razão da violência dos ataques. Não são hipóteses, mas fatos autênticos que, na minha posição e pela extensão de minhas relações, estou melhor do que ninguém em condições de verificar. Além disto constato que os indigentes aos quais os padres zelosos tinham proibido de receber dádivas de pão dos espíritas caridosos, porque era o pão do diabo, não morreram por havê-lo comido; que os padeiros, aos quais tinham dito para não recebê-los, porque o diabo lhos roubaria, não perderam um só; que os industriais aos quais, sempre por zelo evangélico, quiseram cortar os víveres, roubando-lhes as suas práticas, acharam uma compensação nos novos fregueses, que lhes valeram o aumento do número de adeptos. Não duvido que desaproveis esta maneira de atacar o Espiritismo, mas os fatos, nem por isso, deixam de ser os fatos. Convireis que tais meios não são muito próprios a trazer de volta à religião os que dela se afastam. O medo pode deter momentaneamente, mas é um laço frágil, que se parte no primeiro momento; os únicos laços sólidos são os do coração, cimentados pela convicção. Ora, a convicção não se impõe pela força.

Sabeis, senhor cura, que a vossa brochura foi seguida de grande número de outras. Sobre muitas, a vossa tem um mérito, o da perfeita urbanidade. Vós nos quereis matar polidamente e vos sou grato, mas em toda parte os argumentos são os mesmos, enunciados mais ou menos polidamente e em francês mais ou menos correto. Para refutá-los todos, artigo por artigo, teria tido que me repetir sem cessar, e, francamente, tenho coisas mais importantes a fazer. Isto, aliás, não tem utilidade, e ireis compreendê-lo.

Sou um homem positivo, sem entusiasmo, que tudo julga friamente; raciocino de acordo com os fatos e digo: Considerando-se que os espíritas são mais numerosos do que nunca, a despeito da brochura do padre Marouzeau e de todas as outras, a despeito de todos os sermões e mandamentos, é que os argumentos aí apresentados não persuadiram as massas, mas tiveram efeito contrário. Ora, julgar o valor da causa por seus efeitos, creio que é lógica elementar. Assim, para que refutá-los? Se eles nos servem em vez de prejudicar-nos, devemos evitar opor-lhes obstáculos. Vejo as coisas de um ponto de vista diverso do vosso, senhor padre. Como um general que observa o movimento da batalha, julgo a força dos golpes, não o ruído

252 | REVISTA ESPÍRITA

que fazem, mas o efeito que produzem. É o conjunto que vejo. Ora, o conjunto é satisfatório, eis tudo o que é preciso. Assim, as respostas individuais não teriam utilidade.

Quando trato de maneira geral as questões levantadas por algum adversário, não é para convencê-lo, pois isto não me preocupa, absolutamente, e ainda menos para fazê-lo renunciar à sua crença, que respeito quando sincera. É unicamente para a instrução dos espíritas, e porque encontro um ponto a desenvolver ou esclarecer. Refuto os princípios e não os indivíduos, porque os princípios ficam e os indivíduos desaparecem. É por isto que pouco me inquieto com personalidades que amanhã talvez não mais existam e das quais não mais se fale, seja qual for a importância que se dão.

Vejo muito mais o futuro que o presente; o conjunto e as coisas importantes mais que os fatos isolados e secundários. Reconduzir ao bem é, aos nossos olhos, a verdadeira conversão. Um homem arrancado às suas más inclinações e reconduzido a Deus e à caridade *para com todos* pelo Espiritismo é para nós a mais útil vitória; é a que nos causa a maior alegria, e agradecemos a Deus por no-la dar tantas vezes.

Para nós, a mais honrosa vitória não está em afastar um indivíduo deste ou daquele culto, de tal ou qual crença, pela violência ou pelo medo, mas em desviá-lo do mal pela persuasão. Nós apreciamos todas as convicções sinceras e não as obtidas pela força ou que apenas são aparentes.

É assim, por exemplo, que, em vossa brochura, perguntais quais os milagres que o Espiritismo pode invocar em seu favor. Respondi a essa questão pela *Revista* de fevereiro de 1862, no artigo intitulado *O Espiritismo é provado pelos milagres*? E, no mesmo golpe, respondi a todos os que fizeram a mesma pergunta.

Pedis milagres do Espiritismo, mas haverá um maior que sua incrível propagação, a despeito de tudo e contra tudo, malgrado os ataques de que é objeto; malgrado sobretudo os golpes tão terríveis que lhe haveis assestado? Não está aí um fato da vontade de Deus? "Não, direis vós, é a vontade do diabo." Então concordais que a vontade do diabo é mais poderosa que a de Deus, e que é mais forte que a Igreja, pois a Igreja não pode detê-la. Mas este não é o único milagre que faz o Espiritismo. Ele os faz todos os dias, trazendo os incrédulos a Deus e convertendo ao bem os que se dão ao mal, dando-lhes a força de vencer as paixões más.

– Vós lhe pedis milagres! Mas o fato relatado acima, do jovem A... não é um? Por que não o fez a religião, deixando que o fizesse o Espiritismo, isto é, o diabo?

– Não está aí o que se chama um milagre.

– Mas a Igreja não qualifica certas conversões de miraculosas?

– Sim, mas são conversões de heréticos à fé católica.

– De sorte que a conversão do mal ao bem, em vossa opinião, não é um milagre. Preferiríeis um sinal material: a liquefação do sangue de São Januário; a cabeça de uma estátua que se move numa igreja; uma aparição no céu, como a cruz de Migné. O Espiritismo não faz estas espécies de milagres. Os únicos aos quais liga um preço infinito e uma glória, são as transformações morais que opera.

Senhor Padre, o tempo me pressiona e o espaço me falta. De outra vez direi ainda algumas palavras que vos poderão servir para a nova obra que preparais e que deve aniquilar para sempre o Espiritismo e os espíritas. A essa desejo melhor sorte que à primeira. Algumas passagens deste número talvez vos possam esclarecer quanto às dificuldades que tereis de superar para vencer.

Recebei etc.

ALLAN KARDEC

UMA EXPIAÇÃO TERRESTRE

MAX, O MENDIGO

Pelo ano de 1850, morreu, numa aldeia da Baviera, um velho quase centenário, conhecido como Pai Max. Ninguém sabia, ao certo, a sua origem, pois não tinha família. Há quase meio século, abatido por enfermidades que o impossibilitavam de ganhar a vida pelo trabalho, ele não tinha outro recurso senão a caridade pública, que ele dissimulava indo vender nas fazendas e castelos, almanaques e pequenos objetos.

254 | REVISTA ESPÍRITA

Tinham-lhe dado o apelido de Conde Max, e as crianças só o chamavam de Senhor Conde, com o que ele sorria sem ofender-se. Por que tal título? Ninguém saberia dizer, pois já era hábito. Talvez fosse por causa da fisionomia e das maneiras, cuja distinção contrastava com seus trapos.

Vários anos após sua morte, apareceu em sonho à filha do dono de um dos castelos onde era hospedado na cavalariça, pois ele não tinha domicílio. Ele lhe disse: "Obrigado por vos terdes lembrado do pobre Max em vossas preces, pois foram ouvidas pelo Senhor. Desejais saber quem sou eu, alma caridosa que vos interessastes pelo infeliz mendigo. Vou satisfazer-vos. Será para todos uma grande instrução."

Então fez o relato que segue, mais ou menos nestes termos:

"Há mais ou menos um século e meio eu era um rico e poderoso senhor desta região, mas vão, orgulhoso e enfatuado de minha nobreza. Minha imensa fortuna jamais serviu senão para os meus prazeres, e apenas bastava, porque eu era jogador, debochado, e passava a vida em orgias. Meus vassalos, que julgava criados para meu uso como animais de fazenda, eram oprimidos e maltratados para contribuir para as minhas prodigalidades. Eu ficava surdo às suas lamentações, como às de todos os infelizes e, em minha opinião, deviam sentir-se muito honrados de servir aos meus caprichos.

"Morri em idade pouco avançada, esgotado pelos excessos, mas sem haver experimentado nenhuma verdadeira desgraça. Ao contrário, tudo parecia sorrir-me, de sorte que, aos olhos de todos, eu era um dos felizes do mundo. Minha classe me valeu funerais suntuosos; os folgazões lamentaram em mim o faustoso senhor, mas nenhuma lágrima caiu em minha sepultura; nenhuma prece de coração subiu a Deus por mim, e minha memória foi maldita por todos aqueles cuja miséria eu havia agravado. Ah! Como é terrível a maldição dos que tornamos infelizes! Ela não cessou de retinir em meus ouvidos durante longos anos, que me pareciam uma eternidade! E, à morte de cada uma de minhas vítimas, era uma nova figura ameaçadora ou irônica que se erguia à minha frente e me perseguia sem tréguas, sem que eu pudesse encontrar um recanto escuro para me subtrair à sua vista. Nenhum olhar amigo! Meus antigos companheiros de deboche, infelizes como eu, me fugiam e pareciam dizer com desdém: 'Não podes mais pagar os nossos prazeres.' Oh! Como eu teria pago caro um instante de repouso, um copo d'água para estancar a sede causticante que me devorava! Mas eu não possuía mais nada e todo o ouro que havia semeado a mancheias na Terra não havia produzido uma só bênção! Uma só, ouvis, minha filha!

"Por fim, abatido pela fadiga e esgotado como um viajante tresmalhado que não vê o termo de sua rota, exclamei:

"– Meu Deus! tende piedade de mim! Quando terminará esta horrível situação?

"Então uma voz, a primeira que eu ouvia desde que deixara a Terra, me disse:

"– Quando quiseres.

"– Que devo fazer, grande Deus? respondi. Dizei! Eu me submeto a tudo.

"– É preciso que te arrependas; que te humilhes ante aqueles que humilhaste; que lhes peças que intercedam por ti, porque a prece do ofendido que perdoa é sempre agradável ao Senhor.

"Humilhei-me e pedi aos meus vassalos, meus servos que estavam ali à minha frente, e cujos rostos, cada vez mais benevolentes, acabavam desaparecendo. Foi então para mim como uma nova vida. A esperança substituiu o desespero e agradeci a Deus com todas as forças de minha alma. A voz me disse então:

"– Príncipe!

"E eu respondi:

"– Aqui não há outro príncipe senão o Deus Todo-Poderoso, que humilha os soberbos. Perdoai-me, Senhor, porque pequei; fazei de mim um servo de meus servos, se tal for a vossa vontade.

"Alguns anos depois nasci de novo, mas dessa vez numa família de pobres camponeses. Meus pais morreram deixando-me criança, e fiquei só no mundo, sem apoio. Ganhei a vida como pude, ora como trabalhador, ora como criado de fazenda, mas sempre honestamente, porque desta vez acreditava em Deus. Aos quarenta anos, uma moléstia me tornou entrevado de todos os membros e tive que mendigar por mais de cinquenta anos nas mesmas terras das quais tinha sido o dono absoluto; receber um pedaço de pão nas fazendas que tinham sido minhas e onde, por amarga ironia, me tinham apelidado Senhor Conde; sentir-me feliz, muitas vezes, com um abrigo na escuderia do castelo que fora meu.

"Em meu sonho eu me comprazia em percorrer esse mesmo castelo onde mandara como déspota. Quantas vezes, em meus sonhos, me revi em meio a minha antiga fortuna! Essas visões me deixavam, ao despertar, um indefinível sentimento de amargura e de pesar, mas nunca um lamento me escapou da boca, e quando aprouve a Deus me chamar, eu o bendisse por ter-me dado coragem para sofrer sem murmurar nessa longa e penosa prova, cuja recompensa hoje recebo. E vós, minha filha, eu vos abençoo por haverdes orado por mim.

OBSERVAÇÃO: Recomendamos o caso aos que pretendem que os homens não teriam mais freio se tivessem à frente o espantalho das penas eternas, e perguntamos se a perspectiva de um castigo como o do Pai Max é menos apta para estacar na via do mal do que as torturas sem fim, nas quais não mais acreditam.

DISSERTAÇÕES ESPÍRITAS

BEM-AVENTURADOS OS QUE TÊM OS OLHOS FECHADOS[1]
(SOCIEDADE ESPÍRITA DE PARIS, 19 DE JUNHO DE 1863)
(MÉDIUM: SR. VÉZY)

NOTA: Esta comunicação foi dada a propósito de uma senhora cega, presente à sessão.

Meus bons amigos, não venho muito ao vosso meio, mas hoje, eis-me aqui. Por isso dou graças a Deus e aos bons Espíritos que vêm ajudar-vos a marchar pelo novo caminho. Por que me chamastes? Para impor as mãos sobre a pobre sofredora que aqui está e curá-la? E que sofrimento, bom Deus! Ela perdeu a visão e as trevas se fizeram para ela!... Pobre filha! Que ore e espere! Não sei fazer milagres sem a vontade do bom Deus. Todas as curas que pude obter, e que vos foram relatadas, só as atribuais àquele que é pai de todos. Nas vossas aflições,

---
[1] Esta comunicação foi inserida em O Evangelho segundo o Espiritismo, Capítulo VIII, item 20. (Nota do revisor Boschiroli)

olhai sempre para o céu e dizei do fundo do coração: "Meu pai, curai-me, mas fazei que minha alma seja curada antes das enfermidades do corpo. Que minha carne seja castigada, se preciso, para que minha alma se eleve para vós com a alvura que tinha quando a criastes!" Depois dessa prece, meus boníssimos amigos, que o bom Deus ouvirá sempre, a força e a coragem vos serão dadas, e talvez também a cura que pedistes timidamente, em recompensa de vossa abnegação carnal.

Mas, já que aqui estou, numa assembleia onde se trata, antes de tudo, de estudar, dir-vos-ei que os privados da visão deveriam considerar-se como bem-aventurados da expiação. Lembrai-vos que o Cristo disse ser preciso arrancar o vosso olho, se fosse mau, e que mais valia lançá-lo ao fogo do que ser causa de vossa danação. Então! Quantos há em vossa Terra que um dia, nas trevas, maldirão terem visto a luz! Oh! sim, como são felizes os que são feridos na expiação pela visão! Seu olho não lhes será motivo de escândalo e de queda. Eles podem viver inteiramente a vida da alma. Eles podem ver mais que vós que vedes claro... Quando Deus me permite abrir as pálpebras de alguns desses pobres sofredores e lhes dar a vossa luz, eu me digo: "Querida alma, por que ela não conhece todas as delícias do Espírito que vive de contemplação e de amor? Ela não pediria para ver imagens menos puras e menos suaves que aquelas que lhe é dado ver em sua cegueira."

Oh! sim, bem-aventurado o cego que quer viver com Deus! Mais feliz que vós que aqui estais, ele sente a felicidade e a toca. Ele vê as almas e com elas pode lançar-se às esferas espíritas, que nem os predestinados de vossa Terra podem ver.

O olho aberto está sempre pronto a fazer a alma falir. O olho fechado, ao contrário, está sempre pronto a fazê-la subir para Deus. Crede-me, meus bons e caros amigos, a cegueira dos olhos é, muitas vezes, a verdadeira luz do coração, ao passo que a visão é, por vezes, o anjo tenebroso que conduz à morte.

E agora, algumas palavras a ti, minha pobre sofredora. Espera e tem coragem! Se eu te dissesse: "Minha filha, teus olhos vão se abrir", como ficarias contente! E quem sabe se essa alegria não te perderia? Tem confiança no bom Deus que fez a felicidade e permite a tristeza. Farei tudo quanto me for permitido por ti, mas, por tua vez, ora e sobretudo pensa em tudo quanto acabo de dizer.

Antes de me afastar, vós que aqui estais, recebei minha bênção, meus bons amigos. Eu a dou a todos: aos loucos, aos sábios, aos crentes e aos infiéis desta assembleia. Que ela sirva a cada um de vós.

VIANNEY, cura d'Ars.

OBSERVAÇÃO: Perguntamos se esta é a linguagem do demônio e se se ofende o cura d'Ars atribuindo-lhe tais pensamentos. Uma camponesa sem instrução, sonâmbula natural, que vê os Espíritos muito bem, tinha vindo à sessão e estava em sonambulismo. Ela não conhecia o cura d'Ars, nem mesmo de nome, entretanto o viu ao lado do médium e fez o seu retrato perfeitamente exato.

O ARREPENDIMENTO

(SOCIEDADE ESPÍRITA DE PARIS. MÉDIUM: SRA. COSTEL)

O arrependimento sobe a Deus e lhe é mais agradável que o fumo dos sacrifícios e mais precioso que o incenso espalhado nos recintos sagrados. Semelhante às tempestades que varam o ar, purificando-o, o arrependimento é um sofrimento fecundo, uma força reativa e atuante. Jesus santificou sua virtude, e as lágrimas de Madalena se espalharam como orvalho sobre os corações endurecidos que ignoravam a graça do perdão. A soberana virtude proclamou o poder do arrependimento, e os séculos repercutiram, enfraquecendo-o, a palavra do Cristo.

É chegada a hora em que o Espiritismo deve rejuvenescer e vivificar a própria essência do Cristianismo. Assim, por toda parte e para sempre, apagai a cruel sentença que despoja a alma culpada de toda esperança. O arrependimento é uma virtude militante, uma virtude viril, que só os Espíritos adiantados ou os corações ternos podem sentir. O pesar momentâneo e causticante de uma falta não arrasta consigo a expiação que dá o conhecimento da justiça de Deus, justiça rigorosa em suas conclusões, que aplica a lei de Talião à vida moral e física do homem e o castiga pela lógica dos fatos, todos decorrentes do bom ou mau uso do livre-arbítrio.

Amai os que sofrem e assisti ao arrependimento, que é a expressão e o sinal que Deus imprimiu na sua criatura inteligente, para elevá-la e aproximá-la de si.

João, *discípulo*.

OS FATOS CONSUMADOS

(SOCIEDADE ESPÍRITA DE PARIS, 26 DE DEZEMBRO DE 1862)
(MÉDIUM: SR. D'AMBEL)

NOTA: Esta comunicação foi dada a propósito de um relatório feito à Sociedade sobre as novas sociedades espíritas que se formam em toda parte, na França e no estrangeiro.

Hoje o progresso se manifesta de maneira muito estrepitosa na crença nas doutrinas regeneradoras que trazemos ao vosso mundo, para que doravante seja necessário comprová-lo. Cego é quem não vê a marcha triunfante de nossas ideias! Quando os homens eminentes, pertencentes às funções mais liberais, gente de ciência e de estudo, médicos, filósofos e jurisconsultos se lançam resolutamente à busca da verdade nas novas vias abertas pelo Espiritismo; quando a classe militante aí vem buscar consolação e novas forças, quem, entre os humanos, julgar-se-ia bastante forte para opor uma barreira ao desenvolvimento desta nova ciência filosófica? Ultimamente dizia Lamennais, nesse estilo conciso e eloquente a que vos habituastes, que o futuro estava no Espiritismo. Hoje tenho o direito de exclamar: Não está aí um fato consumado?

Com efeito, a estrada torna-se larga; o regato de ontem transforma-se em rio e, a partir dos vales transpostos, seu curso majestoso rir-se-á das magras comportas e das tardias barricadas que alguns ribeirinhos atrasados procurarão construir a fim de entravar a sua marcha para o grande oceano do Infinito. Pobre gente! A corrente vos arrastará, e em breve vos ouviremos gritar, também vós: "É verdade! A Terra gira!"

Se as ondas de sangue derramado nas Américas não chamassem a atenção de todos os pensadores sérios e de todos os amigos da paz cujo coração sangra ao relato dessas lutas sangrentas e fratricidas; se as nações mal estabelecidas não buscassem em todo o seu território encontrar sua base normal; se as aspirações de todos, enfim, não tendessem para o melhoramento moral e material há tanto tempo procurado, poder-se-ia negar a utilidade dos cataclismos morais anunciados por alguns Espíritos iniciadores. Mas todos esses sinais característicos são muito evidentes para que se não reconheça a necessidade, a urgência de um novo farol que ainda possa salvar o mundo em perigo.

Outrora, quando o mundo pagão, minado pela mais completa desmoralização, vacilava em sua base, de todos os lados vozes proféticas anunciavam a próxima vinda de um redentor. Desde alguns anos não tendes ouvido, ó espíritas, as mesmas vozes proféticas? Ah! Eu sei. Nenhum dentre vós esqueceu. Então, tende certeza de que o tempo é chegado, e gritemos juntos, como outrora na Judeia: "Glória a Deus no mais alto dos céus!"

"ERASTO"

PERÍODOS DE TRANSIÇÃO NA HUMANIDADE

(SOCIEDADE ESPÍRITA DE PARIS, 19 DE JUNHO DE 1863)
(MÉDIUM: SR. ALFRED DIDIER)

Os séculos de transição na História da Humanidade assemelham-se a vastas planícies semeadas de monumentos misturados confusamente, sem harmonia, e a harmonia mais pura, mais justa, está no detalhe, e não no conjunto. Os séculos abandonados pela fé e pela esperança são páginas sombrias em que a Humanidade, trabalhada pela dúvida, se consome surdamente em civilizações refinadas, para chegar a uma reação que as mais das vezes as arrastava para substituí-las por outras civilizações.

Os pesquisadores do pensamento, mais que os cientistas, em nossa época e num ecletismo racional, aprofundam esses misteriosos encadeamentos da História, essas trevas, essa uniformidade, lançadas como nevoeiro e nuvens espessas sobre civilizações ainda há pouco férteis e vivazes. Estranho destino dos povos! É quase ao nascer do Cristianismo, é nas cidades mais opulentas, sedes dos maiores bispados do Oriente e do Ocidente que começam as devastações da decadência. É em meio à própria civilização, ao esplendor inteligente das Artes, das Ciências, da Literatura e dos sublimes ensinamentos do Cristo que começa a confusão de ideias e as dissensões religiosas. É no próprio berço da Igreja romana, orgulhosa e ensoberbecida com o sangue dos mártires, que a heresia gerada pelos dogmas supersticiosos e pelas hierarquias eclesiásticas desliza como serpe iminente, para morder o coração da Humanidade e lhe infiltrar nas veias, em meio às desordens políticas e sociais, o mais terrível e o mais profundo de todos os flagelos: a dúvida.

Desta vez, a queda é imensa. A apatia religiosa dos padres, unida aos heresiarcas fanáticos, tira toda a força à política, todo amor ao país, e a Igreja do Cristo torna-se humana, mas não mais humanitária. É inútil, aqui, creio eu, comparar os relatos apavorantes dessa época com a nossa. Vivendo simultaneamente com as tradições do Cristianismo e com a esperança do futuro, as mesmas comoções sacodem a nossa velha civilização; as mesmas ideias se dividem e a mesma dúvida atormenta a Humanidade, sinais precursores da renovação social e moral que se prepara.

Ah! Orai, espíritas. Vossa época atormentada e blasfema é uma rude época, que os Espíritos vêm instruir e encorajar.

LAMENNAIS

SOBRE AS COMUNICAÇÕES ESPÍRITAS
(GRUPO ESPÍRITA DE SÉTIF, ARGÉLIA)

Muitas vezes vos admirais ao ver faculdades mediúnicas físicas ou morais que em vossa opinião deveriam ser prova de mérito pessoal, em criaturas que, pelo caráter moral, estão colocadas abaixo de semelhante favor. Isto se deve à falsa ideia que fazeis das leis que regem tais coisas, e que quereis considerar como invariáveis. O que é invariável é o objetivo. Os meios variam ao infinito, para que seja respeitada vossa liberdade. Este possui uma faculdade; aquele, outra; um é levado pelo orgulho, outro pela cupidez, e um terceiro pela fraternidade. Deus emprega as faculdades e as paixões de cada um, utiliza-as em suas esferas respectivas, e do próprio mal sabe fazer sair o bem. Os atos dos homens, que vos parecem tão importantes, para ele nada são. É a intenção que, a seus olhos, faz o mérito ou o demérito. Feliz, pois, aquele que é guiado pelo amor fraterno.

A Providência não criou o mal. Tudo foi feito em vista do bem. O mal só existe pela ignorância do homem e pelo mau uso que este faz das paixões, das tendências, dos instintos adquiridos no contato com a matéria. Grande Deus! Quando tu lhe tiveres inspirado a sabedoria para ter em mãos a direção desse poderoso móvel – a paixão – quantos males desaparecerão! Quanto bem resultará dessa força, da qual hoje ele não conhece senão o lado mau, que é sua obra! Oh! Continuai ardentemente a vossa obra, meus amigos! Que, enfim, a Humanidade entreveja a rota na qual deve pôr o pé, a fim de atingir a felicidade que lhe é dado adquirir nesta Terra!

Não vos admireis se as comunicações que vos dão os Espíritos elevados, inteiramente apoiadas na moral do Salvador, vo-la confirmando e a desenvolvendo, vos oferecem tantos pontos de contacto e de similitude com os mistérios dos Antigos. É que os Antigos tinham a intuição das coisas do mundo invisível e do que deveria acontecer e que diversos tinham por missão preparar os caminhos.

Observai e estudai com cuidado as comunicações que recebeis; aceitai o que a razão não recusa; repeli o que a choca; pedi esclarecimentos sobre as que vos deixam na dúvida. Tendes aqui a marcha a seguir para transmitir às gerações futuras, sem medo de vê-las desnaturadas, as verdades que separareis sem esforço de seu cortejo inevitável de erros.

Trabalhai, tornai-vos úteis aos vossos irmãos e a vós próprios. Não podeis prever a felicidade que o futuro vos reserva pela contemplação de vossa obra.

SANTO AGOSTINHO

OBSERVAÇÃO: Esta comunicação foi obtida por um jovem médium sonâmbulo iletrado. Foi-nos enviada pelo Sr. Dumas, negociante em Sétif, membro da Sociedade Espírita de Paris, que informa que o sensitivo ignora o sentido da maioria das palavras e nos transmite o nome de dez pessoas notáveis que assistiam à sessão.

Os médiuns iletrados que recebem comunicações acima de seu alcance intelectual são muito numerosos. Mostraram-nos há pouco uma página verdadeiramente notável, recebida em Lyon, por uma senhora que não sabe ler nem escrever e não sabe uma palavra do que escreve. Seu marido, que é quase como ela, a decifra por intuição, no correr da sessão, mas no dia seguinte isto lhe é impossível. As outras pessoas a leem sem muita dificuldade.

Não está aí a aplicação das palavras do Cristo: "Vossas mulheres e vossas filhas profetizarão e farão prodígios?" Não é um prodígio escrever, pintar, desenhar, fazer música e poesia que não se sabe?

Pedis sinais materiais? Ei-los. Dirão os incrédulos que é efeito da imaginação? Se fosse, haveria que convir que tais pessoas têm a imaginação na mão e não no cérebro. Ainda uma vez, uma teoria só é boa com a condição de explicar todos os fatos. Se um só a contradisser, é que é falsa ou incompleta.

ALLAN KARDEC[2]

---

[2] Paris. Tipografia de Cosson & Cia. Rua do Four-Saint-Germain, 43.

REVISTA ESPÍRITA

JORNAL DE ESTUDOS PSICOLÓGICOS

ANO VI	AGOSTO DE 1863	VOL. 8

JEAN REYNAUD E OS PRECURSORES DO ESPIRITISMO

Vimos, por nossa vez, lançar algumas flores sobre o túmulo recentemente fechado de um homem tão recomendável pelo saber quanto pelas qualidades morais, e ao qual, coisa rara, todos os partidos concordam em fazer justiça.

Jean Reynaud, nascido em Lyon em fevereiro de 1808, morreu em Paris a 28 de junho de 1863. Não poderíamos dar uma ideia mais justa de seu caráter do que reproduzindo o curto e tocante necrológio que seu amigo, Sr. Ernest Legouvé, publicou no *Siècle* de 30 de junho de 1863:

"A democracia, a filosofia e, não receio dizer, a religião, acabam de sofrer uma perda imensa: Jean Reynaud morreu ontem, após uma curta moléstia. De qualquer ponto de vista que se julguem as suas doutrinas, sua obra, bem como sua vida foram eminentemente religiosas, porque tanto sua vida quanto sua obra foram um dos protestos mais eloquentes contra o grande flagelo que nos ameaça: o cepticismo, sob todas as suas formas. Ninguém acreditou mais energicamente na personalidade divina; ninguém acreditou mais energicamente na personalidade humana; ninguém amou mais ardentemente a liberdade. No seu livro *Terre et Ciel*, que desde o início abriu um sulco tão profundo, e cuja lembrança ir-se-á marcando cada vez mais, nesse livro respira um tal sentimento do infinito, um tal sentimento da presença divina que, pode-se dizer, Deus aí palpita em cada página! E como poderia ser de outro modo, quando aquele que escreveu essas páginas vivia sempre em presença de Deus? Sabemos bem, todos nós que o conhecemos e o amamos, e cujo mais belo título de honra é termos sido amados por tal homem, que ele era uma fonte de vida moral sempre a jorrar. Ninguém podia dele se aproximar sem se firmar melhor no bem; só o seu rosto era uma lição de direitura, de honra, de devotamento. As almas decaídas se perturbavam ante aquele claro olhar, como diante do próprio olho da justiça. E tudo isto partiu! Partiu em plena força, quando tantas palavras úteis, tão grandes exemplos ainda podiam sair daquela boca, daquele coração!...

"Não choramos Reynaud apenas por nós. Nós o choramos por nosso país inteiro.

"E. LEGOUVÉ"

No mesmo jornal de 16 de julho, o Sr. Henri Martin deu detalhes mais circunstanciados sobre a vida e as obras de Jean Reynaud. Diz ele:

"Criado na liberdade do campo por uma mãe de alma forte e terna, foi aí que ele adquiriu esses hábitos de intimidade com a Natureza, que jamais o deixaram, e desenvolveu esses órgãos robustos, com os quais, mais tarde, fazia vinte léguas de um fôlego e passava de geleira a geleira, de uma a outra crista dos Alpes, por estreitas cornijas onde não se aventuram os caçadores de cabrito montês.

"Seus estudos foram rápidos e fecundos. Manifestando desde a juventude o mais vivo gosto pelas letras e por todas as formas do belo, a princípio voltou as vistas para as ciências, feliz direção que lhe devia fornecer o alimento e os instrumentos para o pensamento e fazer do sábio o servidor útil do filósofo. Egresso da primeira turma da Escola Politécnica, era engenheiro de minas na Córsega, no momento da eclosão da revolução de julho. Voltou a Paris, onde o sansimonismo acabava de irromper, e foi envolvido nesse grande e singular movimento, que então empolgava tantas inteligências jovens pela atração do dogma da perfectibilidade do gênero humano. Contudo, a escola pretendeu tornar-se uma *igreja*. Jean Reynaud não a acompanhou, trocando-a pela democracia. Tratou de reconstituir um grupo e um centro de ação intelectual com os amigos que dela se haviam separado ao mesmo tempo que ele. Pierre Leroux, Carnot e ele retomaram das mãos de Julien (de Paris) a *Revue*

266 | REVISTA ESPÍRITA

Encyclopédique. Foi aí que Pierre Leroux publicou seu notável *Essai sur la doctrine du progrès continu*, e Jean Reynaud o trecho tão atraente do *Infinité des Cieux*, germe de seu grande livro *Terre et Ciel*. Em seguida fundou com Pierre Leroux a *Encyclopédie Nouvelle*, obra imensa, que ficou inacabada.

"O 24 de fevereiro roubou o filósofo aos seus pacíficos trabalhos, para atirá-lo na política ativa. Presidente da comissão de altos estudos científicos e literários, depois Subsecretário de Estado no Ministério da Instrução Pública, elaborou com o ministro Carnot, um dos seus mais antigos e mais constantes amigos, planos destinados a pôr a instrução pública no nível das instituições democráticas.

"Transferido da Instrução Pública para o Conselho de Estado, Jean Reynaud aí conquistou rapidamente uma autoridade que procedia tanto de seu caráter quanto de suas luzes e, por mais curta que tivesse sido ali a sua passagem, deixou na memória dos mais eminentes especialistas uma inapagável impressão."

De todos os escritos de Jean Reynaud, o que mais contribuiu para a sua popularidade foi, sem contradita, seu livro *Terre et Ciel*, posto a forma abstrata da linguagem não o ponha ao alcance de todos; mas a profundeza das ideias e a lógica das deduções o tornaram apreciado por todos os pensadores sérios e colocaram o autor na primeira linha dos filósofos espiritualistas.

Essa obra pareceu à Igreja um perigo para a ortodoxia da fé. Em consequência, foi condenada e posta no Index pela cúria de Roma, o que aumentou ainda o crédito de que já desfrutava e a tornou procurada com avidez. Na época em que a obra apareceu, lá por 1840, ainda não se cogitava dos Espíritos, contudo, Jean Reynaud parece ter tido, como aliás muitos outros escritores modernos, a intuição e o pressentimento do Espiritismo, do qual foi um dos mais eloquentes precursores. Como Charles Fourier, ele admite o progresso indefinido da alma e, como consequência desse progresso, a necessidade da pluralidade das existências, demonstrada pelos diversos estados do homem na Terra.

Jean Reynaud nada tinha visto. Tudo tirou de sua profunda intuição. O Espiritismo viu o que o filósofo apenas tinha pressentido, assim, acrescentou a sanção da experiência à teoria puramente especulativa e, naturalmente, a experiência o levou a descobrir detalhes que só a imaginação não podia entrever, mas que vêm completar e corroborar os pontos fundamentais. Como todas as grandes ideias que revolucionaram o mundo, o Espiritismo não nasceu de súbito. Ele germinou em mais de um cérebro e mostrou-se, aqui e ali, pouco a pouco, como que para habituar os homens à ideia. Uma brusca aparição completa teria encontrado uma resistência muito viva, teria deslumbrado sem convencer.

Aliás, cada coisa deve vir a seu tempo, e toda planta deve germinar e crescer antes de atingir seu completo desenvolvimento. Dá-se o mesmo em política, pois não há revolução que não tenha sido demoradamente elaborada, e quem quer que, guiado pela experiência e pelo estudo do passado, siga atentamente essas preliminares, pode, com segurança e sem ser profeta, prever-lhe o desenlace. Foi assim que os princípios do Espiritismo moderno se mostraram parcialmente e sob diversas faces, em várias épocas: no último século, com Swedenborg; no começo deste século, com a doutrina dos teósofos, que admitiam claramente as comunicações entre o mundo visível e o invisível; com Charles Fourier, que admite o progresso da alma pela reencarnação; com Jean Reynaud, que admite o mesmo princípio, sondando o infinito com a ciência às mãos; há doze anos, nas manifestações americanas, que tiveram tão grande repercussão e vieram provar as relações materiais entre mortos e vivos e, finalmente, na filosofia espírita, que reuniu esses diversos elementos em corpo de doutrina e lhes deduziu as consequências morais.

Quem diria, quando se ocupavam das mesas girantes, que desse divertimento sairia toda uma filosofia? Quando essa filosofia apareceu, quem teria dito que em poucos anos faria a volta ao mundo e conquistaria milhões de adeptos? Hoje, quem poderia afirmar que ela disse a última palavra? Certamente não disse, pois se as bases fundamentais estão estabelecidas, ainda há muitos detalhes a elucidar e que virão a seu tempo. Depois, quanto mais se avança, mais se vê quanto são múltiplos os interesses que ela abrange, pois pode-se dizer sem exagero que ela abarca todas as questões da ordem social. Assim, só o futuro lhe pode desenvolver todas as consequências, ou melhor, suas consequências desenvolver-se-ão por si mesmas, pela força das coisas, porque no Espiritismo se encontra o que inutilmente se buscou alhures. Por isto mesmo ser-se-á levado a reconhecer que só ele pode encher o vazio moral que diariamente se faz em torno do homem, vazio que ameaça a própria Sociedade na sua base, e cujo temor já se começa a sentir.

268 | REVISTA ESPÍRITA

Num dado momento, o Espiritismo será a tábua de salvação, mas não era preciso esperar esse momento para atirar a corda de salvamento, assim como não se espera a época da colheita para semear.

Em sua sabedoria, a Providência prepara as coisas devagar. Eis por que a ideia matriz tem tido, como dissemos, numerosos precursores que abriram caminho e prepararam o terreno para receber a semente, uns num sentido, outros noutro, e um dia reconhecer-se-á por quais numerosos fios todas essas ideias parciais se ligam à ideia fundamental. Ora, cada uma dessas ideias tem seus partidários, disso resultando nuns uma predisposição muito natural para aceitar o complemento da ideia, pois cada uma dessas ideias preparou uma porção do terreno. Sem contradita, aí está uma das causas dessa propagação, que chega às raias do prodígio e da qual nenhum exemplo oferece a história das doutrinas filosóficas. Já os adversários se espantam com a resistência que ele apresenta aos seus ataques. Mais tarde terão que ceder ante a força da opinião.

Entre os precursores do Espiritismo há que colocar uma porção de escritores contemporâneos, cujas obras estão semeadas, talvez malgrado seu, de ideias espíritas. Ter-se-ia que escrever volumes, se se quisesse recolher as inumeráveis passagens em que se faz uma alusão mais ou menos direta à pre-existência e à sobrevivência da alma; à sua presença entre os vivos; às suas manifestações; às suas peregrinações através de mundos progressivos; à pluralidade de existências etc. Admitindo que, da parte dos autores, isto não passe de um jogo de imaginação, a ideia não se filtra menos no espírito das massas, onde fica latente até o momento de ser demonstrada como verdade.

Haverá um pensamento mais espírita que o que se encerra na carta do Sr. Victor Hugo, sobre a morte da Sra. Lamartine, e que a maior parte dos jornais aclamaram com entusiasmo, mesmo os que glosam com mais rigor a crença nos Espíritos? Eis a carta, que diz muito em poucas linhas:

"Hauteville-House, 23 de maio.

"Caro Lamartine,

"Uma grande desgraça vos fere. Necessito pôr meu coração junto do vosso. Eu venerava aquela que amáveis. Vosso alto espírito vê além do horizonte. Percebeis distintamente a vida futura.

"Não é a vós que se precisa dizer: Esperai. Sois daqueles que sabem e esperam.

"Ela é sempre vossa companheira, invisível, *mas presente*. Perdestes a esposa, mas não a alma. Caro amigo, vivamos nos mortos.

"VICTOR HUGO"

Não são apenas os escritores isolados que semeiam, aqui e ali, algumas ideias, é a própria Ciência que vem preparar os caminhos. O magnetismo foi o primeiro passo para o conhecimento da ação periespiritual, fonte de todos os fenômenos espíritas. O sonambulismo foi a primeira manifestação isolada da alma. A frenologia provou que o organismo cerebral é um teclado a serviço do princípio inteligente para a expressão das diversas faculdades, pois contrariamente à intenção de Gall, seu fundador, que era materialista, ela serviu para provar a independência do Espírito e da matéria. Provando o poder de ação da matéria espiritualizada, a homeopatia se liga ao papel importante que representa o periespírito em certas afecções; ataca o mal em sua própria fonte, que está fora do organismo, cuja alteração é apenas consecutiva. Tal a razão pela qual a homeopatia triunfa numa porção de casos em que falha a medicina ordinária: mais que esta, ela leva em conta o elemento espiritualista, tão preponderante na economia, o que explica a facilidade com que os médicos homeopatas aceitam o Espiritismo e por que a maioria dos médicos espíritas pertencem à escola de Hahnemann. Enfim, não é senão até as recentes descobertas sobre as propriedades da eletricidade, que vieram trazer seu contingente na questão que nos ocupa, que se lança um pouco de luz sobre o que poderia ser chamado a fisiologia dos Espíritos.

Não terminaríamos mais se quiséssemos analisar todas as circunstâncias, pequenas ou grandes, que há meio século vieram abrir a rota à filosofia nova. Veríamos as mais contraditórias doutrinas provocarem o desenvolvimento da ideia; os próprios acontecimentos políticos prepararem sua introdução na vida prática; mas, de todas as causas, a mais preponderante é a Igreja, que parece predestinada a fatalmente impulsioná-la.

Tudo lhe vem em auxílio, e se conhecessem os inúmeros documentos que nos chegam de toda parte; se pudessem acompanhar, como nós, essa marcha providencial através do mundo, favorecida pelos acontecimentos menos esperados e que, à primeira vista, lhe pareceriam contrários, compreenderiam melhor quanto ela é irresistível, e se admirariam menos de nossa impassibilidade. É que vemos todos trabalhando para isso, de bom grado ou de mau grado, voluntária ou involuntariamente; é que vemos o objetivo e sabemos quando e como será alcançado; vemos o conjunto que avança, e por isso nos inquietamos pouco com algumas individualidades que marcham às avessas.

Assim, Jean Reynaud foi um precursor do Espiritismo por seus escritos. Ele também tinha sua missão providencial e devia abrir um sulco. Ser-lhe-á útil após a morte.

Um eminente Espírito deu a apreciação seguinte sobre a ocorrência:

"Mais uma circunstância que vai ser favorável ao Espiritismo. Jean Reynaud tinha feito o que devia fazer nesta última existência. Vão falar de sua morte, de sua vida e, mais do que nunca, de suas obras. Ora, falar de suas obras é pôr o pé no caminho do Espiritismo.

"Muitas inteligências aprenderão nossa crença estudando esse filósofo que ganhou autoridade. Compreender-se-á e ver-se-á que não sois tão loucos como pretendem os que riem de vós e de vossa fé. Tudo quanto Deus faz é bem feito, crede-me. Ele será louvado por vossos detratores, e sabeis que são eles que, sem o querer, trabalham mais para vos arranjar adeptos.

"Deixai agir. Deixai gritar. Tudo será conforme à vontade de Deus.

"Ainda um pouco de paciência e o escol dos homens de inteligência e de saber unir-se-á convosco e, ante certas adesões ostensivas, a crítica terá que baixar a voz.

SANTO AGOSTINHO

PENSAMENTOS ESPÍRITAS EM VÁRIOS ESCRITORES

EXTRATO DA VIAGEM AO ORIENTE, PELO SR. DE LAMARTINE

"Oh! Para isto, digo-lhe eu, há uma outra pergunta. Ninguém mais do que eu sofre e geme o gemido universal da Natureza, dos homens e da Sociedade. Ninguém confessa mais alto os enormes abusos sociais, políticos e religiosos. Ninguém deseja e espera mais uma reparação a esses males intoleráveis da Humanidade. Ninguém está mais convencido que esse reparador não pode ser senão divino! Se a isso chamais esperar um messias, eu o espero como vós e mais que vós suspiro por seu aparecimento próximo; como vós e mais que vós eu vejo nas crenças abaladas do homem, no tumulto de suas ideias, no vazio de seu coração, na depravação de seu estado social, nos repetidos abalos de suas instituições políticas, todos os sintomas de uma desordem e, por conseguinte, de uma renovação próxima e iminente. Creio que Deus sempre se mostra no momento preciso em que tudo quanto é humano é insuficiente, em que o homem confessa nada poder por si mesmo. O mundo está nisto. Creio, pois, num messias; não vejo o Cristo, que nada mais nos tem a dar em sabedoria, virtude e verdade; vejo aquele que o Cristo anunciou que viria após ele: este Espírito Santo sempre atuante, sempre assistindo ao homem, sempre lhe revelando, conforme os tempos e as necessidades, o que deve saber e fazer. Que este Espírito divino se encarne num homem ou numa doutrina, num fato ou numa ideia, pouco importa: é sempre ele, homem ou doutrina, fato ou ideia. Creio nele, espero nele e o aguardo, e mais que vós, senhora, eu o invoco! Vedes, pois, que nos podemos entender e que nossas estrelas não são tão divergentes quanto esta conversa pôde vos fazer pensar." (1.º vol., pág. 176).

"A imaginação do homem é mais verdadeira do que se pensa. Ela nem sempre constrói com os sonhos, mas procede por assimilações instintivas de coisas e imagens que lhe dão resultados mais seguros e mais evidentes que a Ciência e a Lógica. Exceto os vales do Líbano, as ruínas de Balbek, as barrancas do Bósforo, em Constantinopla, e o primeiro aspecto de Damasco, do alto do Anti-Líbano, jamais encontrei um lugar, uma coisa cuja primeira vista não fosse para mim como uma lembrança!

"Já vivemos duas vezes ou mil vezes? Nossa memória não será um vidro embaciado, que o sopro de Deus limpa? Ou temos em nossa imaginação a força de pressentir e ver, antes que vejamos realmente? Questões insolúveis!" (1º vol., pág. 327).

OBSERVAÇÃO: Em nosso artigo precedente, sobre os precursores do Espiritismo, dissemos que se acham em muitos autores elementos esparsos desta doutrina. Os fragmentos acima são muito claros, para que seja necessário lhes fazer ressaltar o propósito.

Pelo fato de que homens como o Sr. Lamartine e outros emitam ideias espíritas em seus escritos, segue-se que francamente adotem o Espiritismo? Não. Na maior parte não o estudaram, ou se o fizeram não ousam ligar o próprio nome conhecido a uma nova bandeira. Aliás, sua convicção é apenas parcial, e para eles a ideia é apenas um relâmpago que parte de uma vaga intuição não formulada, não amadurecida em seu espírito; eles podem, pois, recuar ante um conjunto do qual certas partes podem ofuscá-los, até mesmo apavorá-los. Para nós não representa menos o indício do pressentimento da ideia geral que germina parcialmente nos cérebros de escol, o que basta para provar a certos adversários que essas ideias não são tão desprovidas de senso quanto pretendem, desde que partilhadas pelos mesmos homens cuja superioridade reconhecem. Reunindo e coordenando as ideias parciais de cada um, chegar-se-ia certamente a constituir a Doutrina Espírita completa, conforme os homens mais eminentes e mais acreditados.

Agradecemos ao nosso assinante de Joinville, que teve a gentileza de nos enviar as duas passagens precitadas, e seremos sempre muito reconhecidos às pessoas que tiverem a bondade de, como ele, comunicar-nos o fruto de suas leituras.

NOTA: Aproveitamos a ocasião para agradecer à pessoa que nos remeteu uma brochura intitulada *Dissertação sobre o dilúvio*. Como a remessa veio sem uma carta, não podemos agradecer diretamente. Uma olhada na brochura nos convenceu que o sistema muito original do autor está em contradição com os dados mais vulgares e mais positivos da ciência geológica que, digam o que disserem, têm o seu valor. Assim, seria fácil refutar sua teoria por observações ao menos tão rigorosas quanto as suas.

DESTINO DO HOMEM NOS DOIS MUNDOS

(POR HIPPOLYTE RENAUD, ANTIGO ALUNO DA ESCOLA POLITÉCNICA)[1]

A *Presse* de 27 de julho de 1862 dava a notícia seguinte sobre a obra acima indicada. Ela se liga de maneira muito direta à Doutrina Espírita para que os leitores saibam que a reproduzimos de bom grado. Nós mesmos poderíamos ter feito uma análise da obra, mas preferimos a de uma pessoa desinteressada no assunto. Limitar-nos-emos a fazê-la seguir de algumas considerações. Diz o redator:

O que de mais atraente para o espírito e mais refrescante para a alma do que encontrar, na hora presente, um homem de fé sincera, singela e profunda, um homem que crê e entretanto raciocina, e raciocina sem preconceitos, para buscar a verdade, à luz de sua consciência? Tal é o Sr. Renaud.

Nele as matemáticas e a Ciência não mataram o sentimento nem turvaram as fontes misteriosas que nos ligam ao infinito pela fé. O Sr. Renaud é um crente firme, convicto, um excelente cristão, mesmo sendo um mau católico, do que não se defende. Ao contrário.

Sua razão esclarecida, não menos que seu coração amante, lhe faz repelir para bem longe a ideia de um Deus vingador, ciumento e colérico; de um Deus que teria escolhido a cólera para ligar a criatura ao seu autor; de um Deus que pune o filho pela falta do pai, coisa iníqua aos olhos da justiça humana.

O Deus do Sr. Renaud é um Deus de luz e de amor. A harmonia de sua obra infinita manifesta sua onipotência e sua bondade. O homem não é sua vítima, mas seu colaborador numa parte mínima mas ainda gloriosa e proporcional às suas forças. Então, por que o mal e como explicá-lo? O mal não vem de uma queda primitiva que teria mudado todas as condições da vida humana. Ele tem por causa o descumprimento da lei de Deus e a desobediência do homem, usando mal o livre-arbítrio. Teríamos achado mais claro se o Sr. Renaud tivesse dito simplesmente que o homem começa pelo instinto, e que só gradativamente pôde desenvolver seus sentimentos superiores e sua inteligência.

[1] 1 vol. in-18. Preço 2 francos. Ledoyen; Palais-Royal. Não confundir com Jean Reynaud.

O homem espécie, como todos os seres vivos, não pode de repente achar-se na plenitude de seu ser. Percorre evoluções sucessivas e normais. Sua infância social é caracterizada pelo domínio dos instintos. Daí sua miséria, sua ignorância, sua brutalidade. À medida que se eleva na vida, pouco a pouco se desprende do lodo das primeiras idades. A inteligência cresce, os sentimentos ganham força, e ele começa a humanizar-se. Quanto mais o homem compreende, tanto mais se liga à lei, mais se torna religioso e concorre, de sua parte, para a harmonia geral.

O sofrimento é uma advertência, um estimulante para se livrar do mal, para se retirar da sombra e marchar para a luz. Quanto mais avança, mais horror tem ao mundo do instinto, da luta, da violência e da guerra; quanto mais vê e compreende, melhor aspira ao mundo da paz e da ordem, ao império da razão, ao reino dos sentimentos elevados, que são a dignidade e o sinal sagrado de sua espécie.

Daí resulta que, graças à Ciência, à Industria, ao incessante progresso da sociabilidade, o gênero humano tende a constituir-se como o rei, ou, se se preferir um termo menos ambicioso, como o gerente de seu globo. Mas depois – e admitindo por um momento esta hipótese que, a bem dizer, parece tornar-se mais certa a cada dia – mas depois, restará sempre a satisfazer esse desejo insaciado do homem, que não pode parar e limitar-se ao presente, por mais magnífico que possa ser?

Que me importa, afinal de contas, vossa felicidade material e terrena, se me deixa a alma vazia e sedenta? A gente se sente tomado de um supremo tédio e de um grande desgosto em presença de tal felicidade que dura tão pouco.

Isto é verdade, responde o Sr. Renaud, e é aqui que ele triunfa. Iluminado pela Ciência, sua fé robusta nos destinos eternos do homem lhe mostra todo um futuro infinito de atividade consciente e de alegrias paradisíacas.

Ao primeiro despertar do pensamento, aos primeiros tremores da alma, o homem eleva o olhar ao céu, interroga suas profundezas infinitas e busca qual pode ser o seu elo com o universo que entrevê. Esta existência terrena, tão curta e por vezes tão triste, não lhe basta. Ele sente que participa do infinito e a todo preço nele quer encontrar o seu lugar. O homem tem horror ao nada, como a Natureza o tem ao vácuo. Em vez de ficar sem ideal, ele se lançará louco nas crenças mais estranhas. Daí tantas concepções paradisíacas mais ou menos loucas, mas que atestam essa necessidade absoluta e fundamental de sentir-se religado ao infinito, assegurado da imortalidade.

Conhece-se o paraíso dos budistas; os Campos Elíseos dos gregos; o paraíso dos selvagens, com suas florestas e prados abundantes de caça; o paraíso de Maomé, com suas delícias materiais e suas huris sem manchas.

O paraíso católico, que coloca a Humanidade num estado de beatitude contemplativa infinita, é uma concepção relativa às épocas cruéis em que o trabalho era considerado sofrimento e castigo; onde o sofrimento geral é tal que a resignação neste mundo e o repouso no outro puderam parecer a soberana sabedoria e o mais elevado ideal.

Mas, evidentemente, esta hipótese é inteiramente contraditória com as noções mais simples e mais claras da existência. Viver é ser; ser é agir com todas as forças de suas faculdades e de sua energia vital. Viver é aspirar e transformar-se incessantemente.

A metempsicose de Pitágoras, embora respeitando a ideia de atividade, é incompleta, no sentido que limita a transformação por passagens em organismos que vivem na face da Terra e ainda por não levar em conta a lei do progresso ascendente que governa todas as coisas.

Segundo o Sr. Renaud, só há uma maneira racional de encarar esta questão da imortalidade.

O autor repele, de início, a concepção que, depois de uma temporada no mundo visível, lugar de provação, colocaria o homem no mundo invisível, o Paraíso, no estado de beato contemplativo e mais que desinteressado de seus semelhantes e de sua obra terrena. Que eleitos e que bem-aventurados seriam esses seres despojados de todo desejo e de toda aspiração, de toda atividade fecunda, de todo interesse por seu passado e por seus semelhantes, pelo Universo infinito, onde trabalharam, sentiram e pensaram!...

O Sr. Renaud repele igualmente a hipótese de uma série indefinida de existências, quer na Terra, quer noutros globos. Esse gênero de imortalidade já possui uma grande vantagem sobre a primeira concepção, pois abre um campo indefinido à atividade humana. Os Srs. Jean Reynaud, Pierre Leroux, Henri Martin e Lamennais se ligam mais ou menos a essa ideia. Mas há um ponto capital que a deteriora pela base: a ausência da memória. Que me importa uma imortalidade de que não tenho consciência e que só Deus conhece? Para que minha imortalidade seja real é preciso que numa vida diferente de minha vida atual eu tenha a lembrança de minhas vidas anteriores; eu tenha consciência da continuidade e da identidade de meu ser. Só com esta condição sou verdadeiramente imortal, participando do Infinito e consciente de minha função no Universo. Só conhecemos o nosso ser por suas manifestações, porque sua essência virtual nos escapa. Em que, pois, repugnaria à nossa razão admitir que nosso ser, cuja persistência constatamos aqui embaixo nas suas incessantes modificações, persistisse eternamente? Ele apenas muda de forma e de órgãos, conforme o meio que atravessa em suas sucessivas encarnações.

É assim que o Sr. Renaud chega a expor sua concepção, que satisfaz a essa condição essencial: conservar a memória, e que é, além disso, conforme à justiça e à onipotente bondade de Deus.

No Universo não há vazio, como não há o nada. Ora, se o mundo visível está em toda parte, o mundo invisível não está em parte alguma, diz judiciosamente o Sr. Renaud, a menos que também esteja em toda parte.

Nesta Terra o homem tem dois estados bem distintos. Em *vigília* ele se lembra geralmente de todos os seus atos e tem consciência de si mesmo; durante o *sono* perde a memória e a consciência. Consequentemente, porque não teria o homem dois distintos modos de existências, sempre ligadas entre si, sempre unidas à vida do espaço e do planeta? De início, a existência que conhecemos aqui embaixo, depois outra existência, de ordem mais elevada, na qual o indivíduo se organiza e se reencarna por meio de fluidos imponderáveis; participa de maneira mais larga e mais extensa da vida do nosso turbilhão; conserva então a memória de suas existências anteriores e possui plena consciência de seu papel e de sua função ao Universo? A existência mundana ou visível está em relação com o sono, e a existência transmundana ou etérea está em analogia com a vigília?

Nesta hipótese, a solidariedade do gênero humano, nas suas gerações presentes e futuras, nos aparece completa e inteira. Cada um de nós viveu, vive e viverá em diferentes épocas da vida da espécie nesta Terra, e no seu duplo modo visível e invisível. Cada um de nós aí nasce e daí sai, conforme a lei de números, pesos e medidas que preside à harmonia dos mundos. Nossas diversas alternâncias são contadas como os dias e as estações. Cada um de nós renasce na Terra, toma sua classe na espécie e sua função no trabalho geral, de acordo com o seu valor e segundo a lei da ordem universal. Talvez cada um de nós passe pelos diversos estados e funções que nos apresenta o conjunto da espécie. Seguramente a mais absoluta justiça preside a essas transformações, como a mais harmoniosa ordem brilha na eterna criação, nas variadas combinações que caracterizam todo organismo e todo ser vivo. Renascemos para a vida etérea e dela saímos sob essas mesmas condições de ordem e de harmonia.

Tal é a concepção do Sr. Renaud, que aqui não posso expor com todo o desenvolvimento conveniente. É preciso recorrer ao seu livro, claro, simples, rápido, onde uma fé profunda unida a uma razão tão elevada quanto imparcial, mantém constantemente o leitor sob o encanto de uma teoria tão consoladora quanto religiosa e grandiosa.

A livre espontaneidade do homem, sua solidariedade íntima e incessante com os seus semelhantes, com o seu globo, com o seu turbilhão, com o Universo; sua atividade cada vez mais progressiva, eficaz, irradiante, em harmonia com as leis divinas; uma carreira infinita para sua eterna aspiração; a onipotência e a bondade de Deus justificadas, explicadas e glorificadas; o amor como elo entre Deus e o homem, eis o que ressalta desse livrinho, o mais completo de todos os que foram escritos sob a inspiração desta grande sentença: "Os desejos do homem são as promessas de Deus."

E. DE POMPÉRY

Este artigo provocou as duas cartas seguintes, igualmente publicadas na *Presse* de 31 de julho e 5 de agosto de 1862.

"Paris, 29 de julho de 1862.

"*Ao redator*.

"Senhor,

"Acabo de ler na *Presse* de ontem de tarde a seguinte passagem (artigo do Sr. de Pompéry, sobre a obra do Sr. Renaud):

"O Sr. Renaud repele a hipótese de uma série indefinida de existências, quer sobre a Terra, quer noutros globos... Hipótese a que se ligam mais ou menos os Srs. Jean Reynaud, Pierre Leroux, Henri Martin e Lamennais... Mas há um ponto capital que a deteriora pela base: a ausência da memória. Que me importa uma imortalidade de que não tenho consciência e que só Deus conhece? Para que minha imortalidade seja real, é preciso que

278 | REVISTA ESPÍRITA

numa vida diferente de minha vida atual eu tenha a lembrança de minhas vidas anteriores, tenha consciência da continuidade e da identidade de meu ser."

"O Sr. de Pompéry tem razão, em minha opinião: uma metempsicose indefinida e sem memória não é a imortalidade. Mas, se tem razão quanto às ideias, não a tem quanto às pessoas. Dos quatro escritores que cita, só um professou a doutrina que ele combate: o Sr. Pierre Leroux, em seu livro *Humanité*. De minha parte, considerando-se que fui citado, devo comparecer. Embora sem títulos para figurar ao lado de três filósofos célebres, devo dizer que minha opinião é a exposta acima pelo Sr. de Pompéry.

"Quanto ao Sr. Jean Reynaud, ele fez, de certo modo, desta opinião o coroamento de seu livro *Terre et Ciel*, onde apresenta a ausência de memória como condição das existências inferiores, e a memória readquirida e conservada para sempre como atributo essencial da vida mais alta.

"Também não creio que o Sr. Lamennais, numa época qualquer de sua carreira, tenha de modo algum parecido inclinar-se à ideia da transmigração inconsciente e indefinida. Ela era muito contrária a todas as suas tendências.

"Ser-vos-ei reconhecido, senhor redator chefe, se acolherdes esta reclamação, e rogo aceiteis meus mais distintos sentimentos.

"HENRI MARTIN"

Ao redator,
"Senhor,
"Apreciando o livro do Sr. Renaud, eu disse, de acordo com o autor, que os Srs. Henri Martin, Jean Reynaud, Pierre Leroux e Lamennais, de acordo com os sistemas por eles adotados, não podiam conservar no homem a memória em suas existências ulteriores. Isto não implica que no pensamento desses filósofos não estivesse a ideia de conservar no homem, nas suas existências indefinidas, a identidade e a perpetuidade de seu ser por meio da memória.

"A reclamação do Sr. Henri Martin seria, pois, muito justa, do ponto de vista de sua intenção, o que constato com prazer. Resta saber agora se o Sr. Renaud, discutindo os sistemas de seus ilustres contraditores, não tem razão de concluir pela sua improcedência. Nisto está toda a questão, na qual não posso entrar. É preciso ver o debate no livro do Sr. Renaud, que aliás testemunha a mais alta simpatia por esses homens eminentes.

"Recebei etc.

E. DE POMPÉRY

Eis, pois, um debate travado seriamente num jornal, sem pilhérias vulgares e tolas, sobre a questão da pluralidade das existências, uma das bases fundamentais da Doutrina Espírita, por homens cujo valor intelectual não poderia ser contestado, o que prova não ser ela tão absurda quanto a alguns apraz dizer.

Se se quiser aprofundar mais as ideias emitidas no artigo do Sr. de Pompéry, encontrar-se-ão todas as da Doutrina Espírita sobre esse ponto. Só faltam, para completá-las, as relações entre o mundo visível e o invisível, de que não se cogita.

Pela simples força do raciocínio e da intuição, esses senhores, aos quais poderiam juntar-se muitos outros, tais como Charles Fourier e Louis Jourdan, chegaram ao ponto culminante do Espiritismo, sem ter passado pela fieira intermediária. A única diferença entre eles e nós é que eles encontraram a coisa por si mesmos, ao passo que a nós foi revelada pelos Espíritos e, aos olhos de certa gente, aí está o seu maior erro.

AÇÃO MATERIAL DOS ESPÍRITOS SOBRE O ORGANISMO

O fato seguinte nos foi transmitido pelo Sr. A. Superchi, de Parma, membro honorário da Sociedade Espírita de Paris.

"Em nossa sessão de 23 de abril último, fiz o médium pôr a mão sobre o papel, sem evocar nenhum Espírito. Logo que a mão começou a se mover, ele sentiu uma força estranha que o obrigou a manter o indicador levantado e duro, numa posição absolutamente anormal. O dedo estava singularmente frio. Não me podendo dar a razão para tal originalidade, pedi a explicação ao Espírito. Respondeu: 'Esquecido que sois! Não vos lembrais daquele que, em vida, assim escrevia? Endureci este dedo para dar uma prova de nossa autenticidade e de nosso poder.' Era o Espírito de um irmão do médium, falecido há mais de vinte anos, em Florença. Ele tinha ferido o dedo ao quebrar uma garrafa, quando derramava o seu conteúdo, de tal modo que o dedo ficou anquilosado. Anexo, um desenho representando a posição da mão do médium.

"Um outro médium, despeitado por uma mistificação, aliás merecida, esforçava-se por provar que os fenômenos provinham do nosso próprio Espírito, concentrado não sei como. Um dia, conversando, tomou maquinalmente um lápis para desenhar algumas linhas, brincando, mas a mão ficou imóvel, malgrado todos os esforços para servir-se dela. Por fim, pôs-se em movimento e escreveu: 'Quando eu não quiser, jamais poderás escrever coisa alguma.' Surpreendido, mas ao mesmo tempo ferido no amor-próprio, retomou o lápis, dizendo que não queria escrever e que veria se esse suposto Espírito teria poder de obrigá-lo. Malgrado sua resolução, a mão moveu-se rapidamente e escreveu: 'Quando eu quiser, não poderás deixar de escrever.'"

Nos dois casos acima, a ação do Espírito sobre os órgãos é, como se vê, inteiramente independente da vontade. Desde logo concebe-se que ela pode ocorrer espontaneamente, abstração feita de qualquer noção do Espiritismo. Com efeito, é o que provam muitas observações. Aqui ela ocorre num dedo, ali será sobre outro órgão, e poderá traduzir-se por outros efeitos. Temporária nesta circunstância, a ação poderia ter uma certa duração e apresentar uma aparência patológica, na realidade inexistente, e contra a qual seria improfícua a terapêutica ordinária.

Considerado do ponto de vista das manifestações espíritas, esse fenômeno oferece uma notável prova de identidade. O Espírito, na condição de Espírito, incontestavelmente não tem o dedo anquilosado; mas a um vidente ele se teria apresentado com tal enfermidade, para ser reconhecido; ao que não era vidente, comunica temporariamente a sua enfermidade. Ainda aqui está a prova de que o Espírito se identifica com o médium e se serve do corpo dele como se fora o seu próprio. Seja esta ação produzida por um Espírito malévolo, que adquira uma certa duração, que afete formas mais características e excêntricas, e ter-se-á a explicação da maioria dos casos de subjugação corporal, que tomam como loucura.

O fato seguinte, de natureza análoga, foi relatado por um membro da Sociedade de Paris, que o testemunhou numa cidade provinciana. Diz ele:

"Vi uma médium muito original. É uma senhora ainda moça, que pede ao seu Espírito familiar lhe paralise, por exemplo, a língua, e logo não pode falar senão à maneira de um mudo que se esforça para se fazer compreendido. A seu pedido, ele faz a mão aderir à outra, de modo que é impossível separá-las. Ele a prega numa cadeira, até que ela lhe peça para devolver-lhe a liberdade. Pedi ao Espírito que a adormecesse instantaneamente, e ele o fez: A médium adormeceu imediatamente, na primeira vez, sem auxílio de ninguém. Foi nesse estado que julguei reconhecer a natureza desse Espírito, que me pareceu obsessor, pois quando a senhora sofria, ou, ao menos, ficava muito agitada durante o sono, se eu lhe quisesse fazer uns passes magnéticos para acalmá-la, o Espírito a levava a me repelir duramente. Aconselhei à senhora a não repetir as experiências com muita frequência."

Quanto a nós, aconselhamos abster-se totalmente, porque ele poderia pregar-lhe uma peça. É evidente que um bom Espírito não se presta a semelhantes coisas. Delas fazer um jogo é pôr-se voluntariamente sob funesta dependência, *moral e fisicamente*, e só Deus sabe onde isto iria parar. Poderia resultar-lhe qualquer subjugação terrível, da qual lhe seria muito difícil, senão impossível, ver-se livre. Já é bastante que tais acidentes ocorram espontaneamente, sem dar lugar a um prazer e apenas para satisfazer a uma vã curiosidade.

Tais experiências não têm qualquer utilidade para o melhoramento moral, e podem acarretar os mais graves inconvenientes. Depois, culpariam o Espiritismo, quando só deveriam acusar a imprevidência ou o orgulho dos que se julgam capazes de manejar os maus Espíritos à sua vontade. Jamais os desafiamos impunemente.

Não afirmamos que o Espírito em questão seja fundamentalmente mau. Mas o que é certo é que não pode ser adiantado, nem mesmo fundamentalmente bom, e que é sempre perigoso submeter-se a tal domínio, cujo menor inconveniente seria a neutralização do livre-arbítrio. Dando acesso aos Espíritos dessa espécie, fica-se penetrado de seus fluidos, necessariamente refratários às influências dos bons Espíritos, que se afastam, se não nos esforçamos para atraí-los, buscando no Espiritismo os meios de nos melhorarmos.

Uma vez penetrado por um fluido maléfico, o perispírito é como uma vestimenta impregnada de odor acre, que os mais deliciosos perfumes não podem fazer desaparecer.

AINDA UMA PALAVRA SOBRE OS ESPECTROS ARTIFICIAIS E AO SR. OSCAR COMETTANT

A revista hebdomadária do *Siècle* de 12 de julho de 1863 trazia o seguinte:

"Fora destas questões importantes, outras há, de ordem diversa, e que não podem ser negligenciadas, entre as quais a questão muito viva dos espectros. Vistes os espectros? Há uns oito dias o espectro é o único assunto a alegrar as conversas. Assim, cada teatro tem os seus: espectros de honestos velhacos que roubaram, pilharam, assassinaram e que retornam, sombras impalpáveis, para passear à meia noite no quinto ato de um drama muito bem planejado.

"Esse segredo do espectro ou, para usar a linguagem dos bastidores, esse *truque*, ao que se diz pago muito caro a um inglês, é de uma simplicidade tão elementar, que todos os teatros têm tido seus espectros no mesmo dia, este mais caro que aquele. Depois do teatro, o espectro passou para a sala de visitas, onde dá boa-noite aos senhores e senhoras, como que picados por uma tarântula por essa amável *espectromania*.

Eis um divertimento que vem a propósito para explicar muitos prodígios, e quero falar principalmente dos prodígios do Espiritismo. Tem-se falado muito desses espíritas que evocam os mortos e os mostram em pequenos grupos de crentes apavorados. Com o auxílio de um simples truque, pode-se fazer a mesma tarefa, sem passar por grande feiticeiro. Essa evocação geral dos espectros dá um golpe funesto no maravilhoso, hoje que está provado que não é mais difícil fazer aparecerem fantasmas do que pessoas em carne e osso. O célebre Sr. Home em pessoa já deve ter caído 75% na estima de suas numerosas admiradoras.

"O ideal vira pó ao toque do real. O real é o truque.

"EDMOND TEXIER."

Tínhamos razão ao dizer, a propósito deste novo processo fantasmagórico, que os jornais não deixariam de falar do Espiritismo. Já o *Indépendence Belge* tinha esfregado as mãos, exclamando: "Como vão os espíritas sair desta?"

Diremos a esses senhores apenas que se informem de como se porta o Espiritismo. O que mais claramente ressalta desses artigos é, como sempre, a prova da mais absoluta ignorância do assunto que atacam. Com efeito, é preciso não saber a primeira palavra para crer que os espíritas se reúnam para fazer aparecerem fantasmas. Ora, o que é mais singular é que jamais os vimos, nem mesmo nos teatros, posto que, no dizer desses senhores, estejamos grandemente interessados no assunto.

O Sr. Robin, o prestidigitador citado em nosso artigo precedente, do mês de julho, vai mais longe. Não é só o Espiritismo que pretende demolir, mas a própria Bíblia. Em sua alocução cotidiana aos espectadores, ele afirma que a aparição de Samuel a Saul se deu pelo mesmo processo que o seu. Não pensamos que os conhecimentos de óptica estivessem tão adiantados naquela época, entre os Hebreus, que não passavam por muito cultos. Desse jeito, sem dúvida foi também por meio de algum truque que Jesus apareceu a seus discípulos.

Não produzindo os falsos espectros o resultado esperado, sem dúvida em breve veremos surgir algum novo estratagema. Eles terão seu tempo, como tudo quanto só tem como resultado apenas satisfazer a curiosidade. Esse tempo talvez seja mais curto do que se pensa, porque logo as pessoas se cansam do que nada deixa no espírito. Então, os teatros farão bem aproveitando-os enquanto têm o privilégio de atrair a multidão, pela força da novidade. Sua aparição terá tido, de qualquer forma, a vantagem de fazer falar de Espiritismo e de espalhar suas ideias. Era um meio, como qualquer outro, de excitar muita gente a se inquirir da verdade.

Que diremos nós do folhetim do Sr. Oscar Comettant sobre o livro do Sr. Home, publicado no *Siècle* de 15 de julho de 1863? Nada, a não ser que é a melhor propaganda para a venda da obra, do que se beneficiará o Espiritismo. É útil que, de tempos em tempos, haja essas chicotadas, para despertar a atenção dos indiferentes. Se o artigo não é espírita nem espiritualista, é, ao menos, espirituoso? Deixamos que outros se pronunciem.

Há, entretanto, algo de bom nesse artigo. É que o autor, a exemplo de vários de seus confrades, cai com toda a força sobre os que fazem profissão da faculdade mediúnica. Ele censura com justa severidade os abusos daí resultantes, e assim contribui para desacreditá-los, do que o Espiritismo sério não poderia lamentar-se, pois ele próprio repudia toda exploração desse gênero, como indigna do caráter exclusivamente moral do Espiritismo e como uma falta do respeito devido aos mortos.

O Sr. Comettant comete o erro de generalizar o que seria, no máximo, uma rara exceção, e sobretudo de assimilar os médiuns aos saltimbancos, aos tiradores de cartas, aos ledores da sorte, aos trapaceiros, porque viu saltimbancos tomarem o nome de médiuns, como se veem charlatães se dizendo médicos.

Parece que ele ignora que há médiuns entre os membros das famílias das mais altas classes; que os há mesmo entre escritores de renome, tidos em elevada estima por ele próprio e seus amigos; que é notório que a Sra. Émile de Girardin era uma excelente médium. Teríamos curiosidade de saber se ele ousaria dizer-lhes na cara que são farsistas.

Se os que assim falam se tivessem dado ao trabalho de estudar antes de falar, saberiam que o exercício da mediunidade exige um profundo recolhimento, incompatível com a leviandade de caráter e a balbúrdia dos curiosos e que nada de sério se deve esperar nas reuniões públicas.

O Espiritismo desaprova toda experiência de pura curiosidade, feita com o propósito de distração, pois não nos devemos divertir com essas coisas. Os Espíritos, isto é, as almas dos que deixaram a Terra, dos nossos parentes e de nossos amigos, o que nada tem de divertido, vêm para nos instruir e moralizar, e não para alegrar os ociosos. Elas não vêm predizer o futuro nem descobrir segredos ou tesouros escondidos. Vêm ensinar-nos que há uma outra vida, e como nos devemos conduzir para nela sermos felizes, o que é pouco recreativo para certa gente.

Se não se acredita na alma e na sobrevivência dos que nos foram caros, é sempre incorreto levar essa crença em troça, no mínimo em respeito à sua memória.

O Espiritismo ainda nos ensina que os Espíritos não estão às ordens de ninguém; que eles vêm quando e com quem quiserem; que se alguém que pretendesse tê-los a sua disposição e governá-los à vontade, poderia, com boas razões, passar por ignorante ou charlatão; que tanto é lógico quanto irreverente admitir que Espíritos sérios estejam ao capricho do primeiro que chegue e pretenda evocá-los a toda hora e a tanto por sessão, para representarem o papel de comparsas; que há mesmo um sentimento instintivo de repugnância ligado à ideia de que a alma do ser que se chora venha a troco de dinheiro.

Por outro lado, é princípio consagrado pela experiência que os Espíritos não se comunicam facilmente, nem de boa vontade, por certos médiuns, e que entre estes últimos os há absolutamente repulsivos a certos Espíritos, o que se compreende facilmente, desde que se conheça a maneira pela qual se opera a comunicação, pela assimilação de fluidos. Pode, pois, haver entre o Espírito e o médium atração ou repulsão, conforme o grau de afinidade simpática.

A simpatia é fundada sobre as similitudes morais e a afeição. Ora, que simpatia pode ter o Espírito por um médium que só o chama por dinheiro? Talvez digam que o Espírito vem pela pessoa que o chama e não pelo médium, que não passa de instrumento. De acordo, mas nem por isso são menos necessárias as condições fluídicas, essencialmente modificadas pelos sentimentos morais e pelas relações pessoais entre Espírito e médium. É por isso que não há um médium que se possa gabar de comunicar-se indistintamente com todos os Espíritos, dificuldade capital para aquele que quisesse explorá-los.

Eis o que ensinamos ao Sr. Comettant, pois que ele ignora, e isto destrói as assimilações que ele pretende estabelecer. A mediunidade real é uma faculdade preciosa, que adquire tanto mais valor quanto mais é empregada para o bem e quanto mais é exercida religiosamente e com desinteresse completo, moral e material.

Quanto à *mediunidade simulada ou abusiva*, *seja no que for*, nós a entregamos a todas as severidades da crítica. É ignorar os mais elementares princípios do Espiritismo crer que ele se constitui seu defensor, e que a repressão legal de um abuso, caso houvesse, lhe constitui um revés. Nenhuma repressão poderia atingir os médiuns que não fizessem de sua faculdade uma profissão e não se afastassem da via moral que lhes é traçada pela doutrina. As armas que os abusos fornecem aos detratores, sempre ardentes em aproveitar as ocasiões de ataque, e mesmo inventadas, quando não existem, fazem ressaltar ainda mais, aos olhos dos espíritas sinceros, a necessidade de mostrar que não há qualquer solidariedade entre a verdadeira doutrina e aqueles que a parodiam.

PERGUNTAS E PROBLEMAS

MISTIFICAÇÕES

Uma carta de Locarno contém a seguinte passagem:

"...Para mim a dúvida seria impossível, pois tenho uma filha muito boa médium, e meu próprio filho que escreve. Mas, ah! Ele recebeu tão cruéis mistificações, que seu desânimo contagiou-me um pouco, sem contudo perturbar a nossa crença tão pura e consoladora, malgrado os pesares que experimentamos quando nos vemos enganados por respostas decepcionantes. Por que, então, Deus permite que os bem-intencionados sejam assim enganados pelos que deveriam esclarecê-los?..."

Resposta.
Derramando-se o mundo corpóreo, pela morte, no mundo espírita, e o mundo espírita derramando-se no mundo corpóreo pela encarnação, daí resulta que a população normal do espaço que rodeia a Terra é composta de Espíritos provenientes da Humanidade terrena. Sendo esta Humanidade uma das mais imperfeitas, não pode dar senão produtos imperfeitos. Eis a razão por que em torno dela pululam maus Espíritos. Pela mesma razão, nos mundos mais adiantados, onde o bem reina sem partilha, só há bons Espíritos. Admitindo isto, compreender-se-á que a intromissão, tão frequente, dos maus Espíritos

nas relações mediúnicas, é inerente à inferioridade do nosso globo. Aqui corre-se o risco de ser vítima dos Espíritos enganadores, como num país de ladrões o de ser roubado.

Não se poderia, também, perguntar por que Deus permite que pessoas honestas sejam despojadas por ladrões, vítimas da malevolência, expostas a toda sorte de misérias? Perguntai antes por que estais na Terra, e vos será respondido que é porque não merecestes um lugar melhor, salvo os Espíritos que aqui estão em missão. É preciso, pois, sofrer-lhe as consequências e fazer esforços para dele sair o mais cedo possível. Enquanto se espera, é necessário esforçar-se para se preservar dos assaltos dos maus Espíritos, o que só se consegue fechando-lhes todas as entradas que lhes poderiam dar acesso a nossa alma, a eles se impondo pela superioridade moral, pela coragem, pela perseverança e por uma fé inquebrantável na proteção de Deus e dos bons Espíritos, e no futuro, que é tudo, ao passo que o presente nada é. Mas como ninguém é perfeito na Terra, ninguém se pode gabar, sem orgulho, de estar ao abrigo de suas malícias de maneira absoluta.

Sem dúvida a pureza de intenções é muito. É o caminho que conduz à perfeição, mas não é a perfeição, e ainda pode haver, no fundo da alma, algum velho fermento. Eis por que ele não é o único médium que já foi mais ou menos enganado.

Diz-nos a simples razão que os bons Espíritos não podem fazer senão o bem, pois, do contrário, não seriam bons, e que o mal não pode vir senão de Espíritos imperfeitos. Assim, as mistificações não podem ser senão de Espíritos levianos ou mentirosos que abusam da credulidade e que muitas vezes exploram o orgulho, a vaidade e outras paixões. Tais mistificações têm o objetivo de pôr à prova a perseverança e a firmeza na fé, e de exercitar o julgamento. Se os bons Espíritos as permitem em certas ocasiões, não é por impotência de sua parte, mas para nos deixar o mérito da luta. Sendo a experiência que se adquire às suas custas a mais proveitosa, se a coragem faltar, é uma prova de fraqueza que nos deixa à mercê dos maus Espíritos.

Os bons Espíritos velam por nós, assistem-nos e nos ajudam, mas com a condição que nos ajudemos a nós mesmos.

O homem está na Terra para a luta. Ele precisa vencer para dela sair, senão, nela ficará.

INFINITO E INDEFINIDO

De São Petersburgo escrevem-nos a 1.º de julho último:

"...No *Livro dos Espíritos*, livro I, Capítulo I, nº 2, notei esta proposição: *Tudo quanto é desconhecido é infinito*. Parece-me que muitas coisas nos são desconhecidas, sem que por isto sejam *infinitas*. Como o vocábulo se acha em todas as edições, pedi a explicação ao meu guia, que me respondeu: 'O vocábulo *infinito* aqui é um erro. Deve ser *indefinido*.' Que pensar disto?..."

Resposta:
Os dois vocábulos, posto que sinônimos no sentido geral, têm, cada um, uma acepção especial. A Academia assim os define:

Indefinido, cujo fim e cujos limites não são ou não podem ser determinados. *Tempo indefinido. Número indefinido. Linha indefinida. Espaço indefinido.*

Infinito, que não tem começo nem fim, que é sem marcos e sem limites. O *espaço é infinito. Deus é infinito. A misericórdia de Deus é infinita.* Por extensão, diz-se daquilo de que se não podem assinalar os marcos, o termo, e, por exagero, tanto no sentido físico quanto no moral, de tudo quanto é muito considerável em seu gênero. Diz-se particularmente para inumerável. *Uma duração infinita. A beatitude infinita dos eleitos. Astros situados a uma distância infinita. Eu vos faço um agradecimento infinito. Uma infinita variedade de objetos. Penas infinitas. Há um número infinito de autores que escreveram sobre este assunto.*

Resulta daí que o vocábulo *indefinido* tem um sentido mais particular e o vocábulo *infinito*, um sentido mais geral; que o primeiro se diz de preferência a propósito de coisas materiais e o segundo de coisas abstratas, portanto, ele é mais vago que o outro.

O sentido mais geral da palavra *infinito* permite aplicá-la, em certos casos, ao que não é senão *indefinido*, ao passo que o inverso não poderia ter lugar. Diz-se igualmente: uma duração infinita e uma duração indefinida, mas não se poderia dizer: Deus é indefinido, sua misericórdia é indefinida.

Sob este ponto de vista, o emprego do vocábulo *infinito* na frase precitada não é abusivo e não é um erro. Dizemos mais, que o vocábulo *indefinido* não exprimiria a mesma ideia. Do momento que uma coisa é desconhecida, ela tem para o pensamento o vago do infinito, senão absoluto, ao menos relativo.

Por exemplo: Não sabeis o que vos acontecerá amanhã, portanto vosso pensamento erra no infinito; os acontecimentos é que são indefinidos. Não sabeis quantas estrelas há, portanto, seu número é indefinido, mas é também infinito para a imaginação. No caso de que se trata, convinha, pois, empregar o vocábulo que generaliza o pensamento, de preferência ao que lhe daria um sentido restritivo.

CONVERSAS FAMILIARES DE ALÉM-TÚMULO

SR. CARDON, MÉDICO, FALECIDO EM SETEMBRO DE 1862

(SOCIEDADE DE PARIS – MÉDIUM: SR. LEYMARIE)

O Sr. Cardon tinha passado parte da vida na marinha mercante, como médico de um baleeiro, e havia adquirido hábitos e ideias um pouco materialistas. Retirado para a aldeia de J..., ali exercia a modesta profissão de médico de roça. Há algum tempo ele estava convencido de que sofria uma hipertrofia do coração e, sabendo que era mal incurável, o pensamento da morte o mergulhava em sombria melancolia, de que nada o distraía.

Com cerca de dois meses de antecedência, ele predisse o seu fim, em determinado dia, e quando se viu perto da hora da morte, reuniu a família para lhe dizer o último adeus. A mãe, a esposa, os três filhos e outros parentes estavam reunidos em

290 | REVISTA ESPÍRITA

volta de seu leito. No momento em que a esposa tentou soerguê-lo, ele se abateu, tornou-se de um azul lívido, os olhos fecharam e julgaram-no morto. A esposa colocou-se diante dele, para esconder dos filhos esse espetáculo. Após alguns minutos, ele reabriu os olhos, e com o rosto por assim dizer iluminado, tomou uma expressão de radiosa beatitude e exclamou:

– Oh! meus filhos, como é belo! Como é sublime! Oh! A morte! Que benefício! Que coisa suave! Eu estava morto e senti minha alma elevar-se bem alto, bem alto, mas Deus me permitiu voltar para vos dizer: Não temais a morte. Ela é a libertação... Não vos posso pintar a magnificência do que vi e as impressões de que me senti penetrado! Mas não poderíeis compreendê-las!... Oh! meus filhos, conduzi-vos sempre de maneira a merecer essa inefável felicidade, reservada aos homens de bem. Vivei segundo a caridade. Se tiverdes alguma coisa, dai uma parte àqueles a quem falta o necessário... Minha cara mulher, deixo-te numa posição que não é feliz. Devem-nos dinheiro, mas eu te conjuro, não atormentes os que nos devem. Se estiverem em apuros, espera que possam pagar, e aos que não o puderem, faze o sacrifício. Deus te recompensará. Tu, meu filho, trabalha para sustentar tua mãe. Sê sempre um homem honesto e guarda-te de fazer algo que possa desonrar nossa família. Toma esta cruz que vem de minha mãe; não a deixes, e que ela te lembre sempre meus últimos conselhos... Meus filhos, ajudai-vos e sustentai-vos mutuamente, e que a boa harmonia reine entre vós. Não sejais vãos nem orgulhosos; perdoai aos vossos inimigos, se quiserdes que Deus vos perdoe...

Depois, tendo feito os filhos se aproximarem, estendeu as mãos para eles e acrescentou:

– Meus filhos, eu vos abençoo.

E seus olhos se fecharam, desta vez para sempre, mas seu rosto conservou uma expressão tão imponente que, até o momento em que foi enterrado, numerosa multidão veio contemplá-lo com admiração.

Estes interessantes detalhes, transmitidos por um amigo da família, nos sugeriram uma evocação, que poderia ser instrutiva para todos, ao mesmo tempo que seria útil ao Espírito. Ei-la:

1. Evocação

– Estou junto de vós.

2. – Contaram-nos os vossos últimos momentos, que nos encheram de admiração. Teríeis a bondade de descrever, melhor do que o fizestes, o que vistes no intervalo do que poder-se-ia chamar vossas duas mortes?

– Poderíeis compreender o que vi? Não sei, porque não encontraria expressões capazes de tornar compreensível o que vi durante os instantes em que foi possível deixar meus despojos mortais.

3. – Tendes noção de onde estivestes? É longe da Terra? Num outro planeta ou no espaço?

– O Espírito não conhece o valor das distâncias, tais quais as encarais. Levado não sei por que agente maravilhoso, vi o esplendor de um céu como só nossos sonhos poderiam vislumbrar. Essa corrida pelo infinito é feita tão rapidamente que não posso precisar os instantes gastos por meu Espírito.

4. – Atualmente desfrutais da felicidade entrevista?

– Não. Bem queria poder gozá-la, mas Deus assim não me pode recompensar. Muitas vezes me revoltei contra os abençoados pensamentos ditados pelo coração, e a morte me parecia uma injustiça. Médico incrédulo, tinha adquirido na arte de curar uma aversão contra a segunda natureza, que é o nosso movimento inteligente, divino. A imortalidade da alma era uma ficção própria para seduzir naturezas pouco adiantadas, não obstante, o vazio me espantava, pois maldizia muitas vezes esse agente misterioso que fere sempre e sempre. A Filosofia me havia desviado, sem me dar a compreender toda a grandeza do Eterno, que sabe repartir a dor e a alegria para o ensino da Humanidade.

5. – Quando de vossa verdadeira morte, logo vos reconhecestes?

– Não; reconheci-me durante a transição feita por meu Espírito para percorrer lugares etéreos; mas, após a morte real, não; forem necessários alguns dias para meu despertar. Deus me havia concedido uma graça. Vou dizer-vos a sua razão:

"Minha incredulidade primeira não mais existia. Antes da morte eu havia crido, porque, depois de ter cientificamente sondado a matéria pesada, que me fazia deperecer, eu não tinha, depois das razões terrenas, encontrado senão a razão divina. Ela me tinha inspirado, consolado, e minha coragem era mais forte que a dor. Eu bendizia o que havia amaldiçoado; o fim me parecia a libertação. O pensamento de Deus é grande como o mundo! Oh! Que suprema consolação na prece que dá enternecimentos inefáveis; ela é o elemento mais seguro de nossa natureza imaterial; por ela compreendi, cri firmemente, soberanamente, e é por isso que Deus, escutando minhas abençoadas ações, quis recompensar--me antes de acabar a minha encarnação.

292 | REVISTA ESPÍRITA

6. – Poder-se-ia dizer que da primeira vez estáveis morto?

– Sim e não. Tendo o Espírito deixado o corpo, naturalmente a carne se extinguia, mas quando ele retomou a posse de minha morada terrena, a vida voltou ao corpo que tinha sofrido uma transição, um sono.

7. – Nesse momento sentíeis os laços que vos prendiam ao corpo?

– Sem dúvida. O Espírito tem um elo difícil de partir e lhe é preciso um último abalo da carne para voltar à sua vida natural.

8. – Como é que, durante a vossa morte aparente e durante alguns minutos, o vosso Espírito pôde desprender-se instantaneamente e sem dificuldade, enquanto que a morte real foi seguida de uma perturbação de alguns dias? Parece que, no primeiro caso, os laços entre a alma e o corpo, subsistindo mais que no segundo, o desprendimento deveria ser mais lento, e foi o contrário que se deu.

– Muitas vezes fizestes a evocação de um Espírito encarnado e recebestes respostas reais. Eu estava na situação desses Espíritos. Deus me chamava e seus servidores me tinham dito: 'Vem...' Obedeci e agradeço a Deus a graça especial que ele teve a bondade de me fazer. Eu pude ver o infinito de sua grandeza e dela me dar conta. Agradeço a vós que me permitistes que antes da morte real eu ensinasse aos meus para que eles tivessem boas e justas encarnações.

9. – De onde vinham as belas e boas palavras que, no vosso retorno à vida, dirigistes à vossa família?

– Eram o reflexo do que tinha visto e ouvido. Os bons Espíritos inspiravam-me a voz e animavam-me o rosto.

10. – Que impressão julgais que a vossa revelação tenha feito nos assistentes, e particularmente nos vossos filhos?

– Chocante, profunda. A morte não é mentirosa. Por mais ingratos que possam ser, os filhos se inclinam ante a encarnação que se vai. Se se pudesse sondar o coração dos filhos junto a um túmulo entreaberto, só se sentiriam batidas de sentimentos verdadeiros, profundamente tocados pela mão secreta dos Espíritos que a todos ditam estes pensamentos: Tremei se estiverdes em dúvida; a morte é a reparação, a justiça de Deus; e eu vos asseguro que malgrado os incrédulos, meus amigos e minha família acreditarão nas palavras que minha voz pronunciou antes de morrer. Eu era o intérprete de outro mundo.

11. – Dissestes que não gozais da felicidade que entrevistes. Sois infeliz?

– Não, pois cria antes de morrer, e isto na alma e na consciência. A dor aperta aqui embaixo, mas eleva para o futuro espírita. Notai que Deus soube levar em conta as minhas preces e a minha crença absoluta nele. Estou no caminho da perfeição e chegarei ao fim que me foi permitido entrever. Orai, meus amigos, por esse mundo invisível que preside os vossos destinos. Este intercâmbio fraterno é caridade; é uma poderosa alavanca que põe em comunicação os Espíritos de todos os mundos.

12. – Gostaríeis de dirigir algumas palavras à vossa esposa e aos vossos filhos?

– Rogo a todos os meus que creiam em Deus, poderoso, justo, imutável; na prece que consola e alivia; na caridade, que é o ato mais puro da encarnação humana. Que eles se lembrem que se pode dar pouco: o óbolo do pobre é o mais meritório diante de Deus, que sabe que um pobre dá muito dando pouco. É preciso que o rico dê muito e muitas vezes para merecer tanto quanto aquele.

O futuro é a caridade, a benevolência em todas as ações; é crer que todos os Espíritos são irmãos, jamais se prevalecendo de todas as vaidades pueris.

Família muito amada, terás rudes provas, mas sabe suportá-las com coragem, pensando que Deus as vê.

Dizei sempre esta prece:

Deus de amor e de bondade, que dás tudo e sempre, concede-nos essa força que não recua ante nenhuma pena; torna-nos bons, mansos e caridosos, pequenos pela fortuna, grandes pelo coração; que nosso Espírito seja espírita na Terra, para melhor te compreendermos e te amarmos.

Que teu nome, ó meu Deus, emblema de liberdade, seja o objetivo consolador de todos os oprimidos, de todos os que têm necessidade de amar, perdoar e crer.

CARDON

DISSERTAÇÕES ESPÍRITAS

O ESPÍRITO DE JEAN REYNAUD

(SOCIEDADE ESPÍRITA DE PARIS – MÉDIUM: SRA. COSTEL)

Meus amigos, como esta nova vida é magnífica! Semelhante a uma torrente luminosa, arrasta no seu curso imenso as almas ébrias do infinito! Após a ruptura dos laços carnais, meus olhos abarcaram os horizontes novos que me cercam, e gozo esplêndidas maravilhas do infinito. Passei das sombras da matéria à aurora brilhante que anuncia o Todo-Poderoso. Estou salvo, não pelo mérito de minhas obras, mas pelo conhecimento do princípio eterno, que me fez evitar as sujeiras impressas pela ignorância na própria Humanidade. Minha morte foi abençoada; os biógrafos a julgaram prematura. Que cegos! Lamentarão alguns escritos nascidos da poeira e não compreenderão quanto o pouco ruído que se faz em torno de meu túmulo meio fechado é útil para a santa causa do Espiritismo. Minha obra estava terminada; meus antecessores seguiam na rota; eu tinha atingido esse ponto culminante em que o homem deu o que tinha de melhor e onde não faz mais que recomeçar. Minha morte reaviva a atenção dos letrados, e eles se debruçam sobre minha obra capital, que tem a ver com a grande questão espírita que eles fingem desconhecer e que em breve os enlaçará. Glória a Deus! Ajudado pelos Espíritos superiores que protegem a nova doutrina, vou ser um dos batedores que balizam a vossa rota.

(NUMA REUNIÃO FAMILIAR – MÉDIUM: SR. CHARLES V...)

O Espírito responde a esta reflexão: Vossa morte inesperada, em idade tão pouco avançada, surpreendeu a muita gente.

"Quem vos diz que minha morte não foi um benefício para o Espiritismo, para o seu futuro, para as suas consequências? Notaste, meu amigo, a marcha que segue o progresso, a rota que toma a fé espírita? Deus deu, logo de começo, provas materiais: dança das mesas, golpes vibrados e toda sorte de fenômenos. Isso foi para chamar a atenção. Era um prefácio divertido. Para crer, os homens necessitam de provas palpáveis. Agora a coisa é bem diferente! Após os fatos materiais, Deus fala à inteligência, ao bom senso, à razão fria. Não mais são manifestações de força, mas coisas racionais, que devem convencer e unir até mesmo os incrédulos mais pertinazes. E é apenas o começo.

"Notai bem o que vos digo: Toda uma série de fatos inteligentes, irrefutáveis, vão seguir-se, e o número dos adeptos da fé espírita, já tão grande, vai aumentar ainda mais. Deus vai cuidar das inteligências de escol, das sumidades do espírito, do talento e do saber. Isto vai ser um raio luminoso a espalhar-se por toda a Terra, como um fluido magnético irresistível, e impelirá os mais recalcitrantes à busca do infinito; ao estudo dessa admirável ciência que nos ensina máximas tão sublimes.

"Todos vão agrupar-se em torno de vós e, abstração feita do diploma de gênio que lhes havia sido dado, vão fazer-se humildes e pequenos para aprenderem e se convencer. Depois, mais tarde, quando estiverem bem instruídos e bem convencidos, servir-se-ão de sua autoridade e da notoriedade de seus nomes para impelir para mais longe ainda, e atingir os últimos limites do objetivo a que todos vos propusestes: a regeneração da espécie humana pelo conhecimento raciocinado e aprofundado das existências passadas e futuras.

"Eis a minha sincera opinião sobre o estado atual do Espiritismo."

JEAN REYNAUD

(BORDÉUS – MÉDIUM: SRA. C...)

Rendo-me com prazer ao vosso chamado, senhora. Sim, tendes razão, a perturbação espírita, por assim dizer, não existiu para mim. (Isto respondia ao pensamento da médium.) Exilado voluntariamente em vossa Terra, onde tinha que lançar a primeira semente séria das grandes verdades que neste momento envolvem o mundo, sempre tive consciência da pátria e logo me reconheci em meio aos meus irmãos.

P. – Agradeço-vos a bondade de ter vindo, mas não acreditava que meu desejo de conversar tivesse influência sobre vós. Deve haver, necessariamente, tão grande diferença entre nós, que só penso nisto com respeito.

R. – Obrigado, filha, por este bom pensamento. Mas deveis saber também que, seja qual for a distância que as provas consumadas mais ou menos prontamente e mais ou menos felizmente pudessem estabelecer entre nós, há sempre um laço poderoso que nos une: a simpatia, e esse laço, vós o apertastes, pelo vosso pensamento constante.

P. – Posto que muitos Espíritos tenham explicado suas primeiras sensações ao despertar, teríeis a bondade de me dizer o que experimentastes ao vos reconhecer, e como a separação foi operada entre o Espírito e o corpo?

R. – Como para todos. Senti o momento da libertação aproximar-se, mais feliz, porém, que muitos, ela não me causou angústia, pois lhe conhecia os resultados, posto fossem ainda maiores do que eu pensava. O corpo é um entrave às faculdades espirituais e, sejam quais forem as luzes que se tenha conservado, elas são sempre mais ou menos abafadas pelo contacto da matéria. Adormeci esperando um despertar feliz. O sono foi curto, a admiração imensa! Os esplendores celestes desenrolados aos meus olhos brilhavam com toda sua intensidade. Meu olhar maravilhado mergulhava nas imensidades desses mundos, cuja existência e habitabilidade eu afirmara. Era uma miragem que me revelava e me confirmava a verdade de meus sentimentos. Por mais seguro que o homem se julgue, quando fala, muitas vezes tem no fundo do coração momentos de dúvida, de incerteza; ele desconfia, senão da verdade que proclama, pelo menos, às vezes, dos meios imperfeitos que emprega para demonstrá-la. Convencido da verdade que eu queria que admitissem, muitas vezes tive que combater contra mim mesmo, contra o desânimo de ver, de tocar, por assim dizer, a verdade, e de não poder torná-la palpável aos que teriam tanta necessidade de nela crer para marchar com segurança na estrada que devem seguir.

P. – Em vida professáveis o Espiritismo?

R. – Entre professar e praticar há uma grande diferença. Muitos professam uma doutrina que não praticam. Eu praticava e não professava. Assim como todo homem que segue as leis do Cristo, mesmo sem conhecê-las, é cristão, também todo homem pode ser espírita, se ele crê em sua alma imortal, em suas preexistências, em sua incessante marcha progressiva, nas suas provas terrenas, abluções necessárias para se purificar. Eu cria; era, pois, espírita. Eu compreendi a erraticidade, esse laço intermediário entre as encarnações, esse purgatório onde o Espírito culpado se despoja de suas vestes sujas para tomar nova roupa, em que o Espírito em progresso *tece* com cuidado a túnica que vai usar novamente e que ele quer conservar pura. Eu vos disse que compreendi e, sem professar, continuei a praticar.

OBSERVAÇÃO: Estas três comunicações foram obtidas por três médiuns que se desconheciam completamente. Não temos provas materiais da identidade do Espírito que se manifestou, mas, pela analogia dos pensamentos e pela forma de linguagem, pode-se ao menos admitir a presunção de identidade. A expressão *tece com cuidado a túnica que vai usar novamente* é uma encantadora figura que pinta a solicitude com que o Espírito em progresso prepara a nova existência que deve fazê-lo progredir ainda. Os Espíritos atrasados tomam menos precauções e por vezes fazem escolhas infelizes que os forçam a recomeçar.

A MEDICINA HOMEOPÁTICA

(SOCIEDADE ESPÍRITA DE PARIS, 13 DE MARÇO DE 1863)
(MÉDIUM: SRA. COSTEL)

Minha filha, venho dar um ensinamento médico aos espíritas. Aqui a Astronomia e a Filosofia têm eloquentes intérpretes, e a moral conta tantos escritores quantos médiuns. Por que a Medicina, em seu lado prático e fisiológico, seria negligenciada? Eu fui o criador da renovação médica, que hoje penetra nas fileiras dos sectários da medicina antiga. Ligados contra a homeopatia, em vão lhe criaram diques sem número, em vão lhe gritaram: "Não irás mais longe!"

A jovem medicina, triunfante, transpôs todos os obstáculos, e o Espiritismo lhe será poderoso auxiliar. Graças a ele, ela abandonará a tradição materialista que por tanto tempo lhe retardou o desenvolvimento. O estudo médico está inteiramente ligado à pesquisa das causas e efeitos espiritualistas; ela disseca os corpos e deve, também, analisar a alma.

Deixai, pois, um velho médico justificar os fins e os meios da doutrina que propagou e que ele vê estranhamente desfigurada aqui embaixo pelos praticantes, e no alto por Espíritos ignorantes que usurpam o seu nome. Gostaria que minha palavra escutada tivesse o poder de corrigir os abusos que alteram a homeopatia e, assim, a impedem de ser útil como deveria.

Se eu falasse num centro prático, onde os conselhos pudessem ser ouvidos com proveito, eu me elevaria contra a negligência de meus colegas terrenos que desconhecem as leis primordiais do *Organon*, exagerando as doses e, sobretudo, não dando à trituração tão importante dos medicamentos, os cuidados que indiquei. Muitos esquecem que cem, e às vezes duzentos golpes são absolutamente necessários ao desprendimento do princípio médico apropriado a cada uma das plantas ou venenos que formam nosso arsenal curador. Nenhum remédio é indiferente e nenhum medicamento é inofensivo. Quando o diagnóstico malfeito produz um resultado irrelevante, ele desenvolve os germes da moléstia que deveria combater.

Mas eu me deixo arrastar por meu assunto, e eis-me na iminência de dar um curso de homeopatia a um auditório que não pode interessar-se pela questão. Entretanto não julgo inútil iniciar os espíritas nos princípios fundamentais da ciência, a fim de premuni-los contra as decepções que possam sofrer, quer da parte dos homens, quer mesmo da dos Espíritos.

SAMUEL HAHNEMANN

OBSERVAÇÃO: Esta dissertação foi motivada pela presença à sessão de um médico homeopata estrangeiro que desejava a opinião de Hahnemann sobre o estado atual da ciência. Faremos observar que ela foi dada através de uma jovem senhora que não fez estudos médicos, e à qual necessariamente são estranhos muitos termos especiais.

CORRESPONDÊNCIA

CARTA DO SR T. JAUBERT, DE CARCASSONE

O Sr. T. Jaubert, vice-presidente do tribunal civil de Carcassone, dirige-nos a carta que segue, a propósito do título de membro honorário que lhe conferiu a Sociedade Espírita de Paris.

A Sociedade foi feliz ao dar ao Sr. Jaubert esse testemunho de simpatia, e lhe provar quanto aprecia seu devotamento à causa do Espiritismo, sua modéstia, tanto quanto sua firmeza de caráter. Há posições que realçam ainda mais o mérito da coragem de opinião e qualidades que põem o homem acima da crítica. (Ver a *Revista* de junho último: *Um Espírito coroado pela Academia de Jogos Florais*).

Molitg-les-Bains, 21 de julho de 1863.

"Senhor Presidente,

"Vossa carta e a ata constatando a minha admissão entre os membros honorários da Sociedade Espírita Parisiense encontram-me em Molitg, onde, no interesse da saúde, passo umas férias de vinte e nove dias. Devo dar-vos *tempestivamente* a expressão de toda a minha gratidão.

"Creio na imortalidade da alma, na comunicação dos mortos com os vivos, como creio no Sol. Amo o Espiritismo como a mais legítima afirmação da lei de Deus: a lei do progresso. Confesso-o bem alto, porque confessá-lo é fazer o bem.

"Aceitei a prímula da Academia de Toulouse como uma resposta brilhante aos que não querem ver nos ditados reais dos Espíritos senão percepções erradas ou elucubrações ridículas. Recebo o título de membro honorário da Sociedade, da qual sois o chefe, como o mais honroso entre os que tenho da mão dos homens. Ainda uma vez, senhor, recebei para vós e para todos os membros da Sociedade Parisiense os meus mais sinceros agradecimentos.

"Vosso relato da sessão dos Jogos Florais interpretou fielmente os meus sentimentos e a minha conduta. Declarando que a fábula coroada era obra de meu Espírito familiar, não podia expor-me a chocar o público e os meus juízes. Exprimistes perfeitamente, na vossa *Revista*, o respeito que devo a mim próprio e à opinião alheia. Agora, se em todo esse caso eu não tomei a iniciativa a vosso respeito, se apenas respondo, é que teria tido que falar de mim, e associar meu nome a um acontecimento pelo qual sem dúvida me sinto feliz, mas que outros se têm dignado considerar como um sucesso.

"Hoje me sinto mais livre e é do mais profundo de meu coração que vos peço, senhor e caro mestre, aceitar a homenagem de meu reconhecimento, de minha simpatia e de minha mais distinta consideração.

T. JAUBERT
Vice-presidente do Tribunal de Carcassone

A abundância de matéria nos força a adiar para o próximo número nossa *segunda carta ao Sr. Pe. Marouzeau*, bem como a resposta à pergunta que nos foi dirigida sobre a distinção a fazer entre *expiação* e *provação*.

ALLAN KARDEC

REVISTA ESPÍRITA

JORNAL DE ESTUDOS PSICOLÓGICOS

ANO VI	SETEMBRO DE 1863	VOL. 9

UNIÃO DA FILOSOFIA E DO ESPIRITISMO

NOTA: O artigo seguinte é a introdução a um trabalho completo que o autor, Sr. Herrenschneider, se propõe a fazer sobre a necessidade da aliança entre a Filosofia e o Espiritismo.

A partir de quando o Espiritismo se revelou na França, há dez ou doze anos, as comunicações incessantes dos Espíritos provocaram em todas as camadas da Sociedade um movimento religioso benéfico, que importa encorajar e desenvolver.

Com efeito, neste século, o espírito religioso estava perdido, sobretudo entre as classes letradas e inteligentes; o sarcasmo voltairiano tinha tirado o prestígio do Cristianismo; o progresso das ciências lhes havia feito reconhecer as contradições existentes entre os dogmas e as leis naturais; as descobertas astronômicas tinham demonstrado a puerilidade da ideia que formavam de Deus os filhos de Abraão, de Moisés e do Cristo.

O desenvolvimento das riquezas, as invenções maravilhosas das artes e da indústria, toda a civilização protestava, aos olhos da sociedade moderna, contra a renúncia ao mundo. Foi em consequência desses numerosos motivos que a incredulidade e a indiferença tinham penetrado nas almas; que a despreocupação com destinos eternos tinha entorpecido o nosso amor ao bem e paralisado o nosso aperfeiçoamento moral; e que a paixão do bem-estar, do prazer, do luxo e das vaidades terrenas tinha acabado por cativar quase toda a nossa ambição; quando, de repente, os mortos vieram nos lembrar que nossa vida presente tem um dia seguinte, e que nossos atos têm suas consequências fatais, inevitáveis, senão nesta vida, infalivelmente na vida futura.

Essa aparição dos Espíritos foi um raio que fez tremer muita gente, à vista desses móveis em movimento, sob o impulso de uma força invisível; à audição desses pensamentos inteligentes, ditados por intermédio de uma telegrafia grosseira; à leitura dessas páginas sublimes, escritas por nossas mãos distraídas, sob a ação de uma direção misteriosa.

Quantos corações batiam, tomados de medo súbito; quantas consciências opressas despertaram em merecidas angústias; quantas inteligências não foram feridas de estupor! A renovação dessas relações com as almas dos mortos é, e continuará sendo um acontecimento prodigioso, que terá como consequência a regeneração, tão necessária, da Sociedade moderna.

É que, quando a Sociedade humana não tem outro objetivo de atividade senão a prosperidade material e o prazer dos sentidos, ela mergulha no materialismo egoísta; aprecia todas as ações conforme o bem que das mesmas retira; renuncia a todos os esforços que não conduzem a uma vantagem palpável; só estima os que têm posses e só respeita o poder que se impõe.

Quando os homens só se preocupam com os sucessos imediatos e lucrativos, eles perdem o senso da honestidade, renunciam à escolha dos meios, calcam aos pés a felicidade íntima, as virtudes privadas, e deixam de se guiar conforme os princípios de justiça e de equidade. Numa sociedade lançada nessa direção imoral, o rico leva uma vida de moleza ignóbil e embrutecedora, e o deserdado aí arrasta uma existência dolorosa e monótona, cujo último consolo parece ser o suicídio.

Contra semelhante disposição moral, pública e privada, a Filosofia é impotente. Não que lhe faltem argumentos para provar a necessidade social de princípios puros e generosos; não que não possa ela demonstrar a iminência da responsabilidade final e estabelecer a perpetuidade de nossa existência, mas, geralmente, os homens não têm tempo nem gosto nem o espírito suficientemente refletido para prestarem atenção à voz de sua consciência e às observações da razão.

Além disto, as vicissitudes da vida por vezes são muito imperiosas para que eles se decidam pelo exercício da virtude pelo simples amor ao bem. Mesmo quando a Filosofia tivesse sido o que realmente deveria ser: uma doutrina completa e certa, ela jamais teria podido provocar, só por seu ensino, a regeneração social de maneira eficaz, porquanto até hoje ela não pôde dar à autoridade de sua doutrina outra sanção senão o amor abstrato ao ideal e à perfeição.

É que aos homens é preciso, para convencê-los da necessidade de se consagrarem ao bem, fatos que falem aos sentidos.

É-lhes necessário o quadro empolgante de suas dores futuras, para que consintam em remontar a rampa funesta por onde os vícios os arrastam; é-lhes necessário tocar com o dedo as desgraças eternas que para si mesmos preparam, pela displicência moral, para compreenderem que a vida atual não é o objetivo de sua existência, mas o meio que o Criador lhes deu de trabalhar pessoalmente para a realização de seus destinos finais. Foi também por estes motivos que todas as religiões basearam seus mandamentos no terror do inferno e nas seduções das alegrias celestes.

Mas a partir de quando, sob o império da incredulidade e da indiferença religiosa, as populações se certificaram das consequências últimas de seus pecados, com a ajuda de uma filosofia fácil e inconsequente, o culto dos sentidos, dos interesses temporais e das doutrinas egoístas acabou por prevalecer.

Hoje, os homens esclarecidos, inteligentes e fortes seguem suas próprias inspirações e afastam-se da Igreja, pois falta-lhe a autoridade necessária para reconquistar sua influência vinte vezes secular. Pode-se dizer, portanto, que a Igreja é tão impotente quando a Filosofia, e que nem uma nem a outra exercerá salutar influência senão submetendo-se, cada uma em seu gênero, a uma reforma radical.

Enquanto se espera, a Humanidade se agita, os acontecimentos se sucedem e a aparição das manifestações espíritas, neste século culto, prático, suficiente e céptico, sem contradita é o acontecimento mais considerável. Assim, pois, vemos o túmulo aberto à nossa frente, não como o fim de nossas penas e de nossas misérias terrenas; não como o abismo hiante onde vêm abismar-se as nossas paixões, os nossos prazeres e as nossas ilusões, mas antes como o pórtico majestoso de um novo mundo, onde uns colherão, malgrado seu, os amargos frutos que suas fraquezas lhes terão feito semear, e onde outros, ao contrário, assegurar-se-ão, por seu mérito, a passagem a esferas mais puras e mais altas.

Portanto, é o Espiritismo que nos revela nossos destinos futuros, e quanto mais ele for conhecido, mais ganhará, em impulso e em extensão, a regeneração moral e religiosa.

A união do Espiritismo com as ciências filosóficas, com efeito, nos parece de alta necessidade para a felicidade humana e para o progresso moral, intelectual e religioso da Sociedade moderna, porque não mais estamos no tempo em que se podia afastar a Ciência humana e dar preferência à fé cega.

304 | REVISTA ESPÍRITA

A Ciência moderna é muito sábia, muito segura de si mesma e muito adiantada no conhecimento das leis que Deus impôs à inteligência e à Natureza, para que a transformação religiosa se possa dar sem seu concurso. Conhece-se muito exatamente a relativa exiguidade de nosso globo para conferir à Humanidade um lugar privilegiado nos desígnios providenciais. Aos olhos de todos, não passamos de um grão de poeira na imensidade dos mundos, e sabe-se que as leis que regem essa multidão indefinida de existências são simples, imutáveis e universais. Enfim, as exigências da certeza de nossos conhecimentos foram fortemente aprofundadas, para que uma nova doutrina possa erguer-se e manter-se em outra base que não a de um misticismo tocante e inofensivo.

Então, quando o Espiritismo quer estender seu domínio sobre todas as classes sociais, sobre os homens superiores e inteligentes, como sobre as almas delicadas e crentes, é preciso que, sem reservas, se lance na corrente do pensamento humano, e que, por sua superioridade filosófica, saiba impor à soberba razão o respeito à sua autoridade.

É esta ação independente dos adeptos do Espiritismo que os Espíritos elevados que se manifestam compreendem perfeitamente. Aquele que se designa sob o nome de Santo Agostinho dizia ultimamente: "Observai e estudai com cuidado as comunicações que recebeis; aceitai o que a vossa razão não repele e rejeitai o que a choca; pedi esclarecimentos sobre as que vos deixam em dúvida. Tendes aí a marcha a seguir, para transmitir às gerações futuras, sem medo de vê-las desnaturadas, as verdades que separareis sem esforço do seu cortejo inevitável de erros."

Eis, em poucas palavras, o verdadeiro espírito do Espiritismo, aquele que a Ciência pode admitir sem derrogar; aquele que nos servirá para conquistar a Humanidade. Aliás, o Espiritismo nada tem a temer de sua aliança com a Filosofia, porque ele repousa em fatos incontestáveis, que têm sua razão de ser nas leis da criação. Cabe à Ciência estudar o seu alcance e coordenar os princípios gerais, de acordo com essa nova ordem de fenômenos, porque é evidente que, se ela não tinha pressentido a existência necessária, no espaço que nos rodeia, das almas dos mortos ou das destinadas a renascer, a Ciência deve compreender que sua filosofia primeira estava incompleta e que princípios primordiais lhe haviam escapado.

A Filosofia, ao contrário, tem tudo a ganhar ao considerar seriamente os fatos do Espiritismo. Para começar, porque estes são a sanção solene de seu ensinamento moral e porque, por si mesmos, provarão aos mais endurecidos o alcance fatal de sua conduta. Mas, por mais importante que seja esta justificação positiva de suas máximas, o estudo aprofundado das consequências que se deduzem da constatação da existência sensível da alma ao estado não encarnado, servir-lhe-á em seguida para determinar os elementos constitutivos da alma, sua origem e seu destino, e para estabelecer a lei moral e a do progresso anímico sobre bases certas e inamolgáveis.

Além disso, o conhecimento da essência da alma conduzirá a Filosofia ao conhecimento da essência das coisas e de Deus, e lhe permitirá unir todas as doutrinas que a dividem, num só e mesmo sistema geral verdadeiramente completo.

Enfim, esses diversos desenvolvimentos da Filosofia, provocados por esta preciosa determinação da essência anímica, conduzi-la-ão infalivelmente sobre os traços dos princípios fundamentais da antiga cabala e da antiga ciência oculta dos hierofantes, cujo último raio luminoso chegado até nós é a trindade cristã. É assim que, pela simples aparição das almas errantes, chegar-se-á, como temos todo direito de esperar, a constituir a cadeia ininterrupta das tradições morais, religiosas e metafísicas da Humanidade antiga e moderna.

Este futuro considerável que concebemos para a Filosofia aliada ao Espiritismo, não parecerá impossível aos que tiverem alguma noção dessa ciência, se considerarem o vazio dos princípios sobre os quais se fundam as diversas escolas e a impotência para elas disso resultante de explicar a realidade concreta e viva da alma e de Deus. É assim que o materialismo alega que os seres não passam de fenômenos materiais, semelhantes aos produzidos pelas combinações das substâncias químicas, e que o princípio que os anima faz parte de um suposto princípio vital universal. Conforme este sistema, a alma individual não existiria e Deus seria um ser completamente inútil.

Os discípulos de Hegel, por seu lado, imaginam que a ideia, esse fenômeno indisciplinado de nossa alma, é um elemento em si, independente de nós; que ela é um princípio universal que se manifesta pela Humanidade e sua atividade intelectual, como também pela Natureza e suas maravilhosas transformações. Consequentemente, essa escola nega a individualidade eterna de nossa alma, e a confunde num só todo, com a Natureza. Ela supõe que existe uma identidade perfeita entre o universo visível e o mundo moral e intelectual; que um e outro são o resultado da evolução progressiva e fatal da ideia primitiva, universal, numa palavra, do absoluto. Nesse sistema, Deus, igualmente, não tem qualquer individualidade, nenhuma liberdade e não se conhece pessoalmente. Ele não se percebeu a si mesmo, pela primeira vez, senão em 1810, por intermédio de Hegel, quando este o reconheceu na ideia absoluta e universal. (Histórico).

Enfim, nossa escola espiritualista, vulgarmente chamada ecletismo, considera a alma como não sendo senão uma força sem extensão e sem solidez, uma inteligência imperceptível no corpo humano e que, uma vez desembaraçada de seu envoltório, conservando sua individualidade e sua imortalidade, não existiria mais, nem no tempo nem no espaço. Nossa alma seria, pois, um não sei quê sem ligação com o que existe, e não ocuparia nenhum lugar determinado. Conforme esse mesmo sistema, Deus não é mais perceptível. Ele é o pensamento perfeito, e igualmente não tem nem solidez nem estabilidade nem forma nem realidade sensível; é um ser vazio; sem a razão nós não poderíamos dele ter nenhuma intuição. Entretanto, quem são os que inventaram o ateísmo, o cepticismo, o panteísmo, o idealismo etc.? São os homens de raciocínio, os inteligentes, os sábios! Os povos ignorantes, cujas sensações são os principais guias, jamais duvidaram de Deus nem da alma nem de sua imortalidade. A razão, só, parece, pois, ser má conselheira!

Essas doutrinas, como se pode verificar, não têm, consequentemente, um princípio real, estável, vivo da noção do Ser real. Elas se movem num mundo *inteligível*, que nada tem a ver com a realidade concreta. O vazio de seus princípios relaciona-se com o conjunto de seus sistemas, e os torna tão sutis quão vagos e alheios à realidade das coisas. O próprio senso comum é ferido, malgrado o talento e a prodigiosa erudição de seus aderentes.

Mas o Espiritismo é ainda mais brutal em relação a eles, pois derruba todos esses sistemas abstratos, opondo-lhes um fato único: a realidade substancial, viva e atual da alma não encarnada. Ele lha mostra como um ser pessoal, existindo no tempo e no espaço, posto que invisível para nós; como um ser tendo o seu elemento sólido, substancial e sua força ativa e pensante. Ele nos mostra mesmo as almas errantes comunicando-se conosco por sua iniciativa! É evidente que semelhante fato deve derrubar todos os castelos de areia e, com uma penada, desvanecer essas soberbas armações fantasiosas.

Mas, por acréscimo de confusão, pode-se provar aos partidários dessas doutrinas alambicadas, que todo homem leva em sua própria consciência os elementos suficientes para demonstrar a existência da alma, tal como o Espiritismo o estabelece pelos fatos, de modo que seus sistemas não só são errados no seu ponto de chegada, mas ainda o são em seu ponto de partida. Assim, o mais sábio partido que resta a ser tomado por esses honrados sábios, é refundir completamente sua filosofia e consagrar seu profundo saber à fundação de uma ciência primeira, mais precisa e mais conforme à realidade.

É que, efetivamente, carregamos em nós mesmos quatro noções irredutíveis, que nos autorizam a afirmar a existência de nossa alma, tal qual o Espiritismo no-la apresenta. Primeiramente, temos em nós o sentimento de nossa existência. Tal sentimento só se pode revelar por uma impressão que recebemos de nós próprios. Ora, nenhuma impressão se faz sobre um objeto privado de solidez e de extensão, de sorte que, considerando o simples fato de nossas sensações, devemos deduzir que temos em nós um elemento sensível, sutil, extenso e resistente, isto é, *uma substância*. Em segundo lugar, temos em nós a consciência de um elemento ativo, causador, que se manifesta em nossa vontade, nosso pensamento e nossos atos. Em consequência, é ainda evidente que possuímos em nós um segundo elemento: *uma força*. Portanto, pelo simples fato que nós nos sentimos e nos sabemos, devemos concluir que encerramos dois elementos constitutivos, força e substância, isto é, uma dualidade essencial, anímica.

Mas essas duas noções primitivas não são as únicas que carregamos conosco. Ainda nos concebemos, em terceiro lugar, *uma unidade pessoal*, original, que permanece sempre idêntica a si mesma; e, em quarto lugar, *um destino* igualmente pessoal, porque todos nós procuramos a felicidade e as nossas próprias conveniências em todas as circunstâncias da vida. Desse modo, juntando essas duas novas noções, que constituem nosso duplo aspecto, às duas precedentes, reconhecemos que nosso ser encerra *quatro princípios* bem distintos: *sua dualidade de essência e sua dualidade de aspecto*.

Ora, como esses quatro elementos do conhecimento do nosso *eu*, que nos levam a nos afirmarmos pessoalmente, são noções independentes do corpo, e que elas não têm qualquer relação com o nosso envoltório material, é evidente e peremptório para todo espírito justo e não prevenido, que nosso ser depende

308 | REVISTA ESPÍRITA

de um princípio invisível, chamado Alma, e que essa alma existe como tal, porque ela tem uma substância e uma força, uma unidade e um destino próprios e pessoais.

Tais são os quatro elementos primordiais de nossa individualidade anímica, cuja noção cada um de nós leva em seu seio, e que nenhum homem poderia refutar. Em consequência, como dissemos, em todos os tempos a Filosofia possuiu os elementos suficientes para o conhecimento da alma, tal qual o Espiritismo no-la dá a conhecer. Se, pois, até o presente, a razão humana não conseguiu construir uma metafísica verdadeira e útil que lhe tenha feito compreender que a alma deve ser considerada como um ser real, independente do corpo e capaz de existir por si mesma, substancialmente e virtualmente, no tempo e no espaço, é que ela desdenhou a observação direta dos fatos de consciência e que, em seu orgulho e sua suficiência, a razão foi posta em lugar e no lugar da realidade.

Conforme estas observações, pode-se compreender quanto importa à Filosofia unir-se ao Espiritismo, pois daí ela tirará a vantagem de se criar uma ciência primeira, séria e completa, fundada sobre o conhecimento da essência da alma e das quatro condições de sua realidade. Mas não é menos necessário ao Espiritismo aliar-se com a Filosofia, porque só por ela poderá estabelecer a certeza científica dos fatos espíritas que formam a base fundamental de sua crença, e daí tirar as importantes consequências que eles contêm.

Sem dúvida, ao bom senso basta ver um fenômeno para crer em sua realidade, e muitos contentam-se com isto, mas a Ciência muitas vezes teve motivos para duvidar dos protestos do senso comum e para não confiar nas impressões dos nossos sentidos e nas ilusões de nossa imaginação. O bom senso não basta, pois, para estabelecer cientificamente a realidade da presença dos Espíritos em volta de nós. Para estar certo disto de maneira irrefutável, é preciso estabelecer racionalmente, segundo as leis gerais da criação, que sua existência é necessária por si mesma, e que sua presença invisível não passa da confirmação de dados racionais e científicos, como aqueles que acabamos de indicar de maneira sumária. Portanto, só pelo método filosófico é que se chega a tal resultado. Eis um trabalho necessário à autoridade do Espiritismo, e só a Filosofia lhe pode prestar esse serviço.

Em geral, para triunfar, seja em que empresa for, é necessário aliar o conhecimento dos princípios à observação dos fatos. Nas circunstâncias particulares do Espiritismo, é ainda muito mais necessário proceder desta maneira rigorosa para se chegar à verdade, porque nossa nova doutrina toca os nossos interesses mais caros e mais elevados, os que constituem a nossa felicidade presente e eterna. Em consequência, a união do Espiritismo e da Filosofia é da mais alta importância para o sucesso de nossos esforços e para o futuro da Humanidade.

F. HERRENSCHNEIDER

PERGUNTAS E PROBLEMAS

SOBRE A EXPIAÇÃO E A PROVA

Moulins, 8 de julho de 1863.

Senhor e venerado mestre,
Venho submeter à vossa apreciação uma questão que foi discutida em nosso pequeno grupo e não pudemos resolver por nossas próprias luzes. Os próprios Espíritos que consultamos não responderam muito categoricamente para nos tirar da dúvida.

Redigi uma pequena nota, que tomo a liberdade de vos remeter, na qual reuni os motivos de minha opinião pessoal, que difere da de vários colegas. A opinião destes últimos é que a expiação ocorre efetivamente durante a encarnação, apoiando-se no fato de que essa expressão foi empregada em muitas comunicações, e notadamente no *Livro dos Espíritos*.

Venho, pois, vos pedir a extrema bondade de nos dar a vossa opinião sobre essa questão. Vossa decisão para nós será lei, e de boa vontade cada um sacrificará sua maneira de ver, para colocar-se sob a bandeira que plantastes e sustentais de maneira tão firme e tão sábia.

Recebei, senhor e caro mestre etc.

T. T.

310 | REVISTA ESPÍRITA

"Várias comunicações dadas por Espíritos diferentes qualificam indistintamente como *expiações e provas*, males e tribulações que formam o quinhão de cada um de nós durante a encarnação na Terra. Dessa aplicação à mesma ideia, de duas palavras muito diversas na sua significação, resulta uma certa confusão, sem dúvida pouco importante para os Espíritos desmaterializados, mas que, entre os encarnados, dá lugar a discussões que seria bom fazer cessar por uma definição clara e precisa e explicações fornecidas pelos Espíritos superiores que fixariam, de modo irrevogável, esse ponto de doutrina.

"Para começar, tomando os dois vocábulos no sentido absoluto, parece que a *expiação* seria o castigo, a pena imposta para o resgate de uma falta, com o perfeito conhecimento, por parte do culpado punido, da causa do castigo, isto é, da falta a expiar. Compreende-se que, neste sentido, a expiação seja sempre imposta por Deus.

"A *prova* não implica qualquer ideia de reparação. Ela pode ser voluntária ou imposta, mas não é a consequência rigorosa e imediata das faltas cometidas.

"A prova é um meio de constatar o estado de uma coisa, para reconhecer se é de boa qualidade. Assim, submete-se a uma prova uma corda, uma ponte, uma peça de artilharia, não por causa de seu estado anterior, mas para certificar-se de que estão adequadas ao serviço a que se destinam.

"Assim, por extensão, tem-se chamado de *provas da vida* ao conjunto de meios físicos ou morais que revelam a existência ou ausência das qualidades da alma que estabelecem a sua perfeição ou os progressos por ela feitos na busca dessa perfeição final.

"Parece, pois, lógico admitir que a *expiação* propriamente dita, e no sentido absoluto do vocábulo, ocorre na vida espiritual, após a desencarnação ou morte corpórea; que ela possa ser mais ou menos longa, mais ou menos penosa, de acordo com a gravidade das faltas, mas que é completa no outro mundo e termina sempre por um ardente desejo de ter uma nova reencarnação, durante a qual as provas escolhidas ou impostas deverão permitir que a alma faça um progresso para a perfeição que as faltas anteriores lhe impediram de realizar.

"Assim, pois, não conviria admitir que há *expiação* na Terra, mesmo que excepcionalmente, porque seria preciso admitir, também, o conhecimento das faltas punidas. Ora, tal conhecimento só existe na vida de Além-Túmulo. A *expiação* sem tal conhecimento seria uma barbárie sem utilidade e não se conformaria nem com a justiça nem com a bondade de Deus.

"Durante a encarnação, não se pode conceber senão *provas*, porque, sejam quais forem os males e tribulações desta Terra, é impossível considerá-los como podendo constituir uma *expiação* suficiente para faltas de qualquer gravidade. Pensa-se que um culpado, entregue à justiça dos homens, estaria bem punido se o condenassem a viver como o menos feliz de nós? Não exageremos, pois, a importância dos males desta Terra para nos atribuirmos o mérito de havê-los suportado. A *prova* consiste mais na maneira pela qual os males foram suportados do que na sua intensidade que, como a felicidade terrena, é sempre relativa para cada indivíduo.

"Os caracteres distintivos da *expiação* e da *prova* são que a primeira é sempre imposta, e sua causa deve ser conhecida por aquele que a sofre, ao passo que a segunda pode ser voluntária, isto é, escolhida pelo Espírito, ou mesmo imposta por Deus, na falta de escolha. Além disso, ela se concebe muito bem sem causa conhecida, pois não é necessariamente a consequência de faltas passadas.

"Numa palavra: a expiação cobre o passado; a prova abre o futuro.

"O número de julho da *Revista Espírita* contém um artigo intitulado *Expiação terrena*, que pareceria contrário à opinião emitida acima. Contudo, lendo-o atentamente, ver-se-á que a *expiação* verdadeira se deu na vida espírita, e que a posição que Max ocupou na sua última encarnação realmente não é senão o gênero de *provas* que ele escolheu, ou que lhe foram impostas, e das quais saiu vitorioso, mas que, durante toda essa encarnação, ignorando sua posição anterior, ele não poderia em nada aproveitar uma expiação sem objetivo.

"Talvez esta seja mais uma questão de palavras que de princípios. Com efeito, foi dito muitas vezes: 'Não vos atenhais às palavras; vede o fundo do pensamento.' Em todo caso, para nós que nos entendemos por meio de palavras, convém estarmos bem fixados no sentido que a elas ligamos."

Resposta. A distinção estabelecida pelo autor da nota acima, entre o caráter da expiação e o das provas é perfeitamente justa. Contudo, não poderíamos partilhar de sua opinião no que concerne à aplicação dessa teoria à situação do homem na Terra.

A expiação implica necessariamente a ideia de um castigo mais ou menos penoso, resultado de uma falta cometida. A prova implica sempre a de uma inferioridade real ou presumível, porque o que chegou ao ponto culminante a que aspira, não mais necessita de provas.

Em certos casos, a prova se confunde com a expiação, isto é, a expiação pode servir de prova, e reciprocamente. O candidato que se apresenta para receber uma graduação, passa por uma prova. Se falhar, terá que recomeçar um trabalho penoso. Esse novo trabalho é a punição da negligência no primeiro. A segunda prova se torna, assim, uma expiação.

Para o condenado a quem se faz esperar um abrandamento ou uma comutação, se se conduzir bem, a pena é ao mesmo tempo uma expiação por sua falta e uma prova para sua sorte futura. Se, à sua saída da prisão, não estiver melhor, sua prova é nula e um novo castigo conduzirá a uma nova prova.

Agora, se considerarmos o homem na Terra, veremos que ele aí suporta males de toda sorte, e por vezes cruéis. Esses males têm uma causa. Ora, a menos que os atribuamos ao capricho do Criador, somos forçados a admitir que a causa está em nós mesmos, e que as misérias que experimentamos não podem ser resultado de nossas virtudes. Então elas têm sua fonte nas nossas imperfeições.

Se um Espírito encarnar-se na Terra em meio à fortuna, às honras e a todos os prazeres materiais, poder-se-á dizer que sofre a prova do arrastamento. Para aquele que cai na desgraça por sua conduta ou sua imprevidência, é a expiação de suas faltas atuais, e pode-se dizer que é punido por onde pecou. No entanto, o que dizer daquele que, desde seu nascimento, está a braços com necessidades e privações; que arrasta uma existência miserável e sem esperança de melhora; que sucumbe ao peso de enfermidades congênitas, sem ter *ostensivamente* nada feito para merecer tal sorte? Quer seja uma prova, quer uma expiação, a posição não é menos penosa e não seria mais justa do ponto de vista do nosso correspondente, porque se o homem não se lembra da falta, também não se lembra de haver escolhido a prova. Assim, há que buscar alhures a solução da questão.

Como todo efeito tem uma causa, as misérias humanas são efeitos que devem ter uma causa. Se essa causa não estiver na vida atual, deve estar numa vida anterior. Além disso, admitindo a justiça de Deus, tais efeitos devem ter uma relação mais ou menos íntima com os atos precedentes, dos quais eles são, ao mesmo tempo, castigo para o passado e prova para o futuro. São expiações no sentido de que são consequência de uma falta, e provas em relação ao proveito delas tirado. Diz-nos a razão que Deus não pode ferir um inocente. Logo, se somos feridos e se não somos inocentes, o mal que sentimos é o castigo, e a maneira de suportá-lo é a prova.

Mas, acontece muitas vezes que a falta não se acha nesta vida. Então acusa-se a justiça de Deus, nega-se a sua bondade, duvida-se, até, de sua existência. Aí, precisamente, está a prova mais escabrosa: a dúvida sobre a Divindade. Quem quer que admita um Deus soberanamente justo e bom deve dizer que ele só agirá com sabedoria, mesmo naquilo que não compreendamos, e que se sofremos uma pena, é porque fizemos por merecer. É, pois, uma expiação.

Pela grande lei da pluralidade das existências, o Espiritismo levanta completamente o véu sob o qual essa questão deixava obscuridade. Ele nos ensina que se a falta não tiver sido cometida nesta vida, tê-lo-á sido em outra, e que assim a justiça de Deus segue o seu curso, punindo-nos por onde havíamos pecado.

Vem a seguir a grave questão do esquecimento que, segundo o nosso correspondente, tira aos males da vida o caráter de expiação. É um erro. Dai-lhe o nome que quiserdes, mas não fareis que não sejam a consequência de uma falta. Se o ignorais, o Espiritismo vo-lo ensina.

Quanto ao esquecimento das faltas em si, ele não tem as consequências que lhe atribuís. Temos demonstrado alhures que a lembrança precisa dessas faltas teria inconvenientes extremamente graves, porque isso nos perturbaria e nos humilharia aos nossos próprios olhos e aos do próximo; que traria uma perturbação nas relações sociais e que, por isso mesmo, entravaria o nosso livre-arbítrio.

Por outro lado, o esquecimento não é tão absoluto quanto o supõem. Ele só se dá na vida exterior de relação, no próprio interesse da Humanidade, mas a vida espiritual não sofre solução de continuidade. Tanto na erraticidade quanto nos momentos de emancipação, o Espírito se lembra perfeitamente, e essa lembrança lhe deixa uma intuição que se traduz na voz da consciência, que o adverte do que deve ou não deve fazer. Se ele não a escuta, então é culpa sua. Além disso, o Espiritismo dá ao homem um meio de remontar ao seu passado, senão aos atos precisos, ao menos aos caracteres gerais desses atos que ficaram mais ou menos desbotados na sua vida atual. Pelas tribulações que suporta, expiações ou provas, ele deve concluir que foi culpado. Pela natureza dessas tribulações, ajudado pelo estudo de suas tendências instintivas, e apoiando-se no princípio de que a mais justa punição é a consequência da falta, ele pode deduzir seu passado moral. Suas tendências más lhe ensinam o que resta de imperfeito a corrigir em si. A vida atual é para ele um novo ponto de partida. Ele aí chega rico ou pobre de boas qualidades, basta-lhe, pois, estudar-se a si mesmo para ver o que lhe falta, e dizer para si mesmo: "Se sou punido, é porque pequei." E a própria punição lhe dirá o que fez.

Citemos uma comparação.

Suponhamos um homem condenado a tantos anos de trabalhos forçados, e aí sofrendo um castigo especial, mais ou menos rigoroso, conforme à sua falta; suponhamos, ainda, que ao entrar na prisão ele perca a lembrança dos atos que para lá o conduziram. Não poderá ele dizer para si mesmo: "Se estou na prisão, é que fui culpado, pois não se condena gente virtuosa, portanto, tratemos de nos tornarmos bom, para não voltarmos quando daqui sairmos." Quer ele saber o que fez? Estudando a lei penal, saberá quais os crimes que para ali conduzem, porque não se é posto a ferros por uma estroinice; da duração e da severidade da pena, concluirá o gênero dos que deve ter cometido. Para ter uma ideia mais exata, terá apenas que estudar aqueles para os quais ele se sente instintivamente arrastado. Saberá, então, o que daí em diante deverá evitar para conservar a liberdade, e a isso será ainda excitado pelas exortações dos homens de bem, encarregados de instruí-lo e de guiá-lo no bom caminho. Se ele não tira proveito disso, sofrerá as consequências. Tal a situação do homem na Terra onde, como o grilheta, não pode ter sido posto por suas perfeições, desde que é infeliz e obrigado a trabalhar. Deus lhe multiplica os ensinamentos proporcionais ao seu adiantamento. Adverte-o incessantemente e o fere, até, para despertá-lo de seu torpor. Aquele que persiste no endurecimento não pode desculpar-se com a ignorância.

Em resumo, se certas situações da vida humana têm, mais particularmente, o caráter das provas, outras incontestavelmente têm o do castigo, e todo castigo pode servir de prova.

É um erro pensar que o caráter essencial da expiação seja o de ser imposta. Vemos diariamente na vida expiações voluntárias, sem falar dos monges que se maceram e se fustigam com a disciplina e o cilício. Assim, nada há de irracional em admitir que um Espírito na erraticidade escolha ou solicite uma existência terrena que o leve a reparar seus erros passados. Se tal existência lhe tivesse sido imposta, não teria sido menos justa, malgrado a ausência momentânea da lembrança, pelos motivos acima desenvolvidos. As misérias daqui são, pois, expiação, por seu lado efetivo e material, e provas, por suas consequências morais. Seja qual for o nome que se lhes dê, o resultado deve ser o mesmo: o melhoramento. Em presença de um objetivo tão importante, seria pueril fazer uma questão de princípio de uma questão de palavra. Isto provaria que se liga mais importância às palavras do que à coisa.

Temos prazer de responder às perguntas sérias e de elucidá-las, quando possível. A discussão é tanto mais útil com pessoas de boa-fé, que estudaram e querem aprofundar as coisas, pois é trabalhar para o progresso da ciência, quanto é ociosa com os que julgam sem conhecimento e querem saber sem se darem ao trabalho de aprender.

SEGUNDA CARTA AO PADRE MAROUZEAU
(Vide o número de julho de 1863)

Senhor cura,

Em minha carta precedente, dei os motivos que me fazem não responder à vossa brochura, artigo por artigo. Não os lembrarei, e me limito a transcrever algumas passagens.

Dizeis: "Concluamos de tudo isto que o Espiritismo deve limitar-se a combater o materialismo, a dar ao homem provas palpáveis de sua imortalidade, por meio de manifestações de Além-Túmulo bem constatadas; que, fora deste caso, tudo nele não passa de incerteza, trevas espessas, ilusões, um verdadeiro caos; que como doutrina filosófico-religiosa, é apenas uma verdadeira utopia, como tantas outras consignadas na história, e da qual o tempo fará boa justiça, a despeito do exército espiritual do qual vos constituístes comandante-em-chefe."

Para começar, senhor padre, concordai que as vossas previsões praticamente não se realizaram e que o tempo não tem

316 | REVISTA ESPÍRITA

pressa em fazer justiça ao Espiritismo. Se ele não sucumbiu, não cabe atribuir a culpa à indiferença e à negligência do clero e de seus partidários, pois ataques não faltaram: brochuras, jornais, sermões e excomunhões fizeram fogo em toda a linha; nada faltou, nem mesmo o talento e o mérito incontestável de alguns dos campeões. Se, pois, sob tão formidável artilharia, as fileiras dos espíritas aumentaram, em vez de diminuir, é que o fogo virou fumaça. Ainda uma vez, diz-nos uma regra de lógica elementar que se julga uma força por seus efeitos. Não pudestes parar o Espiritismo, portanto, ele vai mais depressa do que vós, e a razão disso é que ele vai à frente, enquanto empurrais na retaguarda, e o século marcha.

Examinando os diversos ataques dirigidos contra o Espiritismo, ressalta um ensinamento ao mesmo tempo grave e triste. Os que vêm do partido céptico e materialista são caracterizados pela negação, a troça mais ou menos espirituosa, as brincadeiras geralmente tolas e banais, ao passo que – é lamentável dizer – é nos do partido religioso que se encontram as mais grosseiras injúrias, os ultrajes pessoais, as calúnias. É da cátedra que caem as palavras mais ofensivas. É em nome da Igreja que foi publicado o ignóbil e mentiroso panfleto sobre o pretenso balancete do Espiritismo. A respeito disso forneci alguns dados na *Revista*, e não disse tudo, por deferência e porque sei que todos os membros do clero estão longe de aprovar semelhantes coisas. É útil, entretanto, que mais tarde se saiba de que armas se serviram para combater o Espiritismo. Infelizmente, os artigos de jornais são fugidios como as folhas que os contêm; as próprias brochuras têm uma existência efêmera e em alguns anos os nomes dos mais fogosos e dos mais biliosos antagonistas provavelmente estarão esquecidos.

Só há um meio de prevenir este efeito do tempo: é colecionar todas as diatribes, venham de que lado vierem, e fazer um arquivo que não será uma das páginas menos instrutivas da história do Espiritismo. Não me faltam documentos para tal trabalho, e lamento dizer que são as publicações feitas em nome da religião que até hoje lhes têm fornecido o mais forte contingente. Constato com prazer que a vossa brochura ao menos constitui exceção quanto à urbanidade, senão pela força dos argumentos.

Segundo vós, senhor padre, tudo no Espiritismo não passa de incerteza, trevas espessas, ilusões, caos, utopias. Então haveis de convir que não é muito perigoso, pois ninguém deverá compreendê-lo. O que pode a Igreja ter que temer de uma coisa tão absurda? Se é assim, por que essa exibição de forças? Vendo esse desencadeamento, dir-se-ia que ela tem medo. De ordinário não se dá um tiro de canhão numa mosca que voa. Não é contradição dizer de um lado que o Espiritismo é temível, que ameaça a religião e do outro que ele nada é?

No trecho precitado, noto, de passagem, um erro, certamente involuntário, pois não suponho que, a exemplo de alguns de vossos colegas, altereis conscientemente a verdade para servir à vossa causa. Dizeis: "A despeito do exército espiritual do qual vos *constituístes* comandante-em-chefe." Para começar, eu vos perguntarei o que entendeis por *exército espiritual*. É o exército dos Espíritos ou o dos espíritas? A primeira interpretação vos levaria a dizer um absurdo; a segunda, uma falsidade, pois é notório que jamais me *constituí* chefe, seja do que for. Se os espíritas me dão esse título, é por um espontâneo sentimento de sua parte, em razão da confiança que têm a bondade de me conceder, ao passo que dais a entender que me impus e tomei tal iniciativa, coisa que nego formalmente. Aliás, se os sucessos da doutrina que professo me dão uma certa autoridade sobre os adeptos, é uma autoridade puramente moral, que não uso senão para lhes recomendar calma, moderação e abstenção de qualquer represália contra os que os tratam mais indignamente, para lhes lembrar, numa palavra, a prática da caridade, mesmo para com seus inimigos.

A parte mais importante desse parágrafo é aquela em que dizeis que "O Espiritismo deve limitar-se a combater o materialismo, a dar ao homem provas palpáveis de sua imortalidade, por meio de manifestações de Além-Túmulo bem constatadas." Então para algo serve o Espiritismo. Se as manifestações de Além-Túmulo são úteis para destruir o materialismo e provar a imortalidade da alma, não é o diabo que se manifesta. Para chegar a esta prova que, segundo vós, ressalta dessas manifestações, é preciso que nelas se reconheçam os pais e os amigos; assim, os Espíritos que se comunicam são as almas dos que viveram. Assim, senhor padre, estais em contradição com a doutrina professada por vários de vossos ilustres confrades, a saber, que *só o diabo pode comunicar-se*. É um ponto de doutrina ou uma opinião pessoal? No segundo caso, uma não tem mais valor que a outra. No primeiro, frisais a heresia.

Há mais. Considerando-se que as comunicações de Além--Túmulo são úteis para combater a incredulidade sobre a base fundamental da religião: a existência e a imortalidade da alma; considerando-se que o Espiritismo deve servir para tal fim, então

318 | REVISTA ESPÍRITA

a cada um é lícito buscar na evocação o remédio para a dúvida que a religião, sozinha, não pôde vencer. Consequentemente, é permitido a todo crente, a todo bom católico e até mesmo a todo sacerdote, usá-lo para reconduzir ao aprisco as ovelhas desgarradas. Se o Espiritismo tem meios de dissipar dúvidas que a religião não pôde destruir, então ele oferece recursos que a religião não possui, do contrário não haveria um só incrédulo na religião católica. Por que, então, ela repele um meio eficaz de salvar almas?

Por outro lado, como conciliar a utilidade que reconheceis nas comunicações de Além-Túmulo com a proibição formal que a Igreja faz de evocar os mortos? Considerando-se que é princípio rigoroso que não se pode ser católico sem se conformar escrupulosamente com os preceitos da Igreja; que o menor desvio de seus mandamentos é uma heresia, eis-vos, senhor padre, bem e devidamente herético, pois declarais bom aquilo que ela condena.

Dizeis que o Espiritismo só é caos e incerteza; então sois muito mais claro? De que lado está a ortodoxia neste ponto, já que uns pensam de um modo e outros de outro? Como quereis que se esteja de acordo quando vós mesmo estais em contradição com as vossas palavras? Vossa brochura é intitulada: *Refutação COMPLETA da doutrina espírita do ponto de vista religioso*. Quem diz *completo* diz absoluto. Se a refutação é completa, não deve deixar nada subsistir. E eis que, do ponto de vista religioso, reconheceis uma utilidade imensa àquilo que a Igreja proíbe! Existe uma utilidade maior do que reconduzir incrédulos a Deus? Vossa brochura teria sido mais bem intitulada: *Refutação da doutrina demoníaca da Igreja*. Aliás, não é a única contradição que eu poderia apontar. Mas tranquilizai-vos, pois não sois o único dissidente. Conheço pessoalmente bom número de eclesiásticos que não creem mais do que vós na comunicação exclusiva do diabo; que se ocupam de evocações com toda segurança de consciência; que não acreditam mais do que eu nas penas irremissíveis e na danação eterna absoluta, nisto concordes com mais de um Pai da Igreja, como vos será demonstrado mais tarde. Sim, muito mais eclesiásticos do que se pensa encaram o Espiritismo de um ponto mais elevado. Chocados com a universalidade das manifestações e com o espetáculo imponente dessa marcha irresistível, eles nisso veem a aurora de uma nova era, e um sinal da vontade de Deus, ante a qual se inclinam em silêncio.

SETEMBRO 1863 | 319

Senhor padre, dizeis que o Espiritismo deveria parar em tal ponto, e não ir além. Em tudo é preciso ser consequente consigo mesmo. Para que essas almas possam convencer os incrédulos de sua existência, é necessário que falem. Ora, é possível impedi-las de dizer o que querem? É minha culpa se elas vêm descrever sua situação, feliz ou infeliz, diversa do que ensina a Igreja? se elas vêm dizer que já viveram e que viverão de novo corporalmente? que Deus não é cruel nem vingativo nem inflexível, como o apresentam, mas bom e misericordioso? se, em todos os pontos do globo onde as chamam para se convencerem da vida futura, dizem a mesma coisa?

Enfim, é minha culpa se o quadro que fazem do futuro reservado aos homens é mais sedutor que aquele que ofereceis? se os homens preferem a misericórdia à danação?

Quem fez a Doutrina Espírita? Foram as palavras deles, e não a minha imaginação; foram os próprios atores do mundo invisível, as testemunhas oculares das coisas de Além-Túmulo que a ditaram, e ela só foi estabelecida sobre a concordância da imensa maioria das revelações feitas em todos os lados e a milhares de pessoas que eu jamais vi. Em tudo isto não fiz senão recolher e coordenar metodicamente o ensino dado pelos Espíritos. Sem levar em conta opiniões isoladas, adotei as do maior número, afastando toda ideia sistemática, individual, excêntrica, ou em contradição com os dados positivos da Ciência.

Desses ensinamentos e de sua concordância, bem como da atenta observação dos fatos, ressalta que as manifestações espíritas nada têm de sobrenatural, mas, ao contrário, são o resultado de uma lei da Natureza, até hoje desconhecida, como o foram durante muito tempo as da gravitação, do movimento dos astros, da formação da Terra, da eletricidade etc. Considerando-se que essa lei está em a Natureza, ela é obra de Deus, a menos que se diga que a Natureza é obra do diabo. Essa lei, explicando uma porção de coisas sem ela inexplicáveis, converteu tantos incrédulos à existência da alma quantos converteu o fato propriamente dito das manifestações, e a sua prova está no grande número de materialistas reconduzidos a Deus só pela leitura das obras, sem nada terem visto. Teria sido melhor que tivessem ficado na incredulidade, com o risco de não estarem nem mesmo na ortodoxia católica?

A Doutrina Espírita não é, portanto, obra minha, mas dos Espíritos. Ora, se esses Espíritos são as almas dos homens, ela não pode ser obra do demônio. Se fosse minha concepção pessoal, vendo seu prodigioso sucesso, eu não poderia senão felicitar-me, mas eu não me poderia atribuir o que não é meu. Não, ela não é obra de um só, nem homem nem Espírito que, fosse quem fosse, não lhe poderia ter dado uma sanção suficiente, mas de uma multidão de Espíritos, e é isto que constitui a sua força, pois cada um pode receber a sua confirmação.

O tempo, como dizeis, far-lhe-á boa justiça? Para tanto seria preciso que deixasse de ser ensinada, isto é, que os Espíritos deixassem de existir e de se comunicarem em toda a Terra. Além disso, seria necessário que ela deixasse de ser lógica e de satisfazer às aspirações dos homens.

Acrescentais que esperais que eu reconheça o meu erro. Não penso nisso, e francamente não são os argumentos de vossa brochura que me farão mudar de opinião nem desertar do posto em que me colocou a Providência, no qual tenho todas as alegrias morais que um homem pode aspirar na Terra, vendo frutificar o que ele semeou. É uma felicidade muito grande e muito suave, eu vos asseguro, a vista dos homens que ela tornou felizes, de tantos homens arrancados do desespero, do suicídio, da brutalidade das paixões e reconduzidos ao bem. Uma só de suas bênçãos me paga largamente por todas as fadigas e insultos.

Ninguém tem o poder de me arrancar essa felicidade. Vós não reconheceis isto, porquanto queríeis tirá-la de mim. Eu a desejo para vós, de toda a minha alma. Tentai e vereis.

Senhor padre, eu vos dou o prazo de dez anos para ver o que então pensareis da doutrina.

Recebei etc.

Allan Kardec

O *ÉCHO DE SÉTIF* AO SR. LEBLANC DE PRÉBOIS

Extraímos a passagem seguinte de um artigo do *Écho de Sétif*, de 23 de julho de 1863, em resposta à brochura intitulada *Le Budget du Spiritisme*, da qual falamos na *Revista Espírita* de junho último.

"Não demos tanta extensão à questão e, para melhor entendimento, procedamos por ordem:

"1º – Credes na imortalidade da alma e eu também. Eis-nos de acordo sobre este ponto.

"2º – Após a morte, enviais minha alma a Deus e eu também. Segundo ponto sobre o qual estamos de acordo.

"3º – Uma vez minha alma chegada a Deus, quereis que ela fique em presença de Deus, vá para o inferno ou, enfim, para o purgatório. São os três únicos lugares onde permitis que ela se movimente.

"Aqui não mais estamos de acordo. Eu creio que Deus permite que uma alma viaje por toda parte. Vós lhe circunscreveis o espaço, e eu o amplio.

"Dizei-me, leal e francamente, se pensais que vossa opinião é mais bem fundada que a minha. Dizei-me por que Deus impediria que minha alma viajasse após a morte do meu corpo. Tendes alguma revelação a respeito? Tendes alguma prova tirada apenas de um raciocínio? Não o creio.

"Eu tenho uma: é o raciocínio que eu levo do conhecido para o desconhecido. Deus criou leis imutáveis, que jamais se contradizem. Ora, eu vejo em a Natureza, que me é conhecida, que tudo se move, que tudo se agita, que nada fica em repouso. Deus o quer assim.

"Apenas essa verdade que eu toco, que eu sinto, me basta para provar que o mesmo se dá com os mundos que desconheço. Por vosso lado, dizei-me por que quereis que seja diferente.

"Se não contestais que minha alma possa mover-se após a morte do corpo, se ela vive, se ela sente, se ela pode comunicar-se com alguma coisa, com alguém, dizei-me por que ela não poderá jamais comunicar-se com a vossa alma, ainda ligada ao vosso corpo. Dai-me uma razão, uma razão que tenha lógica, pois do contrário eu a repilo.

"Se disserdes que vossa inteligência se recusa a crer nisso, é uma razão que não admito, porque há milhões de coisas em que vossa inteligência se recusará a crer e que, entretanto, acreditareis depois de tê-las visto. Assim fez São Tomé.

"Eu só tenho um pedido a vos fazer. Não me importo com o que credes e não tenho nisto qualquer interesse, mas vos suplico que a ninguém insulteis sem necessidade.

"Seja qual for o vosso mérito, há homens, no Espiritismo, que valem tanto quanto vós valeis. Há os que querem ver, estudar, instruir-se; há os que viram coisas surpreendentes e lhes querem conhecer as causas antes de se pronunciarem. Pois bem! Fazei como eles: Estudai, tratai de encontrar, e depois, quando tiverdes encontrado, dai-nos a explicação clara e precisa do fenômeno. Eis o que valerá mais que expressões malsonantes. Tereis feito a Ciência dar um passo e acalmado as consciências alarmadas como a vossa. Eis, enfim, um belo papel a representar!

"Antes de terminar, façamos uma última pergunta ao Sr. Leblanc de Prébois:

"Ele vendeu sua brochura, ou a publicou apenas por amor à Humanidade?

"C..."

NOTÍCIAS BIBLIOGRÁFICAS

REVELAÇÕES SOBRE MINHA VIDA SOBRENATURAL

POR DANIEL DUNGLAS HOME[1]

Esta obra é um relato puro e simples, sem comentários nem explicações, dos fenômenos mediúnicos produzidos pelo Sr. Home. Esses fenômenos são muito interessantes para quem quer que conheça o Espiritismo e possa compreendê-los, mas, sós, eles são pouco convincentes para os incrédulos, que não aceitando nem mesmo o que veem, ainda menos acreditam no que se lhes conta. É uma coleção de fatos, mais apropriada aos que sabem do que aos que não sabem, instrutiva para os primeiros, simplesmente curiosa para os últimos.

Nossa intenção não é examinar nem discutir aqui esses fatos que já foram tratados nos artigos publicados sobre o Sr. Home na *Revista Espírita* de fevereiro, março, abril e maio de 1858.

---
[1] Um vol. in-12, traduzido do inglês. Preço 3,50 francos, e não 2 francos, como por erro tipográfico foi anunciado no número precedente da *Revista*. Pelo correio, 3,90 francos.

Apenas diremos que a simplicidade do relato tem um cunho de verdade que não poderia ser ignorado e que, por nós, não temos motivo algum de suspeitar da sua autenticidade.

O que se lhe pode reprochar é a monotonia e a ausência de qualquer conclusão, de qualquer dedução filosófica ou moral. São também muito frequentes as incorreções de estilo. A tradução, sobretudo em certas passagens, se afasta muito do espírito da língua francesa. Se a dúvida é a primeira impressão naquele que não se pode dar conta dos fatos, quem quer que tenha lido atentamente e compreendido as nossas obras, principalmente o *Livro dos Médiuns*, reconhecerá ao menos a sua possibilidade, porque terá a sua explicação.

Como se sabe, o Sr. Home é um médium de efeitos físicos de enorme poder. Uma particularidade notável é que ele reúne a necessária aptidão para obter a maioria dos fenômenos desse gênero num grau de certo modo excepcional. Posto que a malevolência lhe tenha atribuído uma porção de fatos apócrifos, ridículos pelo exagero, resta muito para justificar a sua reputação. Sua obra terá sobretudo a grande vantagem de separar o verdadeiro do falso.

Os fenômenos que ele produz nos levam ao primeiro período do Espiritismo, ao das mesas girantes, também chamado da *curiosidade*, isto é, ao dos efeitos preliminares, que tinham por objetivo chamar a atenção sobre a nova ordem de coisas e abrir caminho ao período filosófico.

Essa marcha era racional, porque toda filosofia deve ser a dedução de fatos conscienciosamente estudados e observados e a que não repousasse senão sobre ideias puramente especulativos não teria base. A teoria deveria, pois, decorrer dos fatos, e as consequências filosóficas deveriam decorrer da teoria.

Se o Espiritismo se tivesse limitado aos fenômenos materiais, uma vez satisfeita a curiosidade, teria apenas tido uma voga efêmera. Tem-se a prova disso pelas mesas girantes, que tiveram o privilégio de divertir os salões apenas durante alguns invernos. Sua vitalidade estava apenas na sua utilidade. Assim, a extensão prodigiosa que ele adquiriu data da época em que entrou na via filosófica. Somente nessa época ele tomou lugar entre as doutrinas.

A observação e a concordância dos fatos conduziram à procura das causas; a procura das causas levou a reconhecer que as relações entre o mundo visível e mundo invisível existem em virtude de uma lei. Uma vez conhecida, essa lei deu a explicação de uma porção de fenômenos até então incompreendidos e reputados sobrenaturais antes de conhecidas as suas causas. Estabelecida a causa, esses fenômenos entraram na ordem dos fatos naturais, e desapareceu o maravilhoso.

A respeito disso, e com razão, pode-se criticar a qualificação de *sobrenatural* que o Sr. Home dá à sua vida, em sua obra. Outrora ele certamente teria passado por taumaturgo. Na Idade Média, se ele tivesse sido frade, tê-lo-iam feito santo, com o dom dos milagres; simples particular, teria passado por feiticeiro e teria sido queimado; entre os pagãos, dele teriam feito um deus e lhe teriam erguido altares. Mas, outros tempos, outros costumes. Hoje é um simples médium, predestinado, pelo poder de sua faculdade, a restringir o círculo dos prodígios, provando pela experiência que certos efeitos ditos maravilhosos não saem das leis da Natureza.

Certas pessoas temeram pela autenticidade de certos milagres ao vê-los caírem no domínio público. Partilhando, o Sr. Home, esse dom com uma multidão de outros médiuns que reproduzem esses fenômenos à vista de todo mundo, realmente tornava-se impossível considerá-los como derrogações das leis da Natureza, caráter essencial dos fatos miraculosos, a menos que se admitisse que fosse dado ao primeiro que aparecesse, o poder de derrubar essas leis.

Mas, o que fazer? Não se pode impedir de ser aquilo que é; não se pode pôr debaixo do alqueire aquilo que não é privilégio de ninguém. É preciso resignar-se a aceitar os fatos consumados, assim como foram aceitos o movimento da Terra e a lei de sua formação. Se o Sr. Home tivesse sido o único no seu gênero, morto ele, poderiam negar o que ele fez, mas como negar fenômenos tornados vulgares pela multiplicidade e pela perpetuidade dos médiuns que surgem diariamente em milhares de famílias, em todos os pontos do globo? Ainda uma vez, de bom grado ou de mau grado, é preciso aceitar aquilo que é e aquilo que não se pode impedir.

Mas se certos fenômenos perdem prestígio do ponto de vista miraculoso, ganham-no em autenticidade. A incredulidade em relação aos milagres está na ordem do dia, é preciso convir, e a fé, por isto, estava abalada. Agora, em presença dos efeitos mediúnicos e graças à teoria espírita, que prova que tais efeitos estão em a Natureza, está demonstrada a possibilidade desses fenômenos e a incredulidade terá que se calar.

A negação de um fato arrasta à negação de suas consequências. Será melhor negar o fato considerado miraculoso do que admiti-lo como simples lei da Natureza? Então, as leis da Natureza não são obra de Deus? A revelação de uma nova lei não é prova de seu poder? Será Deus menor por agir em virtude de suas leis, do que as derrogando? Aliás, serão os milagres atributo exclusivo do poder divino? A própria Igreja não nos ensina que "falsos profetas, suscitados pelo demônio, podem fazer milagres e prodígios para seduzir até os eleitos?" Se o demônio pode fazer milagres, pode derrogar as leis de Deus, isto é, desfazer o que Deus fez, mas a Igreja não diz em parte alguma que o demônio possa fazer leis para reger o Universo. Ora, se os milagres podem ser feitos por Deus e pelo demônio, e se as leis são obra apenas de Deus, o Espiritismo, provando que certos fatos olhados como exceção, são aplicações das leis da Natureza, atesta, por isto mesmo, muito mais o poder de Deus do que os milagres, pois não atribui senão a Deus o que, na outra hipótese, poderia ser obra do demônio.

Dos fenômenos produzidos pelo Sr. Home ressalta outro ensinamento, e seu livro vem em apoio ao que dissemos muitas vezes sobre a insuficiência das manifestações físicas apenas, para levar a convicção a certas pessoas. É um fato muito conhecido que muitas pessoas testemunharam as mais extraordinárias manifestações e nem por isso ficaram convencidos, porque não os compreendendo e não tendo base para assentar um raciocínio, julgaram ter visto charlatanices.

Seguramente, se alguém fosse capaz de vencer a incredulidade por efeitos materiais, este seria o Sr. Home. Nenhum médium produziu um conjunto de fenômenos mais empolgantes, nem em melhores condições de honestidade, contudo, bom número dos que o viram à obra ainda agora o tratam como hábil prestidigitador. Para muitos, ele faz coisas muito curiosas, mais curiosas que Robert Houdin, e eis tudo. Parecia, entretanto, que em presença de fatos tão brilhantes, tornados notórios pelo número e pela qualidade das testemunhas, que toda negação seria impossível e que a França em massa seria convertida. Quando esses fenômenos só ocorriam na América, rejeitavam-nos, dada a impossibilidade de vê-los. O Sr. Home veio mostrá-los ao escol social, e nesta sociedade ele encontrou mais curiosos do que crentes, posto desafiasse toda suspeita baseada no charlatanismo.

O que faltava, pois, a tais manifestações para convencer? Faltava-lhes a chave para serem compreendidas. Hoje não há um espírita que tenha estudado seriamente a ciência, que não admita os fatos citados no livro do Sr. Home, sem tê-los visto, ao passo que entre os que os viram há mais de um incrédulo.

Isto demonstra que o que fala ao espírito e se apoia no raciocínio tem uma força de convicção não possuída pelo que só fala aos olhos.

Segue-se que a vinda do Sr. Home foi inútil? Certamente não. Dissemos e repetimos que ele apressou a eclosão do Espiritismo na França, pelo brilho que lançou sobre os fenômenos, mesmo entre os incrédulos, provando que eles não são cercados de mistérios nem das fórmulas ridículas da magia, e que se pode ser médium sem ter ares de feiticeiro.

Enfim, pela repercussão que o seu nome e o mundo que frequentou deram à coisa, sua vinda foi muito útil, quando mais não fosse para dar ao Sr. Oscar Comettant oportunidade para falar e redigir o *espirituoso* artigo que se conhece, para o qual só faltou ao autor conhecer o que criticava, exatamente como alguém que nada sabendo de música quisesse criticar Mozart ou Beethoven. (Vide o relato da obra do Sr. Home pelo Sr. Comettant, no *Siècle* de 15 de julho de 1863, e algumas palavras nossas sobre esse artigo, na *Revista Espírita* de agosto seguinte).

SERMÕES SOBRE O ESPIRITISMO

Pregados na Catedral de Metz, a 27, 28 e 29 de maio de 1863, pelo Rev. Pe. Letierce, da Companhia de Jesus, refutados por um espírita de Metz e precedidos de considerações sobre a loucura espírita.[2]

Posto não conheçamos pessoalmente o autor deste opúsculo, podemos dizer que é obra de um espírita esclarecido e sincero. Estamos contentes por ver a defesa do Espiritismo tomada por mãos hábeis, que sabem aliar a força do raciocínio à moderação, que é o apanágio da verdadeira força.

Os argumentos dos adversários aí são combatidos com uma lógica à qual não sabemos qual outra poderia ser oposta, porque só há uma lógica séria, aquela cujas deduções não deixam lugar a réplica, e achamos que a do autor está neste caso.

Sem dúvida, certo ou errado, sempre se pode replicar, pois há criaturas para as quais nunca se diz a última palavra, mesmo

---

[2] Brochura in-12. Preço 1 franco; pelo correio 1,10 franco. Paris: Didier, Quai des Augustins, 35; Ledoyen: Palais-Royal; Metz: Linden, Rua Pierre-Hardie, 1.

que se trate de lhes provar que há sol ao meio-dia. Mas não é com esses que se trata de ter razão. Pouco importa que eles estejam ou não convencidos de seu erro. Também não é a esses que a gente se dirige, mas ao público, juiz em última instância das causas boas ou más. Há no espírito das massas um bom senso que pode falhar nos indivíduos isolados, mas cujo conjunto é como a resultante das forças intelectuais e do senso comum.

A brochura de que se trata, em nossa opinião, reúne as vantagens do fundo e da forma, isto é, à justeza do raciocínio alia a correção e a elegância do estilo, que jamais deterioram coisa alguma e tornam a leitura de qualquer escrito mais atraente e mais fácil. Não duvidamos que esse escrito seja acolhido por todos os espíritas com a simpatia que merece. Nós o recomendamos com toda a confiança e sem restrições. Contribuindo para a sua expansão, prestarão serviço à causa.

DISSERTAÇÕES ESPÍRITAS

UMA MORTE PREMATURA

(SOCIEDADE ESPÍRITA DE PARIS, 31 DE JULHO DE 1863)
(MÉDIUM: SRA. COSTEL)

Eis-me, então, ainda no teatro do mundo, eu que me via para sempre enterrada no meu véu de inocência e de juventude. O fogo da Terra salvou-me do fogo do inferno: assim pensava em minha fé católica e, se não ousava entrever os esplendores do paraíso, minha alma trêmula se refugiava na expiação do purgatório e eu orava, eu sofria, eu chorava. Mas quem dava à minha fraqueza a força de suportar as angústias? Quem, nas longas noites de insônia e de febre dolorosa, se debruçava sobre meu corpo de mártir? Quem me refrescava os lábios secos? Éreis vós, meu anjo guardião, cuja auréola branca me rodeava; éreis também vós, caros Espíritos amigos, que vínheis murmurar em meu ouvido palavras de esperança e de amor.

A chama que consumiu meu débil corpo despojou-me do apego ao que passa; assim, morri já viva da verdadeira vida. Não conheci a perturbação e entrei serena e recolhida no dia radioso que envolve os que, depois de muito sofrimento, esperaram um pouco. Minha mãe, minha cara mãe, foi a última vibração terrena que ressoou em minha alma. Como eu gostaria que ela fosse espírita! Destaquei-me da árvore terrena como um fruto temporão. Ainda não tinha aflorado para o demônio do orgulho que fere as almas das infelizes arrastadas pelo sucesso brilhante e pela ebriez da juventude. Bendigo a chama; bendigo os sofrimentos; bendigo a prova, que era uma expiação. Semelhante a esses leves fios brancos do outono, flutuo arrastada na corrente luminosa. Já não são as estrelas de diamante que brilham em minha fronte, mas as estrelas de ouro do bom Deus.

NOTA: Nossa intenção tinha sido evocar nessa sessão esse Espírito, ao qual sabíamos que muitos dentre nós eram simpáticos. Razões particulares nos haviam levado a adiar essa evocação, da qual não havíamos falado a ninguém. Mas, sem dúvida atraído por nosso pensamento e pelo de vários membros, esse Espírito veio espontaneamente, sem ser chamado, ditar a encantadora comunicação acima.

O PURGATÓRIO

(SOCIEDADE ESPÍRITA DE PARIS, 31 DE JULHO DE 1863)
(MÉDIUM: SR. ALFRED DIDIER)

A religião católica nos mostra o purgatório como um lugar onde a alma, sofrendo terríveis expiações, alivia suas faltas e reivindica, pouco a pouco, pela dor, seus direitos ao sol da vida eterna. Imagem esplêndida, a mais perfeita, a mais verdadeira da grande trindade dogmática do inferno, do purgatório e do paraíso! Malgrado suas severidades desesperadoras, compreendeu a Igreja que era preciso um meio-termo entre a danação eterna e a felicidade eterna. Ela confundiu, entretanto, nesse estranho conjunto, o tempo infinito e progressivo, que é apenas um, com três situações limitadas e incompreensíveis.

À religião, ou antes, ao ensino inteiramente humanitário e progressivo do Cristo, o Espiritismo adiciona os meios de realizar essa Humanidade ideal. Nos desvios filosóficos de nossa época, há mais de um germe espírita, e tal filósofo céptico que não aconselha para a felicidade definitiva da Humanidade senão o afastamento e a destruição de toda crença humana e divina, trabalha mais do que se pensa para a tendência universal do Espiritismo. Entretanto, é uma via em que o Céu aparece pouco; na qual a existência futura quase não aparece, mas onde pelo menos a tranquilidade material, e por assim dizer egoística desta vida, é compreendida com a clareza do legislador e, senão do santo, pelo menos de um filantropo humanitário.

Ora, tratar-se-ia de saber se, no estado latente, por assim dizer, da vida extracorpórea, e que poderia ser chamada intravital, tratar-se-ia de saber se, com a medida de conhecimentos e de sagacidade clarividente que possuem os Espíritos superiores, o progresso universal é tão eficaz quanto o progresso terreno.

Esta questão, fundamental para o Espiritismo, até o presente tem sido bem pouco resolvida, com respostas sobre detalhes. Como diz a Igreja, não é mais apenas um lugar de expiação, mas é um foco universal onde justamente as almas que aí circulam receiam com angústia ou aceitam com esperança as existências que se lhes desvelam.

Aí está, segundo nós, apenas o começo do que se chama o purgatório, e a erraticidade, essa fase importante da vida da alma, não nos parece de modo algum explicada, nem mesmo mencionada pelos dogmas católicos.

LAMENNAIS

A CASTIDADE

(GRUPO DE ORLÉANS)
(MÉDIUM: SR. DE MONVEL)

De todas as virtudes de que o Cristo nos deixou o adorável exemplo, nenhuma foi mais indignamente esquecida pela triste Humanidade do que a castidade. Eu não falo apenas da castidade do corpo, de que certamente ainda se encontrariam numerosos exemplos, mas dessa castidade da alma, que jamais concebeu um pensamento, deixou escapar uma palavra de natureza a infamar a pureza da virgem ou da criança que a escuta.

O mal é tão universal, e as ocasiões de perigo tão multiplicadas, que os pais, mesmo os mais verdadeiramente castos, em seus atos como em suas palavras, não podem escapar à dolorosa certeza que seus filhos não poderão, façam o que fizerem, subtrair-se ao funesto contágio. É-lhes necessário, por maior que seja a repugnância por isto experimentada, resignar-se, eles mesmos, a abrir os olhos dessas inocentes criaturas, ao menos para preservá-las do perigo físico, pois é absolutamente impossível preservá-las do perigo moral. Muitas vezes, ainda, quando julgarem ter desviado o perigo, aparece algum escolho de cuja existência eles não haviam suspeitado, e sobre o qual vem arrebentar-se a pobre e inocente criança que seu amor não pôde preservar da sujeira do vício.

Quantas palavras imprudentes, mesmo na mais seleta sociedade; quantas imagens e descrições, mesmo nos mais sérios livros, não vêm, sem que os pais o saibam, despertar, excitar e até satisfazer completamente essa curiosidade ávida, tão temível, da criança que não tem consciência do perigo! Se o mal é difícil de evitar, mesmo nas classes mais esclarecidas da Sociedade, que dizer das classes inferiores? Supondo que uma criança tenha tido a felicidade de escapar a isso no lar, como preservá-la desse inevitável contato com os vícios que a acotovelam diariamente?

Eis aí uma chaga muito profunda e perigosa, da qual todo homem que conservou o senso moral no fundo do coração, deve sentir a mais imperiosa necessidade de libertar a Sociedade.

O mal está arraigado em nossos corações, e muito tempo se escoará ainda antes que cada um de nós se tenha tornado suficientemente puro para apenas lhe suspeitar a gravidade.

Alguém que acreditaria cometer uma falta séria se se permitisse, diante de uma criança, a menor palavra de duplo sentido, se rodeado por pessoas maduras, sentirá prazer nas piadas obscenas ou triviais que, diz ele, não fazem mal a ninguém. Ele não vê que a obscenidade é um mal tão imoral que mancha tudo o que toca, mesmo o ar, cujas vibrações levarão longe o contágio.

Diz-se que as paredes têm ouvidos, e se esta imagem alguma vez foi verdadeira, é verdadeira sobretudo em semelhante matéria.

A pura e santa castidade só estabelecerá definitivamente seu reino na Terra quando toda criatura que pensa e fala tiver compreendido que jamais deve, em qualquer circunstância, escrever ou pronunciar uma palavra que a virgem mais pura não possa ouvir sem corar.

Direis que não tendes filhos e que não há uma só criança em vossa casa, e por isso não tendes nenhuma razão, no vosso entender, para vos constrangerdes. Entretanto, se vós mesmos fôsseis puros, não seríeis obrigados a vos constrangerdes. Não tendes amigos que vos escutam, que o vosso exemplo excita e que, ante os filhos que não conheceis, poderão perder a reserva que um resto de pudor lhes havia feito observar até então? Depois, é quase sempre às refeições que vosso espírito se deixa arrastar em tiradas que provocam o riso dos convivas, mas não vedes os criados que vos rodeiam, e que o vizinho tem filhos? Não conheceis nem esse vizinho nem seus filhos, e jamais sabereis o mal de que fostes a causa. Mas o mal, venha de onde vier, será sempre punido, ficai certos. Não só as paredes têm ouvidos: há no ar que respirais coisas que ainda não conheceis ou que não quereis conhecer.

Ninguém tem o direito de exigir de seus subalternos uma virtude que não pratica nem possui.

Uma única palavra impura basta para alterar a pureza de uma criança. Uma única criança impura introduzida numa casa de educação pública basta para gangrenar toda uma geração de crianças, que mais tarde tornar-se-ão homens. Há um só homem sensato que ponha em dúvida a verdade patente e dolorosa deste fato?

Ninguém duvida, ninguém ignora toda a extensão do mal que uma só palavra pode ocasionar, contudo, ninguém se julga obrigado a essa castidade da alma que revolta todo pensamento obsceno, por mais disfarçado que seja, e mesmo, em certas circunstâncias, ninguém olha como estrita obrigação moral abster-se de pilhérias que deviam fazê-lo corar, se não sentisse orgulho em não corar. Triste e vergonhoso orgulho!

Não é só a castidade que deveríamos respeitar nas crianças, é também essa delicada candura a quem toda ideia de falsidade faz subir o sangue ao rosto, e essa virtude é também muito rara. Mas quando se observa como é elevada a imensa maioria de nossos filhos, não nos devemos admirar muito. Para a maioria dos pais, os filhos, sobretudo em tenra idade, quase que não passam de bonequinhas, com as quais se divertem, como se fossem um brinquedo. O que as torna tão divertidas é que sua ingênua credulidade permite enganá-las de manhã à noite com pequenas mentiras julgadas inocentes porque são feitas sem qualquer maldade e unicamente para rir, como se diz. Ora, em sua verdadeira acepção, *inocente* significa *que não prejudica*. Mas, que há de mais nocivo, ao contrário, à candura de uma criança, que esses pequenos abusos de confiança incessantes, ante os quais ela é inocente um instante, mas um instante só, no qual se ri, e depois se diverte e acha o maior prazer em imitar logo que pode?

Disso resulta muitas vezes que a criança mais cândida aprende a enganar tão depressa quanto aprende a falar, e que, ao cabo de pouco tempo, é capaz de dar lições aos seus mestres.

Quase que não se suspeita quanto, sobretudo nessa idade, por vezes uma causa insignificante pode, mais tarde, dar lugar a deploráveis resultados. Os órgãos da inteligência, nas crianças muito jovens, são como cera mole, apta a receber a moldagem do mais fraco objeto que a toca. Mesmo por um instante, ocorre a deformação, e quando esta cera, a princípio tão fluída, vier a endurecer, a impressão ficará inapagável. Pode-se crer que ela seja encoberta por outras, mas é um erro, porque só a marca primitiva ficará indelével e, ao contrário, as impressões ulteriores é que deixarão um traço fugidio, sob o qual a primeira aparecerá sempre.

Eis o que bem poucos jovens pais são capazes de sentir com bastante força para transformar em regra de conduta com os filhos, e que é necessário repetir para eles continuadamente.

CÉCILE MONVEL

O DEDO DE DEUS

(THIONVILLE, 25 DE DEZEMBRO DE 1862. MÉDIUM: DR. R...)

Nós vos demos a entrever a aurora da regeneração humana. Deveis nisto, como em toda a marcha da Humanidade através das idades, ver o dedo de Deus.

Dissemos muitas vezes que tudo quanto se passa aqui embaixo, como tudo o que acontece no Universo inteiro, está submetido a uma lei geral, a do *progresso*.

Inclinai-vos ante ela, soberbos e orgulhosos que pretendeis colocar-vos acima dos desígnios do Altíssimo! Buscai por toda parte a causa de vossas desgraças, como de vossos deleites, e aí reconhecereis sempre o dedo de Deus.

Mas, direis vós, então o dedo de Deus é o fatalismo! Ah! Guardai-vos de confundir essa palavra ímpia com as leis que a Providência vos impôs, a Providência que vos deve ter deixado o *livre-arbítrio* para vos deixar, ao mesmo tempo, o mérito de vossos atos, mas que lhes tempera o rigor por essa voz, tantas vezes ignorada, que vos adverte do perigo a que vos expondes.

O fatalismo é a negação do dever, porque, sendo nossa sorte fixada previamente, não nos cabe mudá-la.

Em que se tornaria o mundo com esta horrível teoria, que abandonaria os homens às pérfidas sugestões das piores paixões? Onde estaria o objetivo da criação? Onde estaria a razão de ser da ordem admirável que reina no Universo?

Ao contrário, o dedo de Deus é a punição sempre suspensa sobre a cabeça do culpado; é o remorso que lhe rói o coração, censurando-lhe os crimes a cada momento; é o horrível pesadelo que tortura durante longas noites sem sono; é essa impressão sangrenta que o segue em todos os lugares, como para reproduzir aos seus olhos, incessantemente, a imagem de seus desacertos; é a febre que atormenta o egoísta; são as angústias perpétuas do mau rico, que vê em todos os que se lhe aproximam, espoliadores dispostos a lhe roubar um bem mal adquirido; é a dor que ele experimenta em sua última hora por não poder levar seus tesouros inúteis!

O dedo de Deus é a paz do coração, reservada ao homem justo; é o suave perfume que vos enche a alma após uma boa ação; é esse doce prazer que se experimenta sempre ao fazer o bem; é a bênção do pobre que se assiste; é o doce olhar de uma criança cujas lágrimas enxugamos; é a prece fervorosa da pobre mãe a quem se proporcionou o trabalho que deve arrancá-la da miséria; numa palavra, é o contentamento consigo mesmo.

O dedo de Deus, enfim, é a justiça grave e austera, temperada pela misericórdia! O dedo de Deus é a esperança, que não abandona o homem em seus mais cruéis sofrimentos; que o consola sempre, e que deixa entrever ao mais criminoso, a quem o arrependimento tocou, um recanto da morada celeste, do qual se julgava expulso para sempre!

Espírito Familiar

O VERDADEIRO

(THIONVILLE – MÉDIUM: DR. R...)

Disse um poeta:
"Só é belo o verdadeiro; só o verdadeiro é agradável."
Reconhecei neste verso uma das mais belas inspirações jamais dadas ao homem. O verdadeiro é a linha reta; o verdadeiro é a luz, cujo esplendor não precisa ser velado para homens justos cujo espírito é maravilhosamente disposto para compreender seus imensos benefícios. Por que, na nossa Sociedade atual, a luz tanto custa para ser percebida pela maioria? Por que o ensino da verdade é cercado de tantos obstáculos? É que até agora a Humanidade não fez progressos bastante significativos, desde a origem do Cristianismo. Desde o Cristo, que teve que velar seus ensinamentos sob a forma de alegorias e parábolas, todos os que tentaram propagar a verdade não foram mais escutados que seu divino Mestre. É que a Humanidade devia progredir com uma sábia lentidão, para que a marcha fosse mais segura. É que ela necessitava de um longo noviciado para tornar-se apta a se conduzir por si mesma.

Mas tranquilizai-vos! O sol da regeneração, há muito na sua aurora, não tardará a espargir sobre vós sua ofuscante claridade. A verdadeira luz vos aparecerá, e sua influência benfazeja estender-se-á a todas as classes sociais. Quantos, então, admirar-se-ão por não terem acolhido mais cedo esta verdade, que data da mais alta Antiguidade, e que um sentimento de orgulho lhes fez sempre contorná-la sem vê-la!

Ao menos desta vez, não tereis que sofrer nenhum desses horríveis cataclismos que parecem outras tantas balizas destinadas a marcar, através dos séculos, a marcha da verdadeira luz. Mais bem instruídos, os homens compreenderão que os desmoronamentos que deixam após si uma esteira de fogo e sangue não se enquadrariam hoje nos nossos costumes, abrandados pela prática da caridade. Eles compreenderão, enfim, o alcance das palavras sublimes, outrora proferidas pelo Cristo: "Paz aos homens de boa vontade!"

Não haverá outra guerra senão a que será feita às paixões más. Todos reunirão suas forças para expelir o espírito do mal, cujo reino desastroso apenas deteve longamente o avanço da civilização. Todos se deterão na certeza de que a verdadeira luz é a única conquista legítima; a única a que legitimamente devem doravante ambicionar; a única que poderá conduzi-los à felicidade.

À obra, pois, vós que sustentais a bandeira do progresso! Não temais arvorá-la alta e firme, para que de todos os recantos do globo os homens possam acorrer e pôr-se sob sua égide. Pedi ao nosso Pai celeste a força e a energia que vos são indispensáveis para esta grande obra, e se aqui na Terra não puderdes gozar da felicidade de vê-la realizada, que ao menos, ao morrer, leveis a convicção de que vossa existência foi útil a todos, e que a mais doce recompensa vos espera entre nós: a alegria de ter cumprido vossa missão para a maior glória de Deus.

ESPÍRITO FAMILIAR

ALLAN KARDEC

REVISTA ESPÍRITA

JORNAL DE ESTUDOS PSICOLÓGICOS

ANO VI	OUTUBRO DE 1863	VOL. 10

REAÇÃO DAS IDEIAS ESPIRITUALISTAS

Há um século a Sociedade era trabalhada pelas ideias materialistas, reproduzidas sob todas as formas, traduzindo-se na maioria das obras literárias e artísticas. A incredulidade estava na moda e era de bom-tom exibir a negação de tudo, mesmo de Deus. A vida presente, eis o positivo; fora disto tudo é quimera e incerteza; vivamos, pois, o melhor possível; depois, venha o que vier. Tal era o raciocínio de todos os que pretendiam estar acima dos preconceitos e, por isso, se diziam *espíritos fortes*. Força é convir que eram o maior número, que eles davam movimento à Sociedade, tinham o encargo de conduzi-la e cujo exemplo necessariamente deveria ter grande influência.

O próprio clero sofria essa influência. A conduta, particular ou pública, de muitos de seus membros, em completo descompasso entre os seus ensinos e os do Cristo, provava que eles não acreditavam no que pregavam, porque, se tivessem acreditado firmemente na vida futura e nos castigos, teriam preterido menos os interesses do Céu pelos da Terra.

Assim, tinham-se buscado todas as bases das instituições humanas na ordem das coisas materiais. Contudo, acabaram reconhecendo que faltava a essas instituições um sólido ponto de apoio, porquanto as que pareciam mais bem assentadas se esboroavam num dia de tempestade, visto que as leis repressivas mascaravam os vícios, mas não tornavam os homens melhores.

Qual era esse ponto de apoio? Aí estava a questão, mas buscavam, e alguns acabaram por crer que Deus bem podia servir para alguma coisa no Universo. Depois, alguns Espíritos fortes começaram a ter medo, e para não mais rirem do futuro senão apenas nos lábios, diziam: Pretendem que tudo acaba com a morte, mas, em definitivo, que sabem disso os que o afirmam? Afinal de contas, é apenas a sua opinião. Antes de Cristóvão Colombo também se acreditava que nada houvesse além do oceano. E se houvesse alguma coisa além do túmulo? Contudo, seria interessante sabê-lo, porque, se houver algo, todos temos que passar por isso, porque todos morremos. Como se fica ali? Bem? Mal? A questão é importante e deve ser considerada. Mas se sobrevivemos, certamente não será o nosso corpo. Então temos uma alma? Assim, a alma não seria uma quimera? Então, como é essa alma? De onde vem? Para onde vai?

Daí uma vaga inquietação apoderou-se dos mais fanfarrões diante da morte. Começaram a procurar, a discutir, depois, reconhecendo que, fizessem o que fizessem, nunca estariam bem na Terra, e que por vezes até estariam muito mal, lançaram as vistas e a esperança em direção ao futuro.

Todas as coisas extremas têm a sua reação, quando não estão de acordo com a verdade, pois só a verdade é imutável. As ideias materialistas haviam chegado ao apogeu. Então perceberam que elas não davam o que delas esperavam; que deixavam o vazio no coração; que elas abriam um abismo insondável, diante do qual recuavam com terror, como diante de um precipício. Daí uma aspiração pelo desconhecido e, em consequência, uma inevitável reação para as ideias espiritualistas, como única saída possível.

É essa reação que se manifesta há alguns anos. Mas o homem chegou às culminâncias da inteligência. Ora, a essa idade, em que a faculdade de compreender está adulta, ele não mais pode ser conduzido como na infância ou na adolescência. O positivismo da vida lhe ensinou a procurar. Dizemos mais, tornou-lhe necessário o porquê e o como de cada coisa, pois em nosso século matemático, há necessidade de termos consciência de tudo, de tudo calcular, de tudo medir, para sabermos onde pomos o pé. Quer-se a certeza, senão material, ao menos moral, até na abstração. Não basta dizer que uma coisa é boa ou má, quer-se saber por que ela é boa ou má, e se há ou não razão para prescrevê-la ou proibi-la. Eis por que a fé cega não mais tem curso em nosso século raciocinador. Não pedem apenas para ter fé. Hoje desejam-na e sentem sede dela, pois ela é uma necessidade. Querem, porém, uma fé raciocinada. Discutir sua crença é uma necessidade da época, à qual, de bom ou de mau grado, é preciso resignar-se.

As ideias espiritualistas respondem bem às aspirações gerais, pois são preferidas ao cepticismo e à ideia do nada, porque se sabe, instintivamente, que estão certas, mas elas só satisfazem imperfeitamente, porque ainda deixam a alma no vago, porque por si sós elas são impotentes para dar a solução de uma porção de problemas.

O simples Espiritualismo está na posição de um homem que percebe o seu objetivo, mas que ainda não sabe qual o caminho para atingi-lo e que encontra escolhos sob seus passos. Eis por que, nestes últimos tempos, um tão grande número de escritores e de filósofos trataram de sondar esses misteriosos arcanos; porque tantos sistemas têm sido criados com o propósito de resolver os inúmeros problemas que continuam insolúveis.

Sejam esses sistemas racionais ou absurdos, nem por isto testemunham menos as tendências espiritualistas da época, tendências das quais não mais se faz mistério; das quais não se procura ocultar, e das quais, ao contrário, se gloriam, como outrora se gloriavam da sua incredulidade.

Se nenhum desses sistemas chegou à verdade completa, é incontestável que vários dela se aproximaram ou a afloraram, e que a discussão que se seguiu preparou o caminho, dispondo os Espíritos para tais estudos.

Foi nessas circunstâncias, eminentemente favoráveis, que chegou o Espiritismo. Um pouco mais cedo, ele ter-se-ia chocado com o materialismo todo-poderoso; em tempo mais recuado, teria sido abafado pelo fanatismo cego. Ele se apresenta no momento em que o fanatismo, morto pela incredulidade que ele mesmo provocou, não mais lhe pode opor uma barreira séria, e em que se está fatigado do vazio deixado pelo materialismo; no momento em que a reação espiritualista, provocada pelos excessos do materialismo, se apodera de todos os espíritos, quando se está à procura das grandes soluções que interessam ao futuro da Humanidade.

Portanto, é neste momento que ele vem resolver esses problemas, não por hipóteses, mas por provas efetivas, dando ao Espiritismo o caráter positivo, único que convém à nossa época. Aí se encontra o que se busca e que se não encontrou alhures. Eis por que o aceitam tão facilmente. Milhares de órgãos lhe abriram e continuam abrindo caminho, semeando pouco a pouco as ideias que ele professa. Não se deve crer que neste caso haja apenas obras sérias, lidas por um pequeno número de eruditos! Notai quanto, sob a forma leve do romance ou do boletim, abundam no momento os pensamentos espíritas, que penetram em toda parte, até mesmo nos que menos nele pensam. São outros tantos germes latentes que eclodirão quando vier a grande luz, pois estarão familiarizados com as ideias novas.

Um dos mais importantes princípios do Espiritismo é, sem contradita, o da pluralidade das existências corpóreas, isto é, da reencarnação, que os cépticos confundem, voluntariamente ou por ignorância, com o dogma da metempsicose. Sem este princípio a gente se choca com tantas dificuldades insolúveis na ordem moral e psicológica, que muitos filósofos modernos a ele foram conduzidos pela força do raciocínio, como a uma lei necessária da Natureza. Tais são Charles Fourier, Jean Reynaud e muitos outros.

Este princípio, hoje discutido abertamente por homens de grande valor, sem que por isto sejam espíritas, tem uma tendência manifesta de introduzir-se na filosofia moderna. Uma vez de posse dessa chave, ele verá abrirem-se à sua frente horizontes novos, e as dificuldades mais árduas serão aplainadas como que por encanto. Ora, ele não pode deixar de atingir esse ponto. Para aí será conduzido pela força das coisas, porque a pluralidade das existências não é um sistema, mas uma lei da Natureza, que ressalta da evidência dos fatos.

Sem ser tão claramente formulado quanto em Fourier e Reynaud, nem erigido em doutrina, o princípio da pluralidade das existências agora se acha numa porção de escritores, e consequentemente em todas as bocas, de sorte que pode-se dizer que está na ordem do dia e tende a tomar lugar entre as crenças religiosas vulgares, posto que, em muitas, ele precede o conhecimento do Espiritismo. É uma consequência natural da reação espiritualista que se opera no momento, e à qual o Espiritismo vem dar forte impulso.

Para as citações, não teríamos senão a dificuldade na escolha. Limitar-nos-emos à passagem seguinte, de um dos últimos romances da Sra. George Sand: *Mademoiselle de la Quintinie*, notável obra filosófica, posta no índex pela cúria romana, bem como a *Revue des Deux Mondes*, que a publicou nos números de 1.º e 15 de março, abril e maio de 1863. Nessa passagem, trata-se de um sacerdote muito culpado, levado ao arrependimento, à reparação e à expiação terrenas pelos severos conselhos de um leigo que, entre outras coisas, lhe diz isto:

"Dizeis que passastes a idade das paixões!... Não, porque entrais na das vinganças e perseguições. Cuidado! Contudo, seja qual for a vossa sorte entre nós, vereis claro, um dia, no Além-Túmulo, e como não creio mais nos castigos sem fim do que nas provas sem frutos, eu vos anuncio que nos encontraremos nalgum lugar, onde nos entenderemos melhor, e onde nos amaremos, em vez de nos combatermos. Mas, como vós, não creio na impunidade do mal e na eficácia do erro. *Creio que expiareis o voluntário endurecimento de vosso coração por grandes dilacerações do coração em outra existência.* Só vos cabe entrar na via direta da felicidade progressiva, pois estou certo que tudo pode ser resgatado a partir desta vida. A alma humana é dotada de magníficas forças de arrependimento e de reabilitação. Isto não é contrário aos vossos dogmas, e vossa palavra *constrição* diz muito."

Em próximo artigo examinaremos a obra do Sr. Renan sobre a vida de Jesus e mostraremos que, malgrado suas aparências e sem que o autor o saiba, é uma reação espiritualista. O materialismo, por mais que proclame o nada, em vão sacode o círculo da lógica e da consciência universal que o encerra. Seus últimos gritos são abafados pela voz que lhe grita dos quatros cantos do mundo: "Nós temos uma alma imortal." Mas, em proveito de quem será a reação? É o que nos dirá um futuro que não está distante.

Esperando que falemos da obra do Sr. Renan, recomendamos com insistência aos nossos leitores uma pequena brochura, na qual a questão nos parece encarada de um ponto de vista muito racional, e que contém observações muito preciosas sobre esse delicado problema. Seu título é: "*Réflexions d'un orthodoxe de 1'Église Grecque sur la vie de Jésus, por M. Renan* (Didier e Cia. Preço 50 cêntimos).

ENTERRO DE UM ESPÍRITA NA VALA COMUM

Um de nossos irmãos em Espiritismo, membro da Sociedade de Paris, o Sr. Costeau, acaba de morrer. Ele foi inumado a 12 de setembro último, no cemitério de Montmartre. Era um homem de coração, que o Espiritismo havia reconduzido a Deus; sua fé no futuro era completa, sincera e profunda; era um simples calceteiro, que praticava a caridade por pensamento, por palavras e por atos, conforme seus parcos recursos, pois sempre achava meios de assistir aos que tinham menos que ele.

Seria erro pensar que a Sociedade de Paris é uma reunião exclusivamente aristocrática, porque ela conta com mais de um proletário em seu seio; ela acolhe todos os devotamentos à causa que sustenta, quer venham das altas, quer das baixas camadas sociais; o grão-senhor e o artífice aí se dão as mãos fraternalmente. Há algum tempo, no casamento de um dos nossos colegas, modesto trabalhador também, estiveram presentes um alto dignitário estrangeiro e a princesa sua esposa, ambos membros da Sociedade, que não se haviam sentido diminuídos, vindo sentar-se lado a lado com outros assistentes, posto o luxo da cerimônia, celebrada em obscura capela de opulenta paróquia, tivesse sido reduzido à expressão mais simples. É que o Espiritismo, sem sonhar com uma igualdade quimérica, sem confundir as classes, sem pretender fazer passar todos os homens para um mesmo nível social impossível, os faz apreciar de um ponto de vista diverso do prisma fascinante do mundo. Ele ensina que o pequeno pode ter sido grande na Terra; que o grande pode tornar-se pequeno e que no reino celeste as classes terrenas não são levadas em conta. É assim que, destruindo logicamente os preconceitos sociais de casta e de cor, conduz à verdadeira fraternidade.

Nosso irmão Costeau era pobre e deixa uma viúva necessitada. Assim, foi levado à vala comum, porta que conduz ao Céu, tanto quanto suntuoso mausoléu.

O Sr. d'Ambel, vice-presidente, e o Sr. Canu, secretário da Sociedade, conduziram o enterro. Um e outro pronunciaram sobre a sepultura palavras que causaram viva impressão no auditório e nos coveiros, visivelmente comovidos, posto que insensíveis a tais cerimônias.

Eis a alocução do Sr. Canu:

"Caro irmão Costeau! Há apenas alguns anos, muitos dentre nós, e eu confesso que era o primeiro, não teríamos visto ante este túmulo aberto senão o fim das misérias humanas, e depois o nada, isto é, nada de alma para merecer ou expiar e, consequentemente, nada de Deus para recompensar, castigar ou perdoar. Hoje, graças à nossa divina doutrina, aqui vemos o fim das provas, e para vós, caro irmão, cujos despojos mortais devolvemos à terra, o triunfo em nossos labores e o começo das recompensas que mereceu vossa coragem, vossa resignação, vossa caridade, numa palavra, as vossas virtudes e, acima de tudo, a glorificação de um Deus sábio, todo-poderoso, justo e bom.

"Levai, pois, caro irmão, nossas ações de graças aos pés do Eterno, que quis dissipar em redor de nós as trevas do erro e da incredulidade, porque, ainda há pouco tempo, nesta circunstância, nós vos teríamos dito, com a fronte morna e o coração desencorajado: "Adeus, amigo, para sempre." Hoje vos dizemos, com a fronte erguida e radiando esperança, e com o coração cheio de coragem e de amor: "Caro irmão, até à vista, e orai por nós."

Alocução do Sr. d'Ambel:

"Senhoras, senhores e vós, caros colegas da Sociedade de Paris. É a segunda vez que conduzimos um colega à sua última morada. Aquele a quem vimos dizer adeus foi um desses obscuros lutadores que as dificuldades da vida sempre encontraram inamolgável; contudo, a certeza absoluta por muito tempo lhe havia faltado. Assim, desde que o Espiritismo se lhe tornou conhecido, apressou-se em abraçar uma doutrina que lhe trazia a verdade, e cujos ensinamentos são tão próprios a consolar em suas provas os aflitos deste mundo.

"Modesto trabalhador, ele sempre cumpriu sua tarefa com a serenidade do justo, e a adversidade que feriu tão cruelmente, para nosso pesar, os últimos dias de sua vida, lhe abriu, – ficai certos, todos que me ouvis – uma próxima carreira de prosperidade e ventura.

"Ah! Quanto lamento que nosso mestre venerado não esteja em Paris! Sua voz autorizada teria sido bem mais agradável que a minha ao irmão que perdemos e lhe teria prestado uma homenagem mais considerável que a que lhe pode prestar minha obscuridade.

"Eu teria desejado dar aos funerais de nosso colega uma solenidade maior, mas fui prevenido muito tarde para comunicar a todos os membros da Sociedade presentes em Paris. Mas, por poucos que sejamos aqui, representamos a grande família espírita, que uma fé comum no futuro une, de um extremo ao outro do mundo. Nós somos os delegados de muitos milhões de adeptos, em cujo nome vimos pedir, caro e lamentado colega, que contribuais, de agora em diante, nos limites de vossas novas faculdades, para a propaganda de nossa grande doutrina que, em meio a vossas últimas e cruéis provas, vos sustentou tão energicamente.

"Ah! – como disse tão eloquentemente nosso caro presidente Allan Kardec, no enterro de nosso irmão Sanson – é que a fé espírita dá, nestes momentos supremos, uma força da qual só se pode dar conta aquele que a possui, e essa fé, o Sr. Costeau a possuía no mais alto grau.

"Caro senhor Costeau, sabeis do vivo interesse que a Sociedade Espírita de Paris tinha por vós. Ela sempre vos lembrará como um de seus membros mais assíduos, e é em seu nome, em nome de seu presidente, em nome de vossa esposa e de vossa irmã desoladas que vos venho dizer, como o nosso amigo Sr. Canu, não um adeus, mas um até à vista, num mundo mais feliz. Que possais gozar, nesse onde agora vos achais, a felicidade que mereceis, e vir nos estender a mão, quando chegar a nossa vez de nele entrar.

"Caros Espíritos dos Srs. Jobard e Sanson, eu vos peço que acolhais o nosso colega Sr. Costeau e lhe faciliteis o acesso às vossas serenas regiões.

"Caros Espíritos, orai por ele. Orai por nós. Que assim seja."

Após esta alocução, o Sr. d'Ambel pronunciou textualmente a prece pelos que acabam de morrer, que foi dita sobre o túmulo do Sr. Sanson. (*Revista Espírita* de maio de 1862).

O Sr. Vézy, um dos médiuns da Sociedade, nome conhecido dos nossos leitores pelas belas comunicações de Santo Agostinho, desceu à fossa, e o Sr. d'Ambel fez em voz alta a evocação do Sr. Costeau, que deu, pelo Sr. Vézy, a comunicação seguinte, cuja leitura todos os assistentes, inclusive os coveiros, ouviram *com a cabeça descoberta* e com profunda emoção. Com efeito, ouvir as palavras de um morto, colhidas dentro da própria tumba, era um espetáculo novo e empolgante.

"Obrigado, amigos, obrigado. Minha sepultura ainda não está fechada, e contudo, mais um segundo e a terra vai cobrir meus restos. Mas, vós o sabeis, sob esta poeira minha alma não será enterrada. Ela vai planar no espaço, para subir a Deus.

"Assim, como é consolador poder ainda dizer, malgrado o envoltório aniquilado: Oh não! Não estou morto! Vivo a verdadeira vida, a vida eterna!

344 | REVISTA ESPÍRITA

"O enterro do pobre não é seguido por um grande número. As orgulhosas manifestações não se dão sobre o seu túmulo, e contudo, amigos, crede-me, *aqui não falta a multidão imensa*, e bons Espíritos seguiram convosco e com estas mulheres piedosas o corpo que aqui está deitado! Todos vós, pelo menos, acreditais, e amais o bom Deus!

"Oh! Certamente não! Nós não morremos porque o nosso corpo se parte, esposa bem amada! De agora em diante estarei sempre junto a ti, para te consolar e te ajudar a suportar a prova. Ela te será rude, a vida, mas, com a ideia da eternidade e do amor a Deus enchendo teu coração, como te serão leves os sofrimentos!

"Parentes que rodeais minha amada companheira, amai-a, respeitai-a; sede para ela irmãos e irmãs. Não esqueçais que na Terra vós vos deveis assistência, se quiserdes entrar no repouso do Senhor.

"E vós, espíritas! irmãos, amigos, obrigado por terdes vindo dizer-me adeus até esta morada de pó e de lama. Mas vós sabeis, sabeis muito bem que minha alma vive, imortal, e que ela irá algumas vezes vos pedir preces, que não me serão recusadas, para me ajudar nesta via magnífica que em vida me abristes.

"Adeus a todos que aqui estais. Poderemos rever-nos noutro lugar que não sobre esta sepultura.

"As almas me chamam ao seu encontro.

"Adeus! Orai por aqueles que sofrem. Até à vista.

"COSTEAU"

Terminadas as últimas formalidades fúnebres, esses senhores foram fazer uma visita espírita, no mesmo cemitério, ao túmulo de *Georges*, esse eminente Espírito que deu, por intermédio da Sra. Costel, as belas comunicações que nossos leitores por vezes têm admirado.

O Sr. Georges era, em vida, cunhado do Sr. d'Ambel. Lá, por intermédio do Sr. Vézy, recolheram as seguintes palavras:

"Embora não vivamos aqui (no local da inumação), gostamos de vir aqui para vos agradecer pelas preces que vindes fazer por nós, e pelas flores que espalhais sobre os nossos túmulos.

"Como fizeram bem criando estes lugares de repouso e de prece! As almas podem conversar mais à vontade e, nesses impulsos íntimos, melhor permutam os sentimentos que as animam: uma junto a um túmulo, outra, planando acima!

"Acabais de dizer adeus a um dos vossos amigos; agradeço por me não terdes esquecido. Eu estava convosco naquela multidão de Espíritos que se comprimiam junto ao túmulo que acaba de abrir-se e me sentia feliz ao ler em vossos corações a convicção e a fé. Misturei às vossas as minhas preces, e os Espíritos bem-aventurados as levaram a Deus!

"Meus bons amigos, a fé espírita dará a volta ao redor do mundo e acabará transformando os loucos em sábios. Ela penetrará até no coração desses padres que vistes há pouco sorrindo, e que vos causaram uma dor verdadeira... (alusão à maneira pela qual se realizou a cerimônia religiosa). Seu escândalo fez sangrar os vossos corações, mas superastes a indignação, pensando no bem que íeis derramar na alma do vosso amigo. Ela está aqui, perto de mim, e pede que eu vos agradeça em seu nome.

"Já vos disseram que a tumba é a vida. Vinde algumas vezes à sombra do salgueiro, ao pé da cruz mortuária, e em meio ao silêncio, à calma, ouvireis uma harmonia divina; em meio à brisa ouvireis os concertos de nossas almas, cantando Deus... a eternidade... Depois, alguns de nós destacar-se-ão dos coros sagrados para virem instruir-vos sobre os vossos destinos. Aquilo que, até hoje, ficou em mistério para vós, desvendar-se-á pouco a pouco aos vossos olhos e podereis compreender o vosso começo e as vossas grandezas futuras.

"Então marcai encontros aqui, vós que quereis instruir-vos. Aqui lereis as páginas da eternidade, e o livro da vida estará sempre aberto para vós. Neste lugar de calma e de paz, a voz do Espírito parece fazer ouvir-se melhor para aquele que ela quer instruir; ela toma proporções mágicas e sonoras e seus acentos penetram mais aquele sobre o qual ela quer agir.

"Trabalhai com zelo e fervor na propaganda da ideia nova. Eu vos ajudarei sem cessar, e se a tranquilidade do túmulo amedrontar a uns, que saibam que os bons Espíritos sentem-se felizes instruindo por toda parte.

"Adeus e obrigado! Como eu gostaria de poder transmitir ao mundo inteiro a fé de que estais cheios! Mas, em verdade vos digo, o Espiritismo é a alavanca com a qual Arquimedes levantará o mundo!

346 | REVISTA ESPÍRITA

"Algumas palavras a vós, meu irmão, particularmente, já que se apresenta a ocasião. Dizei a minha irmã que ame sempre os deveres impostos por Deus, por mais pesados que sejam. Dizei-lhe que ame a nossa mãe e me substitua junto a ela. Dizei-lhe que vele por minha filha, que sorria para o céu e que encontre perfume em todas as flores da Terra...

"À vós, meu irmão, aperto as duas mãos.

"GEORGES"

Do que se vê acima ressalta um duplo ensinamento. Poderia causar admiração que um Espírito tão vizinho da época da morte tenha podido exprimir-se com tanta lucidez, mas deve-se lembrar que o Sr. Sanson foi evocado na câmara mortuária, antes de ser levado o corpo, e que ele deu, nesse momento, a bela comunicação que todos puderam ler na *Revista*. Sua perturbação tinha durado apenas algumas horas, e sabe-se, aliás, que o desprendimento é rápido nos Espíritos moralmente adiantados.

Por outro lado, por que o Sr. Vézy desceu à cova? Havia utilidade ou era simples encenação? Afastemos logo o segundo motivo, pois os espíritas sérios agem seriamente e religiosamente e não fazem encenações. Em tal momento teria sido uma profanação. Certamente a utilidade não era absoluta. Deve haver um testemunho mais especial de simpatia, em razão mesmo de que o morto estava na vala comum. Aliás, sabe-se que o acesso a essas valas é mais fácil do que ao das covas particulares, cuja entrada é estreita, e o Sr. Vézy aí se achava mais comodamente para escrever.

Isto, entretanto, poderia ter sua razão de ser, de um outro ponto de vista que provavelmente não veio à mente do Sr. Vézy. Sabe-se que a evocação facilita o desprendimento do Espírito e pode abreviar a duração da perturbação. Também se sabe que os laços que unem o Espírito ao corpo nem sempre são partidos inteiramente, logo após a morte. Eis um notável exemplo:

Um jovem tinha morrido acidentalmente de maneira horrível. Sua vida tinha sido a de muitos jovens ricos, desocupados, isto é, muito vinculada à matéria. Ele comunicou-se espontaneamente com um médium de nosso conhecimento, que o tinha conhecido em vida, pedindo que o evocassem e orassem *em seu sepulcro*, para ajudar a romper os laços que o prendiam ao corpo, do qual ele não conseguia desembaraçar-se. Evidentemente deve haver no caso uma ação magnética facilitada pela proximidade do corpo, e aí talvez esteja uma das causas que, instintivamente, levam os amigos do defunto a irem orar no lugar onde se encontra o corpo.

INAUGURAÇÃO DO RETIRO DE CEMPUIS

Já falamos do outro retiro instalado em Cempuis, perto de Grandvilliers, no departamento de Oise, pelo Sr. Prévost, membro da Sociedade Espírita de Paris.

A construção está hoje terminada, bem como as instalações internas. Anexa ao estabelecimento, posto que formando uma construção isolada, há uma capela em estilo gótico, de aspecto monumental. A inauguração da capela ocorreu domingo, 19 de julho último, dia de São Vicente de Paulo, a quem é dedicada, numa cerimônia de caridade, isto é, por uma distribuição de pão, vinho e carne aos pobres da paróquia. O Sr. Prévost pronunciou a respeito o discurso seguinte, que temos a satisfação de reproduzir:

"Senhores,
"Conheceis o motivo desta reunião, assim, não me alongarei sobre detalhes inúteis e que nada informam que não saibais. A obra material está hoje praticamente realizada, graças à evidente proteção do Todo-Poderoso, que se dignou secundar os meus esforços. Estamos aqui em família, todos, e não o duvido, animados pelos mesmos sentimentos por sua divina bondade. Unamo-nos, pois, no mesmo impulso de gratidão, e peçamos que ele continue nos assistindo e nos dando as luzes que nos faltam.

"Deus do Céu e da Terra, soberano senhor de todas as coisas, tem piedade de nossa fraqueza! Eleva nossos corações para

348 | REVISTA ESPÍRITA

ti, a fim de que aprendamos a cumprir nossos deveres segundo tua vontade, e para que todas as nossas ações estejam em relação com a tua lei universal. Senhor, faze que nossa alma se encha de teu amor; que ela se apaixone pelo fogo sagrado da convicção e que prove sua fé por atos de verdadeira caridade. Todas as palavras, por melhores que sejam, se não forem seguidas de efeitos de benevolência para com as tuas criaturas, assemelham-se a uma bonita árvore sem frutos.

"Ajuda-nos, pois, Poder Infinito, a superar os obstáculos que poderiam erguer-se ante os nossos passos e entravar o nosso desejo de nos tornarmos úteis na missão para a qual nos escolheste. Dá-nos a força necessária para a realizarmos com amor e sinceridade.

"A boa assistência dada à velhice te é agradável, meu Deus, porque é um ato de justiça. Eles nos precederam no caminho. Os sulcos que eles abriram foram regados com seu suor, e nós lhe recolhemos os frutos. Hoje sua experiência é um campo já ceifado, mas onde ainda temos o que colher. É justo, portanto, que recompensemos o seu sacrifício, assegurando-lhes o repouso após o trabalho. É um dever, para nós, pois queríamos que o mesmo fosse feito conosco, mas para realizá-lo dignamente, é-nos necessária a tua assistência, pois temos consciência de nossa fraqueza.

"É também em teu nome, Senhor, que aqui o órfão encontrará uma nova família. O menino abandonado crescerá entre nós ao suave calor do fogo divino com que favoreceste São Vicente de Paulo, a quem pedimos nos assista, para que possamos realizar este ato, a seu exemplo.

"Espírito Infinito, tudo está em ti, tudo é por ti, nada está fora de ti. Os castigos, como as recompensas, nos vêm de tua mão abençoada. Conheces as nossas necessidades. Somos teus filhos e nos remetemos à tua divina providência.

"Os bons Espíritos que sob teu olhar paternal presidem os destinos da Terra, os anjos de guarda dos homens, mereceram tua confiança, Senhor. Esperamos que, por ti, eles nos ajudem a conservar intacto o sublime código de moral promulgado pelo Cristo, teu filho bem-amado. – Amai a Deus, disse-nos ele do alto da cruz, há dezoito séculos; amai-vos uns aos outros; amai o vosso próximo como a vós mesmos; praticai a caridade para com todos, em todas as coisas. Eis a sua lei, Senhor, e essa lei é a tua. Possa ela gravar-se em nossos corações e fazer-nos ver como irmãos todos os nossos semelhantes, que, como nós, são teus filhos. Assim seja.

"Meus amigos, meus irmãos, sigamos este grande exemplo, e tenhamos uma sincera fé em Deus. Ele nos ajudará a suportar as consequências da má direção que o esquecimento desses deveres imprimiu à Sociedade, em tempos já distantes. Hoje muitas coisas entram na ordem prescrita pelo Criador. Malgrado o egoísmo que ainda domina um grande número de pessoas, o amor fraterno é mais bem compreendido; os preconceitos de casta, da seita e de nacionalidade se apagam pouco a pouco; a tolerância, uma das filhas da caridade evangélica, faz pouco a pouco desaparecerem os antagonismos que por tanto tempo dividiram os filhos de um mesmo Deus; os sentimentos de humanidade se infiltram no coração das massas e já realizaram grandes coisas em diversos pontos da Terra.

"Na França, numerosas fábricas que ficaram sem trabalho experimentaram há pouco tempo os suaves efeitos desse amor ao próximo. Esse élan para o sofrimento fala bem alto em favor de nosso país; é preciso ver aí a mão de Deus. É com alegria que vemos a primeira nação do mundo civilizado levar até as plagas mais distantes os frutos desse amor à Humanidade, que só a verdadeira grandeza dá e que ela colheu no centro radiante da cruz, ajudada pela luz do progresso, que obriga o homem a ser melhor para com seu semelhante e a tornar-se melhor, ele próprio.

"Meus amigos, com o concurso de homens instruídos e benevolentes, espero formar futuramente uma biblioteca moral e instrutiva, anexa a este estabelecimento, onde cada um poderá colher os meios de se melhorar, tanto em relação ao espírito quanto em relação ao coração.

"Agradeço-vos muito sinceramente, a vós todos que atendestes ao meu apelo, vindo oferecer, em comum, ação de graças à Divindade, em reconhecimento da inspiração da fundação deste estabelecimento.

"A partir de hoje, 19 de julho de 1863, esta capela, dedicada a São Vicente de Paulo, cuja suave e imortal imagem retrata em seus vitrais, lhe é publicamente consagrada por seu fundador, que deseja que doravante seja ela considerada um lugar santo, um lugar de prece. Aqui Deus deve ser adorado, e diante do símbolo de seu amor pelos homens; ante essa venerável e grande figura de apóstolo da caridade cristã, todos deverão compenetrar-se de que o amor ao próximo deve ser praticado por atos e deve estar no coração e não nos lábios.

"Antes de nos separarmos, vamos fazer a oração dominical.

"Pai nosso, que estais no Céu, santificado seja o vosso nome, venha a nós o vosso reino, seja feita a vossa vontade, assim na Terra como no Céu. O pão nosso de cada dia dai-nos hoje. Perdoai nossas ofensas, como perdoamos àqueles que nos ofenderam. Não nos deixeis sucumbir à tentação, mas livrai-nos do mal. Que assim seja."

Nessa ocasião, o Sr. Prévost teve a bondade de pessoalmente remeter-nos a soma de 200 francos para as obras de beneficência, cujo emprego, infelizmente, não é difícil de encontrar.

A Sociedade Espírita de Paris, a propósito do discurso acima, votou por unanimidade e por aclamação, a seguinte carta, que lhe foi dirigida:

"Senhor e caríssimo colega,

"A Sociedade Espírita de Paris, da qual fazeis parte, ouviu com o maior interesse a leitura do discurso que fizestes na inauguração da capela do retiro que fundastes em vossa propriedade em Cempuis. O discurso é a expressão dos nobres sentimentos que vos animam; é digno daquele que fez tão bom uso da fortuna adquirida pelo trabalho e que não espera, para fazer com que ela beneficie os infelizes, que a morte a tenha tornado inútil, porque é em vida que vos impondes privações para aumentar a parte deles.

A Sociedade sente-se honrada em contar entre os seus membros um adepto que faz uma aplicação tão cristã dos princípios da Doutrina Espírita. Ela decidiu, por unanimidade, transmitir-vos oficialmente a expressão de sua viva e fraterna simpatia pela obra humanitária que empreendestes, e por vossa pessoa em particular.

"Recebei etc."

A fortuna do Sr. Prévost é fruto inteiramente de suas obras, o que tem maior mérito. Depois de ter sofrido o contragolpe das revoluções que lhe fizeram perdê-la, ele reedificou-a por sua coragem e perseverança. Hoje, que chegou à idade do repouso; que ele poderia largamente dar-se ao luxo dos prazeres da vida, ele se contenta com o estritamente necessário e, ao contrário de muitos outros, não espera não precisar de mais nada para que seus irmãos em Jesus Cristo participem do seu supérfluo. Assim, sua recompensa será bela, e ele desfruta das suas primícias pelo prazer proporcionado pelo bem que faz.

Aos olhos de certas pessoas, entretanto, o Sr. Prévost está muito errado, porque é espírita e professa a doutrina do demônio. No entanto, seu discurso não é o de um ateu, nem mesmo de um deísta, mas de um cristão. Sua própria moderação é uma prova de caridade, pois ele se absteve de falar mal de seu próximo e até mesmo de fazer qualquer alusão àqueles que vinculam sua ajuda a condições que sua consciência não lhe permitia aceitar.

BENFEITORES ANÔNIMOS

O fato seguinte é relatado pelo *Patrie,* de abril último:

"O proprietário de uma casa na Rua do Cherche-Midi tinha permitido anteontem que o inquilino se mudasse sem saldar a conta, entretanto, mediante um reconhecimento de seu débito. Mas, enquanto carregavam os móveis, o proprietário arrependeu-se e quis ser pago antes da retirada dos móveis. O locatário se desesperava, sua mulher chorava, e dois filhos em tenra idade imitavam a mãe. Um cavalheiro, condecorado com a Legião de Honra, passava no momento por aquela rua. Ele parou. Tocado por esse espetáculo desolador, aproximou-se do infeliz devedor, e, sabedor do montante devido pelo aluguel, entregou-lhe duas notas e desapareceu, acompanhado pelas bênçãos daquela família que ele salvava do desespero."

"O *Opinion du Midi*, jornal de Nîmes, em julho relatava outro caso do mesmo gênero:

"Acaba de passar-se um fato tão estranho, pelo mistério com que se realizou, quão tocante por seu objetivo e pela delicadeza do procedimento do seu autor.

"Há três dias noticiamos que um violento incêndio tinha consumido quase que inteiramente a loja e as oficinas de um tal Sr. Marteau, marceneiro em Nîmes. Contamos a dor desse infeliz em presença de um sinistro que consumava a sua ruína, pois o seguro que tinha feito era infinitamente inferior ao valor das mercadorias destruídas.

"Soubemos hoje que três carretas contendo madeira de várias qualidades e instrumentos de trabalho foram levadas à frente da casa do Sr. Marteau e descarregadas em suas oficinas meio devoradas pelo fogo.

"O encarregado do transporte respondeu às interpelações, alegando a ignorância em que se achava relativamente ao nome do doador cuja vontade executava. Alegou não conhecer a pessoa que o havia encarregado de transportar a madeira e os utensílios ao Sr. Marteau, e nada saber além dessa incumbência. Retirou-se após ter descarregado as três viaturas.

"A alegria e a felicidade substituíram no Sr. Marteau o abatimento de que era impossível tirá-lo desde o dia do incêndio.

"Que o generoso desconhecido que tão nobremente veio em socorro de um infortúnio que, sem ele, talvez tivesse sido irreparável, receba aqui os agradecimentos e as bênçãos de uma família que desde hoje lhe deve a mais doce consolação e que em breve talvez lhe deva a prosperidade."

O coração fica novamente sereno ao se ler fatos semelhantes, que vêm, de vez em quando, fazer a contrapartida aos relatos de crimes e torpezas que os jornais exibem em suas colunas.

Fatos como os acima relatados provam que a virtude não está inteiramente banida da Terra, como julgam certos pessimistas. Sem dúvida o mal ainda domina, mas quando se procura na sombra, verifica-se que sob a erva daninha há mais violetas, isto é, maior número de boas almas do que se espera. Se elas aparecem tão esparsas, é que a verdadeira virtude não se põe em evidência, por ser humilde. Ela se contenta com os prazeres do coração e com a aprovação da consciência, ao passo que o vício se manifesta afrontosamente, em plena luz. Ele faz barulho, porque é orgulhoso. O orgulho e a humildade são os dois polos do coração humano. Um atrai todo o bem, o outro, todo o mal. Um tem calma, o outro, tempestade. A consciência é a bússola que indica a rota conducente a cada um deles.

O benfeitor anônimo, como aquele que não espera a morte para dar aos que não têm, é, sem contradita, o tipo do homem de bem por excelência; é a personificação da virtude modesta, aquela que não busca aplausos dos homens.

Fazer o bem sem ostentação é um sinal inconteste de grande superioridade moral, porque é necessária uma fé viva em Deus e no futuro. É necessário fazer abstração da vida presente e identificar-se com a vida futura para esperar a aprovação de Deus e renunciar à satisfação proporcionada pelo testemunho atual dos homens.

O obsequiado abençoa de coração a mão generosa e desconhecida que o socorreu, e essa bênção sobe ao Céu mais que os aplausos da multidão. Aquele que preza mais o sufrágio dos homens que o de Deus prova ter mais fé nos homens do que em Deus e que para ele a vida presente tem mais valor que a vida futura. Se disser o contrário, age como quem não crê no que diz.

Quanta gente que não faz obséquios senão com a esperança de ver o obsequiado proclamar o benefício do alto dos telhados; que em plena luz daria uma grande soma, mas na obscuridade não daria uma simples moeda! Eis por que disse Jesus: "Os que fazem o bem com ostentação já receberam sua recompensa." Com efeito, àquele que busca sua recompensa na Terra, Deus nada deve. Só lhe resta receber o preço de seu orgulho.

Talvez certos críticos perguntem: Que relação tem isto com o Espiritismo? Quantos casos não contareis, mais divertidos do que esta moral *enfadonha*! (*Jugement de la morale spirite*, do Sr. Figuier, vol. IV, pág. 369). Isto tem relação com o Espiritismo, no sentido que o Espiritismo, proporcionando uma fé inabalável na bondade de Deus e na vida futura, e graças a ele, fazendo os homens o bem pelo bem, eles serão um dia menos esparsos do que hoje. Então os jornais terão menos crimes e suicídios a registrar, e mais atos da natureza dos que deram lugar a estas reflexões.

ESPÍRITOS VISITANTES

FRANÇOIS FRANCKOWSKI

354 | REVISTA ESPÍRITA

Certas pessoas imaginam que os Espíritos só vêm ao apelo que se lhes faz. É um erro em que não incorrem os que conhecem o Espiritismo, pois sabem que muitas vezes eles se apresentam espontaneamente, sem serem chamados, o que nos leva a dizer que se nos proíbem de chamar os Espíritos, não podem impedir que eles venham. Entretanto, dirão, eles vêm porque se pratica a mediunidade e porque outros são chamados. Se vos abstivésseis, eles não viriam. É outro grave erro, e os fatos provam quantas vezes os Espíritos se manifestaram pela visão, pela audição ou por qualquer outro meio, a pessoas que jamais tinham ouvido falar de Espiritismo. Não é, pois, contra os médiuns que se deve lançar a proibição, mas contra os Espíritos, para que não se comuniquem, nem mesmo com a permissão de Deus.

Essas comunicações espontâneas têm um interesse muito mais atraente quando são de Espíritos que não eram esperados nem conhecidos, e cuja identidade mais tarde pode ser verificada. Citamos um exemplo notável na história de Simon Louvet, contada na *Revista* de março de 1863.

Eis outro fato não menos instrutivo, obtido por um médium de nosso conhecimento:

Apresenta-se um Espírito com o nome de François Franckowski e dita o seguinte:

"O amor a Deus é o sentimento que resume todos os amores, todas as abnegações. O amor à pátria é um raio desse sublime sentimento. Ó meu pobre país! Ó infeliz Polônia! Quantas desgraças vieram desabar sobre ti! Como são horrorosos os crimes dos que se julgam civilizados, e como serão castigados os infelizes que querem entravar a liberdade! Ó Deus! Lança um olhar sobre este desgraçado país e perdoa aos que, inteiramente voltados à vingança, não pensam que tu os punirás no outro lado da vida!

"A Polônia é uma terra abençoada, porque engendra grandes devotamentos e nenhum de seus filhos é covarde. Deus ama os que se esquecem de si mesmos pelo bem de todos. É em recompensa ao devotamento dos poloneses que ele perdoará, e seu jugo será quebrado.

"Morri vítima de nossos opressores, execrados por todos os nossos. Eu era jovem, tinha vinte e quatro anos, e minha pobre mãe está morrendo de dor por ter perdido tudo o que amava no mundo: seu filho. Orai por ela, eu vos peço, para que ela esqueça e perdoe o meu carrasco, pois sem esse perdão ela estará para sempre separada de mim...

"Pobre mãe! Eu a revi apenas na manhã da minha morte, e era tão horrível sentirmo-nos separados!... Deus teve piedade de mim, e eu não a deixo desde o momento em que pude desembaraçar-me do resto de vitalidade que ligava meu Espírito a meu corpo...

"Venho a vós, porque sei que orareis por *ela*, tão boa e ordinariamente tão resignada, e tão revoltada contra Deus desde que não estou mais lá!...

"É preciso que ela perdoe. Orai para que esse sublime perdão de uma mãe ao carrasco de seu filho venha acabar uma vida tão gloriosamente começada. Adeus! Orareis, não?

"FRANÇOIS FRANCKOWSKI"

O médium jamais tinha ouvido falar de tal pessoa, e talvez pensasse que tinha sido vítima de uma mistificação, quando, alguns dias depois, recebeu diversos objetos de linho que tinha comprado, enrolados num fragmento do *Petit Journal* de 7 de julho último. Maquinalmente o percorreu e, sob o título de *Execuções Capitais*, leu um artigo que começava assim:

"Achamos curiosos detalhes sobre a execução de um jovem polonês, prisioneiro dos Russos. Franckowski era um jovem de vinte e quatro anos. Ele ainda tem seus pais, que tinham até recebido licença para visitá-lo na prisão. Como não tinha sido preso com armas na mão, foi pelo conselho de guerra condenado à forca. Assisti à execução e não posso pensar sem emoção nesse acontecimento terrível..."

Segue-se o relato detalhado da execução e dos últimos momentos da vítima, morta com a coragem do heroísmo.

Aos que negam as manifestações – e seu número diminui dia a dia – aos que atribuem as comunicações mediúnicas à imaginação, ao reflexo do pensamento, mesmo inconsciente, perguntaremos de onde podia vir ao médium a intuição do nome de Franckowski, de vinte e quatro anos de idade; da mãe vindo ver o filho na prisão; do fato, numa palavra, do qual absolutamente não tinha conhecimento, do qual até duvidava, e cuja confirmação foi encontrar num pedaço de jornal que envolvia um pacote? E é preciso que aquele pedaço de jornal seja precisamente o que contém o relato. Direis: "Sim, foi o acaso." Seja para vós, que não vedes em tudo senão o acaso. Mas... e o resto?

Aos que pretendem proibir as comunicações sob o pretexto de que procedem do diabo, ou qualquer outro, perguntamos se existe algo de mais belo, de mais nobre, de mais evangélico que a alma desse filho que perdoa ao seu carrasco; que suplica à sua mãe que também perdoe, que dê esse perdão como condição de salvação! E por que vem ele a esse médium que não conhece, mas a quem, mais tarde, dá irrecusável prova de identidade? Para lhe pedir que ore para que sua mãe perdoe. E dizeis que isto é linguagem do demônio? Quem dera, então, que todos os que falam em nome de Deus falassem desse modo! Eles tocariam mais os corações do que com o anátema e a maldição.

DA PROIBIÇÃO DE EVOCAR OS MORTOS

Alguns membros da Igreja apoiam-se na proibição de Moisés para proscrever as comunicações com os Espíritos, mas se sua lei deve ser rigorosamente observada nesse ponto, deve sê-lo igualmente em todos os outros. Por que seria boa em relação às evocações e má em outras partes? Há que ser consequente. Se se reconhece que sua lei não mais está em harmonia com nossos costumes e nossa época para certas coisas, não há razão para que assim não ocorra com a proibição das evocações.

Aliás, é necessário nos reportarmos aos motivos que o levaram a fazer tal proibição, motivos que então tinham sua razão de ser, mas que seguramente não mais existem.

Quanto à pena de morte, que devia decorrer da infração dessa lei, é preciso considerar que nisto ele era muito pródigo, e que em sua legislação draconiana, a severidade do castigo nem sempre era um indício da gravidade da falta.

O povo hebreu era turbulento, difícil de conduzir, e não podia ser domado senão pelo terror. Ademais, Moisés não tinha grande escolha nos meios de repressão, pois ele não tinha prisões nem casas de correção e seu povo não era de natureza a ter medo de penas puramente morais. Assim, ele não podia graduar sua penalidade como em nossos dias. Ora, pelo respeito a sua lei, seria preciso manter a pena de morte para todos os casos em que ele a aplicava? Além disso, por que fazem reviver tal artigo com tanta insistência, quando se passa em silêncio o começo do capítulo, que proíbe aos sacerdotes a posse dos bens da Terra e ter parte em qualquer herança, porque o próprio Senhor é a sua herança? (Deuteronômio, Cap. XVIII).

Há duas partes distintas na lei de Moisés: a lei de Deus propriamente dita, promulgada no Monte Sinai e a lei civil ou disciplinar, apropriada aos costumes e ao caráter do povo. Uma é invariável, a outra se modifica conforme o tempo, e não pode vir à cabeça de ninguém que possamos ser governados pelos mesmos meios que os Hebreus no deserto, assim como a legislação da Idade Média não poderia aplicar-se à França do século dezenove. Quem sonharia, por exemplo, em reviver hoje este artigo da lei mosaica: "Se um boi fere com o chifre um homem ou uma mulher, e a pessoa morrer, o boi será lapidado sem remissão, e não será comida a sua carne, e o dono do boi será absolvido."

Ora, que diz Deus em seus mandamentos? "Não terás outro Deus senão eu; não tomarás o nome de Deus em vão; honra teu pai e à tua mãe; não matarás; não cometerás adultério; não roubarás; não dirás falso testemunho; não cobiçarás o bem de teu próximo." Eis uma lei que é de todos os tempos e de todos os países, e que, por isto mesmo, tem um caráter divino, mas ela não trata da proibição de evocar os mortos, de onde é necessário concluir que tal proibição era simples medida disciplinar e de circunstância.

Mas Jesus não veio modificar a lei mosaica, e sua lei não é o código dos cristãos? Ele não disse: "Ouvistes que foi dito aos Antigos esta e aquela coisa, e eu vos digo outra coisa? Ora, em parte alguma do Evangelho se faz menção à proibição de evocar os mortos. É um ponto muito grave para que o Cristo o tivesse omitido de suas instruções, quando tratou de questões de ordem muito mais secundária. Ou se deve pensar como um sacerdote a quem tal objeção foi feita, que "Jesus esqueceu-se de falar nisso."

Sendo inadmissível o pretexto da proibição de Moisés, apoiam-se em que a evocação é uma falta de respeito aos mortos, cujas cinzas não devem ser perturbadas. Quando essa evocação é feita religiosamente e com recolhimento, não se vê nada de desrespeitoso, mas há uma resposta peremptória a dar a tal objeção. É que os Espíritos vêm de boa vontade quando chamados, e mesmo espontaneamente, sem serem chamados; que testemunham sua satisfação de se comunicarem com os homens, e às vezes se lamentam do esquecimento em que por vezes são deixados. Se eles fossem perturbados em sua quietude ou ficassem descontentes com o nosso chamado, ou o diriam ou não viriam. Se eles vêm, é porque isto lhes convém, pois não sabemos de ninguém que tenha o poder de obrigar Espíritos, seres impalpáveis, a se incomodarem, se não o querem, pois não lhes podemos apreender o corpo.

Alegam outra razão, dizendo que as almas estão no inferno ou no paraíso. As que estão no inferno dali não podem sair. As que estão no paraíso estão na sua inteira beatitude e muito acima dos mortais para se ocuparem com eles. Restam as que estão no purgatório, mas essas são sofredoras e devem pensar antes de tudo em sua salvação. Ora, se nem umas nem outras podem vir, é apenas o diabo que vem em seu lugar. No primeiro caso, seria muito racional supor que o diabo, autor e instigador da primeira revolta contra Deus, em rebelião perpétua, que nem experimenta arrependimento nem pesar pelo que faz, seja mais rigorosamente punido que as pobres almas que arrasta ao mal e que muitas vezes são apenas culpadas de uma falta temporária, de que sentem amargo arrependimento. Longe disso, o que acontece é exatamente o contrário. Essas almas infelizes são condenadas a sofrimentos atrozes, sem trégua nem mercê durante a eternidade, sem um só instante de alívio, e, durante esse tempo, o diabo, autor de todo esse mal, goza de plena liberdade, corre o mundo recrutando vítimas, toma todas as formas, se permite todas as alegrias, faz malandragens, diverte-se até interrompendo o curso das leis de Deus, porque pode até fazer milagres. Na verdade, as almas culpadas deveriam invejar a sorte do diabo. E Deus o deixa agir, sem nada dizer, sem lhe opor nenhum freio, sem permitir que os bons Espíritos ao menos venham contrabalançar suas ações criminosas! De boa-fé, isto é lógico? E os que professam tal doutrina podem jurar, com a mão na consciência, que a poriam no fogo para sustentar que é a verdade?

O segundo caso levanta uma dificuldade igualmente grande. Se as almas que estão na beatitude não podem deixar seu feliz repouso para virem em socorro aos mortais, o que, diga-se de passagem, seria uma felicidade muito egoística, por que a Igreja invoca a assistência dos santos, que devem gozar da maior soma possível de beatitude? Por que diz ela aos fiéis que os invoquem nas doenças, nas aflições e para preservá-los dos flagelos? Por que, segundo ela, os santos e a própria Virgem vêm mostrar-se aos homens e fazer milagres? Então eles deixam o Céu para virem à Terra? Se eles podem deixá-lo, por que outros não poderiam?

Como todos os motivos alegados para justificar a proibição de se comunicar com os Espíritos não podem suportar um exame sério, é preciso que haja outro, não confessado. Esse motivo bem poderia ser o medo que os Espíritos, muito clarividentes, viessem esclarecer os homens sobre certos pontos, e lhes dar a conhecer, ao justo, como são as coisas no outro mundo e as verdadeiras condições para ser feliz ou infeliz. Eis por que, da mesma maneira que se diz a uma criança: "Não vá lá, porque lá tem um lobo mau", aos homens se diz: "Não chame os Espíritos porque é o diabo que vem." Mas será em vão. Se proíbem aos homens de chamar os Espíritos, não impedirão que os Espíritos venham aos homens, para retirar a lâmpada debaixo do alqueire.

DISSERTAÇÕES ESPÍRITAS

TENDO MOISÉS PROIBIDO DE EVOCAR OS MORTOS, É PERMITIDO FAZÊ-LO?

(BORDÉUS – MÉDIUM: SRA. COLLIGNON)

NOTA: Esta comunicação foi dada num grupo espírita de Bordéus, em resposta à pergunta acima. Antes de conhecê-la, tínhamos escrito o artigo precedente, sobre o mesmo assunto. Apesar disso nós a publicamos, precisamente por causa da concordância das ideias. Muitas outras, em vários lugares, foram obtidas no mesmo sentido, o que prova a concordância dos Espíritos a respeito disso. Esta objeção, não sendo mais sustentável do que todas as que opõem às relações com os Espíritos, cairá por si mesma.

Então, o homem é tão perfeito que julga inútil medir suas forças? E sua inteligência é tão desenvolvida que possa suportar toda a luz?

Quando Moisés trouxe aos hebreus uma lei que pudesse tirá-los do estado de escravização em que viviam e reavivar neles a lembrança de seu Deus, que haviam esquecido, foi obrigado a dosar a luz à capacidade de visão e a ciência à capacidade de entendimento deles.

Por que também não perguntais: Por que Jesus se permitiu refazer a lei?

Por que disse ele: "Moisés vos disse: Dente por dente, olho por olho, e eu vos digo: Fazei o bem aos que vos querem mal; bendizei aos que vos amaldiçoam; perdoai aos que vos perseguem."

Por que disse Jesus: "Moisés disse: Aquele que quiser deixar sua mulher lhe dê carta de divórcio, mas eu vos digo: Não separeis o que Deus uniu."

Por quê? É que Jesus falava a Espíritos mais adiantados do que na encarnação em que estavam ao tempo de Moisés. É que é preciso adequar a lição à capacidade de compreensão do aluno. É que vós, que perguntais, que duvidais, ainda não chegastes ao ponto em que deveis estar e ainda não sabeis o que sabereis um dia.

Por quê? Mas, então, perguntai a Deus por que ele criou a erva do campo, da qual o homem civilizado chegou a fazer seu alimento; por que fez árvores que só deveriam crescer em certos climas, em certas latitudes, e que o homem conseguiu aclimatar por toda parte.

Moisés disse aos hebreus: "*Não evoqueis os mortos!*" como se diz às crianças: "*Não toqueis no fogo!*"

Não foi a evocação que, pouco a pouco, tinha degenerado em idolatria entre os egípcios, os caldeus, os moabitas e todos os povos da Antiguidade? Eles não tinham tido a força de suportar a ciência, tinham-se queimado, e o Senhor tinha querido preservar alguns homens, a fim de que pudessem servir e perpetuar seu nome e sua fé.

Os homens eram pervertidos e dispostos a evocações perigosas. Moisés preveniu o mal. O progresso deveria ser feito entre os Espíritos, como entre os homens, mas a evocação ficou conhecida e praticada pelos príncipes da Igreja. A vaidade, o orgulho são tão velhos quanto a Humanidade, assim, os chefes da sinagoga usavam a evocação, e frequentemente usavam-na mal, por isso muitas vezes sobre eles abateu-se a cólera do Senhor.

Eis por que disse Moisés: "Não evoqueis os mortos." Mas a própria proibição prova que a evocação era usual entre o povo, e foi ao povo que ele a proibiu.

Deixai, pois, que falem os que perguntam por quê. Abri-lhes a história do globo, que eles cobrem com seus passos miúdos, e perguntai-lhes por que, após tantos séculos acumulados, eles marcam passos para avançar tão pouco. É que sua inteligência não está bastante desenvolvida; é que a rotina os constringe; é que eles querem fechar os olhos, malgrado os esforços feitos para lhos abrir.

Perguntai-lhes: Por que Deus é Deus? Por que o Sol os ilumina?

Que estudem, que busquem, e na história da Antiguidade verão por que Deus quis que tal conhecimento em parte desaparecesse, para reviver com mais brilho, quando os Espíritos encarregados de trazê-lo tivessem mais força e não vergassem ao seu peso.

Não vos inquieteis, meus amigos, com as perguntas ociosas, com as objeções sem nexo que vos fazem. Fazei sempre o que acabais de fazer: perguntai, e nós vos responderemos com prazer. A ciência é de quem a busca; então, ela vem se mostrar. A luz ilumina os que abrem os olhos, mas as trevas se adensam para os que querem fechá-los. Não é aos que perguntam que se há de recusar, mas aos que fazem objeções com o fito único de extinguir a luz ou que não ousam fitá-la.

Coragem, meus amigos! Estamos prontos para vos responder, todas as vezes que forem necessárias.

SIMEÃO, por MATEUS

OS FALSOS DEVOTOS

(REUNIÃO PARTICULAR, 10 DE MARÇO DE 1863)
(MÉDIUM, SRA. COSTEL)

Minha lembrança acaba de ser evocada por meu retrato e meus versos; duas vezes tocada, na vaidade feminina e em meu amor-próprio de poetisa, venho reconhecer vossa benevolência, esboçando em largos traços a silhueta dos falsos devotos, que são para a religião o que é para a Sociedade a mulher falsamente honesta. O assunto entra no quadro de meus estudos literários, cuja nuança *Lady Tartufe* exprimia.

Os falsos devotos sacrificam à aparência e traem o verdadeiro; eles têm o coração seco e os olhos úmidos, a bolsa fechada e a mão aberta; falam de boa vontade do próximo, criticando-lhe as ações de uma maneira adocicada que exagera o mal e apequena o mérito. Muito ardentes para a conquista dos bens materiais e mundanos, agarram-se a tesouros imaginários que a morte dispersa, e negligenciam os verdadeiros bens, que servem aos objetivos do homem e são a riqueza da eternidade.

Os hipócritas da devoção são os répteis da natureza moral. Vis, baixos, eles evitam as faltas castigadas pela vindita pública, e na sombra cometem atos sinistros. Quantas famílias desunidas e espoliadas! Quanta confiança traída! Quantas lágrimas e, até, quanto sangue!...

A comédia é o inverso da tragédia. Atrás do celerado marcha o bufão, e os falsos devotos têm por acólitos seres ineptos, que só agem por imitação: à maneira dos espelhos, eles refletem a fisionomia dos vizinhos. Tomam-se a sério; enganam-se a si próprios; ridicularizam, por timidez, aquilo em que acreditam; exaltam o de que duvidam; comungam com ostentação e acendem às escondidas pequenas velas, às quais atribuem muito mais virtude do que à santa hóstia.

Os falsos devotos são os verdadeiros ateus da virtude, da esperança, da Natureza e de Deus. Eles negam o verdadeiro e afirmam o falso. Contudo, a morte os levará besuntados de arrebiques e cobertos com os ouropéis que os disfarçavam, e os lançará ofegantes em plena luz.

DELPHINE DE GIRARDIN

LONGEVIDADE DOS PATRIARCAS

(SOCIEDADE ESPÍRITA DE PARIS, 11 DE JULHO DE 1863)
(MÉDIUM: SR. A. DIDIER)

Que vos importa a idade dos patriarcas em geral, e a de Matusalém em particular? A Natureza, sabei-o bem, jamais tem tido contrassensos e irregularidades, e se a máquina humana alguma vez variou, jamais repeliu por tanto tempo a destruição material: a morte.

Como já vos disse, a Bíblia é um magnífico poema oriental, onde as paixões humanas são divinizadas, como as paixões que os gregos idealizavam, como as grandes colônias da Ásia Menor.

Não há razão para casar a concisão com a ênfase, a clareza com a difusão, a frieza do raciocínio e da lógica moderna com a exaltação oriental. Os querubins da Bíblia tinham seis asas, como sabeis: quase monstros! O Deus dos judeus banhava-se em sangue; sabeis e quereis que vossos anjos sejam os mesmos anjos e que o vosso Deus, soberanamente bom e soberanamente justo, seja o mesmo Deus? Não alieis, pois, vossa análise poética moderna com a poesia mentirosa dos antigos judeus ou pagãos. A idade dos patriarcas é uma figura moral e não uma realidade. A autoridade, a lembrança desses grandes nomes, desses verdadeiros pastores de povos, enriquecidas de mistérios e de lendas que fizeram irradiar em torno deles, existiam entre esses nômades supersticiosos e idólatras das lembranças. É provável que Matusalém tenha vivido muito tempo no coração de seus descendentes.

Notai que na poesia oriental toda ideia moral é incorporada, encarnada, revestida de uma forma brilhante, radiante, esplêndida, contrariamente à poesia moderna que desencarna, que quebra o envoltório para deixar escapar a ideia até o céu. A poesia moderna não só é expressa pelo brilho e a cor da imagem, mas também pelo desenho firme e correto da lógica, numa palavra, pela ideia.

Como quereis aliar esses dois grandes princípios tão contrários? Quando ledes a Bíblia aos raios do Oriente, em meio às imagens douradas, nos horizontes intermináveis e difusos dos desertos, das estepes, fazei correr a eletricidade, que atravessa todos os abismos, todas as trevas, isto é, servi-vos da razão e julgai sempre a diferença do tempo, das formas e das compreensões.

LAMENNAIS

A VOZ DE DEUS

(SOCIEDADE ESPÍRITA DE PARIS, 11 DE JULHO DE 1862)
(MÉDIUM: SR. FLAMMARION)

Escutastes o ruído confuso do mar, retumbando quando o aquilão enche as vagas ou quando quebra, rugindo suas ondas argênteas sobre a praia?

Escutastes o estalo sonoro do raio nas nuvens sombrias ou o murmúrio da floresta ao sopro do vento da tarde?

Escutastes do fundo da alma essa múltipla harmonia, que não fala aos sentidos senão para atravessá-los e chegar até o ser pensante e amante?

Se, pois, não escutastes e entendestes estas mudas palavras, não sois filhos da revelação e ainda não credes.

A esses direi: "Saí da cidade à hora silenciosa em que os raios estrelados descem do céu, e colhendo em vós mesmos os pensamentos íntimos, contemplai o espetáculo que vos cerca e chegareis antes da aurora a partilhar a fé dos vossos irmãos."

Aos que já creem na grande voz da Natureza eu direi: "Filhos da nova aliança, é a voz do Criador e do conservador dos seres que fala no tumulto das ondas e no ribombar do trovão; é a voz de Deus que fala no sopro do vento. Amigos, escutai de novo, escutai várias vezes, escutai muito tempo, escutai sempre, e o Senhor vos receberá de braços abertos."

Ó vós que já escutastes sua voz potente aqui embaixo, vós a compreendereis melhor no outro mundo.

GALILEU

O LIVRE-ARBÍTRIO E A PRESCIÊNCIA DIVINA

(THIONVILLE, 5 DE JANEIRO DE 1863)
(MÉDIUM: DR. R...)

Há uma grande lei que domina tudo no Universo: a lei do progresso. É em virtude dessa lei que o homem, criatura essencialmente imperfeita, deve, como tudo quanto existe em nosso globo, percorrer todas as fases que o separam da perfeição. Sem dúvida Deus sabe quanto tempo cada um levará para chegar ao fim. Porém, como todo progresso deve resultar de um esforço tentado para realizá-lo, não haveria nenhum mérito se o homem não tivesse a liberdade de tomar este ou aquele caminho. Com efeito, o verdadeiro mérito não pode resultar senão de um trabalho operado pelo Espírito para vencer uma resistência mais ou menos considerável.

Como cada um ignora o número de existências que consagrou ao seu adiantamento moral, ninguém pode prejulgar nesta grande questão, e é sobretudo aí que brilha de maneira admirável a infinita bondade de nosso Pai Celeste que, ao lado do livre-arbítrio que nos conferiu, nada obstante semeou em nosso caminho marcos indicadores que iluminam os desvios. É, pois, por um resto de predomínio da matéria que muitos homens se obstinam em ficar surdos às advertências que lhes chegam de todos os lados, e preferem gastar em prazeres enganadores e efêmeros uma vida que lhes havia sido concedida para o avanço de seu Espírito.

Não se poderia afirmar sem blasfêmia que Deus tenha querido a infelicidade de suas criaturas, pois os infelizes expiam sempre, tanto uma vida anterior mal-empregada quanto sua recusa a seguir o bom caminho, quando este lhe era mostrado claramente.

Assim, depende de cada um abreviar a prova que deve sofrer. Por isso, guias seguros bastante numerosos lhe são concedidos para que seja inteiramente responsável por sua recusa de seguir seus conselhos, e ainda, neste caso, existe um meio certo de abrandar uma punição merecida, dando sinais de sincero arrependimento e recorrendo à prece, que jamais deixa de ser atendida, quando feita com fervor. O livre-arbítrio existe, pois, efetivamente, no homem, mas com um guia: a consciência.

Vós todos que tendes acesso ao grande foco da nova ciência, não negligencieis de vos penetrar das eloquentes verdades que ela vos revela, e dos admiráveis princípios que são a sua consequência. Segui-os fielmente, pois é aí, sobretudo, que brilha o vosso livre-arbítrio.

Pensai, por um lado, nas consequências fatais que para vós arrastaria a recusa de seguir o bom caminho, como nas magníficas recompensas que vos aguardam caso obedeçais às instruções dos bons Espíritos. É aí que brilhará, por sua vez, a presciência divina.

Em vão se esforçam os homens em busca da verdade por todos os meios que julgam ter na Ciência. Esta verdade, que lhes parece escapar, segue sempre ao seu lado, e os cegos não a percebem.

Espíritos sábios de todos os países, aos quais é dado levantar uma ponta do véu, não negligencieis os meios que vos são oferecidos pela Providência! Provocai nossas manifestações. Fazei que delas tirem proveito todos os vossos irmãos menos bem aquinhoados que vós. Inculcai, em todos, os preceitos que vos chegam do mundo espírita, e obtereis méritos, porque tereis contribuído em larga escala para a realização dos desígnios da Providência.

ESPÍRITO FAMILIAR

O PANTEÍSMO

(SOCIEDADE ESPÍRITA DE PARIS. MÉDIUM: SRA. COSTEL)

O panteísmo, ou a encarnação do Espírito na matéria, da ideia na forma, é o primeiro passo do paganismo na direção da lei do amor, que foi revelada e pregada por Jesus.

Ávida de prazeres, empolgada pela beleza exterior, a Antiguidade quase não olhava além do que via. Sensual e ardente, ela ignorava as melancolias que nascem da dúvida inquieta e das ternuras recalcadas. Ela temia os deuses, cuja imagem suavizada colocava na sala de estar de suas residências. A escravidão e a guerra a roíam por dentro e a esgotavam por fora. Em vão a Natureza sonora e magnífica convidava os homens a compreender o seu esplendor, mas eles a temiam ou a adoravam, como aos deuses. Os bosques sagrados participavam do terror dos oráculos, e nenhum mortal separava os benefícios de sua solidão das ideias religiosas que faziam palpitar a árvore e fremir a pedra.

O panteísmo tem duas faces, sob as quais convém estudá-lo. Primeiro, a separação infinita da natureza divina, dividida em todas as partes da criação e se reencontrando nos mais ínfimos detalhes, assim como na sua magnificência, isto é, uma confusão flagrante entre a obra e o obreiro. Em segundo lugar, a assimilação da Humanidade, ou antes, sua absorção na matéria. O panteísmo antigo encarnava as divindades; o moderno panteísmo assemelha o homem ao reino animal e faz surgirem as moléculas criadoras do forno ardente onde se elabora a vegetação, confundindo os resultados com o princípio.

Deus é a ordem, que a confusão humana não poderia perturbar. Tudo vem a propósito: a seiva para as árvores e o pensamento para os cérebros. Nenhuma ideia, filha do tempo, é abandonada ao acaso. Ela tem a sua fieira, um estreito parentesco que lhe dá a razão de ser, a liga ao passado e a convida ao futuro. A história das crenças religiosas é a prova dessa verdade absoluta, pois não houve nenhuma idolatria, nenhum sistema, nenhum fanatismo que não tivesse tido sua poderosa e imperiosa razão de existir. Todos avançavam para a luz, todos convergiam para o mesmo objetivo e todos virão confundir-se, como as águas dos rios longínquos, no vasto e profundo mar da unidade espírita.

Assim, o panteísmo, precursor do Catolicismo, levava em si o germe da universalidade de Deus. Ele inspirava aos homens a fraternidade para com a Natureza, essa fraternidade que Jesus lhes devia ensinar a praticar uns para com os outros, fraternidade sagrada, reforçada hoje pelo Espiritismo, que vitoriosamente religa os seres terrenos ao mundo espiritual.

Em verdade eu vos digo, a lei de amor desenrola lentamente, e de maneira contínua, suas espirais infinitas. É ela que, nos ritos misteriosos das religiões da Índia, diviniza o animal, sagrando-o por sua fraqueza e por seus serviços humildes. É ela que povoava de deuses familiares os lares purificados. É ela que, em cada uma das crenças diversas, faz com que as gerações soletrem uma palavra do alfabeto divino, mas estava reservado a Jesus proclamar a ideia universal que as resume todas. O Salvador anunciou o amor e o tornou mais forte que a morte. Ele disse aos homens: "Amai-vos uns aos outros; amai-vos na dor, na alegria, no opróbrio; amai a Natureza, vossa primeira iniciadora; amai os animais, vossos humildes companheiros; amai o que começa, amai o que acaba."

O Verbo do Eterno chama-se amor e abraça, numa inextinguível ternura, a Terra, onde passais, e os Céus, onde entrareis, purificados e triunfantes.

LÁZARO

NOTÍCIAS BIBLIOGRÁFICAS

O ESPIRITUALISMO RACIONAL
PELO SR. G.-H. LOVE, ENGENHEIRO[1]

Este livro notável e consciencioso é obra de um distinto cientista, que se propôs tirar da própria Ciência e da observação dos fatos a demonstração da realidade das ideias espiritualistas. É mais uma peça em apoio à tese que sustentamos acima. É mais ainda, porque é um primeiro passo, quase oficial, da Ciência, na via espírita; aliás, em breve será seguido – e disto temos certeza – por outras adesões mais ressonantes ainda, que levarão os negadores e adversários de todas as escolas a refletir seriamente. Bastará citar o fragmento seguinte para mostrar em que espírito a obra é concebida. Acha-se à página 331.

"Vê-se – e é *sem sombra de dúvida um sinal dos tempos* – a seita espiritista, que já tive ocasião de mencionar no § 15,

---
[1] Um volume in 12. 3,50 francos. Livraria Didier

tomar uma rápida extensão entre pessoas de todas as classes e as mais esclarecidas, sem contar o lamentável e lamentado Jobard, de Bruxelas, que se havia tornado um dos mais alertas campeões da nova doutrina.

"O fato é que se se examinar esta doutrina, não seria, como fiz de princípio, na pequena brochura do Sr. Allan Kardec *Que é o Espiritismo?* É impossível não notar quanto sua moral é clara, homogênea, consequente com ela mesma, e quanto de satisfação ela dá ao espírito e ao coração. Se lhe tirassem a realidade das comunicações com o mundo invisível, restar-lhe-ia sempre isto, e é muito, é o bastante para arrastar numerosas adesões e explicar seu sucesso crescente.

"Quanto às comunicações com o mundo invisível, creio ter demonstrado cientificamente que não só eram possíveis, mas que deveriam ocorrer diariamente no sono. A inspiração em vigília, cuja autenticidade ou natureza é impossível pôr em dúvida, de acordo com o que eu disse, é aliás uma comunicação desse gênero, posto possa haver casos em que não seja senão o resultado de um maior grau de atividade do Espírito.

Agora, que se verifica que essa comunicação se traduz por noções estranhas ao médium que as recebe, nada vejo aí que não seja eminentemente provável, e é, em todos os casos, uma questão que pode ser resolvida na ausência dos sábios, que cada médium tem a medida de seus conhecimentos no estado normal – e as pessoas de sua família e de seu convívio podem julgar melhor que ninguém – de sorte que se o Espiritismo diariamente faz prosélitos fora da questão moral, é que aparentemente ele produz médiuns em quantidade suficiente para fornecer a prova de seu estado particular a quem quer que deseje examiná-lo sem ideias preconcebidas.

"A moral, tal qual a compreendo e a deduzi de noções científicas – não temo reconhecê-lo – tem numerosos pontos de contacto com aquela transmitida pelos médiuns do Sr. Allan Kardec. Também não estou longe de admitir que se nas páginas por eles escritas muitas há que não ultrapassam o alcance ordinário do espírito humano, inclusive o deles, deve havê-las, e as há, de um tal alcance que lhes seria impossível escrever outras idênticas nos seus momentos ordinários.

"Tudo isto não me leva menos a desejar que uma doutrina que não oferece o menor perigo, e que, ao contrário, eleva o espírito e o coração tanto quanto é possível desejá-lo, no interesse da Sociedade, se expanda mais e mais todos os dias.

Porque, segundo o que tenho lido, calculo que é impossível ser um bom espírita sem ser um homem de bem e *um bom cidadão*. Não conheço muitas religiões das quais se possa dizer o mesmo."

SERMÕES SOBRE O ESPIRITISMO

Pregados na Catedral de Metz, a 27, 28 e 29 de maio de 1863, pelo rev. Pe. Letierce, da Companhia de Jesus.

Refutados por um espírita de Metz e precedidos de considerações sobre a loucura espírita.[2]

Sentimo-nos sempre felizes ao ver adeptos sérios entrando na liça quando à lógica da argumentação aliam a calma e a moderação, das quais nunca nos devemos afastar, mesmo contra os que não usam os mesmos processos a nosso respeito. Felicitamos o autor deste opúsculo por ter sabido reunir essas duas qualidades em seu trabalho muito interessante e muito consciencioso, que será, não temos dúvida, acolhido com a consideração que merece. A carta inserida na introdução da brochura é um testemunho de simpatia que não poderíamos reconhecer melhor do que a transcrevendo textualmente, pois é uma prova da maneira pela qual ele compreende a doutrina, bem como os pensamentos seguintes, que toma por epígrafe:

"Cremos que há fatos que não são visíveis ao olho nem tangíveis à mão; que nem o escalpelo nem o microscópio podem atingir, por mais perfeitos que os suponhamos; que igualmente escapam ao gosto, ao olfato e ao ouvido, que entretanto são susceptíveis de constatação com uma certeza absoluta. (Ch. Jouffroy. Prefácio das *Esquisses de philosophie morale*, pág. 5).

"Não creiais em todo Espírito, mas ponde-os à prova, para ver se são de Deus." (*Evangelho*).

---

[2] Brochura in-18. – Preço 1 franco; pelo correio 1,10 franco – Paris: Didier & Cia., Ledoyen; - Metz: Linden, Verronnais, livrarias.

"Senhor e caro mestre,

"Dignar-vos-íeis aceitar a dedicatória desta modesta defesa do Espiritismo, deste grito de indignação contra os ataques dirigidos contra nossa sublime moral?

"Seria para mim o mais evidente testemunho de que estas páginas são ditadas com o mesmo espírito de moderação que diariamente admiramos em vossos escritos, e que deveria guiar-nos em todas as nossas lutas. Aceitai-o como o ingênuo ensaio de um dos vossos recentes adeptos; como a profissão de fé de um verdadeiro crente.

"Se meus esforços forem felizes, atribuirei o seu sucesso ao vosso alto patrocínio; se minha voz inábil não encontrar eco, ao Espiritismo não faltarão outros defensores, e eu terei para mim, com a satisfação da minha consciência, a felicidade de ter sido aprovado pelo apóstolo imortal de nossa filosofia."

Extraímos da brochura a passagem seguinte, de um dos sermões do Rev. Pe. Letierce, a fim de dar uma ideia da força de sua lógica.

"Nada há de chocante para a razão em admitir, num certo limite, a comunicação dos Espíritos dos mortos com os vivos. Tal comunicação é perfeitamente compatível com a natureza da alma humana, do que numerosos exemplos seriam encontrados no Evangelho e na *Vida dos Santos*. Mas eles eram santos, eram apóstolos.

"Para nós, pobres pecadores que, na rampa escorregadia da corrupção, muitas vezes só teríamos necessidade de uma mão socorrista para nos reconduzir ao bem, não é um sacrilégio, um insulto à justiça divina ir pedir aos bons Espíritos que Deus espalhou em redor de nós, conselhos e preceitos para a nossa instrução moral e filosófica? Não é uma audácia ímpia pedir ao Criador que nos envie anjos guardiães para incessantemente nos lembrarem a observação de suas leis, a caridade, o amor aos nossos semelhantes e nos ensinar o que devemos fazer, na medida de nossas forças, para chegar o mais rapidamente possível a esse grau de perfeição que eles próprios atingiram?

"Esse apelo que fazemos às almas dos justos, em nome da bondade de Deus, só é ouvido pelas almas dos maus, em nome das potências infernais. Sim, os Espíritos se comunicam conosco, mas são os Espíritos dos condenados. Suas comunicações e seus preceitos são, é verdade, tais que nos poderiam ditar os anjos mais puros. Todos os seus discursos respiram as mais sublimes virtudes, das quais as menores devem ser para nós um ideal de perfeição que dificilmente podemos atingir nesta vida, mas é apenas uma cilada para melhor nos atrair; um mel cobrindo o veneno com que o demônio quer matar nossa alma.

"Com efeito, as almas dos mortos, segundo Allan Kardec, são de três classes: as que chegaram ao estado de puros Espíritos, as que estão no caminho da perfeição e as almas dos maus.

"As primeiras, por sua própria natureza, não podem vir ao nosso apelo. Seu estado de pureza impossibilita qualquer comunicação com as dos homens, encerradas em tão grosseiro envoltório. Aliás, que viriam fazer na Terra? Pregar exortações que não poderíamos compreender?

"As segundas têm muito que trabalhar o seu aperfeiçoamento moral para perder tempo vindo conversar conosco. Também não são elas que nos assistem em nossas reuniões.

"O que resta, então, para nós? Como eu disse, restam as almas dos condenados, e estas pelo menos não se fazem de rogadas para vir. Inteiramente dispostas a aproveitar o nosso erro e a nossa necessidade de instrução, elas vêm em multidão junto a nós, para nos arrastar com elas ao abismo onde as mergulhou a justa punição de Deus."

ALLAN KARDEC

REVISTA ESPÍRITA

JORNAL DE ESTUDOS PSICOLÓGICOS

ANO VI	NOVEMBRO DE 1863	VOL. 11

UNIÃO DA FILOSOFIA E DO ESPIRITISMO

PELO SR. HERRENSCHNEIDER

(2.º ARTIGO)[1]

O PRINCÍPIO DA DUALIDADE DA ESSÊNCIA DA ALMA E O SISTEMA ESPIRITUAL DO SR. COUSIN E DE SUA ESCOLA

No artigo anterior procuramos provar que se em geral os senhores livres-pensadores quisessem dar-se ao trabalho de examinar os motivos que lhes permitem afirmar-se, dizer "eu", chegariam ao conhecimento de sua dupla essência; convencer--se-iam que sua alma é constituída de maneira a existir separadamente do corpo, tanto quanto de seu envoltório, e compreenderiam a erraticidade quando, após a morte, ela tivesse deixado sua matéria terrena, de sorte que sua ciência, se fosse baseada no verdadeiro princípio da constituição da alma, confirmaria os fatos espíritas, em vez de contradizê-los com tanta persistência.

Com efeito, nossa noção do "eu" compõe-se principalmente do sentimento e do conhecimento que temos de nós mesmos, e esses dois fenômenos íntimos, evidentes para todo mundo, implicam peremptoriamente dois elementos distintos na alma: um passivo, sensível, extenso e sólido, que recebe as impressões; outro ativo, sem extensão e pensante, que as percebe. Em consequência, se possuímos, ao lado de um elemento virtual, um elemento resistente e permanente, diferente do nosso corpo, não nos podemos dissolver pela morte; nossa imortalidade está provada e nossa pré-existência é uma consequência natural. Assim, nossos destinos são independentes de nossa morada terrena, e esta não passa de um episódio mais ou

[1] Ver a Revista de setembro de 1863. (Nota do revisor Boschiroli)

374 | REVISTA ESPÍRITA

menos interessante para nós, conforme os acontecimentos que o preenchem.

De acordo com estas observações, a dualidade da essência de nossa alma é um princípio importante, pois que nos instrui sobre a nossa existência real e imortal. Mas é um princípio muito mais importante por ser ela a fonte única em que adquirimos plena consciência de nossa individualidade, sendo assim a origem de nossa ciência, da qual não podemos duvidar, e sobre a qual repousa todo o resto dos nossos conhecimentos.

Efetivamente, começamos todos por nos conhecer, antes de notar o que nos rodeia, e medimos por nossa medida tudo o que examinamos e julgamos. Assim, é indispensável observar, para o estudo da verdade, que nosso saber parte de nós, para voltar a nós; que é um círculo formado por nós mesmos, que nos enlaça e nos envolve fatalmente, malgrado nosso. Os filósofos atuais o ignoram e o experimentam sem se aperceberem. É ele que os ofusca, que os cega e que os impede de olhar além e acima de si próprios. Assim teremos muitas ocasiões de constatar sua cegueira. Os Antigos, ao contrário, conheciam esse círculo e sua influência misteriosa, pois simbolizavam a ciência sob a figura de uma serpente mordendo a ponta da cauda, depois de se ter dobrado sobre si mesma. Isto significava, aos seus olhos, que nosso saber parte de um ponto dado, faz a volta de nosso horizonte intelectual e volta a seu ponto de partida. Ora, se esse ponto de partida é elevado e o olhar penetrante, o horizonte é largo e a ciência é vasta. Se, ao contrário, o ponto de partida roça o chão e a visão é turva, o horizonte é restrito e a inteligência das coisas é limitada.

Assim, tais quais formos pessoalmente, tal será o conjunto e o alcance dos nossos conhecimentos. Por tal motivo torna-se evidente que a primeira condição da ciência individual é a de examinar-se a si mesma, não só para distinguir suas qualidades, seus defeitos e seus vícios, mas para conhecer, de saída, a constituição íntima do nosso ser, e em seguida elevar o nosso espírito e formar o nosso caráter.

Portanto, a verdadeira ciência não é feita para cada um. Aquele que a aspira não só deve ter inteligência e instrução, mas, sobretudo, ser sério, sóbrio, prudente, e não se deixar levar pelo capricho de sua imaginação, por sua vaidade, por seus interesses e por sua suficiência.

O que deve guiar o verdadeiro amante da verdade é um amor desinteressado por esse objetivo venerado; é a vontade enérgica e constante de jamais parar, e separar rigorosamente do joio a boa semente.

Quanto mais o homem se possui e quanto mais é calmo e nobre, melhor saberá discernir os caminhos que o conduzirão à verdade. Quanto mais ele é leviano, presunçoso ou apaixonado, tanto mais corromperá com seu hálito impuro os frutos que colherá na árvore da vida.

A primeira condição para chegar ao conhecimento das coisas é, portanto, o caráter individual, e é por esta razão que, na Antiguidade, provas solenes precediam a toda iniciação. Hoje o saber é espalhado sem discernimento, e cada um julga poder pretendê-lo, mas também a verdade menos que nunca é bem acolhida, ao passo que as mais estranhas doutrinas encontram numerosos aderentes. É preciso convencer-se que os Espíritos indiferentes, limitados pelas ciências exatas e naturais, levados pela imaginação, ou cheios de impertinência, são impróprios à pesquisa da verdade, e que seria mais prudente reservar esse nobre labor para alguns escolhidos. Entretanto, disposições mais sensatas hoje se manifestam *pelo advento do Espiritismo*, e, com efeito, os espíritas são homens bem-dispostos para a busca da verdade porque, separando-se do turbilhão geral que arrasta a Sociedade, eles renunciaram por si mesmos às vaidades mundanas, aos princípios dos livres-pensadores e à superstição oficial dos cultos reconhecidos. Dão prova de sadia independência, de um amor sincero à verdade e de uma tocante solicitude por seus interesses eternos. São estas as melhores disposições morais para abordar os graves problemas da alma, do mundo e da Divindade.

Para nosso bem eterno, experimentemos entender-nos e seguir juntos os sinais que nos conduzirão à via sagrada, porque necessitamos ajudar-nos reciprocamente para atingir o objetivo que todos buscamos, o de nos esclarecermos apenas sobre o que é real e durável.

Depois das disposições morais que acabamos de indicar, a coisa mais indispensável para bem se entregar à obra delicada da iniciação, é o conhecimento do princípio da dualidade da essência da alma, porque é ele que constitui uma parte do misterioso segredo da Esfinge[2]. É uma das chaves da Ciência e, sem possuí-la, todos os esforços tornam-se inúteis para atingi-lo.

---

[2] O outro princípio é a dualidade do aspecto das coisas, que encontraremos mais tarde.

Esse princípio da essência da alma, por si só, encerra, como consequências, as noções consideráveis que desejamos adquirir, ao passo que todos os princípios secundários até hoje descobertos não se elevam bastante para dominar o vasto horizonte dos conhecimentos humanos e para lhe abarcar todos os detalhes.

Os princípios inferiores desviam os que deles se servem no dédalo de numerosos fatos que eles não compreendem, e é pela insuficiência de seus primeiros princípios que os filósofos se transviaram e se perderam nas sutilezas arbitrárias de suas doutrinas incompletas. Eles fatalmente levaram a confusão onde julgavam tocar a verdade.

Nessas matérias, mais delicadas do que difíceis, só o princípio verdadeiro espalha a luz, resolve facilmente todos os problemas e abre as portas secretas que conduzem ao mais secreto santuário. Ora, já sabemos que levamos conosco esse princípio, e que para descobri-lo só se trata de nos estudarmos, mas de nos estudarmos com calma e imparcialidade.

Sabemos que esse princípio é a dualidade de nossa essência anímica, de sorte que não nos resta senão dobrar com precaução o fio, do qual temos o nó mais importante. Mas, à medida que avançarmos em nosso estudo psicológico, consultaremos, nada obstante, os trabalhos de nossos mais ilustre filósofos, a fim de reconhecermos onde falharam e em que suas doutrinas confirmam nossas próprias pesquisas.

Assim, como observamos acima, parece evidente que tudo quanto em nós se liga à ordem sensível depende da substância de nossa alma, porque ela é o seu elemento extenso e sólido, que recebe todas as impressões exteriores e que se ressente de nossa atividade interior. Com efeito, nossa alma não poderia ser tocada de uma maneira qualquer, sem apresentar um obstáculo, de início, às oscilações do meio ambiente e, a seguir, às vibrações das emoções que nos afetam intimamente. Portanto, é essa maneira de ser muito natural que explica as nossas relações com tudo o que existe, com o que não somos nós, com o nosso *não-eu* moral, intelectual e físico, visível ou invisível.

A solidez e a extensão de nossa substância evidentemente não podem ser rejeitadas, em princípio. Contudo, não é essa opinião que reina na Universidade e no Instituto. O espiritualismo a nega como absurda, sob o pretexto especioso de que a divisibilidade, que seria sua consequência, implicaria na corruptibilidade da substância. Mas isto não passa de um equívoco, porque o que importa à corruptibilidade da natureza anímica é a simplicidade química de sua fluidez corporal e não a sua indivisibilidade mecânica, em falta da qual há mil maneiras de remediar, ao passo que, para ficar na verdade científica, é preciso evitar admitir um efeito sem causa, uma impressão possível sem resistência.

Assim, a sensibilidade de nossa alma nada ensina à nossa escola espiritualista. Ela liga gratuitamente os sentimentos à razão, atribui as sensações ao organismo material e não se explica sobre a conexão dessas diversas faculdades. *Eis uma das causas de sua impotência filosófica.*

Quanto a nós, a sensibilidade de nossa alma é a prova irrefutável da solidez e da extensão de sua substância. E é a noção dessas propriedades que nos abre um vasto campo de observação. Assim, de início, a extensão e a solidez substancial permitem à nossa alma tomar diferentes formas e conter o tipo de todos os órgãos que constituem nosso organismo corporal. Serve, assim, de origem e sustentáculo aos nossos nervos, sentidos, cérebro, vísceras, músculos e ossos, e permite nos encarnemos por meio dessa lei da mutabilidade das moléculas corporais, tão conhecida dos modernos fisiologistas.

Nossos cientistas supõem apenas, e erradamente, em nossa opinião, que essa lei é o efeito de uma força misteriosa da matéria, que se renova, se absorve, se escoa e se forma por si mesma, porque a matéria é inerte e nada forma por sua própria iniciativa.

Evidentemente, essa mutabilidade é efeito da atividade instintiva de nossa dupla essência anímica que se acha sob nosso envoltório, e a existência dessa lei prova que a nossa encarnação está na ordem da Natureza, pois ela é contínua, e ao cabo de uma série de anos, nosso corpo se renova regularmente.

A formação de nosso revestimento material e a nossa encarnação sucessiva se explicam, desta maneira, muito naturalmente. Mas, além disso, essa substancialidade extensa de nossa alma nos faz compreender igualmente o laço existente entre ela e o corpo, porque, sendo o nosso organismo visível apenas a cobertura do nosso organismo substancial, tudo quanto é sentido por um deve repercutir no outro. As emoções da substância da alma devem abalar o corpo e o estado deste deve inevitavelmente afetar suas próprias disposições morais e intelectuais. *Eis o primeiro ensinamento resultante da natureza concreta de nossa substância.*

O *segundo ensinamento que daí retiramos* é que a parte da substância de nossa alma que não serve de tipo ao nosso organismo material deve ser a base do nosso senso íntimo, daquele que recebe todas as nossas impressões morais e intelectuais, e que nos põe um contacto com a própria substância divina, de sorte que nossa substância recebe as impressões da radiação de todas as existências e de todas as atividades possíveis, e constata que é a origem primeira de todas as nossas noções. É da mesma maneira que recebemos o conhecimento de nós mesmos, pois se perguntarmos a um céptico como ele pode afirmar-se, sem a menor reserva ele responderá: "É que eu me sinto", porque o próprio céptico não pode duvidar de suas sensações.

Entretanto, sentir-se não é todo o nosso conhecimento: o céptico também não pode negar que sabe que se sente. Ora, a percepção do nosso sentimento é consequência de nossa atividade intelectual, o que prova não somente que nossa alma não é passiva, mas que é também ativa, que ela quer, que ela percebe, que ela pensa e que ela é causativa e livre por si mesma.

Nossos próprios órgãos funcionam sem que tenhamos consciência, de sorte que se é forçado a atribuir à nossa alma um segundo elemento, um elemento ativo, virtual, isto é, uma força essencial, que está atenta quando nossa sensibilidade está desperta; que quer por efeito de seu próprio movimento; que percebe, pensa e reflete por meio do nosso órgão cerebral; que age auxiliada por nossos membros, e que anima nosso organismo com um movimento involuntário.

É pela presença, em nossa alma, dessa dupla ordem essencial: da ordem substancial passiva e sensível, e da ordem virtual ativa e pensante, que nós nos sentimos, que nós nos sabemos e que nós temos consciência de nossa própria personalidade, sem qualquer auxílio do mundo exterior.

Nossa força anímica é o nosso elemento espiritual por excelência, porque não tem, por si mesma, nem extensão nem solidez. Nós não a conhecemos senão por sua atividade. Se ela não quer nem pensa nem age, é como se não existisse; e se nossa alma não fosse substancialmente concreta, pela virtude de um outro elemento, nosso corpo não teria consistência e não passaria de um amontoado de pó. Nossa alma não poderia nem mesmo existir na erraticidade, pois perder-se-ia no nada, a menos que se supusesse, com o espiritualismo, um mistério impenetrável, que lhe permitisse existir sem extensão nem solidez, suposição que o Espiritismo e as leis naturais tornam absolutamente inadmissível.

Entretanto, é nossa força essencial que Leibnitz considera como sendo substância, a despeito de sua natureza fugidia; e a escola espiritualista francesa o repete, a seu exemplo, sem se deter nessa confusão ilógica.

Contudo, não basta chamar força a uma substância, para que ela realmente o seja e considerar essa substância imaginária como sendo o fundo de nosso ser, para que se saia do vazio das abstrações. Uma substância não existe senão por seu estado concreto, por sua extensão e sua solidez, por mais sutil que a concebamos, e é isto que nossa escola espiritualista se compraz em passar em silêncio. *Eis, assim, outra causa de sua impotência moral e filosófica.*

Nossa força essencial não é senão o princípio de nossa atividade; ela nos anima, mas não nos constitui. É o princípio de nossa vida, mas não o de nossa existência. Está por toda parte em nossa substância, espalha-se com ela em todo o nosso ser e dele recebe diretamente as impressões, sem o nosso concurso voluntário. É por essa estreita união de nossos dois elementos essenciais que nosso organismo funciona espontaneamente; que nossas sensações despertam a seguir a nossa atenção e, sem outro intermediário, nos levam a perceber a causa de nossas impressões; que nossa consciência é um conjunto de sentimentos e de reflexões e que toda noção, seja qual for o seu objeto, exige que o sintamos e o saibamos. Desde então, somente nós temos certeza de sua existência. É por este mesmo processo que temos conhecimento do Ser Supremo. Temos a sensação de sua presença por nosso senso íntimo, e compreendemos essa sensação sublime por nossa razão, porque o ideal do verdadeiro, do bem e do belo está primeiramente em nosso coração, antes de nos entrar na cabeça.

Os povos selvagens nisto não se enganam. Eles não duvidam de Deus; eles o imaginam simplesmente conforme o nível de sua grosseira inteligência, ao passo que vemos entre os cientistas discutir-se a sua personalidade, porque pretendem nada admitir senão pela força de seu raciocínio e porque se debatem em abstrações, sem estabelecer seu ponto de apoio na ordem sensível.

Tal é a constituição de nossa alma. Ela se compõe de dois elementos bem distintos entre si e que, não obstante, estão

380 | REVISTA ESPÍRITA

indissoluvelmente unidos, porque em tempo algum e em parte alguma esses elementos são encontrados separadamente, pois toda substância tem sua força e toda força tem sua substância. Assim, esta dualidade se acha reunida na essência de tudo o que existe. Ela está na matéria, na alma, em Deus. Repetindo, essa distinção na unidade é necessariamente admissível, porque cada um desses elementos está bem caracterizado; porque têm suas propriedades respectivas e sua modalidade categórica; e porque é uma lei universal que um mesmo princípio não pode ter efeitos contrários e que qualidades que se excluem denotam outros tantos princípios particulares. Mas sua unidade não é menos peremptória, porque nenhuma função, nenhuma faculdade, nenhum fenômeno se produz em nós e fora de nós sem o concurso simultâneo desses dois elementos irredutíveis.

É essa unidade na dualidade constante de nossa alma que nos explica esse fenômeno psicológico importante, a saber: a espontaneidade instintiva de todas as nossas faculdades e de todas as nossas funções, assim como a formação do nosso caráter e da nossa natureza moral íntima. Efetivamente, nossas impressões se conservam em nós e se reproduzem involuntariamente, de sorte que, como a substância é o elemento passivo e permanente de nossa alma, é preciso atribuir-lhe a propriedade de conservar nossas sensações, de nelas concretizá-las, e de transmiti-las, na ocasião, à atenção de nossa força essencial.

Sendo essas impressões de toda espécie, forma-se em nós, por essa propriedade conservadora, uma ordem moral, intelectual e prática permanente, que se manifesta por nossa atividade instintiva e espontânea; que nos inspira os sentimentos e as ideias, e que guia os nossos atos sem o nosso concurso voluntário, e por vezes malgrado nosso. Ademais, esses sentimentos e essas ideias adquiridas se agrupam em nossa alma e nos produzem novas ideias e novas imagens, que estávamos longe de esperar.

As funções psicológicas de nossa substância unida à nossa força essencial, são, assim, multiplicadas, e nos formam uma natureza moral, intelectual e prática espontânea, que é o fundo do nosso caráter, a origem de nossas disposições naturais. Assim, a nossa substância encerra, em estado latente, ou em potencial, como se exprime a escola, todas as nossas qualidades, todo o nosso conhecimento e todos os nossos hábitos passados, em estado permanente em nós. Em consequência, a ela e à sua atividade instintiva é que se deve atribuir a memória, a imaginação, o espírito e os sentidos naturais, assim como a origem de nossas ideias e de nossos sentimentos. Essa ordem substancial instintiva incontestavelmente existe em nossa alma. Cada um se reconhece uma natureza moral permanente, disposições intelectuais e hábitos próprios que lhe facilitam a carreira e a conduta, se forem bons, ou que impedem seu sucesso e o arrastam em desvios deploráveis, se forem maus. Só os nossos filósofos não o percebem, porque, não admitindo, como já dissemos, uma ordem psicológica substancial, eles se condenam a atribuir tudo o que é resistente, em nossa alma, à influência da matéria, e a confundir com a nossa inteligência tudo o que é sensível e vivo.

É verdade que Aristóteles reconhecia no homem uma ordem potencial, onde todas as nossas qualidades estão em potencial, mas ele a define mal e também a confunde com a matéria. Desde então, ninguém mais se ocupou dessa ordem especial, salvo o Sr. Cousin. Mas esse filósofo contemporâneo, não reconhecendo na alma senão a inteligência, não considerou senão a atividade espontânea, sem lhe procurar a origem no elemento permanente da nossa natureza anímica. Ele a designa como sendo a razão espontânea e instintiva, em oposição à razão refletida, sem notar a contradição existente entre o instinto e a reflexão, qualidades que se excluem e que, evidentemente, não podem pertencer ao mesmo princípio! Assim, o Sr. Cousin tira apenas consequências limitadas dessa descoberta, e é por essa razão que a sua psicologia, como a da sua escola, tornou-se uma ciência seca, ilógica e sem grande expressão.

Detenhamos agora nossos pensamentos sobre o conjunto de observações precedentes, pois elas nos deram a conhecer fenômenos psicológicos até hoje desconhecidos. Elas nos fizeram constatar em nossa alma a existência de duas ordens morais, intelectuais e práticas bem distintas e fortemente caracterizadas, uma relacionando-se perfeitamente com as propriedades particulares de nossa substância, que são a permanência, a extensão e a solidez; a outra, às de nossa força essencial, que são a sua causalidade, sua inextensão e sua intermitência. A primeira é passiva, sensível, conservadora; a segunda é ativa, voluntária e refletida. A união íntima dos nossos dois elementos essenciais produz em nós, além disso, nossa

382 | REVISTA ESPÍRITA

tríplice atividade instintiva, que é o reflexo direto do estado verdadeiro de nossas qualidades e de nossos defeitos naturais.

Com efeito, por um lado, quanto mais sensível for a nossa natureza substancial; quanto mais delicada e conservadora, e quanto mais viva e enérgica a nossa atividade instintiva, tanto mais puros e elevados serão nossas ideias e sentimentos; tanto mais justo o nosso bom senso e tanto mais fáceis e seguras a nossa memória e a nossa imaginação.

Pelo contrário, quanto menos aperfeiçoado for o nosso estado substancial, tanto mais lentas e limitadas serão a nossa memória e a nossa imaginação, mais grosseiras as nossas ideias, mais vis os nossos sentimentos e mais obtuso o nosso senso comum.

Mas, por outro lado, quanto mais enérgica, constante e flexível for a nossa força causadora, tanto mais fortes serão nossa atenção, nossa vontade, nossa virtude e nosso domínio sobre nós mesmos; mais alcance terão nossa percepção, nosso pensamento, nosso juízo e a nossa razão e, enfim, maior será a nossa habilidade e mais honrosa a nossa conduta, porque todas essas qualidades e faculdades derivam de nosso elemento virtual.

Ao contrário, quanto mais mole, entorpecida ou pesada a nossa força essencial, tanto mais nossa brutalidade e nossa covardia moral e intelectual manifestar-se-ão em plena luz. Deste modo, nosso valor depende tanto do estado das qualidades e das propriedades de um quanto do outro elemento de nossa alma.

Tal é o quadro sumário que representa a constituição íntima de nossa essência anímica, e que nos revela a nossa dupla faculdade de nos sentir e nos saber. Esse quadro no-la mostra, de começo, em sua unidade viva, pois descobrimos o duplo princípio de sua atividade e de sua passividade; de sua permanência e de sua causalidade; de sua existência no tempo e no espaço, e de sua independência própria e distinta de Deus, do mundo e de seu envoltório material.

Ele no-la mostra, em seguida, na sua diversidade maravilhosa, pois que reconhecemos a origem de suas qualidades e de suas faculdades, de suas funções e de seu organismo, nas propriedades respectivas de nossos elementos essenciais e em seu concurso recíproco.

Entretanto, este quadro é apenas um primeiro esboço, contudo, é fácil perceber nele o método de observação rigorosa que seguimos, que é o que Bacon descobriu; que Descartes introduziu na psicologia; que a escola escocesa aplicou; que a escola espiritualista e eclética observou em toda a sua doutrina. Encontramo-nos, portanto, no mesmo terreno de toda a filosofia séria, e se por vezes não estamos de acordo com nossas ilustrações acadêmicas, é que não podemos deixar de crer que a maioria dos fatos de consciência foram mal observados e mal explicados por elas.

Com efeito, o ecletismo espiritualista reconhece em nós três faculdades principais: a vontade, a sensação e a razão. Essas faculdades se distinguem do nosso corpo, que é sólido e amplo, de sorte que possuímos necessariamente uma alma inextensa e espiritual.

Feita esta constatação, o ecletismo não se pergunta como a nossa alma deve ser constituída para ser sensível, nem se a vontade e a razão, que são ambas ativas, são duas manifestações de um mesmo princípio virtual. São perguntas que não o inquietam. Ele apenas sustenta que, destas três faculdades, só a vontade nos pertence efetivamente, porque, sozinha, ela é o resultado de uma força substancial inextensa, que é o princípio primordial do nosso *eu*.

A sensibilidade, aos seus olhos, não passa do efeito do choque resultante da ação que a força do mundo exterior exerce sobre a nossa por intermédio de nosso organismo. Entretanto, o ecletismo não pesquisa como a nossa força inextensa se liga ao nosso organismo, nem como, nesse isolamento inextenso, pode ela receber um choque, assim como não explicou como podemos ser sensíveis.

Estes são pequenos mistérios que não poderiam detê-lo. A razão, segundo ele, é a faculdade soberana do conhecimento, mas é impessoal, isto é, ela não nos pertence, posto que dela nos sirvamos. Dizer *minha razão* é, pois, segundo o Sr. Cousin, uma insensatez, pelo mesmo motivo que não se diz *minha* verdade. Tal motivo não nos parece muito concludente, mas, provavelmente, a falta é nossa. Com efeito, em seu sistema, a razão é o conjunto das verdades necessárias e universais, verdades tais como os princípios da causalidade, da substância, da unidade, do verdadeiro etc. O conjunto destes princípios forma, pois, segundo ele, a razão divina, da qual participamos pela vontade inefável do Todo-Poderoso. Mas é aí que se há de crer sob palavra, pois não vemos precisamente como um conjunto de verdades, por mais universais que sejam, poderia

384 | REVISTA ESPÍRITA

constituir a razão divina e humana. Vulgarmente, as verdades são leis e a razão é uma faculdade. Ora, eu vejo o Sol, mas nunca a faculdade de ver foi tomada pelo Sol, nem pelo menor de seus raios.

Aí está, portanto, um novo mistério a juntar aos precedentes, de sorte que nessa doutrina nada se explica por si, nada se liga, e nossa alma é nela representada apenas como um conjunto heterogêneo de faculdades, de qualidades, de funções distintas, ligadas, ao acaso, como folhas esparsas que tivessem sido reunidas em volume, sob o título pomposo de *Doutrina filosófica do século XIX*.

O segundo prefácio da terceira edição dos *Fragments philosophiques* lhe trazem um resumo, interessante sob vários aspectos.

De acordo com estas considerações, podemos julgar as causas que fazem da filosofia espiritualista oficial, malgrado suas boas intenções, uma doutrina bizarra e indigesta. Estaríamos mesmo autorizado a tratá-la mais duramente, se se perdessem de vista os serviços eminentes que prestou ao espírito francês, desviando-o de um sensualismo imoral e de um cepticismo desesperador. Aí estavam, evidentemente, as principais preocupações do ilustre filósofo no começo de sua brilhante carreira. Estudando suas obras notáveis, vê-se que Condillac e Kant foram seus principais adversários.

Assim, essa luta é a parte mais importante de seus trabalhos. Seu próprio sistema, ao contrário, nos parece muito defeituoso, e sua moral, sua teodiceia e sua ontologia contêm numerosos pontos muito controvertidos.

A verdade é uma flor tão delicada! O menor sopro do erro a murcha em nossas mãos, e a reduz a um pó pernicioso e ofuscante. No calor do combate ou na emoção da ambição, é sobretudo difícil conservar a calma de espírito e a delicadeza do sentimento de evidência, de sorte que o homem preocupado é facilmente arrastado a ultrapassar os limites da verdadeira sabedoria.

Felizmente, o Criador nos proporcionou fatos, circunstâncias e acontecimentos providenciais bastante chocantes para reconduzir-nos ao bom caminho. Certamente as *doutrinas* e os *fatos sobre os quais se funda o Espiritismo* estão nesse número. Que nossos grandes e sábios filósofos não os repilam sob o fútil pretexto de superstição! Que os estudem sem prevenção! Neles reconhecerão a natureza extensa e sólida de nossa alma, sua preexistência e sua perpetuidade. Nele encontrarão uma moral suave e salutar, bem-feita para reconduzir todo mundo ao bem.

Se, então, seu espírito quiser dele tomar conhecimento, que se atirem francamente à obra; que examinem cientificamente os seus princípios e as suas consequências, e então, talvez o *princípio da dualidade da essência da alma* lhes apareça em todo o seu esplendor e em toda a sua força, pois parece-nos que ele lança uma viva luz sobre os segredos íntimos do nosso ser. É o que examinaremos proximamente.

F. HERRENSCHNEIDER

PASTORAL DO SR. BISPO DE ARGEL CONTRA O ESPIRITISMO

O Sr. Bispo de Argel publicou, a 18 de agosto último, uma brochura dirigida aos senhores curas de sua diocese, sob o título de *Carta circular e pastoral sobre a superstição dita Espiritismo.* Citamos as passagens seguintes, acompanhadas de observações.

"...Tínhamos pensado em adicionar modesta página a estes luminosos anais, empalidecendo, das alturas do bom senso e da fé, como o merece ser, o *Espiritismo* que, renovado da mais velha e mais grosseira idolatria, vem abater-se sobre a Argélia. Pobre colônia! Após tão cruéis provas, ainda lhe era necessária uma deste gênero!"

Pobre colônia! Com efeito, não seria ela muito mais próspera se, em vez de tolerar e proteger a religião dos indígenas, se tivessem transformado suas mesquitas e sinagogas em igrejas, e se não tivessem detido o zelo do proselitismo! É verdade que a guerra santa, guerra de extermínio como a das cruzadas,

386 | REVISTA ESPÍRITA

duraria ainda, se centenas de milhares de soldados tivessem perecido e se talvez tivéssemos sido forçados a abandoná-la. Mas, que é isto quando se trata da vitória da fé! Ora, eis aqui um outro flagelo: o Espiritismo que vem, em nome do Evangelho, proclamar a fraternidade entre os diferentes cultos e cimentar a união, inscrevendo em sua bandeira: *Fora da caridade não há salvação.*

"Mas considerações diversas, senhor cura, nos detiveram até hoje. De início, hesitávamos em revelar essa vergonha nova, adicionada a tantas misérias exploradas, com amarga ironia, pelos inimigos de nossa cara e nobre Argélia. Por outro lado, sabemos que o *Espiritismo* quase não penetrou entre nós senão em certas cidades, onde os desocupados se contam em maior número; onde a curiosidade, incessantemente excitada, se repasta avidamente de tudo quanto se apresenta com caráter de novidade; onde a necessidade de brilhar e de se distinguir da multidão nem sempre é estranha, mesmo às inteligências de maior ou menor alcance, ao passo que o maior número de nossas pequenas cidades e do nosso campo ignoram, e por certo nada têm a perder com isto, até o nome bizarro e pretensioso de *Espiritismo*. Enfim, pensamos que tais práticas jamais são destinadas a uma vida longa, porque a desilusão logo vem para os escândalos de imaginação, que morrem quase sempre de sua própria vergonha. Assim aconteceu com as charlatanices de Cagliostro e de Mesmer; assim o furor das mesas girantes acalmou-se, sem deixar após si mais que o ridículo de seus arrastamentos e de suas lembranças."

Se o próprio nome do Espiritismo é desconhecido no maior número das pequenas cidades e nos campos da Argélia, a carta circular do Sr. Bispo de Argel, espalhada em profusão, é um excelente meio de torná-lo conhecido, despertando a curiosidade que, por certo, não será detida pelo medo do diabo. Tal foi o efeito bem verificado de todos os sermões pregados contra o Espiritismo que, de notória publicidade, contribuíram poderosamente para multiplicar os seus adeptos.

A circular do Sr. Bispo de Argel terá efeito contrário? É mais que duvidoso. Lembramo-nos sempre desta palavra profética, tão bem realizada, de um Espírito a quem perguntávamos, há dois anos, por que meio o Espiritismo penetraria nos campos. Ele nos respondeu:

– Pelos padres.

– Voluntária ou involuntariamente?

– A princípio, involuntariamente. Mais tarde, voluntariamente.

Lembraremo-nos ainda que, quando de nossa primeira viagem a Lyon, em 1860, os espíritas ali eram apenas algumas centenas. Naquele mesmo ano um sermão virulento foi pregado contra eles e nos escreveram: "Mais dois ou três sermões como esse e em breve seremos decuplicados." Ora, os sermões não têm faltado naquela cidade, como se sabe, e o que todos sabem, também, é que no ano seguinte havia cinco a seis mil espíritas, e que a partir do terceiro ano, contavam-se mais de trinta mil. Pobre cidade lionesa! O que se sabe, ainda, é que o maior número de adeptos se encontra entre os operários, que nesta doutrina encontraram forças para suportar pacientemente as rudes provas que atravessaram, sem buscar na violência e na espoliação o necessário que lhes faltava. É que hoje oram e creem na justiça de Deus, já que não creem na dos homens; é que compreendem a palavra de Jesus: "Meu reino não é deste mundo."

Dizei por que, com a vossa doutrina das penas eternas, que preconizais como um freio indispensável, jamais impedistes qualquer excesso, enquanto que a máxima "Fora da caridade não há salvação" é onipotente! Praza aos céus que jamais tenhais necessidade de vos colocardes sob sua égide! Mas se Deus ainda vos reservar dias nefastos, lembrai-vos que aqueles a quem negastes a esmola do pão, porque eles eram espíritas, serão os primeiros a repartir convosco seu pedaço de pão, porque compreendem estas palavras: "Perdoai aos vossos inimigos e fazei o bem aos que vos perseguem."

Mas, então, o que tem o Espiritismo de tão temível, se ele não se ocupa senão dos desocupados de algumas cidades? Se tais práticas não estão nunca destinadas a uma vida longa? Se ele deve ter a sorte de Cagliostro, de Mesmer e das mesas girantes? Pelo que toca a Cagliostro, é preciso deixá-lo fora de questão, visto que o Espiritismo sempre lhe negou solidariedade, malgrado a persistência de alguns adversários em ligar o seu nome ao do Espiritismo, como fizeram com todos os charlatães e malabaristas.

Quanto a Mesmer, é preciso estar muito pouco ao corrente do que está acontecendo para ignorar que o magnetismo está mais espalhado do que nunca, e que é hoje professado por notabilidades científicas.

388 | REVISTA ESPÍRITA

É verdade que atualmente pouco se ocupam das mesas girantes, mas força é convir que fizeram um belo caminho, pois foram o ponto de partida desta doutrina que causa tanta insônia e esses senhores. Elas foram o á-bê-cê do Espiritismo. Se, pois, delas não mais se ocupam, é que ninguém mais vai deletrear quando já sabe ler. Elas cresceram tanto que não mais as reconheceis.

Depois de ter falado de sua viagem à França, que teve pleno sucesso, acrescenta o Sr. Bispo de Argel:

"Nossa primeira e incessante ocupação ao voltar era publicar uma instrução pastoral contra a superstição em geral e, em particular, contra a do *Espiritismo*, pois o *Evangelho segundo Renan* só nos preocupou durante oito dias."

Eis uma singular confissão, força é convir. A obra do Sr. Renan, que sapa o edifício por sua base, e que teve tão grande repercussão, não preocupou Sua Grandeza senão durante oito dias, ao passo que o Espiritismo lhe absorve toda a atenção. "Chego a toda a pressa", diz ele, e posto abatido das fadigas de uma longa viagem, sem ter repouso, subo à brecha. Temos um novo e rude adversário no Sr. Renan, mas isto nos inquieta pouco. Marchemos direto contra o Espiritismo, pois é o mais urgente." É uma grande honra para o Espiritismo, pois significa reconhecer que ele é muito mais temível, e ele não pode ser temível senão com a condição de ser lógico. Se ele não tiver qualquer base séria, como pretende o Sr. Bispo, para que esse desencadeamento de forças? Quem já viu dar tiros de canhão numa mosca que voa? Quanto mais violentos os meios de ataque, mais exaltam a sua importância. Eis por que não nos lastimamos.

"Soubemos, e disto não duvidamos, que verdadeiros cristãos, católicos sinceros, imaginaram poder associar Jesus Cristo e Belial, os mandamentos da Igreja com os processos do Espiritismo."

É um pouco tarde para vos aperceberdes, pois há três anos o Espiritismo foi implantado e prospera na Argélia, onde não vai mal. Além disto, a brochura do Sr. Leblanc de Prébois, publicada em nome e para a defesa da Igreja, vos deve ter informado que atualmente há, na França, segundo os seus cálculos, vinte milhões de espíritas, isto é, a metade da população, e que em pouco tempo a outra metade será ganha. Ora, a Argélia faz parte da França.

Diz a circular, dirigindo-se aos curas da diocese:

"Se em suas paróquias houver *espíritas*, seja de que condição forem, em geral os infiéis, as mulheres vaidosas, os cabeças ocas, formando sempre o grosso dos cortejos supersticiosos, que o sacerdote não hesite em lhes declarar que não há qualquer transação possível entre o Catolicismo e o Espiritismo; que, em suas experiências, *não pode haver senão uma destas três coisas*: charlatanismo da parte de uns; alucinação da parte de outros ou, o que é pior, uma intervenção diabólica."

Se não há transação possível, pior para os católicos do que para os espíritas, porque se o Espiritismo ganha terreno diariamente, façam o que fizerem para detê-lo; e o que fará o Catolicismo quando se realizar a previsão do Sr. Leblanc Prébois? Se ele põe todos os espíritas para fora da Igreja, quem ficará lá dentro? Mas esta não é a questão do momento. Ela virá a seu tempo e lugar. O último trecho da frase tem grande alcance da parte de um homem como o Sr. Bispo de Argel, que deve pesar o sentido de todas as suas palavras. Segundo ele, não pode haver no Espiritismo senão uma destas três coisas: charlatanismo, alucinação ou, o que é pior, intervenção diabólica. Notai que não são as três coisas juntas, mas apenas uma das três é possível. O reverendo não parece estar certo de qual delas, considerando-se que a intervenção diabólica é a pior. Ora, se é charlatanismo e alucinação, não é nada de sério, e não há intervenção do diabo. Se é obra do diabo, é algo de positivo e, então, não há nem charlatanismo nem alucinação. Na primeira hipótese, é preciso convir que fazer tanto barulho por uma simples charlatanaria ou uma ilusão é bater-se contra moinhos de vento, papel pouco digno da gravidade da Igreja; no segundo é reconhecer ao diabo um poder maior que o da Igreja, ou à Igreja uma enorme fraqueza, porque ela não pode impedir o diabo de agir, como não pôde, a despeito de todos os exorcismos, dele livrar os possessos de Morzine.

"Nós lá estávamos, senhor cura, em nosso labor apostólico, quando recebemos numerosos artigos de jornais, brochuras,

390 | REVISTA ESPÍRITA

livros e notadamente um discurso (do Pe. Nampon) no qual, salvo as ideias gerais, encontramos muito claramente e facilmente exposto, tudo quanto íamos dizer, a seguir, a propósito do Espiritismo. Como não gostamos de refazer, desnecessariamente, o que julgamos bem feito, aconselhamo-vos a adquirir algumas dessas obras, e pelo menos um exemplar desse discurso, que vos esclarecerá suficientemente quanto aos processos, a doutrina e as consequências do Espiritismo."

Estamos encantados de saber que a obra do Pe. Nampon é julgada pelos príncipes dos padres uma obra bem-feita, depois da qual não há nada melhor a fazer. É uma tranquilidade para os espíritas saber que o Rev. Padre esgotou todos os argumentos e que nada pode ser acrescentado. Ora, como esses argumentos, longe de deter o avanço do Espiritismo, lhe recrutaram partidários, cabe aos seus antagonistas mostrar-se satisfeitos com o preço.

Quanto a *esclarecer suficientemente* os senhores curas sobre a doutrina, não pensamos que textos alterados e truncados, como aqueles que o Pe. Nampon usou sem cerimônia, como o demonstramos na *Revista* de junho último, sejam próprios a lhes dar uma ideia bem exata do Espiritismo. É preciso ser muito parco de boas razões para usar semelhantes meios, que desacreditam a causa de quem deles se serve.

"Antes de qualquer coisa, não seria deplorável encontrar na Argélia cristãos sérios que hesitassem em pronunciar-se energicamente contra o Espiritismo, uns sob o pretexto de que nele há alguma coisa de verdadeiro, e outros porque viram materialistas convictos voltarem à crença na outra vida através do Espiritismo? *Ilógica ingenuidade dos dois lados!*"

Assim, haver reconduzido à crença em Deus e na vida futura os *materialistas convictos* não significa nada? Por isso o Espiritismo não deixa de ser uma coisa má. Entretanto, Jesus disse que uma árvore má não pode dar bons frutos. Dar a fé a quem não a tem é um mau fruto? Se não pudestes reconduzir esses incrédulos convictos e o Espiritismo o conseguiu, qual a melhor das duas árvores? É evidente que sem o Espiritismo esses materialistas endurecidos teriam continuado materialistas.

Considerando-se que o Sr. Bispo quer à fina força destruir o Espiritismo, que reconduz as almas a Deus, é que aos seus olhos, essas almas, não tendo sido reconduzidas pela Igreja, é preferível que morram na incredulidade. Isto nos lembra aquelas palavras pronunciadas do púlpito de uma cidadezinha: "Prefiro que os incrédulos fiquem fora da Igreja do que voltem à Igreja pelo Espiritismo." Estas não são bem as palavras do Cristo, que disse: "Misericórdia quero e não sacrifício." E esta outra, pronunciada alhures: "Prefiro ver os operários saindo bêbados do cabaré do que sabê-los espíritas." Isto é demência. Não ficaríamos surpresos se um acesso de raiva contra o Espiritismo produzisse uma verdadeira loucura.

"Se, malgrado a voz da consciência, homens educados nos princípios do Cristianismo, tendo-os infelizmente esquecido, negado de coração e combatido em seus livros, tentando praticar esses princípios e admitindo uma imortalidade da alma, um purgatório e um inferno completamente diferentes da imortalidade da alma, do purgatório e do inferno dos Evangelhos, tiverem ganho, pelo Espiritismo, algo pela fé e para sua salvação, que cristão poderia imaginar-se nessa situação, considerando-se que eles apenas puseram no lugar as mais sacrílegas blasfêmias da crença!"

Em que o purgatório dos espíritas difere do purgatório dos Evangelhos, já que os Evangelhos nada dizem sobre ele? Dele falam tão pouco que os protestantes, que seguem a letra do Evangelho, não o admitem.

Quanto ao inferno, o Evangelho está longe de aí haver colocado as caldeiras ferventes que nele coloca o Catolicismo e de ter dito, como nos ensinaram na infância, e como pregaram há três ou quatro anos em Montpellier, que "Os anjos tiram as tampas dessas caldeiras, para que os eleitos se repastem com a visão dos sofrimentos dos danados." Eis um lado original da beatitude dos bem-aventurados. Não sabíamos que Jesus havia dito uma palavra a respeito disso. O Espiritismo, na verdade, não admite tais coisas. Se isto é um motivo de reprovação, então, que ele seja reprovado!

"Far-se-lhes-á compreender igualmente que é a renovação das teorias pagãs caídas no desprezo dos sábios, antes mesmo do aparecimento do Evangelho; que introduzindo a *metempsicose*, ou a transmigração das almas, o Espiritismo mata a individualidade pessoal e reduz a nada a responsabilidade moral; que destruindo a ideia do purgatório e do inferno eternamente pessoal, ele abre caminho a todas as desordens, a todas as imoralidades."

Se algo foi tomado às velhas teorias pagãs, foi certamente o quadro das torturas do inferno. Aliás, não vemos claramente como, depois de havermos admitido qualquer tipo de purgatório, neguemos a ideia do purgatório. Quanto à metempsicose dos Antigos, longe de tê-la introduzido, o Espiritismo a combateu sempre e lhe demonstrou a impossibilidade. Quando, então, cessarão de fazer o Espiritismo dizer o contrário do que diz? A pluralidade das existências, que ele admite, não como um sistema, mas como uma lei da Natureza provada pelos fatos, daquela difere essencialmente. Ora, contra uma lei da Natureza, que é essencialmente obra de Deus, não há sistema que possa prevalecer, nem anátemas que a possam anular, assim como não anularam o movimento da Terra e os períodos da criação.

A pluralidade das existências, o renascimento, se quiserem, é uma condição inerente à natureza humana, como a de dormir, e necessária ao progresso da alma. É sempre desagradável para uma religião, quando esta se obstina em ficar na retaguarda dos conhecimentos adquiridos, porque chega um momento em que, ultrapassada pela onda irresistível das ideias, ela perde o crédito e a influência sobre todos os homens instruídos. Julgar-se comprometida pelas ideias novas é confessar a fragilidade de seu ponto de apoio. É pior ainda quando se alarma ante o que chama de utopia. É uma coisa curiosa, realmente, ver os adversários do Espiritismo esgrimindo para dizer que ele é um sonho vazio sem importância nem vitalidade, e sem cessar gritando: fogo!

Segundo a máxima: "A árvore se conhece pelo fruto", a melhor maneira de julgar as coisas é estudar os seus efeitos. Se, pois, como pretendem, a negação do inferno eternamente pessoal abre caminho a todas as desordens e a todas as imoralidades, segue-se que: 1º – A crença nesse inferno abre caminho a todas as virtudes; 2º – Quem quer que se entregue a atos imorais, não teme as penas eternas, e se não as teme é porque nelas não crê. Ora, quem deve nelas crer melhor do que os que as ensinam? Quem deve estar mais penetrado desse medo, mais impressionado pelo quadro dos tormentos sem fim do que aqueles que noite e dia são embalados nessa crença?

Onde essa crença e esse medo deveriam estar em sua força máxima? Onde deveria haver mais contenção e moralidade, senão no próprio centro da catolicidade? Se todos os que professam esse dogma e dele fazem a condição de salvação estivessem isentos de reproches, certamente suas palavras teriam mais peso, mas quando se veem tão escandalosas desordens entre aqueles mesmos que pregam o medo do inferno, é forçoso concluir que não acreditam no que pregam. Como esperam persuadir os que se inclinam à dúvida? Eles matam o dogma por seu próprio exagero e pelo seu exemplo.

Julgado por seus frutos, o dogma das penas eternas não os dá bons, prova de que a árvore é má, e entre esses maus frutos há que colocar o imenso número de incrédulos que ele faz diariamente. A Igreja nele se pendura como numa corda de salvação, mas a corda está tão gasta, que em breve deixará o barco à deriva.

Se algum dia a Igreja devesse periclitar, seria pelo absolutismo de seus dogmas do inferno, das penas eternas e da supremacia que ela confere ao diabo neste mundo. Se não se pode ser católico sem acreditar nesse inferno e na danação eterna, é preciso convir que o número dos verdadeiros católicos é hoje muito reduzido, e mais de um Pai da Igreja pode ser considerado como manchado de heresia.

"Não será inútil acrescentar, senhor cura, que a paz das famílias é gravemente perturbada pela prática do Espiritismo; que um grande número de cabeças por ele já perderam o senso e que as casas de alienados da América, Inglaterra e França regurgitam, desde já, com suas numerosas vítimas, de tal sorte que se o Espiritismo propagasse suas conquistas, seria necessário mudar o nome dos sanatórios para hospícios."

Se o Sr. Bispo de Argel tivesse colhido seus ensinamentos alhures que não em fontes interesseiras, teria sabido o que são esses supostos loucos, e não se teria rendido ao eco de uma história inventada de má-fé e da qual ressalta o ridículo do próprio exagero. Um primeiro jornal falou de quatro casos, ao que se dizia, constatados num hospício; outro jornal, citando o primeiro, elevou o número para quarenta; um terceiro, citando o segundo, elevou-o para quatrocentos, e acrescentou que vão aumentar o hospício, e todos os jornais hostis repetem à vontade essa história. Depois o Sr. Bispo de Argel, levado por seu zelo, retomando-a, sem demolir o edifício, ainda a amplia, dizendo que as casas de alienados da França, da Inglaterra e da América *regurgitam* de vítimas da nova doutrina. Coisa curiosa! Ele cita a Inglaterra, um dos países onde o Espiritismo é menos difundido e onde certamente há menos adeptos do que na Itália, na Espanha e na Rússia.

Que uma brochura efêmera e inexpressiva; que um jornal pouco preocupado com a fonte das notícias que publica asseverem um fato aventuroso por necessidade da causa, nada é de admirar, posto já não seja moral, mas um documento episcopal, com caráter oficial, só deveria conter coisas de uma autenticidade de tal modo verificada que deveria isentar-se até de suspeita de inexatidão, ainda que involuntária.

Quanto à paz das famílias, perturbada pela prática do Espiritismo, não conhecemos senão aqueles casos em que mulheres, enganadas por seus confessores, foram incitadas a abandonar o teto conjugal para se subtraírem às influências demoníacas trazidas por seus maridos espíritas.

Em compensação, são numerosos os exemplos de famílias outrora separadas, cujos membros se reaproximaram depois dos conselhos de seus Espíritos protetores e sob a influência da doutrina que, a exemplo de Jesus, prega a união, a concórdia, a doçura, a tolerância, o esquecimento das injúrias, a indulgência para com as imperfeições alheias, e traz a paz onde reinava a cizânia.

Ainda aqui é o caso de dizer que se julga a árvore por seus frutos. É um fato constatado que, quando há divisão das famílias, a cisão parte sempre do lado da intolerância religiosa.

A carta pastoral termina pela seguinte ordenação:

"Por estas causas, e invocado o Espírito Santo, temos ordenado e ordenamos o que segue:

"Art. 1º – A prática do Espiritismo ou invocação dos mortos é interdita a todos e a cada um na diocese de Argel.

"Art. 2º – Os confessores recusarão a absolvição a quem quer que não renuncie a toda participação, quer como médium, quer como adepto, ou como simples testemunha às sessões privadas ou públicas ou, enfim, a uma operação qualquer de Espiritismo.

"Art. 3º – Em todas as cidades da Argélia e nas paróquias rurais onde o Espiritismo se introduziu com algum brilho, os senhores curas lerão publicamente esta carta do púlpito, no primeiro domingo após o seu recebimento. Aliás, por toda parte será ela comunicada em particular, conforme as necessidades.

"Dada em Argel, a 18 de agosto de 1863."

É a primeira ordenação lançada com o fito de interditar oficialmente o Espiritismo numa localidade. Ela é de 18 de agosto de 1863. Essa data ficará marcada nos anais do Espiritismo, como a de 9 de outubro de 1861, dia para sempre memorável do auto de fé de Barcelona, ordenado pelo bispo daquela cidade. Como os ataques, as críticas e os sermões não produziram efeito satisfatório, quiseram dar um golpe pela excomunhão oficial. Vejamos se o objetivo será mais bem atingido.

Pelo primeiro artigo, a ordenação é dirigida a *todos e a cada um* na diocese de Argel, isto é, a proibição de ocupar-se do Espiritismo é feita a todos os indivíduos, sem exceção. Mas a população não é apenas de católicos fervorosos. Sem falar dos judeus, dos protestantes e dos muçulmanos, ela compreende todos os materialistas, panteístas, incrédulos, livres-pensadores, cépticos e indiferentes, cujo número é incalculável. Eles figuram no contingente nominal do Catolicismo porque nasceram e foram batizados nessa religião, mas, na realidade, eles próprios saíram da Igreja. Nestes termos, o Sr. Renan e tantos outros figuram na população católica. Assim, a ordenação não alcança todos os indivíduos que não estejam na estrita ortodoxia. O mesmo acontecerá em toda parte onde for feita semelhante proibição. Sendo, pois, materialmente impossível que uma proibição dessa natureza, venha de onde vier, atinja todo mundo, para um que dele for afastado, haverá cem que continuarão dele se ocupando.

Depois, eles põem de lado os Espíritos que vêm sem serem chamados, mesmo junto àqueles que foram proibidos de recebê-los; que falam aos que não querem escutar; que passam através das paredes quando lhes fecham as portas. Aí está a maior dificuldade, para a qual falta um artigo na ordenação acima.

Essa ordenação não atinge senão os católicos fervorosos. Ora, nós temos repetido muitas vezes que o Espiritismo vem dar a fé aos que em nada creem ou que estão em dúvida. Aos que têm uma fé bem estabelecida e aos quais basta essa fé, ele diz: "Guardai-a", e não procura dela desviá-los. Ele a ninguém diz: "Deixai vossa crença para vir a mim", pois ele tem bastante a colher no campo dos incrédulos.

Assim, a proibição não pode atingir aqueles aos quais o Espiritismo se dirige, e só atinge aqueles a quem ele não se dirige. Jesus disse: "Não são os que têm saúde que necessitam de médico." Se estes últimos vêm a ele, sem que ele os busque, é que nele encontram consolações e certezas que não encontram alhures, e neste caso desprezarão a proibição.

Há cerca de três meses foi dada esta ordenação, e já podemos apreciar os seus efeitos. Desde o seu aparecimento, mais de vinte cartas nos foram mandadas da Argélia, todas confirmando os resultados previstos.

No próximo número, veremos o que está acontecendo.

EXEMPLOS DA AÇÃO MORALIZADORA DO ESPIRITISMO

Para as cartas que seguem, chamamos a atenção dos que pretendem que sem o medo das penas eternas a Humanidade não teria mais freio, e que a negação do inferno eternamente *pessoal* abre caminho a todas as desordens e a todas as imoralidades:

"Montreuil, 23 de agosto de 1863.

"Em março último eu ainda era o que se pode dizer, com toda a força do termo, incrustado de ateísmo e de materialismo. Não poupava o chefe do grupo espírita de nossa pequena cidade, meu parente, de pilhérias e sarcasmos; até lhe aconselhava o hospício! Mas ele opunha às minhas troças uma paciência estoica.

"Ao mesmo tempo, durante a quaresma, um pregador falou do púlpito contra o Espiritismo. A circunstância excitou-me a curiosidade, pois não percebia muito bem o que a igreja poderia ter que ver com o Espiritismo. Então li o livrinho *O que é o Espiritismo?* prometendo a mim mesmo não ceder tão facilmente quanto o haviam feito certos materialistas convertidos, e armei-me com todas as peças, persuadido de que nada poderia destruir a força dos meus argumentos, não duvidando absolutamente de uma vitória completa.

"Mas, ó prodígio! Ainda não havia chegado à página cinquenta e já havia reconhecido a inanidade de minha pobre bateria argumentativa. Durante alguns minutos fiquei como que iluminado; uma súbita revolução operou-se em mim e eis o que eu escrevia a meu irmão a 18 de junho:

"Sim, como dizes, minha conversão foi providencial; é a Deus que devo este sinal de grande benevolência. Sim, creio em Deus, em minha alma, em sua imortalidade após a morte. Antes disso tinha como filosofia uma certa firmeza de espírito, pela qual me punha acima das tribulações e dos acidentes da vida, mas me dobrei ante as numerosas torturas morais que me haviam infringido os pretensos amigos. A amargura de tais lembranças me havia envenenado o coração. Eu ruminava mil projetos de vingança, e se não tivesse temido para mim e para os meus a maldição pública, talvez tivesse dado aos meus projetos uma funesta execução. Mas Deus me salvou. O Espiritismo levou-me prontamente a crer nas verdades fundamentais da religião, das quais a Igreja me havia afastado pelo horrível quadro das chamas eternas e por me querer impor, como artigos de fé, dogmas que estão em manifesta contradição com os atributos infinitos de Deus. Lembro-me ainda do pavor experimentado em 1814, aos sete anos de idade, quando da leitura desta bela passagem dos *Pensées chrétiennes: "E quando um danado tiver sofrido tantos anos quantos são os átomos no ar, as folhas das florestas e os grãos de areia às bordas do mar, tudo isto será contado como nada!!!"* E foi a Igreja que ousou proferir semelhante blasfêmia! Que Deus lha perdoe!"

"Continuo minha carta, caro Eugênio, deixando à Igreja a propriedade do império infernal sobre a qual nada tenho a reivindicar.

"A ideia que tinha feito de minha alma foi substituída pela dada pelos Espíritos. A pluralidade dos mundos, como a pluralidade das existências, não mais constituindo dúvidas para mim, causam-me agora uma indefinível satisfação moral. A perspectiva de um nada frio e lúgubre outrora me gelava o sangue nas veias; hoje me vejo, por antecipação, habitando um desses mundos mais adiantados moralmente, intelectualmente e fisicamente que o nosso planeta, esperando atingir o estado de puro Espírito.

"Para gozar dos benefícios de Deus e deles tornar-me inteiramente digno, perdoei com solicitude os meus inimigos, aqueles que me fizeram sofrer duras torturas morais, todos, enfim, que me ofenderam, e abjurei qualquer pensamento de vingança. Todos os dias agradeço a Deus a alta benevolência que me testemunhou, fazendo-me rapidamente sair do mau caminho onde me haviam lançado o ateísmo e o materialismo, e lhe peço conceda o mesmo favor a todos os que, como eu, dele duvidaram e o negaram. Também lhe peço fazer que minha mulher, meus filhos, o próximo, os parentes, os amigos e os inimigos, possam gozar das doçuras do Espiritismo. Enfim, peço por todos, por todas as almas sofredoras, para que Deus lhes deixe entrever que a sua bondade infinita não lhes fechou a porta do arrependimento. Também peço a Deus o perdão de minhas faltas e a graça de praticar a caridade em toda a sua extensão.

"Assim, agora me encontro num estado de perfeita calma e tranquilidade quanto ao futuro. A ideia da morte não mais me apavora, porque tenho a convicção inabalável que minha alma sobreviverá ao meu corpo, e tenho inteira fé na vida futura. Contudo, um só pensamento me faz mal, o de abandonar na Terra seres que me são caros, com o receio de vê-los infelizes.

"Ah! Esse medo que comporta sua dor é muito natural, em face do egoísmo de que a maioria de nosso pobre mundo está impregnada. Mas Deus me compreende. Ele sabe que toda a minha confiança está depositada apenas nele. Já experimentei a felicidade de rever nossa cara Laura, em dezembro último, alguns dias após a sua morte. Certamente é um efeito antecipado de sua bondade para comigo."

"Depois da data desta carta, meu caro senhor, meu bem-estar aumentou. Outrora a menor contrariedade me irritava. Hoje minha paciência é realmente notável, e sucedeu à violência e à impulsividade. A vitória que ela conquistou nestes dias, em prova bastante rude, vem em apoio à minha asserção. Certamente não teria sido assim em março último. É precisamente em tais circunstâncias que a Doutrina Espírita exerce sua suave influência. Os que a criticam dizem que ela está cheia de seduções, e eu não creio atenuar esse belo elogio achando-a cheia de volúpias.

"Minha volta à religião causou aqui uma surpresa, tanto maior porque eu era até agora ligado ao mais desenfreado materialismo. Por uma consequência muito lógica, sou, por minha vez, vítima das troças e dos sarcasmos, mas fico insensível, e, como dizeis muito judiciosamente, tudo isto desliza sobre o verdadeiro Espiritismo, como a água sobre o mármore.

"Meu caro senhor, vou terminar minha carta, cuja prolixidade poderia vos fazer perder um tempo precioso. Aceitai a expressão de minha viva gratidão pela satisfação moral, pela esperança consoladora e pelo bem-estar que me proporcionastes.

"Continuai vossa santa missão, pois Deus vos abençoou, senhor!

"ROUSSEL (Adolphe)
"Escrevente juramentado, antigo empresário de leilões.

"P. S. No interesse do Espiritismo, podeis fazer desta carta, no todo ou em parte, o uso que melhor vos aprouver."

OBSERVAÇÃO: Já publicamos várias cartas deste teor, mas seriam necessários volumes para publicar todas as que recebemos no mesmo sentido e, o que não é menos notável, é que a maior parte delas vem de pessoas inteiramente desconhecidas, e não foram solicitadas por outra influência senão a ascendência da Doutrina.

Eis, pois, um dos homens atingidos pelo anátema do Sr. Bispo de Argel, um homem que, sem a Doutrina Espírita, teria morrido no ateísmo e no materialismo; que, se se apresentasse para receber os sacramentos da Igreja, seria impiedosamente repelido. Quem o trouxe a Deus? O medo das penas eternas? Não, porque foi a teoria dessas penas que o afastou dela. Quem, pois, teve o poder de acalmar a sua impulsividade e dele fazer um homem suave e inofensivo; de fazê-lo abjurar suas ideias de vingança para perdoar os inimigos? Só o Espiritismo, porque nele auferiu uma fé inabalável no futuro.

É essa doutrina que quereis extirpar de vossa diocese, onde certamente se acham muitos indivíduos no mesmo caso e que, em vossa opinião, são vergonhosa chaga para a colônia. A quem persuadirão que para esse homem teria sido melhor ficar onde estava? Se se objetasse que é uma exceção, responderíamos com milhares de casos semelhantes, e mesmo que fosse uma exceção, responderíamos pela parábola das cem ovelhas, das quais uma se tresmalhou e à sua procura corre o pastor.

Recusando-lhe o Espiritismo, o que lhe teríeis dado em substituição, para nele operar semelhante transformação? Sempre a perspectiva da danação eterna, a única, em vossa opinião, capaz de dominar a desordem e a imoralidade. Enfim,

400 | REVISTA ESPÍRITA

quem o levou a estudar o Espiritismo? Uma quadrilha de espíritas? Não, porque ele fugia dos espíritas. Foi um sermão pregado contra o Espiritismo. Por que, então, foi convertido pelo Espiritismo e não pelo sermão? É que, aparentemente, os argumentos do Espiritismo eram mais convincentes que os do sermão.

Assim tem sido com todas as pregações análogas. Assim será com a ordenação episcopal de Argel, que terá, predizemos, um resultado muito diferente daquele que dela esperam.

Ao autor desta carta diremos: "Irmão, esta espécie de confissão que fazeis perante homens é um grande ato de humildade. Jamais há vergonha, mas há grandeza em reconhecer que se enganou e confessar os seus erros. Deus ama os humildes, porque é a eles que pertence o reino dos céus."

A carta seguinte é um exemplo não menos tocante dos milagres que o Espiritismo pode operar nas consciências, e aqui o resultado é muito mais admirável, porque não se trata de um homem do mundo, vivendo num meio esclarecido, cujas más inclinações podem ser contidas, senão pelo medo da vida futura, ao menos pelo da opinião, mas de um homem ferido pela justiça, de um condenado à reclusão numa penitenciária.

"20 de setembro de 1863.

"Senhor,

"Tive a felicidade de ler, de estudar algumas de vossas excelentes obras tratando do Espiritismo, e o efeito dessa leitura foi tal sobre o meu ser, que julgo dever com isso tomar-vos a atenção, mas, para que me possais bem compreender, penso que é necessário dar-vos a conhecer as circunstâncias em que me acho colocado.

"Tenho a infelicidade de ter sido condenado a seis anos de reclusão, justa consequência de minha conduta passada, por isso, não tenho direito de me queixar. Assim, é a bem da ordem que faço o relato.

"Há apenas um mês eu me julgava perdido para sempre. Por que hoje penso o contrário e por que a esperança brilha em meu coração? Não será porque o Espiritismo, desvendando-me a sublimidade de suas máximas, fez-me compreender que os bens terrenos nada são; que a felicidade só existe realmente para os que praticam as virtudes ensinadas por Jesus Cristo, virtudes que nos aproximam de Deus, nosso pai comum? Não é também porque, embora caído num estado de abjeção, embora aviltado pela Sociedade, posso esperar renascer de alguma sorte, e assim preparar minha alma para uma vida melhor, pela prática das virtudes e meu amor a Deus e ao próximo?

"Não sei se são bem estas as verdadeiras causas da mudança que em mim se operou. O que sei é que em todo o meu ser se passa algo que não posso definir. Estou com melhores disposições diante dos infelizes que, como eu, estão colocados sob a férula da Sociedade. Tenho certa autoridade sobre uma centena deles, e estou bem decidido a só usá-la para o bem. Minha posição moral parece-me menos penosa. Considero meus sofrimentos como uma justa expiação, e esta ideia me ajuda a suportá-la. Enfim, não é mais com sentimentos de ódio que considero a Sociedade: rendo-lhe a justiça que lhe é devida.

"Eis – estou certo disto – as causas que reagiram sobre o meu espírito, e que farão de mim, no futuro, – tenho uma suave esperança – um homem que ama e que serve a Deus e ao próximo, praticando a caridade e seus deveres.

"A quem deverei render graças por esta feliz metamorfose que de um homem mau terá feito um homem amante da virtude? Inicialmente a Deus, a que devemos tudo reportar, e em seguida aos vossos excelentes escritos.

"Assim, senhor, permiti que vo-lo diga, esta carta tem por objetivo vos assinalar toda a minha gratidão.

"Mas por que é preciso que minha educação espírita fique inacabada? Sem dúvida, Deus assim o quer. Que se faça a sua vontade!

"Não vos deixarei ignorar, senhor, o nome da excelente pessoa a quem devo o que sei agora: é o Sr. Benoît, que, tendo notado em mim um desejo de refazer o meu passado, quis iniciar-me na Doutrina Espírita. Infelizmente vou perdê-lo, pois sua nova posição não mais permitirá que me venha ver. É uma grande infelicidade para mim, e não vo-la oculto, porque aos conselhos ele junta o exemplo. Ele também deve seu melhoramento à doutrina. Dizia-me ele: 'Até ser esclarecido pelo espírito espírita, terminada a minha refeição, eu ia para o café, e lá muitas vezes me esquecia, não só dos deveres para com a minha pequena família, mas ainda para com o meu patrão. O tempo que assim passava, hoje emprego na leitura de livros espíritas, leitura que faço em voz alta, para que minha família aproveite. E crede-me, acrescentava o Sr. Benoît, isto vale mais, porque é o começo da verdadeira, da única felicidade'.

402 | REVISTA ESPÍRITA

"Peço-vos perdoeis a minha temeridade e, sobretudo, a extensão desta carta, e crede-me etc.

"D..."

Esse Sr. Benoît é um simples operário. Ele tinha sido instruído no Espiritismo por uma senhora da cidade, da qual havia falado ao prisioneiro. Este último, antes da partida de seu instrutor, a ela mandou a seguinte carta:

"Senhora,

"Certamente sou muito temerário ousando vos dirigir estas palavras, mas espero que vossa bondade me perdoe, sobretudo em razão das causas que me levam a agir. Para começar, agradeço-vos, senhora, mas agradeço do mais profundo do coração, de toda a minha alma, pelo bem que me fizestes, permitindo que o Sr. Benoît me instruísse no Espiritismo, esta sublime doutrina chamada a regenerar o mundo, e que sabe tão bem demonstrar ao homem o que deve a Deus, à sua família, à Sociedade e a si mesmo; que, provando-lhe que nem tudo acaba nesta vida, o estimula e lhe dá os meios de se preparar para uma outra vida. Creio ter aproveitado os úteis ensinamentos que recebi, porque experimento um sentimento que me deixa mais bem disposto em relação aos meus semelhantes, e me faz ter sempre o pensamento voltado para o Céu. É um começo de fé? Eu o espero. Infelizmente, o Sr. Benoît vai partir, e com ele a esperança de me instruir.

"Sei que sois boa, e que tendes pensado em continuar a dar-me os meios de me esclarecer. Eu vos rogo de joelhos que continueis a obra tão bem começada. Ela vos será contada por Deus, pois tendes a esperança de fazer de um infeliz perdido nos vícios do mundo um homem virtuoso, um homem digno desse nome, de sua família e da Sociedade.

"Esperando o dia em que, livre, poderei dar minhas provas, eu vos bendirei como meu Espírito nesta Terra; eu vos associarei às minhas preces, e dia virá em que também poderei ensinar à minha família a vos bendizer, a vos venerar, pois lhe tereis devolvido um filho, um irmão honesto. É impossível ser diferente, quando se serve a Deus sinceramente.

"Assim, concluo, senhora, pedindo sejais na Terra meu bom Espírito, e que me dirijais no bom caminho. O que fizerdes será contado como uma boa obra. Quanto a mim, prometo-vos ser dócil aos vossos ensinamentos.

"Termino etc."

OBSERVAÇÃO: Assim, esse Sr. Benoît, simples operário, era um exemplo recente do efeito moralizador do Espiritismo e, por sua vez, já traz ao bom caminho uma alma desviada; devolve à família e à Sociedade um homem honesto em vez de um criminoso, boa obra para a qual concorreu uma senhora caridosa, estranha a ambos, mas animada do único desejo de fazer o bem. E tudo isto é feito na sombra, sem fausto, sem ostentação, e com o testemunho apenas da consciência.

Espíritas, eis desses milagres de que vos deveis orgulhar, que todos podeis operar, e para os quais não necessitais de nenhuma faculdade excepcional, porque basta o desejo de fazer o bem.

Se o Espiritismo tem tal poder sobre as almas manchadas, o que não se deve esperar para a regeneração da Humanidade, quando ele se tiver convertido em crença comum, e cada um empregá-lo na sua esfera de ação!

Vós todos que atirais pedras contra o Espiritismo e dizeis que ele enche as casas de alienados, dai, pois, em seu lugar, algo que produza mais do que ele produz. Pelo fruto se reconhece a qualidade da árvore. Julgai, pois, o Espiritismo, por seus frutos, e tratai de produzir frutos melhores. Então sereis seguidos.

Ainda alguns anos e vereis muitos outros prodígios, não sinais no Céu, para ferir os olhos, como pediam os fariseus, mas prodígios no coração dos homens, dos quais o maior será o de fechar a boca dos detratores e de abrir os olhos dos cegos, pois é preciso que se realizem as predições do Cristo, e elas todas realizar-se-ão.

NOVO SUCESSO DO ESPIRITISMO EM CARCASSONNE

404 | REVISTA ESPÍRITA

O Espírito tiptólogo de Carcassonne mantém sua reputação e prova pelos sucessos que alcança nos diversos concursos em que se apresenta como candidato, o incontestável mérito de suas excelentes fábulas e poesias. Depois de haver conquistado o primeiro prêmio, a Eglantina de Ouro, na Academia dos Jogos Florais de Toulouse, acaba de obter uma medalha de bronze no concurso de Nîmes. O *Courrier de 1'Aude* diz a respeito: "Essa distinção é tanto mais lisonjeira quando o concurso não se restringia a fábulas e poesias, mas abarcava todas as obras literárias."

Esse novo triunfo certamente pressagia outros para o futuro, pois é provável que esse Espírito não se afaste. Decididamente, torna-se um sério concorrente.

Que dirão os incrédulos? O que já disseram quando do sucesso de Toulouse: que o Sr. Jobert é um poeta que tem a fantasia de se esconder sob o manto de um Espírito. Entretanto, aqueles que conhecem o Sr. Jobert sabem que ele não é poeta. Além disto, se ele fosse poeta, o modo de obtenção, pela tiptologia, em presença de testemunhas, afasta qualquer resquício de dúvida, a menos que se suponha que ele se oculta, não sob a mesa, mas na mesa.

Seja como for, os fatos desta natureza não deixam de chamar a atenção da gente séria e de apressar o momento em que as relações entre o mundo visível e o invisível serão admitidas como uma das leis da Natureza. Reconhecida essa lei, a Filosofia e a Ciência necessariamente entrarão em nova via.

A Providência, que quer a vitória do Espiritismo, porque o Espiritismo é uma das grandes etapas do progresso humano, emprega diversos meios para fazê-lo penetrar no espírito das massas, meios apropriados aos gostos e às disposições de cada um, considerando-se que aquilo que convence uns não convence outros. Aqui são os sucessos acadêmicos de um Espírito poeta; ali são fenômenos tangíveis provocados, ou manifestações espontâneas; além, são efeitos puramente morais; depois, curas que outrora teriam passado por miraculosas e que desafiam a ciência vulgar; produções artísticas por pessoas estranhas às artes. Há os casos de obsessão e de subjugação que, provando a impotência da Ciência nessas espécies de afecções, conduzirão os cientistas a reconhecerem uma ação fora da matéria.

Enfim, teremos necessidade de acrescentar que os adversários da ideia espírita são, nas mãos da Providência, um dos mais poderosos meios de vulgarização? É evidente que sem a repercussão de seus ataques o Espiritismo estaria menos espalhado do que está. Em os convencendo de sua impotência, quis Deus que eles próprios servissem ao seu triunfo. (Ver *Revista* de junho de 1863).

PLURALIDADE DAS EXISTÊNCIAS E DOS MUNDOS HABITADOS

PELO DR. GELPKE

Devemos à gentileza de um dos nossos correspondentes de Bordéus a interessante passagem que se segue, extraída de uma obra intitulada *Exposé de la grandeur de la création universelle*[3], pelo Dr. *Gelpke*, publicada em Leipzig em 1817.

"...Se, pois, a construção de todos os mundos que brilham acima de nós pudesse ser submetida ao nosso exame, de que admiração não seríamos tomados, vendo a diversidade desses globos, cada um dos quais organizado de modo diverso do seu mais próximo vizinho na ordem da criação! E, como eu já disse, sendo incalculável o número dos mundos, sua construção também deve ser infinitamente diferente.

"Além disso, como da organização de cada mundo depende a dos seres que o habitam, estes devem, tanto interna quanto externamente, diferir essencialmente em cada globo. Agora, se considerarmos a multiplicidade e imensa variedade das criaturas em nossa Terra, onde uma simples folha não se assemelha a outra, e se admitirmos uma tão grande variedade de criaturas em cada mundo, quão prodigiosa nos parecerá a sua multidão no imensurável reino de Deus!

"Qual será, um dia, a plenitude de nossa felicidade, quando, sob *envoltórios cada vez mais perfeitos*, penetrarmos sucessivamente mais adiante nos mistérios da criação, e encontrar-

---
[3] Exposição da grandeza da criação universal. Via de regra mantemos no texto o título original, quando a obra não tem tradução em português. N. do T.

mos mundos sem fim, povoando um espaço sem fim! Então, quanto Deus não nos parecerá ainda mais adorável, ele que tirou tudo isso do nada; ele, cuja bondade sem limites não criou tudo isto senão para a satisfação dos seres vivos e cuja sabedoria ordenou isto tudo de maneira tão admirável!

"Mas nossa morada e nossa conformação atuais podem proporcionar-nos tal felicidade? Para isto não necessitamos de outra morada, que nos colocará mais à frente, no domínio da criação, e de um envoltório muito mais sutil e mais perfeito, que não entravará o nosso espírito em seu progresso para a perfeição, e por meio do qual ele poderá ver, sem auxílio, no todo universal, muito além do que podemos ver daqui com os nossos melhores instrumentos?

"Mas, por que o Criador não nos daria, após *vários degraus de existência*, um envoltório que, semelhante ao relâmpago, poderia elevar-se de mundos a mundos, permitindo-nos assim, ao mesmo tempo, olhar tudo mais de perto, e abarcar melhor o conjunto pelo pensamento? Quem ousaria disto duvidar, quando vemos a brilhante borboleta nascer da lagarta e a árvore ofuscante de flores provir de uma semente!? Se Deus assim desenvolve pouco a pouco a lagarta e no-la mostra esplendidamente transformada; se também desenvolve o germe por graus, quanto não nos fará progredir a nós, os homens, reis da Terra, e avançar na criação!"

Pluralidade dos mundos habitados, pluralidade das existências, perispírito, progresso sucessivo e indefinido da alma, tudo aí está.

DISSERTAÇÕES ESPÍRITAS

A NOVA TORRE DE BABEL

(SOCIEDADE DE PARIS, 6 DE FEVEREIRO DE 1863)
(MÉDIUM, SRA. COSTEL)

O Espiritismo é o Cristianismo da Idade Moderna. Ele deve restituir às tradições o seu sentido espiritualista.

Outrora o Espírito se fez carne; hoje a carne se faz Espírito, para desenvolver a ideia gigantesca que deve renovar a face do mundo. Mas à festa da criação espírita sucederão a perturbação e o orgulho dos diversos sistemas que, desprezando sábios ensinamentos, armarão uma nova torre de Babel, obra de confusão, em breve reduzida a nada, porque as obras do passado são o penhor do futuro, e nada se dissipa do tesouro de experiências acumuladas pelos séculos.

Espíritas, formai uma tribo intelectual. Segui vossos guias mais docilmente do que o fizeram os hebreus. Nós também vimos livrar-vos do jugo dos filisteus e vos conduzir à Terra Prometida. Às trevas das primeiras idades sucederá a aurora, e ficareis maravilhados ao compreender o lento reflexo das idades anteriores sobre o presente. As lendas reviverão, enérgicas como a realidade, e obtereis a prova da admirável unidade, penhor da aliança contraída por Deus com suas criaturas.

São Luís

O VERDADEIRO ESPÍRITO DAS TRADIÇÕES

(SÉTIF, ARGÉLIA, 15 DE OUTUBRO DE 1863)

Abri as escrituras sagradas e a cada página encontrareis predições ou alegorias incompreensíveis para quem quer que não esteja ao corrente das relações novas e que, para a maioria, foram interpretadas pelos comentadores em conformidade com a sua opinião e muitas vezes ao seu interesse. Mas, tomando como guia a ciência que começastes a adquirir, podereis facilmente descobrir o sentido oculto que elas encerram.

Os antigos profetas eram todos inspirados por Espíritos elevados, mas que não lhes davam, em suas revelações, senão ensinamentos de natureza a não serem compreendidos senão por inteligências de escol, e cujo sentido não estivesse em oposição muito patente com o estado dos conhecimentos e dos preconceitos daquela época. Era preciso que fosse possível interpretá-los de maneira adequada à compreensão das massas, para que estas não as rejeitassem, como não teriam deixado de fazer, se essas predições estivessem em oposição muito formal com as ideias gerais.

Hoje o nosso cuidado deve ser de vos esclarecer completamente e, ao mesmo tempo, vos fazer compreender as aproximações existentes entre as nossas revelações e as dos Antigos. Nós temos outra tarefa a desempenhar, a de combater a mentira, a hipocrisia e o erro, tarefa muito difícil e muito árdua, mas cujo fim alcançaremos, pois tal é a vontade de Deus.

Tende fé e coragem. Jamais Deus encontra um obstáculo irresistível à sua vontade. Meios imprevistos serão empregados, por suas ordens, para vencer o gênio do mal, personificado agora pelos que deveriam marchar à frente do progresso e propagar a verdade, em vez de a ela pôr entraves pelo orgulho ou pelo interesse.

É preciso, pois, anunciar por toda parte, com confiança e segurança, o fim próximo da escravidão, da injustiça e da mentira. Digo o fim próximo, porque os acontecimentos, posto devendo realizar-se com a sábia lentidão que a Providência traz em suas reformas, para evitar as desgraças inseparáveis de uma grande precipitação, terão seu curso num espaço de tempo menor do que o esperam os que se amedrontam com os obstáculos que preveem, e que não o esperam também os que, por medo ou egoísmo, estão interessados na manutenção indefinida do estado de coisas.

Sede, pois, ardentes na propaganda, mas prudentes ante os ouvintes, para não apavorar as consciências timoratas e ignorantes. Só os egoístas não exigem qualquer habilidade e não vos devem meter medo. Tendes a ajuda de Deus. Sua resistência será impotente contra vós. É preciso lhes mostrar sem equívoco o futuro terrível que os espera, por sua própria causa e por causa dos que se deixarem perverter por seu exemplo, pois cada um é responsável pelo mal que faz e por aquele de que for causa.

SANTO AGOSTINHO

ALLAN KARDEC

REVISTA ESPÍRITA

JORNAL DE ESTUDOS PSICOLÓGICOS

ANO VI	DEZEMBRO DE 1863	VOL. 12

UTILIDADE DO ENSINO DOS ESPÍRITOS

Distinto publicista, por cujo caráter professamos a mais profunda estima, e cuja simpatia foi conquistada pela filosofia espírita, mas ao qual não foi ainda demonstrada a utilidade do ensino dos Espíritos, escreve-nos o que se segue:

"...Creio que há muito tempo a Humanidade estava de posse dos princípios que expusestes, princípios de que gosto e defendo sem o auxílio das comunicações espíritas, o que não quer dizer, notai-o bem, que eu negue o auxílio das luzes divinas.

"Cada um de nós recebe esse auxílio num certo limite, conforme seu grau de boa vontade, de seu amor ao próximo, e também na medida da missão que tenha a cumprir durante sua passagem pela Terra.

"Não sei se vossas comunicações vos puseram na posse de uma única ideia, de um só princípio que não tenha sido precedentemente exposto por uma série de filósofos e de pensadores que desde Confúcio até Platão, Moisés, Jesus Cristo, Santo Agostinho, Lutero, Diderot, Voltaire, Condorcet, Saint-Simon et alii fizeram progredir o nosso humilde planeta. Não o creio, e se estiver enganado, ser-vos-ia muito reconhecido pelo trabalho que tivésseis em demonstrar o meu erro. Notai bem que não condeno vossos processos espíritas: julgo-os inúteis para mim etc."

Meu caro senhor, vou responder a vossa pergunta nalgumas palavras. Não tenho vosso talento nem vossa eloquência, mas tentarei ser claro, não só para vós, mas para meus leitores, aos quais minha resposta poderá servir de ensino, motivo pelo qual o faço através da minha revista.

Para começar, direi que, de duas uma: ou as comunicações com os Espíritos existem ou não existem. Se não existem, *milhões* de pessoas que diariamente se comunicam com eles, são vítimas de uma ilusão, e eu mesmo teria tido uma singular ideia ao lhes atribuir aquilo de que poderia ter tido o mérito. Mas é inútil discutir este ponto, porque não o contestais. Se essa comunicação existe, deve ter sua utilidade, porque Deus nada faz de inútil. Ora, essa utilidade não só ressalta desse mesmo ensino, mas ainda, e sobretudo, das consequências desse ensino, como veremos dentro em pouco.

Dizeis que essas comunicações nada ensinam de novo além do que já foi ensinado por todos os filósofos, desde Confúcio, de onde concluís que são inúteis. O provérbio "Não há nada de novo sob o Sol" é perfeitamente certo e Edouard Fourrier o demonstrou claramente em sua interessante obra do *Vieux neuf*. O que ele disse das obras criadas pelo gênio humano é também verdadeiro, em matéria filosófica, pela razão muito simples que as grandes verdades são de todos os tempos e em todos os tempos devem ter sido reveladas a homens de gênio.

Mas porque um homem formulou uma ideia, segue-se que aquele que a formula depois dele seja inútil? Sócrates e Platão não enunciaram princípios de moral idênticos aos de Jesus? Daí deve concluir-se que a doutrina de Jesus foi uma superfluidade? Se assim fosse, bem poucos trabalhos seriam de real utilidade, pois que da maior parte deles pode-se dizer que outra pessoa teve o mesmo pensamento e que bastaria recorrer ao primeiro.

Vós mesmo, meu caro senhor, que consagrais o vosso talento ao triunfo das ideias de progresso e de liberdade, o que dizeis que cem outros antes não tenham dito? Daí deve deduzir-se que vos deveríeis calar? Não o penseis.

Confúcio, por exemplo, proclama uma verdade. Depois dele, um, dois, três, uma centena de outros homens que vêm depois dele a desenvolvem, a completam e a apresentam sob outra forma, se bem que essa verdade, que tinha ficado nos arquivos da história e como privilégio de alguns eruditos, se populariza, se infiltra nas massas e acaba por se tornar uma crença vulgar. Que teria acontecido às ideias dos filósofos antigos se elas não tivessem sido retomadas em segunda mão por escritores modernos? Quantos as conheceriam hoje? É assim que cada um por sua vez vem dar a sua martelada.

Suponhamos, então, que os Espíritos nada de novo tenham ensinado; que não tenham revelado a menor verdade nova; numa palavra, que apenas tenham repetido todas aquelas professadas pelos apóstolos do progresso. Então, nada significam esses princípios hoje ensinados pela voz do mundo invisível em todas as partes do mundo, no recesso de todas as famílias, desde o palácio até a choupana? Então nada são essas marteladas diárias, a toda hora e por toda parte? Credes que as massas não estão mais penetradas e impressionadas pelas máximas vindas de seus parentes e amigos do que pelas de Sócrates e de Platão, que eles jamais leram, ou que só conhecem de nome?

Como vós, meu caro senhor, que combateis toda sorte de abusos, desdenhais semelhante auxiliar, um auxiliar que bate a todas as portas, desafiando todas as conjuras e todas as medidas inquisitoriais? Só este auxiliar – e um dia tereis a prova – triunfará sobre todas as resistências, porque toma os abusos pela base, apoiando-se na fé que se extingue e que ele vem consolidar.

Pregais a fraternidade em termos eloquentes, isto é ótimo, e eu vos admiro. Mas, o que é a fraternidade com egoísmo? O egoísmo será sempre a pedra de tropeço para a realização das mais generosas ideias. Exemplos antigos e recentes não faltariam em apoio a essa proposição. É preciso, pois, tomar o mal pela raiz, e para isto combater o egoísmo e o orgulho, que fizeram e farão abortar os projetos mais bem concebidos. Mas como destruir o egoísmo sob o império das ideias materialistas, que concentram a ação do homem na vida presente? Para aquele que nada espera desta vida, a abnegação não tem a menor razão de ser e o sacrifício é uma tolice, porque reduz os curtos prazeres deste mundo.

Ora, quem melhor que o Espiritismo dá essa fé inalterável no futuro? Como chegou ele a triunfar da incredulidade de tão grande número de pessoas e a domar tantas paixões más, senão pelas provas materiais que ele dá? E como pode ele dar estas provas sem as relações estabelecidas com os que não mais estão na Terra? Então, de nada vale ter ensinado aos homens de onde eles vêm, para onde vão, e o futuro que lhes é reservado? A solidariedade que ele ensina já não é simples teoria, mas é uma consequência inevitável das relações existentes entre os mortos e os vivos, relações que fazem da fraternidade entre os vivos não só um dever moral, mas uma necessidade, porque vem do interesse na vida futura.

As ideias de casta, os preconceitos aristocráticos, produtos do orgulho e do egoísmo, não foram em todos os tempos um obstáculo à emancipação das massas? Bastará dizer em teoria, aos privilegiados da fortuna: Todos os homens são iguais? O Evangelho bastou para persuadir os cristãos possuidores de escravos que esses escravos são seus irmãos? Ora, quem pode destruir esses preconceitos; quem nivela todas as cabeças, melhor do que a *certeza* de que nas últimas camadas da Sociedade se acham seres que ocuparam o topo da escala social; que entre os nossos criados, entre aqueles a quem damos esmola, podem achar-se parentes, amigos, homens que nos comandaram; que, enfim, os que agora estão no alto, podem descer para o último degrau? Estará nisso um ensino estéril para a Humanidade? Essa ideia é nova? Não. Mais de um filósofo a emitiu e pressentiu essa grande lei da justiça divina. Mas de nada vale dar-lhes a prova palpável e evidente?

Muitos séculos antes de Copérnico, Galileu e Newton, a redondeza e o movimento da Terra tinham sido estabelecidos em tese. Esses sábios vieram demonstrar o que os outros apenas haviam suspeitado. Assim, há Espíritos que vêm provar as grandes verdades que permaneceram como letra morta para a maioria, dando-lhes por base uma lei da Natureza.

Ah! meu caro senhor! Se soubésseis, como eu, quantos homens que teriam sido entraves à realização das ideias humanitárias mudaram a maneira de ver e hoje, graças ao Espiritismo, se tornam seus campeões, não mais diríeis que o ensino dos Espíritos é inútil. Vós o bendiríeis como a tábua de salvação da Sociedade e apelaríeis com todas as veras à sua propagação. Foi o ensino dos filósofos que lhes faltou? Não, porque quase todos são homens esclarecidos, mas, para eles, os filósofos eram sonhadores, utopistas, conversadores; que digo eu? revolucionários. Era preciso tocar-lhes o coração, e o que os tocou foram as vozes de Além-Túmulo, que se fizeram ouvir em seus próprios lares.

Permiti-me, caro senhor, por hoje, ficar por aqui. A abundância de matéria me obriga a deixar para o próximo número a questão analisada sob outro ponto de vista.

O ESPIRITISMO NA ARGÉLIA

A propósito de nosso artigo do mês passado sobre a pastoral do Sr. Bispo de Argel, várias pessoas nos perguntaram se lho havíamos remetido. Ignoramos se alguém cuidou disto. Quanto a nós, não o mandamos, e eis a nossa razão:

Não temos a menor intenção de converter o Sr. Bispo de Argel à nossa opinião. Ele poderia ter visto na remessa direta daquele artigo uma espécie de bravata de nossa parte, o que não está em nosso caráter. Ainda uma vez, o Espiritismo deve ser aceito livremente e não violentar consciências; deve atrair a si pela força de seu raciocínio, a todos acessível, e pelos bons frutos que dá; deve realizar esta palavra do Cristo: "Outrora o Céu era tomado pela violência; hoje o é pela doçura."

De duas, uma: ou o Sr. Bispo de Argel se limita a falar do que sabe, ou não se limita. No primeiro caso, ele deve por si mesmo pôr-se ao corrente da questão e não se limitar aos escritos que abundam nesse sentido, se não quiser expor-se a erros lamentáveis. No segundo caso, seria trabalho perdido querer abrir os olhos a quem quer mantê-los fechados.

Grave erro é crer que a sorte do Espiritismo dependa da adesão de tal ou qual individualidade. Ele se apoia em base mais sólida: o assentimento das massas, nas quais a opinião dos menores pesa como a dos maiores. Não é uma pedra única que faz a solidez de um edifício, pois uma pedra pode ser retirada, mas o conjunto de todas as pedras que lhe servem de alicerce. Numa questão de tão vasto interesse, a importância das individualidades, consideradas em si mesmas, de certo modo se apaga. Cada um traz o seu contingente de ação, mas se algumas faltam ao chamado, o conjunto por isto não sofre.

Em sua opinião, o Sr. Bispo de Argel julgou que deveria fazer o que fez. Era um direito seu; diremos mais: fez bem em fazê-lo, pois agiu conforme sua consciência. Se o resultado não corresponder à sua expectativa, é que tomou um caminho errado. Eis tudo. Não nos cabe modificar as suas ideias e, por isto, não tínhamos que lhe enviar nossa refutação. Não a escrevemos para ele, mas para instrução dos espíritas de todos os países, a fim de assegurá-los quanto às consequências de uma manobra que provavelmente terá imitadores. Pouco importa, pois, a medida em si mesma. O essencial era provar que nem esta nem outras atingirão o objetivo visado: o aniquilamento do Espiritismo.

Em tese geral, em todas as nossas refutações jamais visamos os indivíduos, porque as questões pessoais morrem com as pessoas. O Espiritismo vê as coisas mais do alto. Ele se liga às questões de princípios, que sobrevivem aos indivíduos.

Num dado tempo, todos os atuais detratores do Espiritismo estarão mortos. Se em vida não puderam deter o seu impulso, podê-lo-ão ainda menos depois de mortos. Muito pelo contrário,

414 | REVISTA ESPÍRITA

mais de um, reconhecendo seu erro, sustentará, como Espírito, o que havia combatido como homem, como fez o defunto bispo de Barcelona, que recomendamos às preces de todos os espíritas, conforme o desejo por ele expresso.

Vede se já, antes de partir, mais de um antagonista não está morto moralmente! De todos os escritos que pretendiam pulverizar a doutrina, quantos sobreviveram? Um ou dois anos bastaram para pô-los no esquecimento, e os que mais ruído fizeram, apenas acenderam um fogo de palha, já extinto, ou em extinção. Mais alguns anos e não mais serão lembrados, e serão procurados como raridades.

Dá-se o mesmo com as ideias espíritas? Os fatos respondem à pergunta. Pode-se presumir que esses autores serão sucedidos por adversários mais temíveis, que terão razão contra o Espiritismo? É pouco provável, porque não é talento nem boa vontade nem alta posição que faltam aos de hoje. Eles estão plenos de fogo e ardor, mas o que lhes falta são argumentos que superem os dos espíritas, e certamente não é por que os não procurem. Ora, a ideia espírita ganhando partidários incessantemente, o número dos adversários diminuirá proporcionalmente, e estes serão forçados a aceitar um fato consumado.

Aliás, já dissemos que o clero não é unânime na reprovação do Espiritismo. Conhecemos pessoalmente vários eclesiásticos muito simpáticos a esta ideia, cujas consequências eles aceitam todas. Eis uma prova bem característica. O fato seguinte, cuja autenticidade podemos garantir, é bem recente.

Num vagão de estrada de ferro achavam-se dois senhores. Um deles era cientista, materialista e ateu no mais alto grau, e seu amigo, ao contrário, muito espiritualista. Eles discutiam calorosamente, cada um sustentando sua opinião. Numa estação subiu um jovem padre, que a princípio ouviu e depois entrou na conversa. Dirigindo-se ao incrédulo, disse-lhe:

– Parece, senhor, que não acreditais em nada, nem mesmo em Deus!

– É verdade, confesso, senhor padre, e ninguém ainda me provou que eu esteja em erro.

– Então, senhor, eu vos aconselho a ir aos espíritas e crereis.

– Como, senhor padre? Como falais assim?

– Sim, senhor. Digo porque é a minha convicção. Sei, por experiência, que quando a religião é impotente para vencer a incredulidade, o Espiritismo triunfa.

– Mas que pensaria o vosso bispo se soubesse que me dizeis isto?

– Pensaria o que quisesse, e eu o diria a ele próprio, porque tenho por hábito não ocultar o meu modo de pensar.

Foi o próprio cientista que contou o caso a um amigo, do qual o colhemos.

Eis um outro, não menos significativo:

Um dos nossos fervorosos adeptos, tendo ido visitar um de seus tios, cura de aldeia, encontrou-o lendo o *Livro dos Espíritos*. Transcrevemos textualmente o relato que nos deram da conversa.

– O que, meu tio! Ledes este livro, e não temeis ficar louco? Certamente é para refutá-lo nos sermões.

– Ao contrário, esta doutrina me tranquiliza quanto ao futuro, porque hoje compreendo bem muitos mistérios que não havia compreendido, mesmo no Evangelho. E tu, conheces isto?

– Como não! Se conheço! Sou espírita de alma e coração e, além disto, um pouco médium.

– Então, meu caro sobrinho, toca aqui! Nós jamais nos tínhamos entendido sobre a religião; agora nós nos entenderemos. Por que ainda não me tinhas falado?

– Eu temia vos escandalizar.

– Tu me escandalizavas muito mais outrora, por tua incredulidade.

– Se eu era incrédulo, vós fostes a causa.

– Como assim?

– Não fostes vós que me educastes? E o que foi o que me ensinastes em matéria de religião? Sempre quisestes me explicar o que vós mesmo não compreendíeis. Depois, quando vos interrogava e não sabíeis responder, dizíeis: "Cala-te, infeliz! É preciso crer e não tentar compreender. Jamais passarás de um ateu." Agora talvez eu vos pudesse objetar. Assim, sou eu que me encarrego de instruir meu filho. Ele tem dez anos e vos asseguro que é mais crente do que eu era naquela idade, entregue em vossas mãos, e não creio que jamais perca a sua fé, porque ele compreende tudo tão bem quanto eu. Se vísseis como ele ora com fervor, como é dócil, laborioso, atento a todos os seus deveres, ficaríeis impressionado. Mas dizei-me, meu tio, pregais o Espiritismo aos vossos paroquianos?

– Vontade não me falta, mas compreendes que isto não é possível.

– Falais sempre a eles da fornalha do diabo, como em meu tempo? Posso dizer isto agora sem vos ofender, mas realmente aquilo nos fazia rir. Entre os vossos ouvintes eu vos asseguro que só havia três ou quatro bondosas matronas que acreditavam no que dizíeis. As mocinhas, que normalmente são muito medrosas, depois do sermão iam fazer "o jogo do diabo." Se esse medo tem tão pouco domínio sobre gente do campo, naturalmente supersticiosa, imaginai o que deve ser entre gente esclarecida. Ah! meu caro tio, já é tempo de trocar as baterias, porque o tempo do diabo acabou.

– Bem sei, e o pior de tudo isto é que a maioria não crê mais em Deus do que no diabo, e por isto vão mais ao cabaré do que à igreja. Asseguro-te que muitas vezes me sinto embaraçado para conciliar o dever com a consciência. Procuro um meio-termo; falo mais de moral, dos deveres para com a família e a Sociedade, apoiando-me no Evangelho, e vejo que sou mais bem ouvido e compreendido.

– Que resultado pensais que seria obtido se se lhes pregasse a religião do ponto de vista do Espiritismo?

– Fizeste a tua confissão e vou fazer a minha, falando de coração aberto. Tenho a convicção de que em menos de dez anos não haveria um só incrédulo na paróquia e que todos seriam decentes. O que lhes falta é fé. Neles não há mais fé, e seu cepticismo, sem o contrapeso do respeito humano dado pela educação, tem algo de bestial. Eu lhes falo de moral, mas a moral sem a fé não tem base, e o Espiritismo lhes daria essa fé, porque essas criaturas, apesar da falta de instrução, têm muito bom senso. Elas raciocinam mais do que a gente imagina, mas são extremamente desconfiadas, e essa desconfiança faz que queiram compreender antes de crer. Ora, para isto não há nada melhor que o Espiritismo.

– A consequência do que dizeis, meu tio, é que se o resultado é possível numa paróquia, o é igualmente em outras. Se, pois, todos os curas da França pregassem apoiados no Espiritismo, a Sociedade se transformaria em poucos anos.

– É a minha opinião.

– Pensais que isto vai acontecer algum dia?

– Eu tenho essa esperança.

– E eu tenho a certeza que antes do fim deste século ver-se-á essa mudança. Dizei-me, meu tio, sois médium?

– Cale-se! (*baixinho*) Sim!
– E o que vos dizem os Espíritos?
– Eles me dizem que... (Aqui o bom cura falou tão baixo que o sobrinho não pôde ouvir).

Dissemos que a pastoral do Sr. Bispo de Argel não havia detido o impulso do Espiritismo nessa região. O resumo seguinte, de duas cartas, entre muitas outras análogas, disto nos dá uma ideia:

"Caro e venerado mestre, confirmando a carta anterior, por ocasião da circular do Sr. Bispo de Argel, venho hoje renovar a certeza da dedicação inviolável de todos os espíritas do nosso grupo à santa e sublime doutrina do Espiritismo, que jamais nos persuadirão seja obra do diabo, pois ela nos arrancou da dúvida e do culto da matéria, e nos torna melhores uns para com os outros, mesmo para com os nossos inimigos, pelos quais oramos diariamente. Como no passado, continuamos nos reunindo e recebendo as instruções de nossos Espíritos protetores, que nos asseguram que tudo quanto se passa é para o melhor e segundo os desígnios da Providência. Todos nos dizem que estão próximos os tempos em que grandes mudanças vão operar-se nas crenças, às quais o Espiritismo servirá de elo para levar todos os homens à fraternidade..."

Uma outra carta diz:

"A pastoral do Sr. Bispo de Argel forneceu ao nosso cura, assunto para um sermão fulminante contra o Espiritismo, sobretudo às custas de sua eloquência. Engano-me, porque ele causou tão forte impressão sobre muitos trocistas que estes, vendo o Espiritismo tomado a sério pela autoridade eclesiástica, disseram para si mesmos que aí deveria haver algo de sério. Então puseram-se a estudar e agora eles não riem mais, e são dos nossos. Aliás, o número de espíritas continua a aumentar e vários novos grupos estão em vias de formação."

Toda a nossa correspondência é no mesmo sentido e não assinala uma só defecção, mas apenas pessoas cuja posição dependente da autoridade eclesiástica obriga a não se porem em evidência, sem contudo deixarem de ocupar-se do Espiritismo na

418 | REVISTA ESPÍRITA

intimidade, ou no silêncio de seu quarto. Eles podem impor atos exteriores, mas não dominar a consciência.

A comunicação abaixo prova que tanto entre os Espíritos quanto entre os homens, o impulso não diminuiu.

"Sétif, 17 de setembro de 1863.

"Meus amigos, venho a vós cheio de alegria, vendo o Espiritismo fazer rápidos progressos e diariamente adquirir novas forças, em meio aos entraves que lhe opõem. Essas forças não são apenas da quantidade, mas da união, da fraternidade, da caridade. Tende, pois, confiança, esperança e coragem, marchando nesta santa via do progresso espírita, da qual nenhuma força humana vos arredará.

"Contudo, esperai a luta e preparai-vos para sustentá-la. Aí estão os inimigos que vos forjam pesadas cadeias com que vos esperam vencer e domar. Que farão eles contra a vontade de Deus, que vos protege? As bases de sua lei elevar-se-ão, malgrado todos os empecilhos. Os servos do Todo-Poderoso estão cheios de ardor e zelo. Eles não se deixarão abater; eles resistirão a todos os ataques; eles marcharão pela estrada sempre e a despeito de tudo; os entraves, as cadeias quebrar--se-ão como se fossem de vidro.

"Eu vos digo, velai, orai, estendei a mão aos infelizes e abri os olhos que estão fechados. Que vossos corações e vossos braços a todos estejam abertos, sem exceção.

"Espíritas, vossa tarefa é bela! Que há de mais belo, de mais consolador que esse pacto de união entre os vivos e os mortos? Que imensos serviços nos poderemos prestar mutuamente! Por vossas preces a Deus, partidas do fundo do coração, muito podeis para o alívio das almas que sofrem, e quão suave é o benefício ao coração de quem o pratica! Que tocante harmonia a das bênçãos que houverdes merecido! Ainda uma vez, orai elevando a alma ao Céu, e ficai persuadidos de que cada uma de vossas preces será escutada e atenuará uma dor.

"Compreendei bem que quanto mais homens trouxerdes a vos imitar, mais poderoso será o conjunto de vossas preces. Tomai os homens pela mão e conduzi-os à verdadeira rota, onde aumentarão a vossa falange. Pregai a boa doutrina, a doutrina de Jesus, a que o Divino Mestre ensina em suas próprias comunicações, que repetem e confirmam a doutrina dos Evangelhos. Os que viverem verão coisas admiráveis, eu vo-lo asseguro.

"– É preciso responder a essa pastoral pela imprensa?
"– Meu Deus! Permiti-me dizer-lhes o que penso! Eles estabeleceram uma rota. Eles mandam varrê-la para que o povo nela passeie com mais comodidade e em maior número. Assim, a multidão vem aqui comprimir-se. Deveis compreender minha linguagem, um tanto enigmática. Vosso dever de espíritas é mostrar que eles abriram a porta em vez de fechá-la.

"SÃO JOSÉ"

OBSERVAÇÃO: Esta comunicação foi obtida por um operário, médium absolutamente iletrado e que apenas assinava o nome. A partir de quando se tornou médium, ele escreve um pouco, mas com dificuldade. Não se pode suspeitar, portanto, que a dissertação acima seja obra de sua imaginação.

ELIAS E JOÃO BATISTA

REFUTAÇÃO

Uma carta que nos chega contém a seguinte passagem:
"Acabo de ter uma discussão com o cura daqui sobre a Doutrina Espírita. Ao tratar da reencarnação, pediu-me lhe dissesse qual dos corpos tomará o Espírito de Elias no juízo final, anunciado pela Igreja, para se apresentar ante Jesus Cristo: se será o primeiro ou o segundo. Não soube lhe responder. Ele riu e me disse que nós os espíritas não éramos fortes."

Não sabemos qual dos dois provocou a discussão. Em todo caso, é sempre imprudente engajar-se numa controvérsia quando não se sente força para sustentá-la. Se a iniciativa foi do nosso correspondente, lembraremos o que não cessamos de repetir, que "o Espiritismo se dirige aos que não creem ou que duvidam e não aos que têm uma fé e aos quais esta basta; que ele não diz a ninguém que renuncie às suas crenças para adotar a nossa", e nisto ele é consequente com os princípios

420 | REVISTA ESPÍRITA

de tolerância e de liberdade de consciência que professa. Por este motivo não poderíamos aprovar as tentativas feitas por certas pessoas, para converter às nossas ideias o clero de qualquer comunhão. Repetiremos, pois, a todos os espíritas: Acolhei com dedicação os homens de boa vontade; dai luz aos que a buscam, pois com os que julgam possuí-la não tereis êxito; não façais violência à fé de ninguém, tanto do clero quanto dos leigos, pois ireis semear em campo árido; ponde a luz em evidência, para que os que querem ver a vejam; mostrai os frutos da árvore e dai de comer aos que têm fome e não aos que se dizem fartos.

Se membros do clero vêm a vós com intenções sinceras e sem pensamento oculto, fazei por eles o que fazeis por vossos outros irmãos: instruí os que pedirem, mas não busqueis trazer à força os que julgarem sua consciência comprometida a pensar diferente de vós; deixai-lhes a fé que eles têm, como quereis que vos deixem a vossa; mostrai-lhes, enfim, que sabeis praticar a caridade segundo Jesus.

Se eles forem os primeiros a atacar, então tem-se o direito de responder e refutar. Se eles abrirem a liça, é permitido segui-los, sem contudo afastar-se da moderação, de que Jesus deu exemplo aos seus discípulos. Se os nossos adversários se afastarem por si mesmos, há que lhes deixar esse triste privilégio, que jamais é prova da verdadeira força.

Se nós próprio há algum tempo entramos na via da controvérsia, e se levantamos a luva atirada por alguns membros do clero, far-nos-ão a justiça de reconhecer que nossa polêmica jamais foi agressiva. Se eles não tivessem sido os primeiros a atacar, jamais seu nome teria sido pronunciado por nós. Sempre desprezamos as injúrias e o personalismo de que fomos objeto, mas era nosso dever tomar a defesa dos nossos irmãos atacados e da nossa doutrina indignamente desfigurada, pois chegaram a dizer em pleno púlpito que ela pregava o adultério e o suicídio. Já o dissemos, e agora repetimos que essa provocação é desajeitada, porque leva, forçosamente, ao exame de certas questões que teria sido a melhor política deixar abafadas, porque, uma vez aberto o campo, não se sabe onde se vai parar. Mas o medo é mau conselheiro.

Dito isto, vamos tentar dar ao senhor cura citado acima a resposta à pergunta feita. Contudo, não podemos deixar de notar que se o seu interlocutor não era tão forte quanto ele em teologia, ele mesmo não nos parece muito forte no Evangelho.

Sua pergunta remete à que foi proposta a Jesus pelos Saduceus. Ele não tinha senão que se reportar à resposta de Jesus, que tomamos a liberdade de lha recordar, já que ele não a sabe.

"Naquele dia, os Saduceus, que negam a ressurreição, vieram encontrá-lo e lhe propuseram uma pergunta, dizendo-lhe: 'Mestre, Moisés ordenou que se alguém morresse sem filhos, seu irmão desposasse sua mulher, e suscitasse filhos a seu irmão morto. Ora, havia entre nós sete irmãos, dos quais o primeiro, tendo desposado uma mulher, morreu, e não tendo deixado filhos, deixou a mulher a seu irmão. A mesma coisa aconteceu ao segundo, ao terceiro e a todos os outros, até o sétimo. Enfim, a mulher morreu depois de todos eles. Assim, quando vier a ressurreição, de qual dos sete ela será esposa, tendo sido esposa de todos?'

"Jesus lhes respondeu: 'Estais em erro, pois não compreendeis as Escrituras nem o poder de Deus, porque, *depois da ressurreição, os homens não terão esposa, nem as mulheres marido, mas SERÃO COMO OS ANJOS DE DEUS NO CÉU*. E no que concerne à ressurreição dos mortos, não lestes estas palavras que Deus vos disse: Eu sou o Deus de Abraão, o Deus de Isaac e o Deus de Jacob? Ora, Deus não é o Deus dos mortos, mas dos vivos.'" (Mat. XXII: 23-32).

Já que depois da ressurreição os homens serão como *os anjos do Céu*, e que os anjos não têm corpo carnal, mas um corpo etéreo e fluídico, então os homens não ressuscitarão em carne e osso. Se João Batista foi Elias, não é senão uma mesma alma, tendo tido duas vestimentas deixadas em duas épocas diferentes na Terra, e não se apresentará nem com uma nem com a outra, mas com o envoltório etéreo, próprio ao mundo invisível.

Se as palavras de Jesus não vos parecem bastante claras, lede as de São Paulo, que citamos abaixo. Elas são ainda mais explícitas.

Duvidais que João Batista tenha sido Elias? Lede São Mateus, XI: 13-15: "Por que antes de João, todos os profetas, assim como a lei, profetizaram; e se quereis compreender o que vos digo, é *ele mesmo que é esse Elias que deve vir*. Quem tiver ouvidos para ouvir, que ouça." Aqui não há equívoco. Os termos são claros e categóricos, e para não entender é preciso não ter ouvidos, ou querer fechá-los. Sendo essas palavras uma afirmação positiva, de duas uma: Jesus disse a verdade, ou enganou-se. Na primeira hipótese, a reencarnação é por ele atestada; na segunda, a dúvida é lançada sobre todos os seus ensinos, pois se se enganou num ponto, pode ter-se enganado sobre os outros. Escolhei.

Agora, senhor cura, permiti que, por minha vez, vos dirija uma pergunta, que certamente vos será fácil responder.

Sabeis que o Gênesis, estabelecendo seis dias para a criação, não só da Terra, mas do Universo inteiro: Sol, estrelas, Lua etc., não tinha contado com a Geologia e a Astronomia, e que Josué não tinha contado com a gravitação universal. Parece-me que o dogma da ressurreição da carne não contou com a Química.

É verdade que a Química é uma ciência diabólica, como todas as que fazem ver claro onde queriam que se visse turvo, mas, seja qual for a sua origem, ela nos ensina uma coisa positiva, é que o corpo do homem, como todas as substâncias orgânicas animais e vegetais, é composto de elementos diversos, dos quais os principais são: o oxigênio, o hidrogênio, o azoto e o carbono. Ela ainda nos ensina – e notai que é um resultado da experiência – que com a morte, esses elementos se dispersam e entram na composição de outros corpos, de tal forma que, ao cabo de um certo tempo, o corpo inteiro é absorvido.

É também constatado que o terreno onde abundam as matérias orgânicas em decomposição são os mais férteis e é à vizinhança dos cemitérios que os maus crentes atribuem a proverbial fecundidade dos jardins dos senhores curas de aldeia.

Suponhamos, então, senhor cura, que sejam plantadas batatas nas proximidades de um sepulcro. Essas batatas vão alimentar-se dos gases e dos sais provenientes da decomposição do corpo do morto; essas batatas vão engordar galinhas; vós comereis essas galinhas, as saboreareis, de tal sorte que o vosso próprio corpo será formado de moléculas do corpo do indivíduo morto, e que não deixarão de ser dele, posto tenham passado por intermediários. Então tereis em vós partes que pertenceram a outros. Ora, quando ressuscitardes ambos, no dia de juízo, cada um com seu corpo, como fareis? Guardareis o que tendes do outro ou o outro retomará o que lhe pertenceu, ou ainda tereis algo da batata e da galinha?

É uma pergunta ao menos tão grave quanto a de saber se João Batista ressuscitará com o corpo de João ou com o de Elias. Eu a faço na sua maior simplicidade, mas julgai do embaraço se, como acontece de fato, tendes em vós porções de centenas de indivíduos. Aí está, a bem dizer, a ressurreição da carne. Outra, porém, é a do Espírito, que não leva consigo os seus despojos. Vede, a seguir, o que diz São Paulo.

Considerando-se que estamos no terreno das perguntas, eis outra, senhor cura, que ouvimos de incrédulos. Certamente ela é estranha ao assunto que nos ocupa, mas é trazida por um dos fatos a que nos referimos acima. Segundo o Gênesis, Deus criou o mundo em seis dias e repousou no sétimo. É esse repouso do sétimo dia que é consagrado pelo de domingo, cuja estrita observação é lei canônica. Se, pois, como o demonstra a geologia, esses seis dias, em vez de vinte e quatro horas, são alguns milhões de anos, qual será a duração do dia de descanso? Em termos de importância, esta pergunta tem tanto valor quanto as duas outras.

Não creiais, senhor cura, que estas observações sejam resultado de um desprezo pelas santas Escrituras. Não. Ao contrário, nós lhes rendemos uma homenagem talvez maior que a vossa. Tendo em conta a forma alegórica, nós lhes buscamos o espírito que vivifica; nelas encontramos grandes verdades, e dessa maneira levamos os incrédulos a crer e a respeitá-las, ao passo que apegando-se à letra que mata, fazem-nas dizerem coisas absurdas e aumenta-se o número dos cépticos.

SÃO PAULO, PRECURSOR DO ESPIRITISMO

A comunicação seguinte foi obtida na sessão da Sociedade de Paris de 9 de outubro de 1863:

"Quantos dias se passaram, meus filhos, desde que tive a felicidade de entreter-me convosco! Assim, é com grata satisfação que me encontro na minha cara Sociedade de Paris.

"Com que vos entreterei hoje? A maior parte das questões morais foram tratadas por penas hábeis. Não obstante, elas são de tal modo de meu domínio e seu campo é tão vasto, que ainda encontrarei alguns grãos de verdade para semear. Além disso, mesmo que eu apenas repita o que outros já disseram, talvez apareçam alguns novos ensinamentos, porque as boas palavras, como as boas sementes, sempre produzem bons frutos.

"Para nós, os livros santos são celeiros inesgotáveis, e o grande apóstolo Paulo, que outrora tanto contribuiu para o estabelecimento do Cristianismo, por sua poderosa predicação, vos deixou monumentos escritos que servirão, não menos energicamente, à expansão do Espiritismo.

"Não ignoro que vossos adversários religiosos invocam seu testemunho contra vós, mas isto não impede que o ilustre iluminado de Damasco seja por vós e esteja convosco, ficai bem convencidos.

"O sopro que corre em suas epístolas; a santa inspiração que anima seus ensinos, longe de ser hostil a vossa doutrina, está, ao contrário, cheio de singulares previsões em vista do que acontece hoje. É assim que, na sua primeira epístola aos Coríntios, ele ensina que sem a caridade não existe nenhum homem, ainda que fosse santo, ainda que fosse profeta e transportasse montanhas, que se possa gabar de ser um verdadeiro discípulo de Nosso Senhor Jesus Cristo. Como os espíritas, e antes dos espíritas, foi ele o primeiro a proclamar esta máxima que vos constitui uma glória: Fora da caridade não há salvação!

"Mas não é apenas por este lado que ele se liga à doutrina que nós vos ensinamos e que hoje propagais. Com aquela aguda inteligência que lhe era própria, ele havia previsto o que Deus reservava para o futuro e, notadamente, essa transformação, essa regeneração da fé cristã que sois chamados a assentar profundamente no espírito moderno, porquanto ele descreve, na citada epístola, e de maneira indiscutível, as principais faculdades mediúnicas, que ele denomina: os dons abençoados do Espírito Santo.

"Ah, meus filhos! Aquele santo doutor contempla com uma indissimulável amargura o grau de aviltamento em que caiu a maior parte daqueles que falam em seu nome e proclamam, *urbi et orbi*, que outrora Deus deu à Terra toda a soma de verdades que ela era capaz de receber.

"Entretanto, o apóstolo tinha exclamado que em sua época não havia mais que uma ciência e profecias imperfeitas. Ora, aquele que se lastimava de tal situação sabia, por isto mesmo, que essa ciência e essas profecias um dia se aperfeiçoariam. Não está aí a condenação absoluta de todos os que condenam o progresso? Não está aí o mais rude golpe para aqueles que pretendem que o Cristo e os apóstolos, os Pais da Igreja e sobretudo os reverendos casuístas da Companhia de Jesus, teriam dado à Terra toda a ciência religiosa e filosófica à qual ela tinha direito? Felizmente o próprio apóstolo teve o cuidado de desmenti-los antecipadamente.

"Meus caros filhos, para apreciar, no seu justo valor, os homens que vos combatem, não tendes senão que estudar os argumentos de sua polêmica, suas palavras acerbas e os pesares que testemunham, como o Rev. Pe. Pailloux; que as fogueiras sejam extintas e que a Santa Inquisição não mais funcione *ad majorem Dei gloria*m.

Meus irmãos, vós tendes a caridade, eles a intolerância, por isso só temos que lamentá-los. Eis por que vos convido a orar por esses pobres transviados, a fim de que o Espírito Santo, que eles tanto invocam, se digne, enfim, a lhes iluminar a consciência e o coração."

FRANÇOIS-NICOLAS MADELEINE

A esta notável comunicação juntaremos as seguintes palavras de São Paulo, tiradas da primeira epístola aos Coríntios:

"Mas alguém me dirá: Como ressuscitarão os mortos, e qual será o corpo no qual eles voltarão?

"– Como sois insensatos! Não percebeis que o que semeais não germina se primeiro não morre? E quando semeais, não semeais o corpo da planta que há de nascer, mas apenas o grão, como o do trigo ou de qualquer outra coisa. Depois disso, Deus lhe dá um corpo como lhe apraz, e dá a cada semente o corpo que é próprio a cada planta.

"Nem toda carne é a mesma carne, mas uma é a carne dos homens, e outra a carne dos animais; outra a das aves e outra a dos peixes.

"Também há corpos celestes e corpos terrestres, mas os corpos celestes têm um brilho diferente dos corpos terrestres.

"O Sol tem seu brilho, diferente da claridade da Lua, assim como o brilho da Lua difere do brilho das estrelas, e entre as estrelas, uma é mais brilhante que a outra.

"Assim será na ressurreição dos mortos. O corpo, como uma semente, está agora na Terra, pleno de corrupção, e ressuscitará incorruptível. Ele é posto na Terra todo disforme, mas ressuscitará glorioso. Ele é posto na Terra privado de movimento, mas ressuscitará em pleno vigor. *Ele é posto na Terra como um corpo animal, mas ressuscitará como um corpo espiritual. Como há um corpo animal, também há um corpo espiritual.*

"Eu quero dizer, meus irmãos, que a *carne e o sangue não podem possuir o reino de Deus*, e que a corrupção não possuirá essa herança incorruptível. (São Paulo, 1ª Epístola aos Coríntios, Cap. XV, versículos 35 a 44 e 50).

O que pode ser esse corpo *espiritual*, que não é o corpo animal, senão o corpo fluídico, cuja existência é demonstrada pelo Espiritismo, o perispírito, de que a alma é revestida após a morte? Com a morte do corpo, o Espírito entra em confusão; por um instante perde a consciência de si mesmo, depois recupera o uso de suas faculdades e renasce para a vida inteligente. Numa palavra, *ele ressuscita com o seu corpo espiritual*.

O último parágrafo, relativo ao juízo final, contradiz positivamente a doutrina da ressurreição da carne, pois diz: "A carne e o sangue não podem possuir o reino de Deus." Assim, os mortos não ressuscitarão com sua carne e seu sangue, e não necessitarão reunir seus ossos dispersos, mas terão seu corpo celeste, que não é o corpo animal.

Se o autor do *Catéchisme philosophique* (Catecismo filosófico, do Pe. Feller, tomo III, pg. 83) tivesse meditado bem o sentido destas palavras, teria evitado fazer o notável cálculo matemático a que se entregou para provar que todos os homens mortos desde Adão, ressuscitando em carne e osso, com seus próprios corpos, poderiam caber perfeitamente no Vale de Josafá, sem muito incômodo.

Assim, São Paulo estabeleceu em princípio e em teoria o que hoje ensina o Espiritismo sobre o estado do homem após a morte.

Mas São Paulo não foi o único a pressentir as verdades ensinadas pelo Espiritismo. A Bíblia, os Evangelhos, os apóstolos e os Pais da Igreja dele estão cheios, de sorte que condenar o Espiritismo é negar as próprias autoridades sobre as quais se apoia a religião. Atribuir todos os seus ensinamentos ao demônio é lançar o mesmo anátema sobre a maioria dos autores sacros.

Assim, o Espiritismo não vem destruir, mas, ao contrário, restabelecer todas as coisas, isto é, restituir a cada coisa o seu verdadeiro sentido.

UM CASO DE POSSESSÃO

SENHORITA JÚLIA

Dissemos que não havia possessos no sentido vulgar do vocábulo, mas subjugados. Mudamos de opinião sobre essa afirmativa absoluta, porque agora nos é demonstrado que pode haver verdadeira possessão, isto é, substituição, posto que parcial, de um Espírito encarnado por um Espírito errante. Eis um primeiro fato que o prova, e que apresenta o fenômeno em toda a sua simplicidade.

Várias pessoas se achavam um dia na casa de uma senhora que é médium sonâmbula. De repente ela toma atitudes absolutamente masculinas. Sua voz muda e, dirigindo-se a um dos assistentes, ela exclama: "Ah! meu caro amigo, como estou contente de te ver!" Surpresos, perguntam o que isto significa. A senhora continua: "Como, meu caro? Não me reconheces? Ah! É verdade. Estou coberto de lama! Sou Charles Z..." A este nome, os assistentes se lembraram de um senhor, falecido meses antes, vítima de uma apoplexia, à beira de uma estrada. Ele tinha caído num fosso, de onde o haviam retirado coberto de lama.

Ele declara que, querendo conversar com seu velho amigo, aproveitava o momento em que o Espírito da Sra. A..., a sonâmbula, estava afastado do corpo, para tomar-lhe o lugar. Com efeito, tendo-se renovado a cena vários dias seguidos, a Sra. A... tomava todas as vezes as atitudes e maneiras habituais do Sr. Charles, espreguiçando-se no encosto da cadeira, cruzando as pernas, torcendo o bigode, passando os dedos pelos cabelos, de tal sorte que, não fosse pelas roupas, poder-se-ia crer estar em presença do Sr. Charles. Contudo, não havia transfiguração, como vimos noutras circunstâncias. Eis algumas de suas respostas.

– Já que tomastes posse do corpo da Sra. A... poderíeis nele ficar?

– Não, mas vontade não me falta.

– Por que não podeis?

– Porque seu Espírito está sempre ligado ao seu corpo. Ah! Se eu pudesse romper esse laço *eu lhe pregaria uma peça*.

– O que faz, neste momento, o Espírito da Sra. A...?

– Está aqui ao lado, olha-me e ri, vendo-me em suas vestes.

428 | REVISTA ESPÍRITA

Estas conversas eram muito divertidas. O Sr. Charles tinha sido um boêmio e não desmentia o seu caráter. Dado à vida material, era pouco adiantado como Espírito, mas naturalmente bom e benevolente. Apoderando-se do corpo da Sra. A..., ele não tinha qualquer má intenção, de sorte que aquela senhora nada sofria com a situação, a que se prestava de boa vontade. É bom que se diga que ela não havia conhecido esse senhor, e não podia saber de suas maneiras. É ainda importante notar que os assistentes nele não pensavam, portanto, a cena não foi provocada, e ele veio espontaneamente.

Aqui a possessão é evidente e ressalta ainda melhor dos detalhes, cuja enumeração seria muito longa. No entanto, é uma possessão inocente e sem inconvenientes. Não acontece o mesmo quando se trata de um Espírito malévolo e mal-intencionado, porque ela pode ter consequências tanto mais graves quanto mais tenazes são esses Espíritos, e muitas vezes torna-se difícil livrar o paciente que eles fazem de vítima.

Eis um exemplo recente, que observamos pessoalmente e que foi objeto de sério estudo na Sociedade de Paris:

A senhorita Júlia, doméstica, nascida na Saboia, com vinte e três anos de idade, de caráter muito suave, sem qualquer instrução, há algum tempo era sujeita a acessos de sonambulismo natural que duravam semanas inteiras. Nesse estado ela ocupava-se em seu trabalho habitual, sem que as pessoas suspeitassem de sua situação. Seu trabalho até era muito mais bem feito. Sua lucidez era notável. Ela descrevia lugares e acontecimentos distantes com perfeita exatidão.

Há cerca de seis meses ela tornou-se presa de crises de um caráter estranho, que sempre ocorriam no estado sonambúlico, que, de certo modo, se tornara seu estado normal. Ela se torcia, rolava pelo chão, como se se debatesse em luta com alguém que a quisesse estrangular e, com efeito, apresentava todos os sintomas de estrangulamento. Acabava vencendo esse ser fantástico, tomava-o pelos cabelos, dava-lhe sopapos e lhe dirigia injúrias e imprecações, apostrofando-o incessantemente com o nome de *Fredegunda*, infame regente, rainha impudica, criatura vil e manchada por todos os crimes etc. Pisoteava como se a calcasse aos pés com raiva e lhe arrancava as vestes. Coisa bizarra, tomando-se ela própria por Fredegunda, dava em si própria redobrados golpes nos braços, no peito e no rosto, dizendo: "Toma! Toma! É bastante, infame Fredegunda? Queres me sufocar, mas não o conseguirás; queres meter-te *em minha caixa*, mas eu te expulsarei."

Minha caixa era o termo de que ela se servia para designar o próprio corpo. Ninguém poderia pintar a expressão frenética com que ela pronunciava o nome de Fredegunda, rangendo os dentes, nem as torturas que ela sofria nesses momentos.

Um dia, para se livrar de sua adversária, ela tomou de uma faca e vibrou contra si mesma, mas foi socorrida a tempo de evitar-se um acidente.

Coisa não menos notável é que ela jamais tomou um dos presentes por Fredegunda. A dualidade estava sempre nela mesma. Era contra si mesma que ela dirigia o seu furor, quando o Espírito estava nela, e contra um ser invisível quando dela se havia desembaraçado. Para os outros ela era suave e benevolente, mesmo nos momentos de maior exasperação.

Essas crises, verdadeiramente apavorantes, por vezes duravam horas, e se repetiam várias vezes por dia. Quando tinha acabado de vencer Fredegunda, ela caía num estado de prostração e de abatimento de que só saía pouco a pouco, mas que lhe deixava uma grande fraqueza e dificuldade de falar. Sua saúde estava profundamente alterada; nada podia comer e por vezes ficava oito dias sem alimento. Os melhores petiscos tinham gosto horrível para ela, que lhe faziam rejeitá-los. Dizia ela que era obra de Fredegunda, que queria impedi-la de comer.

Dissemos acima que a moça não tinha qualquer instrução. Em estado de vigília, ela jamais ouviu falar de Fredegunda, nem de seu caráter nem do papel que tinha tido. No estado sonambúlico, ao contrário, ela sabe tudo perfeitamente, e diz ter vivido em seu tempo. Não era Brunehaut, como a princípio se supôs, mas outra pessoa, ligada à sua corte.

Outra observação, não menos essencial, é que, até o começo das crises, a senhorita Júlia jamais se tinha ocupado de Espiritismo, cujo nome lhe era desconhecido. Ainda hoje, no estado de vigília, ela o ignora e não o aceita. Só o conhece no estado sonambúlico e depois que começou a ser tratada. Assim, tudo quanto ela disse foi espontâneo.

Em face de uma situação tão estranha, uns atribuem o seu estado a uma afecção nervosa; outros a uma loucura de caráter especial, e força é convir que, à primeira vista, esta última opinião tinha uma aparência de realidade. Um médico declarou que, no estado atual da ciência, nada podia explicar semelhantes fenômenos, e que não via qualquer remédio. Contudo, pessoas experimentadas no Espiritismo reconheceram sem esforço que ela estava sob o império de uma subjugação das mais graves e que lhe poderia ser fatal.

430 | REVISTA ESPÍRITA

Sem dúvida, quem só a tivesse visto nos momentos de crise e só tivesse considerado a estranheza de seus atos e palavras, teria dito que era louca, e lhe teria infringido o tratamento dos alienados que, sem a menor dúvida, teria determinado uma loucura verdadeira. Mas tal opinião deveria ceder ante os fatos.

No estado de vigília, sua conversa é a de uma criatura de sua condição e compatível com sua falta de instrução. Sua inteligência é mesmo vulgar. Já a coisa é completamente outra no estado de sonambulismo. Nos momentos de calma, ela raciocina com muito senso, justeza e profundidade. Ora, seria singular uma loucura que aumentasse a dose de inteligência e discernimento.

Só o Espiritismo pode explicar essa aparente anomalia. No estado de vigília, sua alma ou espírito está comprimida por órgãos que lhe não permitem senão um desenvolvimento incompleto. No estado de sonambulismo, a alma, emancipada, está em parte liberta dos laços e goza da plenitude de suas faculdades. Nos momentos de crise, suas palavras e atos não são excêntricos senão para os que não creem na ação dos seres do mundo invisível. Não vendo senão o efeito, e não remontando à causa, eis por que todos os obsedados, subjugados e possessos passam por loucos. Nos manicômios houve, em todos os tempos, pretensos loucos dessa natureza, que seriam facilmente curados se não se obstinassem em neles ver apenas uma doença orgânica.

Diante de tais fatos, como a senhorita Júlia não tinha recursos, uma família de verdadeiros e sinceros espíritas concordou em tomá-la a seu serviço, mas na sua situação ela deveria ser mais um embaraço do que uma utilidade, e seria preciso um verdadeiro devotamento para cuidar dela. Mas essas pessoas foram bem recompensadas, primeiro pelo prazer de praticar uma boa ação, depois pela satisfação de haver poderosamente contribuído para a sua cura, hoje completa. Dupla cura, porque não só a senhorita Júlia se libertou, mas sua inimiga converteu-se a melhores sentimentos.

Eis o que testemunhamos numa dessas lutas terríveis, que não durou menos de duas horas, quando pudemos observar o fenômeno nos mínimos detalhes, e no qual reconhecemos uma analogia completa com o dos possessos de Morzine[1]. A única diferença é que em Morzine os possessos se entregavam

---

[1] Ver os artigos sob o título "Estudos sobre os possessos de Morzine", na Revista Espírita de dezembro de 1862 e de janeiro, fevereiro, abril e maio de 1863.

a atos contra as pessoas que os contrariavam e que eles falavam do diabo que eles tinham em si, pois os haviam persuadido de que era o diabo. Em Morzine, a senhorita Júlia teria chamado Fredegunda de diabo.

Num próximo artigo exporemos com detalhes as diversas fases desta cura e os meios para isto empregados. Além disso, reportar-nos-emos às notáveis instruções que os Espíritos deram a respeito, assim como as importantes observações a que deu lugar, relativamente ao magnetismo.

PERÍODO DA LUTA

O primeiro período do Espiritismo, caracterizado pelas mesas girantes, foi o da *curiosidade*. O segundo foi o *período filosófico*, marcado pelo aparecimento do *Livro dos Espíritos*. Desde esse momento, o Espiritismo tomou um caráter completamente outro. Foram entrevistos o objetivo e a extensão, bebendo-se a fé e a consolação, e a rapidez de seu progresso foi tal que nenhuma outra doutrina filosófica ou religiosa oferece outro exemplo. Mas, como todas as ideias novas, ele teve adversários tanto mais encarniçados quanto maior era a ideia, porque nenhuma ideia grande pode estabelecer-se sem ferir interesses. É preciso que ela se estabeleça, e as pessoas deslocadas não podem vê-la com bons olhos. Depois, ao lado das pessoas interesseiras estão as que, por sistema e sem motivos precisos, são adversárias natas de tudo quanto é novo.

Nos primeiros anos, muitos duvidaram de sua vitalidade, razão pela qual lhe deram pouca atenção. Mas quando o viram crescer, a despeito de tudo; propagar-se em todas as camadas da Sociedade e em todas as partes do mundo; tomar o seu lugar entre as crenças e tornar-se uma potência, pelo número de seus aderentes, os interessados na manutenção das ideias antigas alarmaram-se seriamente.

Então uma verdadeira cruzada foi dirigida contra ele, dando início ao *período da luta*, do qual o auto de fé de Barcelona, a 9 de outubro de 1861, foi, de certo modo, o sinal. Até aí ele tinha sido objeto dos sarcasmos da incredulidade, que ri de tudo, sobretudo daquilo que não compreende, mesmo das coisas

432 | REVISTA ESPÍRITA

mais santas, e dos quais nenhuma ideia nova pode escapar. É a sua prova de fogo. Mas os outros não riem: olham-no com cólera, sinal evidente e característico da importância do Espiritismo. A partir desse momento os ataques tomaram um caráter de violência inusitada. Foi dada a palavra de ordem: sermões furibundos, mandamentos, anátemas, excomunhões, perseguições individuais, livros, brochuras, artigos de jornais. Nada foi dispensado, nem mesmo a calúnia.

Estamos, pois, plenamente no período da luta, mas ela não terminou. Vendo a inutilidade dos ataques a céu aberto, vão ensaiar a guerra subterrânea, que se organiza e já começa. Uma calma aparente vai ser sentida, mas é a calma precursora da tempestade; mas também à tempestade sucede a bonança.

Espíritas, não vos inquieteis, porque a saída não é duvidosa. A luta é necessária e o triunfo será mais brilhante. Eu disse e repito: Eu vejo o fim; eu sei quando e como ele será atingido. Se vos falo com tal segurança é que para tanto tenho razões, sobre as quais a prudência manda que me cale, mas conhecê-las-eis um dia. Tudo quanto vos posso dizer é que poderosos auxiliares virão para fechar a boca a mais de um detrator. Entretanto, a luta será viva, e se no conflito houver vítimas de sua fé, que elas se rejubilem, como o faziam os primeiros mártires cristãos, dos quais muitos estão entre vós, para vos encorajar e dar exemplos, e que elas se lembrem destas palavras do Cristo: "Felizes os que sofrem perseguição por amor à justiça, porque deles é o reino dos céus. Sereis felizes quando os homens vos carregarem de maldições e vos perseguirem e falsamente disserem todo mal contra vós por minha causa. Rejubilai-vos, então, e tremei de alegria, pois uma grande recompensa vos está reservada nos Céus, porque assim eles perseguiram os profetas que vieram antes de vós." (Mat. VI: 10-12).

Estas palavras não parecem ter sido ditas para os espíritas de hoje, como para os apóstolos de então? É que as palavras do Cristo têm isto de particular: Elas são para todos os tempos, porque sua missão era tanto para o futuro como para o presente.

A luta determinará uma nova fase do Espiritismo e levará ao quarto período, que será o *período religioso*. Depois virá o quinto, o *período intermediário*, consequência natural do precedente e que, mais tarde, receberá sua denominação característica. O sexto e último período será o da *renovação social*, que abrirá a era do século vinte. Nessa época, todos os obstáculos à nova ordem de coisas desejadas por Deus para a transformação da Terra terão desaparecido. A geração que surge, imbuída das ideias novas, estará em toda a sua força e preparará o caminho da que deve inaugurar a vitória definitiva da união, da paz e da fraternidade entre os homens, confundidos numa mesma crença, pela prática da lei evangélica.

Assim, serão confirmadas as palavras do Cristo, pois todas devem ter seu cumprimento, e muitas se cumprem nesta hora, porque os tempos preditos são chegados. Mas é em vão que, tomando a aparência pela realidade, buscareis sinais no céu. Esses sinais estão ao vosso lado e surgem de toda parte.

É notável que as comunicações dos Espíritos tenham tido em cada período um caráter especial: no primeiro eram frívolas e levianas; no segundo eram graves e instrutivas; a partir do terceiro elas pressentiram a luta e suas várias peripécias. A maior parte das que se obtêm hoje nos diversos centros têm por objeto premunir os adeptos contra as manobras de seus adversários. Assim, por toda parte são dadas instruções a esse respeito, como por toda parte é anunciado um resultado idêntico.

A coincidência, sobre esse ponto de vista, como sobre muitos outros, não é um dos fatos menos significativos. A situação se acha completamente resumida nas duas comunicações seguintes, cuja veracidade muitos espíritas já reconheceram.

INSTRUÇÕES DOS ESPÍRITOS

A GUERRA SURDA

(PARIS, 14 DE AGOSTO DE 1863)

"A luta vos espera, meus caros filhos. Eis por que vos convido a todos a imitar os lutadores antigos, isto é, a cingir os rins. Os próximos anos são plenos de promessas, mas também de ansiedades. Não venho dizer: Amanhã será o dia da batalha! Não, porque a hora do combate ainda não está fixada, mas venho advertir-vos, a fim de que estejais prontos para todas as eventualidades.

"Até agora o Espiritismo só encontrou uma rota fácil e quase florida, porque as injúrias e as troças que vos dirigem não têm nenhum alcance sério e ficaram sem efeito, ao passo que de agora em diante os ataques que forem dirigidos contra vós terão um

434 | REVISTA ESPÍRITA

caráter totalmente diverso: eis que vem a hora em que Deus apelará a todos os devotamentos, em que vai julgar seus servidores fiéis, para dar a cada um a parte que tiver merecido.

"Não sereis martirizados fisicamente, como nos primeiros tempos da Igreja; não erguerão fogueiras homicidas, como na Idade Média, mas vos torturarão moralmente; levantarão embustes; armarão ciladas, tanto mais perigosas quanto usarão mãos amigas; agirão na sombra e recebereis golpes, sem saber por quem são vibrados, e sereis feridos em pleno peito pelas flechas envenenadas da calúnia.

"Nada faltará às vossas dores; suscitarão defecções em vossas fileiras, e supostos espíritas, perdidos pelo orgulho e pela vaidade, exibirão a sua independência, exclamando: 'Somos nós que estamos no reto caminho!'

"Tentarão semear joio entre os grupos, provocando a formação de grupos dissidentes; captarão os vossos médiuns, para fazê-los entrar num mau caminho e para desviá-los dos grupos sérios; empregarão a intimidação para uns e o fascínio para outros; explorarão todas as fraquezas. Depois, não esqueçais que alguns viram no Espiritismo um papel a desempenhar, e um importante papel, e que hoje experimentam mais de uma desilusão em sua ambição. Prometer-lhes-ão encontrar de um modo, o que de outro modo não podem encontrar. Depois, enfim, com o dinheiro, tão poderoso no século passado, não poderão encontrar comparsas para representar indignas comédias, a fim de lançar o descrédito e o ridículo sobre a doutrina?

"Eis as provas que vos esperam, meus filhos, mas das quais saireis vitoriosos, se do fundo do coração implorardes o socorro do Todo-Poderoso. Eis por que vos repito de todo o coração: Meus filhos, cerrai vossas fileiras, ficai vigilantes, porque é o vosso Gólgota que vem em seguida, e se não fordes crucificados em carne e osso, sê-lo-eis em vossos interesses, em vossas afeições, em vossa honra!

"A hora é grave e solene. Para trás, então, todas as mesquinhas discussões, todas as preocupações pueris, todas as perguntas ociosas e todas as vãs pretensões de preeminência e de amor próprio. Ocupai-vos dos grandes interesses que estão em vossas mãos e cujas contas o Senhor vos pedirá. Uni-vos para que o inimigo encontre vossas fileiras compactas e cerradas. Tendes uma contrassenha sem equívoco, pedra de toque com o auxílio da qual podeis reconhecer vossos verdadeiros irmãos, pois essa palavra implica abnegação e devotamento e resume todos os deveres do verdadeiro espírita.

"Coragem e perseverança, meus filhos! Pensai que Deus vos olha e vos julga. Lembrai-vos também que os vossos guias espirituais não vos abandonarão enquanto vos achardes no caminho certo.

"Aliás, toda esta guerra só terá um tempo e voltar-se-á contra os que julgavam criar armas contra a doutrina. O triunfo, e não mais o holocausto sangrento, irradiará no Gólgota espírita.

"Até breve, meus filhos.

"Saudações a todos!

"ERASTO, discípulo do apóstolo São Paulo."

Uma das manobras previstas na comunicação acima, ao que nos informam, acaba de se realizar.

Escrevem-nos que uma jovem, que fora levada uma única vez a uma reunião, deixou sua família, sem motivo, e foi para a casa de uma pessoa estranha, de onde foi levada a um hospício de alienados, como atingida de loucura espírita, à revelia de seus parentes, só informados depois de tudo consumado.

Ao cabo de vinte dias, tendo estes obtido autorização para vê-la, censuram-na por havê-los deixado. Então ela confessou que lhe haviam prometido dinheiro para simular a loucura. Até este momento foram infrutíferas as tentativas para fazê-la sair.

Se é assim que recrutam os loucos espíritas, o meio é mais perigoso para os que o empregam do que para o Espiritismo. Quando se é reduzido a semelhantes expedientes para defender a própria causa, tem-se a prova mais evidente de que se está destituído de bons argumentos.

Diremos, pois, aos espíritas: Quando virdes semelhantes coisas, alegrai-vos em vez de vos inquietar, pois elas são o sinal de um próximo triunfo. Aliás, uma outra circunstância vos deve ser motivo de encorajamento: é que nossas fileiras aumentam, não só em número, mas em força moral, pois já vedes mais de um homem de talento tomar resolutamente a defesa do Espiritismo e, com mão vigorosa, apanhar a luva atirada por nossos adversários.

Escritos de uma lógica irresistível diariamente lhes mostram que os espíritas não são loucos. Nossos leitores conhecem a excelente refutação dos sermões do Rev. Pe. Letierce, por um espírita de Metz. Eis agora a não menos interessante dos espíritas de *Villenave de Rions* (Gironde), sobre os sermões do Pe. *Nicomède*. A *Verité de Lyon* é conhecida por seus profundos artigos. O número de 22 de novembro, sobretudo, merece especial atenção. A *Ruche,* de Bordéus se enriquece de novos colaboradores, tão capazes quão zelosos. Enfim, se os agressores são numerosos, os defensores não o são menos.

Assim, pois, espíritas, coragem, confiança e perseverança, porque tudo vai bem, conforme foi previsto.

A comunicação abaixo desenvolve uma das fases da grave questão de que acabamos de tratar e não pode deixar de premunir os espíritos sobre as dificuldades que se vão acumular neste período.

OS CONFLITOS

(REUNIÃO PARTICULAR, 25 DE FEVEREIRO DE 1863)
(MÉDIUM, SR. D'AMBEL)

Há no momento uma recrudescência de obsessão, resultado da luta que inevitavelmente devem sustentar as ideias novas contra seus adversários encarnados e desencarnados. Habilmente explorada pelos inimigos do Espiritismo, a obsessão é uma das provas mais perigosas que ele terá de sofrer, antes de se fixar de maneira estável no espírito das populações, por isto deve ser combatida por todos os meios possíveis, e sobretudo pela prudência e pela energia de vossos guias espirituais e terrestres.

De todos os lados surgem médiuns com supostas missões, chamados, ao que dizem, a tomar em mãos a bandeira do Espiritismo e plantá-la sobre as ruínas do velho mundo, como se nós viéssemos destruir, nós que viemos apenas para construir.

Não há individualidade, por medíocre que seja, que não tenha encontrado, como Macbeth, um Espírito para lhe dizer: "Tu também serás rei", e que não se julgue designada a um apostolado muito especial.

Há poucas reuniões íntimas, e mesmo grupos familiares, que não tenham contado entre os seus médiuns ou seus simples crentes, uma alma bastante enfatuada para se julgar indispensável ao sucesso da grande causa; muito presunçosa para contentar-se com o modesto papel do obreiro que traz a sua pedra para o edifício. Ah! meus amigos! Quanto empenho por pouco resultado!

Quase todos os novos médiuns, em seu início, são submetidos a essa perigosa tentação. Alguns resistem a isso, mas muitos sucumbem, ao menos por algum tempo, até que sucessivos revezes venham desiludi-lo.

Por que permite Deus uma prova tão difícil, senão para provar que o bem e o progresso jamais se estabelecem em vosso íntimo sem trabalho e sem combate; senão para tornar o triunfo da verdade mais brilhante pelas dificuldades da luta? O que querem certos Espíritos da erraticidade, fomentando entre as mediocridades da encarnação essa exaltação do amor-próprio e do orgulho, senão entravar o progresso? Sem o querer, eles são os instrumentos da provação que porá em evidência os bons e os maus servos de Deus. A este, tal Espírito promete o segredo da transmutação dos metais, como a um médium de R...; àquele, como ao Sr..., um Espírito revela supostos acontecimentos que vão realizar-se, fixa as épocas, precisa as datas, nomeia os atores que devem concorrer ao drama anunciado; a tal outro, um Espírito mistificador ensina a incubação dos diamantes; a outros ainda indicam tesouros ocultos, prometem fortuna fácil, descobertas maravilhosas, a glória, as honrarias etc. Numa palavra, todas as ambições e todas as cobiças dos homens são habilmente exploradas por Espíritos perversos. Eis por que de todos os lados vedes esses pobres obsedados preparando-se para subir ao Capitólio, com uma gravidade e uma arrogância que entristecem o observador imparcial.

Qual o resultado de todas essas promessas falaciosas? As decepções, os dissabores, o ridículo, por vezes a ruína, justa punição do orgulho presunçoso que se julga chamado a fazer melhor que todo mundo, desdenha os conselhos e desconhece os verdadeiros princípios do Espiritismo.

Tanto é a modéstia o apanágio dos médiuns escolhidos pelos bons Espíritos, quanto o orgulho, o amor-próprio e, digamo-lo, a mediocridade são os caracteres distintivos dos médiuns inspirados pelos Espíritos inferiores. Tanto os primeiros desprezam as comunicações que recebem, quando estas se afastam da verdade, quanto os últimos mantêm contra todos a superioridade do que lhes é ditado, mesmo que seja um absurdo.

Daí resulta que, conforme as palavras pronunciadas na Sociedade de Paris, por seu presidente espiritual, São Luís, uma verdadeira *Torre de Babel* está em vias de edificar-se entre vós. Aliás, fora preciso ser cego ou iludido para não reconhecer que à cruzada dirigida contra o Espiritismo pelos adversários natos de toda doutrina progressista e libertadora, se junta uma

438 | REVISTA ESPÍRITA

cruzada espiritual, dirigida por todos os Espíritos pseudossábios, falsos grandes homens, falsos religiosos e falsos irmãos da erraticidade, fazendo causa comum com os inimigos terrestres, em meio a essa multidão de médiuns por eles fanatizados, aos quais ditam tantas elucubrações mentirosas.

Mas vede o que resta de todos esses andaimes erigidos pela ambição, pelo amor-próprio e pela inveja. Quantos não vistes desabar e quantos ainda vereis desabar! Eu vos digo que todo edifício que não se assenta sobre a verdade, a única base sólida, cairá, porque só a verdade pode desafiar o tempo e triunfar de todas as utopias.

Espíritas sinceros, não vos amedronteis com o caos momentâneo. Não está longe o momento em que a verdade, desvencilhada dos véus com os quais querem cobri-la, sairá mais radiosa do que nunca, e em que a sua claridade, inundando o mundo, fará voltarem para a sombra seus obscuros detratores, por um instante postos em evidência para a sua própria confusão.

Assim, pois, meus amigos, tendes que vos defender, não só contra os ataques e calúnias de vossos adversários vivos, mas também contra as manobras ainda mais perigosas dos adversários da erraticidade. Fortalecei-vos, pois, em estudos sadios, e sobretudo pela prática do amor e da caridade, e retemperai-vos na prece. Deus sempre ilumina os que se consagram à propagação da verdade, quando agem de boa-fé e desprovidos de toda ambição pessoal.

Além disso, espíritas, que vos importam os médiuns que, afinal de contas, não passam de instrumentos! O que deveis considerar é o valor e o alcance dos ensinamentos que vos são dados; é a pureza da moral que vos é ensinada; é a clareza e a precisão das verdades que vos são reveladas; é, enfim, ver se as instruções que vos dão correspondem às legítimas aspirações das almas de escol, e se estão em conformidade com as leis gerais e imutáveis da lógica e da harmonia universal.

Os Espíritos imperfeitos, que representam um papel de apóstolo junto a seus obsedados, bem sabeis, não têm o menor escrúpulo em enfeitar-se com os mais venerados nomes; assim, seria um disparate se eu, que sou um dos últimos e mais obscuros discípulos do *Espírito de Verdade*, me lamentasse do abuso que alguns fizeram de meu modesto nome; assim, repetirei incessantemente o que dizia a meu médium, há dois anos: "Jamais julgueis uma comunicação mediúnica pelo nome que a assina, mas apenas por seu conteúdo intrínseco."

É urgente que vos ponhais em guarda contra todas as publicações de origem suspeita que aparecem ou que vão aparecer; contra todas aquelas que não teriam uma atitude franca e clara, e tenhais como certo que muitas são elaboradas nos campos inimigos do mundo visível ou do mundo invisível, com o objetivo de lançar entre vós o facho da discórdia.

Cabe a vós não vos deixardes apanhar, pois tendes todos os elementos necessários para apreciá-las. Mas, tende igualmente como certo que todo Espírito que a si mesmo se anuncia como um ser superior, e sobretudo como de uma infalibilidade a toda prova, é, ao contrário, o oposto do que se anuncia tão pomposamente.

Desde que o piedoso Espírito de François-Nicolas Madeleine teve a bondade de me aliviar de uma parte de meu fardo espiritual, pude considerar o conjunto da obra espírita e fazer a estatística moral dos obreiros que trabalham na vinha do Senhor. Ah! Se tantos Espíritos imperfeitos se imiscuem na obra que perseguimos, tenho o pesar maior de constatar que entre os nossos melhores auxiliares da Terra, muitos vergaram ao peso de sua tarefa e pouco a pouco tomaram a trilha de suas antigas fraquezas, de tal sorte que as grandes almas etéreas que os aconselhavam foram, desde então, substituídas por Espíritos menos puros e menos perfeitos.

Ah! Eu sei que a virtude é difícil, mas não queremos nem pedimos o impossível. Basta-nos a boa vontade, quando acompanhada do desejo de fazer o melhor.

Meus amigos, em tudo o relaxamento é pernicioso, porque muito será pedido aos que, depois de se terem elevado por uma renúncia generosa à sua própria individualidade, caírem no culto da matéria, e ainda se deixarem invadir pelo egoísmo e pelo amor a si mesmos. Não obstante, oramos por eles e a ninguém condenamos, porque sempre devemos ter presente na memória este ensino magnífico do Cristo: "O que estiver sem pecado atire a primeira pedra."

Hoje vossas falanges engrossam a olhos vistos e vossos partidários se contam aos milhões. Ora, em razão do número de adeptos, deslizam sob falsas máscaras os falsos irmãos dos quais ultimamente vos falou vosso presidente temporal. Não que eu venha recomendar-vos que não sejam abertas vossas fileiras senão às ovelhas sem mancha e às novilhas brancas; não, porque, mais que todos os outros, os pecadores têm direito de encontrar entre vós um refúgio contra suas próprias imperfeições. Mas aqueles dos quais vos aconselho que desconfieis são esses hipócritas perigosos, aos quais, à primeira vista, se é tentado e conceder toda a confiança. Com o auxílio de uma atitude rígida, sob o olho observador das massas, eles conservam esse ar sério e digno que leva a dizerem deles: "Que criaturas respeitáveis!" ao passo que, sob essa respeitabilidade aparente, por vezes se dissimulam a perfídia e a imoralidade.

Eles são acessíveis, obsequiosos, cheios de amenidades; eles insinuam-se nos interiores; eles entram voluntariamente na vida privada; eles escutam atrás das portas e se fazem surdos para escutar melhor; eles pressentem as inimizades, atiçam-nas e as alimentam; eles vão aos campos opostos, indagando, interrogando sobre cada um. O que faz este? De que vive aquele? Quem é fulano? Conheceis sua família? Depois os vereis ir surdamente desfilar na sombra as pequenas maledicências que conseguiram recolher, tendo o cuidado de envenená-las com untuosas calúnias. "São rumores em que a gente não acredita", dizem eles, mas acrescentam: "Onde há fumaça há fogo etc., etc."

A esses tartufos da encarnação reuni os tartufos da erraticidade e vereis, meus caros amigos, quanto tenho razão de vos aconselhar a agir, de agora em diante, com extrema reserva e de vos guardardes de toda imprudência e de todo entusiasmo irrefletido.

Eu vo-lo disse, estais num momento de crise, dificultado pela malevolência, mas do qual saireis mais fortes, com firmeza e perseverança.

O número dos médiuns é hoje incalculável e é desagradável ver que alguns se julgam os únicos chamados a distribuir a verdade ao mundo e se extasiam ante banalidades que consideram monumentos, pobres iludidos que se abaixam ao passar sob os arcos de triunfo, como se a verdade tivesse esperado a sua vinda para ser anunciada. Nem o forte, nem o fraco, nem o instruído, nem o ignorante tiveram esse privilégio exclusivo, porquanto foi por intermédio de mil vozes desconhecidas que a verdade se espalhou, e é justamente por essa unanimidade que ela soube ser reconhecida.

Contai essas vozes; contai os que as escutam; contai sobretudo aqueles cujos corações elas tocam, se quiserdes saber de que lado está a verdade.

Ah! Se todos os médiuns tivessem fé! Eu seria o primeiro a inclinar-me diante deles. Mas eles não têm, na maior parte do tempo, senão fé em si mesmos, tão grande é o orgulho na Terra! Não, sua fé não é aquela que transporta montanhas e que faz andar sobre as águas! É o caso de repetir aqui a máxima evangélica que me serviu de tema quando me fiz ouvir pela primeira vez entre vós: *Muitos serão os chamados e poucos os escolhidos.*

Em suma, publicações à direita, publicações à esquerda, publicações por toda parte, pró ou contra, em todos os sentidos e sob todas as formas; críticas exageradas da parte de pessoas que dele nada sabem; sermões fogosos de pessoas que o temem; em suma, digo eu, o Espiritismo está na ordem do dia. Ele revolve todos os cérebros e agita todas as consciências, privilégio exclusivo das grandes coisas. Todos pressentem que ele leva em si o princípio de uma renovação, que uns apoiam com os seus votos e outros temem.

Mas, de tudo isto, o que restará? Desta Torre de Babel, o que jorrará? Uma coisa imensa: a vulgarização da ideia espírita, e como doutrina, o que será verdadeiramente doutrinário!

Esse conflito é inevitável, porque o homem é manchado de muito orgulho e egoísmo para aceitar sem oposição uma verdade nova qualquer. Digo mesmo que esse conflito é necessário, porque é o atrito que desfaz as ideias falsas e faz ressaltar a força das que resistem.

Em meio a essa avalanche de mediocridades, de impossibilidades e de utopias irrealizáveis, a verdade esplêndida espalhar-se-á na sua grandeza e na sua majestade.

ERASTO

O DEVER[2]

(SOCIEDADE ESPÍRITA DE PARIS, 20 DE NOVEMBRO DE 1863)
(MÉDIUM: SR. COSTEL)

O dever é a obrigação moral, inicialmente diante de si mesmo e em seguida diante dos outros. O dever é a lei da vida e se acha nos mais ínfimos detalhes, tanto quanto nos atos elevados. Não vou aqui falar senão do dever moral, e não do que as profissões impõem.

Na ordem dos sentimentos, o dever é muito difícil de cumprir, porque ele se acha em antagonismo com as seduções do instinto e do coração. Suas vitórias não têm testemunhas e suas derrotas não têm repressão.

---

[2] Mensagem inserida em *O Evangelho segundo o Espiritismo*, Capítulo XVII, item 7. (Nota do revisor Boschiroli)

O dever íntimo do homem é entregue ao seu livre-arbítrio. O aguilhão da consciência, esse guardião da probidade interior, o adverte e o sustenta, mas, muitas vezes fica impotente ante os sofismas da paixão.

O dever do coração fielmente observado eleva o homem, mas esse dever, como precisá-lo? Onde ele começa? Onde ele acaba? Ele começa exatamente no ponto onde ameaçais a felicidade e o repouso do próximo, e termina no limite que não queríeis ver transposto contra vós mesmos.

Deus criou todos os homens iguais para a dor. Pequenos ou grandes, ignorantes ou esclarecidos, sofrem pelas mesmas causas, a fim de que cada um julgue judiciosamente o mal que pode fazer. O mesmo critério não existe para o bem, infinitamente mais variado em suas expressões. A igualdade perante a dor é uma sublime previdência de Deus, que quer que seus filhos, instruídos pela experiência comum, não cometam o mal, alegando a ignorância de seus efeitos.

O dever é o resumo prático de todas as especulações morais; é uma bravura da alma que afronta as angústias da luta; é austero e simples, pronto a dobrar-se às complicações diversas, e fica inflexível ante as suas tentações.

O homem que cumpre o seu dever ama Deus mais que as criaturas, e as criaturas mais que a si mesmo. Ele é, ao mesmo tempo, juiz e escravo em causa própria.

O dever é o mais belo laurel da razão. Ele origina-se dela, como o filho descende de sua mãe. O homem deve amar o dever, não porque preserve dos males a vida, dos quais a Humanidade não pode subtrair-se, mas porque dá à alma o necessário vigor para o seu desenvolvimento.

O homem não pode afastar o cálice de suas provações. O dever é penoso nos seus sacrifícios, e o mal é amargo nos seus resultados, mas essas dores, quase iguais, têm conclusões muito diferentes: uma é salutar como os venenos que restauram a saúde e a outra é nociva, como os festins que arruínam o corpo.

O dever cresce e irradia sob uma forma mais elevada em cada uma das etapas superiores da Humanidade.

A obrigação moral da criatura para com Deus jamais cessa. Ela deve refletir as virtudes do Eterno, que não aceita um esboço imperfeito, porque quer que a beleza de sua obra resplandeça diante dele.

LÁZARO

SOBRE A ALIMENTAÇÃO DO HOMEM

(SOCIEDADE DE PARIS, 4 DE JULHO DE 1862)
(MÉDIUM, SR. A. DIDIER)

O sacrifício da carne foi severamente condenado pelos grandes filósofos da Antiguidade.

O Espírito elevado revolta-se à ideia do sangue, e sobretudo à ideia de que o sangue é agradável à Divindade. Notai bem que aqui não se trata de sacrifícios humanos, mas unicamente de animais oferecidos em holocausto.

Quando o Cristo veio anunciar a Boa Nova, não ordenou sacrifícios de sangue, porquanto ocupou-se unicamente do Espírito.

Os grandes sábios da Antiguidade igualmente tinham horror a esse tipo de sacrifícios, e eles próprios só se alimentavam de frutos e raízes.

Na Terra, os encarnados têm uma missão a cumprir. Eles têm o Espírito, que deve ser nutrido pelo Espírito, e o corpo, que deve ser nutrido com a matéria, mas a natureza da matéria influi – compreende-se facilmente – sobre a densidade do corpo e, em consequência, sobre as manifestações do Espírito.

Os temperamentos naturalmente muito fortes para viver como os anacoretas fazem bem, porque o esquecimento da carne leva mais facilmente à meditação e à prece. Mas, para viver assim, geralmente seria necessária uma natureza mais espiritualizada que a vossa, o que é impossível com as condições terrestres, e como, antes de tudo, a Natureza jamais age contra o bom senso, é impossível ao homem submeter-se impunemente a essas privações.

É possível ser bom cristão e bom espírita e comer a seu gosto, desde que se seja uma pessoa razoável. É uma questão algo leviana para os nossos estudos, mas não menos útil e proveitosa.

LAMENNAIS

ALLAN KARDEC

Índice Geral

JANEIRO

Estudo sobre os possessos de Morzine: (Segundo artigo) 7
Os servos – História de um criado 16
Boïeldieu na milésima representação da Dama Branca............18
Carta sobre o Espiritismo 22
Algumas palavras sobre o Espiritismo............................23
Resposta a uma pergunta sobre o Espiritismo, do ponto de vista religioso...26
Identidade de um Espírito encarnado.............................28
A barbárie na civilização – Horrível suplício de um negro.........32
Dissertações espíritas:
Proximidade do inverno..35
A Lei do Progresso 36
Bibliografia: A pluralidade dos mundos habitados................37
Subscrição em favor dos operários de Rouen......................42

FEVEREIRO

Estudos sobre os possessos de Morzine: (Terceiro artigo)........43
Sermões contra o Espiritismo 51
Sobre a loucura espírita: Resposta ao Sr. Burlet, de Lyon.........61
Círculo Espírita de Tours - Discurso do Presidente na sessão de instalação..70
Variedades: Cura por um Espírito 75
Dissertações espíritas: Paz aos homens de boa vontade..........76
Poesia espírita: O doente e seu médico 78
Subscrição ruanesa...80

MARÇO

A luta entre o passado e o futuro 82
Os falsos irmãos e os amigos ineptos 87
Morte do Sr. Guillaume Renaud, de Lyon 94
Resposta da Sociedade Espírita de Paris a questões religiosas.98
Decisão tomada pela Sociedade Espírita de Paris sobre as questões propostas pelo Sr. M..., de Tonnay Charente................99

François-Simon Louvet, do Havre 101
Conversas de Além-Túmulo: Clara Rivier.....................................104
Fotografia dos Espíritos 108
Variedades: (Akhbar; O Sr. Home; O Sr. Girroodd) 111
Poesias espíritas:
    Por que lamentar-se?...113
    Mãe e filho..115
Subscrição ruanesa 117

ABRIL

Estudos sobre os possessos de Morzine (Quarto artigo) 120
Resultados da leitura das obras espíritas 133
Os sermões continuam, mas não se assemelham......................139
Suicídio falsamente atribuído ao Espiritismo 141
Variedades 145
Os Espíritos e o Espiritismo..146
Dissertações espíritas:
    Cartão de visita do Sr. Jobard 148
       Sede severos para convosco e indulgente para com os outros
(1.ª homilia)..150
    Festa de Natal 152
Encerramento da subscrição ruanesa 153
Aos leitores da Revista..154

MAIO

Estudo sobre os possessos de Morzine (Quinto e último artigo)
....155
Algumas refutações 165
Conversas familiares de Além-Túmulo: Sr. Philibert Viennois 171
Prece pelas pessoas que foram estimadas 174
Um terrível argumento contra o Espiritismo: História de um jumentinho 175
Algumas palavras sérias acerca de cacetadas...........................177
Exame das comunicações mediúnicas que nos enviam..............180
Perguntas e problemas: Os Espíritos incrédulos e materialistas
....184
Notícia bibliográfica 188

JUNHO

Do princípio da não retrogradação dos Espíritos 191
Algumas refutações – 2º artigo 195
Orçamento do Espiritismo – Ou exploração da credulidade humana
....202
Um Espírito coroado nos jogos florais 209
O leão e o corvo (Primeiro prêmio) 212
O osso para roer (Menção honrosa) 213
Considerações sobre o Espírito batedor de Carcassone...........215
Meditações sobre o futuro: Poesia pela Sra. Raoul de Navery ..219
Dissertações espíritas:
    Conhecer-se a si mesmo..222
    A amizade e a prece 223
    O futuro do Espiritismo 224
Notícia bibliográfica 227

JULHO

Dualidade do homem provada pelo sonambulismo....................228
Caráter filosófico da Sociedade Espírita de Paris 231
Aparições simuladas no teatro 236
Um quadro mediúnico na exposição de Constantinopla 241
Desenho mediúnico..242
Um novo jornal espírita na Sicília 244
Os médiuns e os Espíritos..246
Poder da vontade sobre as paixões...247
Primeira carta ao Padre Marouzeau 250
Uma expiação terrestre – Max, o mendigo 253
Dissertações espíritas
    Bem-aventurados os que têm os olhos fechados 256
    O arrependimento...258
    Os fatos consumados...259
    Períodos de transição da Humanidade.............................260
    Sobre as comunicações espíritas 261

AGOSTO

Jean Reynaud e os precursores do Espiritismo 264
Pensamentos espíritas em vários escritores..............................270
Destino do homem nos dois mundos 273

Ação material dos Espíritos sobre o organismo 279
Ainda uma palavra sobre os espectros artificiais e ao Sr. Oscar
Comettant...282
Perguntas e problemas:
Mistificações 286
Infinito e indefinido...288
Conversas familiares de Além-Túmulo: Sr. Cardon, médico, falecido
em setembro de 1862..289
Dissertações espíritas:
O Espírito de Jean Reynaud...294
A Medicina Homeopática..297
Correspondência: Carta do Sr. T. Jobert, de Carcassone 299

SETEMBRO

União da Filosofia e do Espiritismo...301
Perguntas e problemas: Sobre a expiação e a prova.................309
Segunda carta ao Padre Marouzeau...315
O *Écho de Sétif* ao Sr. Leblanc de Prébois 320
Notícias bibliográficas:
Revelações sobre minha vida sobrenatural, por Daniel Dunglas
Home..322
Sermões sobre o Espiritismo 326
Dissertações espíritas:
Uma morte prematura...327
O purgatório...328
A castidade 329
O dedo de Deus...332
O verdadeiro 334

OUTUBRO

Reação das ideias espiritualistas 336
Enterro de um espírita na vala comum 340
Inauguração do Retiro de Cempuis 347
Benfeitores anônimos...351
Espíritos visitantes – François Franckowski 353
Da proibição de evocar os mortos 356
Dissertações espíritas
Tendo Moisés proibido de evocar os mortos, é permitido fazê-lo?
....359
Os falsos devotos 361

448 | REVISTA ESPÍRITA 1863

Longevidade dos patriarcas 363
A voz de Deus 364
O livre-arbítrio e a presciência divina 365
O panteísmo 366
Notícias bibliográficas:
O Espiritualismo racional 368
Sermões sobre o Espiritismo 370

NOVEMBRO

União da Filosofia e do Espiritismo 373
Pastoral do Sr. Bispo de Argel contra o Espiritismo 385
Exemplos da ação moralizadora do Espiritismo.....................396
Novo sucesso do Espiritismo em Carcassonne 403
Pluralidade das existências e dos mundos habitados..............405
Dissertações espíritas:
A nova Torre de Babel...406
O verdadeiro espírito das tradições 407

DEZEMBRO

Utilidade do ensino dos Espíritos 409
O Espiritismo na Argélia 412
Elias e João Batista – Refutação 419
São Paulo, precursor do Espiritismo.................................423
Um caso de possessão: Senhorita Júlia.............................427
Período da luta..431
Instruções dos Espíritos:
A guerra surda 433
Os conflitos 436
O dever...441
Sobre a alimentação do homem 443